JEWISH
STUDIES

教育部人文社会科学重点研究基地
山东大学犹太教与跨宗教研究中心

第24辑

犹太研究

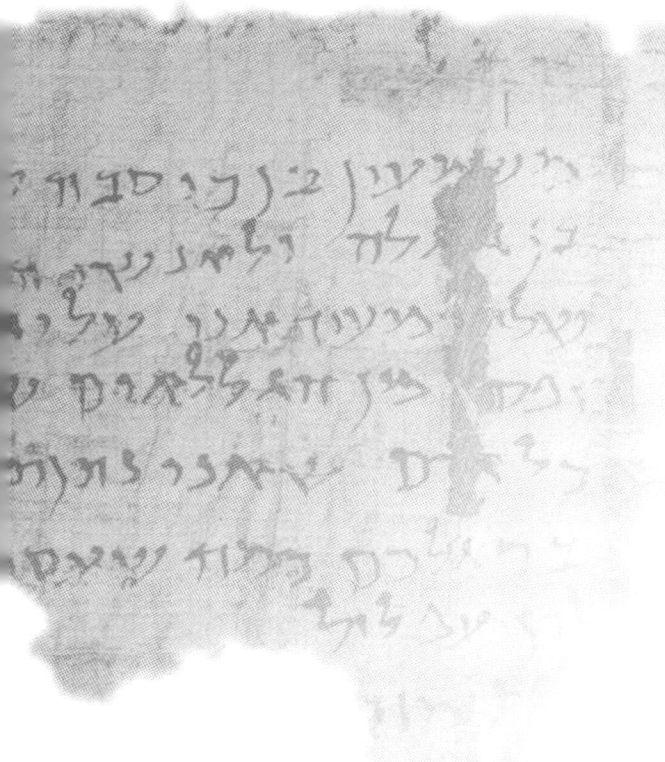

主编
傅有德
副主编
陈家富
董修元

山东大学
出版社

图书在版编目(CIP)数据

犹太研究. 第 24 辑 / 傅有德主编. -- 济南 : 山东大学出版社, 2024. 12. -- ISBN 978-7-5607-8555-4

Ⅰ. B985;K18

中国国家版本馆 CIP 数据核字第 2025T36L16 号

责任编辑　霍馨莹

封面设计　牛　钧　王秋忆

犹太研究

YOUTAI YANJIU

第 24 辑

出版发行	山东大学出版社
社　　址	山东省济南市山大南路 20 号
邮政编码	250100
发行热线	(0531)88363008
经　　销	新华书店
印　　刷	济南华林彩印有限公司
规　　格	787 毫米×1092 毫米　1/16 19.75 印张　385 千字
版　　次	2024 年 12 月第 1 版
印　　次	2024 年 12 月第 1 次印刷
定　　价	59.00 元

《犹太研究》编委会

目　录

目 录

奥斯曼帝国晚期萨洛尼卡犹太社群现代化进程的影像研究

鲜非霏*

【摘要】犹太社群研究是犹太史中的重要领域，也是世界史的组成部分。在大流散的历史中，犹太社群在保持独特性的同时，也或主动或被动地与外部世界产生互相影响和推动作用。近年来，学术界对犹太社群的研究有了越来越多的关注，但关注点仍然聚焦在有着相对强势文化的东欧阿什肯纳兹犹太人身上。奥斯曼帝国时期的萨洛尼卡犹太社群属于中世纪西班牙的塞法迪犹太人后裔，对于这一群体的研究将进一步丰富犹太研究领域的素材，提供新的观察视角。本文通过影像材料呈现了萨洛尼卡犹太人在奥斯曼帝国晚期的生存状态，他们在西方人眼中的形象，欧洲殖民主义、工业化和城市化对他们的影响，以及犹太人如何从传统和宗教性向现代和世俗化过渡。在不同的外部环境和社会网络的影响下，塞法迪犹太人走上了不同于阿什肯纳兹犹太人的独特的现代化之路。

【关键词】萨洛尼卡；塞法迪犹太人；现代化；影像研究

在社会学中，现代化（modernization）是指一个社会从有宗教信仰的、农耕的和乡村社会转变为世俗的、工业的和城市社会的过程，这一理论常被用来解释从前现代社会（pre-modern）向现代社会的逐步过渡。现代化理论起源于德国社会学家马克斯·韦伯（Max Weber）的思想，他不仅重视现代化程度较低的国家在现代化发展进程中的内部动力，同时也假设发达国家在用自身经历过的方式帮助传统国家发展。

西方国家的现代化发生于 16—18 世纪，起源于欧洲西北部，尤其是英格

* 鲜非霏，耶路撒冷希伯来大学犹太研究硕士，四川外国语大学东方语言文化学院希伯来语专业教师。

兰、荷兰、法国北部和德国北部,与资本主义和新技术的爆发密切相关。从18世纪末到20世纪,现代化进程传播到了世界的许多地方,尤其是影响了东方传统和欠发达的地区,如奥斯曼帝国时期的巴尔干半岛。帝国后期的港口犹太城市萨洛尼卡(Salonica)[①]就处在当时从"传统"向"现代"的过渡中。

由于资本的积累和技术的爆发,现代化总是与工业化(industrialization)和城市化(urbanization)同时出现。新兴产业出现,越来越多的自然资源被开发,更先进的基础设施都为农村社会向城市社会的过渡打下了基础。技术的发展使广泛的社会变革成为可能,并且催生了更多的工业、社会、经济和政治方面的变革。现代化也与世俗化(secularization)紧密相关,正如哈贝马斯所说,韦伯认为关注现代化就要理解理性化(rationalization)和世俗化的过程,以及资本主义和现代主义带给人们普遍的"清醒和不抱幻想"(disenchantment)[②],他认为这些变化是对世界的新的思考方式[③]。在理性化的影响下,人们开始重新评估他们的传统,重新思考他们的历史并重建当前的世界。根据这一理论,传统和宗教信仰、文化特质通常会随着理性化和现代化的发展而变得不那么重要。另外,殖民地化(colonization)也常常与现代化相伴出现。在资本、技术和基础设施的帮助下,人们更加渴望探索广阔的世界,这又反过来促进了本土的社会变革。现代化理论不仅强调变化的过程,还重视对变化的反应。世界各地建立起许多殖民地,激发了殖民的反对力量——民族主义。

在19世纪末20世纪初的萨洛尼卡,犹太社群经历了上述相关方面的许多转变。本文旨在从前人较少采用的影像研究的角度展现奥斯曼帝国后期萨洛尼卡犹太社群的现代化进程。

许多学者对巴尔干半岛犹太人的现代化进行了广泛的研究,涵盖的领域有政治变革、社会运动和城市转型。随着学术视角逐渐开始多元化,19世纪摄影技术的兴起使得视觉影像资料也成了研究素材。但是,由于对新技术和可视化技术所持的不同态度,直到20世纪中叶,巴尔干乃至中东地区的摄影知识和史料都是零碎的。与法国、德国、意大利相比,该地区是摄影领域的后来者,照片的发行量也很低。正如卡尔·卡瑟(Karl Kaser)所说,这一现象的原因是该地区占主导地位的东正教和穆斯林人口对人体形象化,特别是对上帝和宗教尊者的形象化持消极否定的态度。19世纪末颁布的一项帝国法令禁止在奥斯曼帝国

① 现在的希腊城市塞萨洛尼基(Thessaloniki)。

② Jürgen Habermas, *The Philosophical Discourse of Modernity* (Cambridge: Polity Press, 1990), 2.

③ 参见 John J. Macionis, *Sociology* (Boston: Pearson, 2012), 88。

引入或出售上帝或穆罕默德的画像，同时也禁止出售穆斯林妇女的画像。尽管当局最终批准了制作人像的照片，但与东正教徒相比，穆斯林对影像技术所持的保留态度明显更强，而东正教在这方面则比天主教更为保守。[1] 直到 1900 年以后，照片的产量才开始显著增加。

摄影技术的发明碰巧与西化改革——坦志麦特改革(Tanzimat)同年，奥斯曼帝国苏丹将这项新技术视为现代性和进步的象征。皇家对摄影的兴趣促进了摄影档案馆的蓬勃发展。对此，卡尔·卡瑟描述道：有趣的是，苏丹阿卜杜勒阿齐兹(Abdülaziz)和他的继任者阿卜杜勒哈米德(Abdülhamid)成为奥斯曼帝国摄影领域的赞助人。阿卜杜勒哈米德甚至在帝国军事工程学校中开办了摄影工作室，在他统治的时期，摄影收藏达到了顶峰。[2]

这些档案摄影集主要涵盖了三个方面：一是王室肖像和家庭肖像，反映了西方人的东方情结和帝国东部上流社会的西化趋势；二是展现工业化、城市化和殖民化的风景和古迹的照片；三是记录新兴产业、新职业和技术发展、社会变化的纪实影像。

笔者从三个档案馆中选择了用于此次影像研究的照片，第一个是“约瑟夫和马吉特·霍夫曼犹太明信片收藏集”(The Joseph and Margit Hoffman Judaica Postcard Collection)[3]，为纪念收藏者约瑟夫·霍夫曼及其妻子马吉特·霍夫曼，它被捐赠给了耶路撒冷希伯来大学曼德尔犹太研究所的民俗研究中心。两人出生于德国，生前居住在美国、瑞典和以色列。该收藏集包括 19 世纪末至 20 世纪末大部分在西欧、东欧、美国以及部分在巴勒斯坦和北非印刷的大约 7000 张明信片。明信片主要涉及犹太人的社区和公共生活、犹太人的社群和肖像、犹太艺术、犹太教堂和仪式用品，还有犹太新年贺卡以及犹太和圣经艺术作品。

第二个收藏集来自伊扎克·本·兹维档案馆(Yad Yizhak Ben-Zvi)[4]，重点内容反映了以色列地和耶路撒冷的犹太人定居点的历史以及东方犹太人社群，影像集内容涉及家庭、社区、传统习俗、风景和初创企业。本文中涉及两个相册的照片，分别是 YBZ. 0189 号影集(名为“Yehuda Chaim Aharon HaCohen Perahia”)和 YBZ.0232 号影集(名为“The Jews of Salonica”)。

---

① 参见 Karl Kaser, “Visual Studies: Their Potential for the Comparative Study of the Late Ottoman Empire,” in *Ottoman Legacies in the Contemporary Mediterranean: The Balkans and the Middle East Compared*, eds. E. Ginio and K. Kaser (Jerusalem: The European Forum at the Hebrew University, 2013), 43-44。

② 同上，44。

③ 参见 http://hudd.huji.ac.il/logon_hu2.aspx?project=HOFFMAN。

④ 参见 http://www.israelalbum.org.il/。

第三个来自美国国会图书馆[①],在照片、印刷和绘画部门中,有一小组照片反映了19世纪后期和20世纪初的犹太萨洛尼卡城。

在下文中,笔者将利用这些影像材料从四个角度来研究奥斯曼帝国后期萨洛尼卡犹太人从传统向现代过渡的过程,包含犹太人作为东方"异域风情",西化的城市景观和古迹的保留,新兴职业和组织的出现,以及家庭、社群和个人肖像。

一、犹太人作为东方"异域风情"

19世纪末到20世纪初,反映东方异域风情的中东照片在西方引起了极大的关注。正如泽伊内普·塞利克(Zeynep Celik)和埃德姆·埃尔旦(Edhem Eldem)所言,东方主义的摄影是这场热切关注的核心,受到爱德华·赛义德(Edward Said)《东方主义》(*Orientalism*)的启发,摄影活动开始与殖民话语体系进行理论对话。[②] 在大范围的影像档案库中,第一阶段的一些材料展示了殖民者与被殖民者之间的关系[③]、殖民统治的过程以及社会文化的融合和分化,这些资料着眼于殖民地政治思想、政策和共有社会价值观之间的灰色地带。

伊斯兰法律规定萨洛尼卡的犹太人享有与其他非穆斯林团体相同的权利,他们和基督徒一样被视为"迪米"(dhimmis)。贝亚·莱克维兹(Bea Lewkowicz)描述到,"迪米"身份赋予了他们一些特权,在奥斯曼帝国的米利特(Millet)制度下,每个社区都被允许有一定程度的内部自治权,这对于生活在异国的犹太社群非常重要。[④] 在16世纪初期,犹太人口占萨洛尼卡的大多数,他们围绕犹太教堂组织起来,每个社区都是自治的,有自己的领导人、拉比和法庭。许多犹太领导人不仅在犹太社区中受到尊重,而且在地方法院和政府部门中也能享有名誉。

拉比亚科夫·梅尔(Rabbi Yaacov Meir)在萨洛尼卡犹太社区担任了12年领导人。照片(见图1)拍摄于20世纪初,照片上拉比亚科夫·梅尔从一辆马车上走下来,手里拿着一根手杖。他穿着宽阔的黑色斗篷,袖口宽大,戴着土耳其毡帽,将大号的装饰头巾缠在外面。背景是由士兵组成的铜管乐队在向他致敬。

---

① 参见 https://www.loc.gov/。

② 参见 Zeynep Celik and Edhem Eldem, *Camera Ottomana: Photography and Modernity in the Ottoman Empire 1840-1914* (Istanbul: Koc University Press, 2015), 10。

③ 参见 https://www.loc.gov/item/2014704940/。

④ 参见 Bea Lewkowicz, *The Jewish Community of Salonica: History, Memory, Identity* (London, Portland, OR: Vallentine Mitchell, 2006), 42。

图 1　拉比亚科夫 · 梅尔在希腊独立周年纪念日上

即使奥斯曼帝国一直将萨洛尼卡的犹太社区视为一个整体,那里的犹太人也花了将近 300 年的时间才建立起一个中央犹太政府和机构,以集体的名义代表萨洛尼卡犹太人,同时通过机构层面的政策阐明犹太身份和界限。

第二阶段的资料中,其他一些文化也进入了这个地区,例如赞助商、各类媒体、旅游业以及西方对奥斯曼帝国多样性和“异域风情”的消费需求。泽伊内普 · 塞利克和埃德姆 · 埃尔旦在《奥斯曼影像》(*Camera Ottomana*)一书中提到,遥远的奥斯曼帝国东方省份提供了丰富的区域地理,社会和文化差异以及城市和建筑种类,这些地区的照片展示了它们与西欧的不同,突出了它们的异域情调。①

制造业、运输和传输技术的兴起使得许多西欧国家可以制作并保存大量描述东方人物和风景的明信片,卡瑟(Kaser)认为这些明信片在殖民主义的历史中起着特定的作用②,展示了东方地区的特质,用来迎合西方观众,寻求异域情调。这些异域情调包括传统服饰、东方人物的摄影姿势和东方艺术形式。图 2 所示的明信片描绘了一对老派犹太夫妻坐在萨洛尼卡一家咖啡馆的桌子旁。他们身穿传统服装,女人穿着得体,裹着头巾;男人穿着讲究的套装,打着领带,戴着圆锥形的毡帽。图 3 展示了萨洛尼卡一个富裕的传统犹太家庭,他们一男四女站成一排,男人站在中间。他们都穿着讲究:男人穿着西装,头戴毡帽,四名妇女穿

① 参见 Zeynep Celik and Edhem Eldem, *Camera Ottomana: Photography and Modernity in the Ottoman Empire 1840-1914*, 210。

② 参见 Karl Kaser, “Visual Studies: Their Potential for the Comparative Study of the Late Ottoman Empire,” 49。

着相似的传统服装，披着被称为“卡皮塔那”(capitana)的短上衣，头上戴着发网(cofia)。

图 2　萨洛尼卡的老派犹太夫妻

图 3　穿着传统服装的萨洛尼卡犹太人

异域情调也体现在东方人的传统习俗或已过时的职业中。笔者选择了体现萨洛尼卡犹太人几种传统职业的照片，图 4 是萨洛尼卡的一名犹太拉比的肖像，他穿着传统的服装，富贵而讲究，带条纹的安特利(antari)长衫在腰间束紧，最外层是覆盖了肩膀和手臂的长袍。长袍上有衬着毛皮的卡夫坦(kaftan)，表明他的地位很高。他的头上戴着一个圆顶硬礼帽，帽子的下部装饰着一个冠冕。

图 4　穿着传统服装的萨洛尼卡犹太拉比

图 5 是来自萨洛尼卡的三个犹太水果贩，照片上可能是一位父亲和他的两个儿子，他们穿着传统服装，戴着毡帽。在左边，留着长胡子的父亲和一个男孩拿着柠檬，右边的男孩拿着用来研种子的杵，面前摆着一篮种子。

图 5　萨洛尼卡的犹太水果贩

图 6 是萨洛尼卡的一位老犹太搬运工的照片，他坐在箱子上，正在休息。他留着长长的白胡须，头上戴着头巾，穿着传统服装，打着赤脚，左手握着一根结实的绳索，用于拎货物。

图 6　在休息的犹太搬运工

在笔者看来,对异域情调的追求是西方人对东方和东方人的异类化过程,存在于帝国东部开展工业化之前的时期。根据卡瑟的观点,爱德华·赛义德的“东方主义”和玛丽亚·托多罗娃(Maria Todorova)的“巴尔干的想象”解释了这个异类化的过程是怎么发生的,与西方对立的东方如何被“东方化”,以及巴尔干地区处于东西方之间的半文明和半发展的状态,这些自 1900 年以来越来越成为西方文化界的关注点。[①]

二、西化的城市景观和古迹的保留

在西方工业化和经济繁荣开启数十年之后,人们开始向东方开拓市场,扩展贸易。奥斯曼帝国后期,位于巴尔干地区的主要城市都经历了“去奥斯曼化”的过程。根据卡尔·卡瑟的观点,奥斯曼独有的城市结构在短时间内几乎被摧毁,取而代之的是欧洲风格的城市结构。[②] 犹太萨洛尼卡城的欧洲风味相对较淡,但仍然出现了受法国建筑风格影响的现代元素,如图 7 中的公共建筑和空间、图

① 参见 Karl Kaser, “Visual Studies: Their Potential for the Comparative Study of the Late Ottoman Empire,” 48。

② 同上,44—45。

8 中的电车轨道，以及已经出现了图 9 中的汽车作为交通工具。

图 7　萨洛尼卡共和广场一角

图 8　萨洛尼卡自由广场前的电车轨道

图 9　萨洛尼卡码头主街道上的汽车

从 19 世纪 60 年代末开始，萨洛尼卡城在一场大火中失去了旧城的大部分，经历了城市的重建，通过修建新码头、新街道开始了城市构造的现代化，保罗·杜蒙(Paul Dumont)写道，这里建起了一整套行政大楼、军营、学校、医院、时尚酒店和餐馆、公园以及城市交通。① 到 19 世纪末，大部分的修筑计划都已完成。图 10 所示的这家犹太和希腊医院于 1907 年投入使用，它可能是那时候萨洛尼卡城最好的医疗机构，由赫希·格鲁斯(Hirsch Gereuth)男爵的夫人克拉拉资助修建。明信片展示了医院的外观，大门后面站着几名身着传统服装的犹太人。

图 10　赫希医院

① 参见 Paul Dumont, "Salonica and Beirut: The Reshaping of Two Ottoman Cities of the Eastern Mediterranean," in *Ottoman Legacies in the Contemporary Mediterranean: The Balkans and the Middle East Compared*, eds. E. Ginio and K. Kaser (Jerusalem: The European Forum at the Hebrew University, 2013), 192。

在图 11 中,有一个面包店,我们可以在面包店的招牌上读到希腊语,意思为“Demetrios G. Marousis 的电面包厂”。面包店的入口处有很多人在等候,他们有的穿得像欧洲人,有的穿着传统服装,头上戴着毡帽。

图 11　萨洛尼卡一个面包店的门口

图 12 展示的是一个花园,由大门、柱子和护栏围着,门旁站着两个男人,背景是花园中的树木。图 13 描绘了一个三层楼的建筑,在一楼面向人行道的部分有很多大落地窗,应该是餐厅或咖啡馆,餐桌摆在人行道上,受到西欧建筑设计的影响。

图 12　萨洛尼卡 Botchinar 公园入口

Grand Hôtel d'Egypte et un Café du pays à Salonique.

图 13　萨洛尼卡的埃及大饭店和一间咖啡馆

从 19 世纪 70 年代开始,萨洛尼卡地区建起了铁路网,据保罗·杜蒙称,这不仅增强了马其顿港口与伊斯坦布尔和欧洲首都之间的联系,而且增强了内陆农业腹地与城市中心之间的联系。[①] 外国势力开始对马其顿地区的基础设施进行投资。除了连接港口和腹地的铁路线以外,新的城市交通系统为企业家们提供了新的机会,促进了该地区的经济统一。

1900 年左右,犹太萨洛尼卡城的人口约为 12 万。人们在富饶的农业腹地种植谷物、果树和蔬菜,换取财富。萨洛尼卡还是棉花、丝绸、羊毛和其他高利润产品(如油料作物)的生产地,并且还可以依靠采矿业发展工业。有了天然的港口(如图 14、图 15 所示),萨洛尼卡码头以及大型码头附近的民用建筑都开始扩建。萨洛尼卡城为农业腹地发挥着贸易前线港口城市的作用,丝绸生产和烟草种植推动了经济繁荣。图 16 所示的一座三层工业建筑,入口处有拱形窗户和一个岗亭,工人排着站立在建筑前。在 20 世纪初,它是萨洛尼卡最大的烟草生产公司之一。

① 参见 Paul Dumont, "Salonica and Beirut: The Reshaping of Two Ottoman Cities of the Eastern Mediterranean," 191。

图 14　萨洛尼卡港

图 15　萨洛尼卡港口一角

图 16　萨洛尼卡烟草专卖制造厂

对于上述的萨洛尼卡现代化进程，奥斯曼帝国是城市转型的主要参与者，然而，它并不是唯一的驱动力。保罗·杜蒙指出，一些其他的机构和社会团体(见图 17)在设计和筹资将传统城市转变为现代资产阶级城市方面也发挥了关键作用。[①] 仅仅在20世纪初，萨洛尼卡就展现出了它的现代和繁荣——煤气公司、供水系统、有轨电车网、市政学校和合理的街道结构(见图18)，以及各种卫生设施[②]等。

图17　萨洛尼卡市政当局街区

图18　萨洛尼卡码头景观
(照片中是主街和电车轨道，右边是两个带有圆形拱顶的奥斯曼风格建筑，左边是一个一楼有路边咖啡馆的欧式建筑)

除了工业化和经济因素外，萨洛尼卡在此期间的快速城市化很大程度上要归因于奥斯曼帝国各个地区的移民涌入，奥利·梅隆(Orly C. Meron)指出，这些移民是来自马其顿中西部的工人，他们被迅速发展的工业和建筑业吸引，19

① 参见 Paul Dumont, "Salonica and Beirut: The Reshaping of Two Ottoman Cities of the Eastern Mediterranean," 194。

② 参见 https://www.loc.gov/item/2017668750/。

世纪 90 年代反复发生的火灾摧毁了萨洛尼卡城的很多地方，使得大量的新建筑拔地而起。[①] 图 19 是“战神广场”(Champ-de-Mars)上一些犹太人的照片，他们穿着传统服装，围坐成一圈，旁边是行李，他们就是 1917 年萨洛尼卡城大火中那 7 万无家可归的灾民。

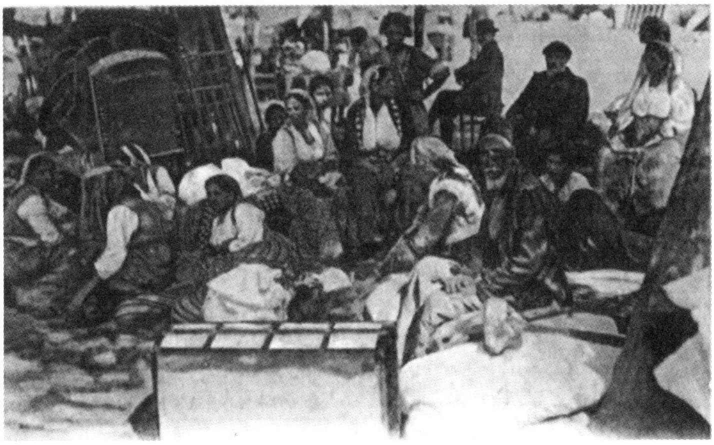

图 19　萨洛尼卡大火后的犹太灾民

尽管这段时间内城市化和现代化快速发展，但直到 19 世纪末，萨洛尼卡仍保留着一定数量的地方特色。根据保罗·杜蒙的说法，萨洛尼卡看起来并不那么西化，如果在 1900 年左右从海上看这座城市，它还像是典型的土耳其小镇，白色宣礼塔点缀着城市景观，新建的港口和码头并没有掩盖住后面山坡上的传统小镇。[②] 在图 20 中，有瓦块铺成的房屋屋顶，背景中是教堂的圆顶，左边是清真寺的尖塔。图 21 塔及其脚下的墓碑石，这些石头被用来铺砌萨洛尼卡的街道，同时也用来造墓碑。图 22 是描绘萨洛尼卡传统商业街的照片，我们可以看到一条小巷，两侧是小商店，几个犹太人正提着货物在巷子里走，他们身穿传统服装，头戴毡帽。图 23 是从山上俯视萨洛尼卡最古老的一处墓地。

① 参见 Orly C. Meron, “Jewish Entrepreneurship in Salonica,” in *1912-1940: An Ethnic Economy in Transition* (Eastbourne: Sussex Academic Press, 2011), 19。

② 参见 Paul Dumont, “Salonica and Beirut: The Reshaping of Two Ottoman Cities of the Eastern Mediterranean,” 195。

图 20　萨洛尼卡希腊式教堂的城市景观

图 21　萨洛尼卡白塔

图 22　萨洛尼卡商业街

图 23　萨洛尼卡最老的一块墓地

三、新兴职业和组织的出现

从 19 世纪 80 年代开始，萨洛尼卡城出现了许多官僚机构和配备的一套指挥系统，这些新事物的出现表示了官方对社会和经济进步以及对西方现代性的渴望。保罗·杜蒙描述到，萨洛尼卡受捐建立了一座皮带兵营、一所高中、几座纪念钟、在新建的清真寺前竖立的几座钟楼、一个法式装饰喷泉、一家医院，以及一个用于管理第三集团军的军事宫殿。保罗·杜蒙注意到，城市里到处是银行，现代化的百货商店和市场，活跃的商业和金融活动为公立学校、宗教建筑、大型医院和社交俱乐部的修建提供了资金,新建的城市郊区也满是财富和奢侈品。① 在萨洛尼卡,主要的大道两旁都是由当时最有才华的建筑师设计的别墅。

图24是由意大利建筑师维塔里亚诺·波塞里(Vitaliano Poselli)于1880年左右按照新古典主义风格设计的阿拉蒂尼(Allatini)别墅,两层楼的别墅被一个大花园所环绕,是萨洛尼卡最有名的建筑之一,曾是意大利犹太人阿拉蒂尼家族的住所。1909—1912年,这栋别墅充当了被放逐到此的苏丹阿卜杜勒·哈米德二世(Sultan Abdul Hamid Ⅱ)的避难所。右上角是苏丹的画像。图25是具有欧洲风格的两层住宅,带有阳台和廊柱。图26是一些穿着不讲究的犹太学校里的孩子,他们围着围脖,有的坐着,有的站着,等待着中间大锅里的饭菜。

图24 阿拉蒂尼别墅和苏丹哈米德二世

图25 萨洛尼卡码头新区的建筑

① 参见 Paul Dumont, "Salonica and Beirut: The Reshaping of Two Ottoman Cities of the Eastern Mediterranean," 194。

图 26　犹太联盟学校的穷孩子们

20 世纪初,萨洛尼卡人口众多,人口结构多元,人们已经开始从事新兴的经济活动,同时仍然忠于传统职业(见图 27)。促进人口增长的原因之一是卫生条件的显著改善,正如保罗·杜蒙提到的,1837 年的萨洛尼卡是最早在咖啡馆中配备临时检疫站的奥斯曼城市之一。在接下来的几十年里,它还配备了更多的医疗资源,包括数家医院、医学院和大量的医生。[①]图 28 所示的是一幢两层建筑,建筑上用拉迪诺文[②]和法文写着医院的名字,右上角是医院创始人埃斯顿(M. Eastern)博士的照片,该医院建于 1903 年 5 月 3 日。图 29 是拉迪诺语小册子的封面及埃斯顿博士的肖像。

图 27　萨洛尼卡的犹太报童

① 参见 Paul Dumont, "Salonica and Beirut: The Reshaping of Two Ottoman Cities of the Eastern Mediterranean," 190。

② 塞法迪犹太人使用的希伯来语方言,是希伯来语与西班牙语的综合变体。

图 28　摩西·赫希男爵医院的建筑和埃斯顿博士

(a)　　(b)

图 29　拉迪诺语小册子的封面(a)及埃斯顿博士的肖像(b)

犹太企业家精英们具备广泛的商业经验、语言技能和丰富的民族资源，在奥斯曼帝国的各民族中拥有较高的地位，同时还帮助马其顿地区融入世界经济。根据奥利·梅隆的说法，与该地区希腊人、亚美尼亚人和其他少数民族相比，犹太人与奥斯曼帝国精英阶层以及欧洲上层有着更密切的联系。而其他一些民族则常被怀疑有强烈的民族主义诉求，有俄国的庇护或是有希腊公民身份而对奥斯曼帝国不忠。犹太人对奥斯曼帝国却是众所周知地忠诚，这将有利于他们在商业和制造业上的发展。①

① 参见 Orly C. Meron, "Jewish Entrepreneurship in Salonica," 22。

萨洛尼卡港是奥斯曼帝国在巴尔干半岛上可得的最后一个出海口，具有深厚的战略意义。当局将犹太工人视为穆斯林工人和希腊工人合适的替代品，犹太人在19—20世纪之交开始涌入萨洛尼卡，而希腊工人被视为希腊民族国家的同谋势力，试图控制港口。奥利·梅隆所描述的犹太工人在港口管理和劳工聘用方面得到了帝国官方的支持，工人数量庞大，完全满足港口对体力劳动者的需求。同时，官方还为这些犹太人组织培训，让他们具备欧洲语言的知识，使他们能轻松胜任港口的较底层管理工作。萨洛尼卡港口逐渐成为犹太人创业的地方，从仓库和船只所有者到水手、装卸工人、搬运工等半技术工种，再到海关文员等服务性工作，犹太经济和港口经济形成了相互依赖的模式。①

同时，企业网络关系通过家庭联系得以维持，家庭联系又通过缔结婚姻得到加强。奥利·梅隆指出，阿拉蒂尼家族利用其与莫迪亚诺、费尔南德兹、米兹拉希和托雷斯家族的婚姻关系来扩展商业网络，扩大资本基础，并鼓励家族内部的财富转移。② 图30是萨洛尼卡的一家磨坊，是位于港口附近的一栋五层建筑，船停靠在港口平台附近。工厂为该地区最富有的犹太商人阿拉蒂尼家族所有，家族拥有的资产包括银行、烟草厂等。图31是摩西·莫迪亚诺的肖像，他来自犹太银行家族。由于这些犹太家族企业，当地企业才有机会参与欧洲竞争，并在萨洛尼卡各行业中获得更高的地位。

图30　萨洛尼卡的阿拉蒂尼家族磨坊（帝国最大的磨坊）

① 参见 Orly C. Meron, "Jewish Entrepreneurship in Salonica," 30-31。

② 参见 Orly C. Meron, "Jewish Entrepreneurship in Salonica," 25。

图 31 萨洛尼卡的摩西·莫迪亚诺

1929 年《希腊义务教育法》颁布前，犹太社区中仍然保留着犹太传统教育。奥利·梅隆提到，除了犹太联盟运营的 9 所学校和 10 所帝国公立学校外，萨洛尼卡有 8 所犹太私立学校，学校用社区领袖的名字命名，包括塞勒姆(H. Salem)、莱昂·加泰尼奥(Leon Gattegno)、伊扎克·埃尔切(Itzhak Altcheh)、哈伊姆·平托(Haim Pinto)、伊扎克·贝纳尔都(Itzhak Benardout)和摩西·卡泽(Moise Kazes)。联盟系统包括各级学校：幼儿园、小学、中学和职业学校。由犹太社区经营，并且得到国家支持的学校包括 8 所小学和 9 个托儿所，总计约 2800 名学生。[①] 犹太社区学校的清单还包括职业学校和女子学校，或两者的结合。在这类学校中，犹太女孩主要学习针线活，例如缝纫、刺绣和制帽。缝纫课属于萨洛尼卡老城儿童福利中的一项，由希腊当局与美国红十字会合作开展。[②]在图 32 中，一所农业学校的校园中有学生、老师和马车，背景里的入口处有一个拱形门。

① 参见 Orly C. Meron, "Jewish Entrepreneurship in Salonica," 48。

② 参见 https://www.loc.gov/item/2010648495/。

图 32　萨洛尼卡农业学校

新技术是社会变革的主要推动力，激发了犹太人从事与商品贸易相关的新兴职业。出现的新的商机包括打字机、摄影仪器和电影设备的制造，以及生产、运输、销售蜡烛的蜡贸易。伴随上述社会变革的还有人在现代化过程中的价值转变，即理性化价值趋向，用理性代替人的情感和传统价值观作为社会行为的推动力。这种理性是指设定目标并采取有效行动来实现目标，上述的官僚机构、城市规划和职业学校等新兴组织和职业的出现都是理性化的表现。

四、家庭、社群和个人肖像

在社会学批判理论中，社会的现代化是与个人理性化过程联系在一起的，而理性化的过程又与个体独特思维方式的发展有关。随着社会内部现代化程度的提高，个人变得越来越重要，最终取代家庭或社群成为组成社会的基本单位。

在萨洛尼卡，犹太社区是公共法律框架和教育部管辖下的实体，它不仅是一个以犹太会堂为基础的宗教集合(见图 33)，而且在每一个犹太人个人的生命周期中也发挥着各种作用。根据贝亚・莱克维兹的说法，作为组织的犹太社区发挥着两个重要作用：一是通过提供教育、福利、社会活动、宗教仪式等相关服务将萨洛尼卡的犹太人联系起来；二是在发挥上述作用的过程中界定什么样的人是社群成员且有权参加其活动。该社区由各种各样的成员组成，他们可以选择是否参与以拉比为中心的的父权制组织生活(见图 34)。犹太社区是一个集体主义组织，上百名志愿者努力工作并希望能为社区作出贡献。这种生活方式一直被认为是理所当然的,直到犹太人与外族人的通婚数量增加,现代化进程才开始动摇固有的社群生活。

图 33　萨洛尼卡犹太大会堂

图 34　古墓委员会成员和拉比哈维(左三)

犹太人的家庭结构也是父权制的。在犹太家庭中,丈夫拥有妻子的充分认可和尊重,父亲享有子女的关注和爱戴。妻子与丈夫不是平等,而是服从与被服从的关系,但妻子也会得到丈夫的尊重、爱和温柔的对待。迈克尔·莫尔霍(Michael Molho)指出,在家中,妻子有自己领域的控制权,可以用她喜欢的方式经营家庭,并且要令丈夫满意。一个合格的母亲或是妻子要根据自己的分工严格履行家庭监护人的义务,为家庭的繁荣作贡献。为了完成好这些家务事,她只能长时间待在家中,在女儿的协助下打扫房子、洗衣服、缝衣服、抽水、烤面

包、做饭、照顾年幼的孩子等。[①] 图 35 展示了一个家庭的几代犹太妇女:她们身着传统服装聚在院子里,其中一名妇女站立着(可能是祖母),两名年轻妇女坐在椅子上,一个女孩和两个婴儿坐在地板上。

图 35　萨洛尼卡的犹太妇女

犹太妇女作为家庭核心成员并没有太多宗教职责,她们没有去教堂的义务。根据迈克尔·莫尔霍的说法,妇女要在家中腌制肉类,并将用于肉食和奶制品的食具炊具分开,只有在犹太新年和赎罪日的时候,她们才会参加犹太会堂的祈祷。[②] 图 36 描绘了萨洛尼卡一个古老的犹太仪式:在犹太教堂的入口处,有几名犹太妇女在协助公共礼拜。犹太教堂只有一个供男人使用的大厅,妇女坐在外面,远远地聆听祷告(根据犹太教法,男女在犹太教堂中是分开的)。妇女身穿传统服装,戴着头巾。

图 36　萨洛尼卡正在举行古老犹太仪式的教堂门外

① 参见 Michael Molho, *Traditions and Customs of the Sephardic Jews of Salonica* (New York: Foundation for the Advancement of Sephardic Studies and Culture, 2006), 145。

② 参见 Michael Molho, *Traditions and Customs of the Sephardic Jews of Salonica*, 154。

几个世纪以来,犹太妇女在萨洛尼卡社群中的角色变化不大,甚至到 20 世纪中叶,她们仍然只在传统家庭中发挥有限的作用。

在后殖民时期,现代化的进程融入了社会各个方面,包括家庭观念的转变、家庭结构的变化以及性别和代际角色的转换。个人主义促进了个人目标的达成和欲望的满足,个人重视独立性,自力更生,主张个人利益优先于集体利益。随着犹太人企业家精神的发展和社会精英群体的扩大,越来越多的犹太人受到了来自社群外的尊重和纪念(见图 37、图 38)。

图 37 雅各布·沙乌勒·莫迪亚诺的肖像(莫迪亚诺家族是萨洛尼卡有名的银行家族)

图 38 伊扎克·沙乌勒·阿马利里奥肖像

五、结论

本文通过影像研究犹太萨洛尼卡的城市转型,西化景观和地标的出现,个人肖像、家庭和社群状况,对犹太人在萨洛尼卡的现代化进程进行了多方面的呈现。影像资料所展现的有:东方主义如何在后殖民主义时期发挥作用;工业化如何向东方传播,并且促进了犹太萨洛尼卡城的城市化;伴随着现代化,犹太传统社群如何在理性主义思潮的影响下开始突破传统职业和生活方式,发展实

业贸易，形成“港口犹太人”[①]这一独特的群体；个人主义如何逐步取代了犹太社群的传统价值观念，使得一些重要个人对社群产生深刻影响。这些照片提供了由传统向现代过渡时期犹太人在萨洛尼卡的生存图景，凸显出现代性这一世界史的重要课题在犹太社群中发挥的作用。

在大致相同的历史时期，作为塞法迪犹太人的萨洛尼卡犹太社群经历了不同于东欧阿什肯纳兹犹太人的现代化进程。东欧犹太人在18世纪欧洲启蒙运动的影响下，试图通过犹太人内部的“哈斯卡拉”启蒙思想运动使人们获得理性主义的价值观，推动传统社群向世俗化和现代化发展，从而更加融入外部环境，但思想运动收效甚微，甚至使不少犹太人在保守传统和融入现代之间进退两难，体验到内在价值的撕裂，从而产生了精神和心灵危机。而以萨洛尼卡犹太社群为代表的塞法迪犹太人则走上了另一条更为实际的道路，在不断发展的现代工商业和贸易中获得一席之地，在欧洲国家殖民主义带来的机会和奥斯曼帝国较为宽松的政策环境下通过发展实业实现个体和社群的现代化，这样的现代化似乎比东欧“思想犹太人”的现代化更为顺利。后来的犹太企业家精神和名扬世界的犹太商贸家族也就从这一群塞法迪“实业犹太人”中发展而来。

① 参见 David Sorkin, “The Port Jew: Notes Toward a Social Type,” *Journal of Jewish Studies* 50 (1999): 87-97。

Photographing Modernization in Jewish Salonica during the Late-Ottoman Period

XIAN Feifei

Abstract: The studies of Jewish communities constitute an important part of Jewish history and the world history. Throughout the period of the Diaspora, Jewish communities have maintained their uniqueness while actively or passively interacting with the outside world. In recent years, the focus of academia on the study of Jewish communities has increased, but it still remains on the dominant Ashkenazi Jews from Eastern Europe. The Jewish community of Salonica during the Ottoman Empire was a community of the descendants of Sephardic Jews from medieval Spain. Research on this group will enrich the materials and provide new perspectives in the field of Jewish studies. This article presents the living conditions of the Jews in Salonica at that time through visual materials, their image in the eyes of the West, the impact of European colonialism, industrialization, and urbanization on them, and how Jews transitioned from tradition and religiosity to modernity and secularism. Under the influence of different external environments and social networks, Sephardic Jews embarked on a unique path of modernization different from that of Ashkenazi Jews.

Key Words: Salonica, Sephardic Jews, Modernization, Visual Studies

从激进的启蒙到宗教改革

——论索尔·阿舍尔对犹太教的重构

胡　浩*

【摘要】索尔·阿舍尔是18世纪末受到康德影响的德国犹太思想家之一。与同时代的很多犹太启蒙思想家不同，他试图消解康德和费希特哲学中存在的政治和现代性反犹因素，依据康德理性和道德原则构建源于摩西律法的犹太伦理一神教体系。在宗教、哲学反犹及犹太人争取解放的时代背景下，阿舍尔的思想带有强烈的政治和哲学批判色彩，以及在理性主义语境下维护犹太教和犹太人生存的动机，他是引导柏林犹太社区从激进的启蒙走向积极宗教改革的关键人物之一。

【关键词】阿舍尔；犹太教；启蒙；宗教改革

索尔·阿舍尔(Saul Ascher)，德国著名犹太作家、翻译家和书商。从18世纪末开始，他活跃在当时的柏林知识界和文化界。作为一名犹太人，他参与由摩西·门德尔松(Moses Mendelssohn)、大卫·弗里德兰德(David Friedlander)等领导的哈斯卡拉(Haskalah，犹太启蒙运动)，并在康德、费希特等人哲学思想的影响下，开始表达自己关于宗教启蒙和犹太教改革的观点。他的生平和背景很少为人所知，不属于在哈斯卡拉圈有很高知名度的犹太人。但长期以来，他作为自由撰稿人给非犹太期刊投稿并发表自己的见解。他个性强烈，在思想上有着不同于其他马斯基尔[①]的强烈独立性，敢于发表异议和原创性观点。他的观点在当时的犹太思想界并不流行，却指示了某种理论倾向，这一倾向有助于理解启蒙的悖论及其给犹太人带来的挑战和困境，有助于解释18世纪末康德哲学影响下激进的、追求思想和文化同化的犹太启蒙运动如何转向积极的宗教改革。

* 胡浩，河南大学以色列研究中心、区域与国别研究院教授。

① 倡导启蒙的犹太青年知识分子，致力于在犹太人当中传播启蒙思想和文化。

一、阿舍尔思想的政治和哲学批判性

受到康德在《道德形而上学的基础》和《实用理性批判》中所表达的个体道德自律观念的影响，阿舍尔在 1792 年出版了代表作《利维坦》[*Leviathan*，亦称作《关于犹太宗教》(*On Religion with Respect to Judaism*)]一书。该书分三章，第一章总体上论及宗教，第二章论及犹太教问题，第三章特别论及犹太教的"净化"问题。这部著作一定程度上具有护教性质。阿舍尔认为，犹太教已经被基督徒误解了。他们没有认识到犹太教是一种拥有高尚原则的宗教，值得人们用哲学去探寻。[①] 这部著作试图根据康德理论构建源于摩西律法的犹太教本质。阿舍尔批评门德尔松从"启示律法"的角度来捍卫犹太教。对于阿舍尔而言，犹太教的本质不只是源于律法，律法只是可能的宗教历史展现的一部分；犹太教本质上是康德道德自律理想的完美体现，是一种理想的同现代社会协调的宗教。

不像同时期许多激进的马斯基尔将犹太教的变革看成犹太人获得解放的先决条件，阿舍尔批评 19 世纪末犹太人解放进程的不充分性，认为国家应当首先无条件地赋予犹太人以完全公民权，犹太人才能更好地进行宗教和文化方面的变革，才有可能履行作为国家公民的职责。只有真正地成为公民，犹太人所进行的改革才能受到主流社会的尊重，也只有这样，犹太教的改革才不至于成为政治议程的投射和牺牲品，改革才有可能确保犹太人的身份。从这一立场出发，阿舍尔对约瑟夫二世颁布的宽容法令提出批评，认为法令带来的主要是对改革的政治压力，而非真正的政治解放，所以阿舍尔反对犹太人不假思索地接受其中的主张。例如，他反对约瑟夫二世将犹太人引入奥地利军队的计划，声称在犹太人完全被赋予公民权之前，这样的行为是不适当的。阿舍尔坚持认为，在这个世界上不存在如此孤立的责任，这种责任不相应地产生其他责任作为回报。臣民对统治者尽自己责任的时候，统治者同样对其臣民负有责任。皇帝在和平时期没有充分地履行对犹太人的责任，所以在战争时期犹太人就没有义务为国家作出牺牲。阿舍尔甚至认为，在犹太人公民权没有完全实现和获得普遍认可的情况下，服兵役可能会带来负面后果，会对犹太人的道德评价产生不利影响，由此加深人们对犹太人不忠诚的指控。[②] 在阿舍尔看来，这样的指控最终会归结为对犹太

---

① 参见 Michael A. Meyer, *Response to Modernity: A History of the Reform Movement in Judaism* (Oxford: Oxford University Press, 1988), 21。

② 参见 Peter R. Erspamer, *The Elusiveness of Tolerance: The "Jewish Question" from Lessing to the Napoleonic Wars* (Chapel Hill: The University of North Carolina Press, 1997), 82-83。

人赖以生存的犹太教的指控，由此犹太教改革会重新堕入解放的政治中，并始终处于丧失主动和自为的状态之下，自然也不能取得成功。

阿舍尔和同时代激进的马斯基尔最大的不同在于他没有简单地屈从于康德和费希特哲学所构想的犹太人和犹太教观念。他非常清醒地认识到，在康德和费希特哲学中存在着严重的政治和现代性反犹因素，这些因素很容易将本来可能的改革带入毁灭性境地。拉扎勒斯·本大卫(Lazarus Bendavid)、所罗门·迈蒙(Solomon Maimon)和大卫·弗里德兰德都是阿舍尔的朋友，但是他们的哲学和宗教思想由于不加区分地照搬了康德和费希特的理论系统，因而带有强烈的自我憎恨色彩。他们的改革以牺牲犹太性为代价，将柏林犹太社区带到了改宗的边缘。阿舍尔作为一个有着鲜明犹太意识的思想家，批判了现代唯心主义哲学中的反犹因素，重新确认现代性和犹太教之间的联系，从而确保犹太教改革不至于损害犹太身份，而是以一种让犹太教兼容现代性的方式再次确认犹太身份。

同阿舍尔哈斯卡拉圈的朋友一样，阿舍尔的改革也潜藏着强烈的政治动因，他希望犹太人尽快获得完全的公民权。但阿舍尔并没有因此成为一名机会主义者。在《关于犹太宗教》中，阿舍尔认为门德尔松在无原则地捍卫犹太教的特殊性——律法和仪式。他批评门德尔松企图将理性置于信仰掌控之下的做法："谁能相信这一点——他(门德尔松)将理性置于信仰的阴影下，既不通过理性原则来解释信仰，也不试图区分理性和信仰，而是使理性成为信仰的俘虏。他只推崇一种控制理性的信仰。"[①]针对门德尔松将犹太教看作一种启示律法、严守律法完整性并将之同永恒真理联系在一起的观点，阿舍尔提出批评："门德尔松的错误在于严格地将律法当作一种法定责任，未能理解律法的本质(律法的本质不在于控制)。门德尔松声称犹太教包含永恒真理，而永恒真理通过律法为人们所了解。难道永恒真理必须受制于专断性和启示性的律法吗？难道理性本身就不能推演出任何必然性的东西吗？门德尔松的陈述是否意味着要放弃理性真理？我不能理解门德尔松怎么能将永恒真理同律法联系在一起。如果犹太教律法是为了建立摩西宗教体制的话，那么当这一体制不再存在时，犹太教也应当终止特定历史阶段的律法。当然，如果律法是为了带给人们信仰和关于历史和宗教真理的知识，那么它只是引导人们走适当道路的方法。"[②]不过，阿舍尔没有简单地以牺牲传统的方式将犹太教同化到主流文化中去。在他提出的"纯洁"和"改革"犹

① Saul Ascher, "Leviathan(1792)," in *The Jew in the Modern World: A Documentary History*, eds. Paul Mendes-Flohr and Jehuda Reinharz (Oxford: Oxford University Press, 1995), 99.

② 同上，100。

太教的建议中,表达了实现犹太人重生的希望,这是一种应对康德和费希特哲学所暗含的现代憎犹症的策略,他希望将犹太教建构为符合现代性的宗教原型。[①]

阿舍尔批判了启蒙的现代性和普世主义。他认为康德和费希特的理性和普世主义哲学及政治构想将历史和传统推到了与现代性对立的境地,在实践领域根本无法实现。完全超验的现代性最终只能导致理性政治图景的幻灭。虽然阿舍尔是一名康德主义者,相信理性和道德是现代性的主要标志,要求犹太教进行比较彻底的理性化改革来迎合现代性的要求,但是,阿舍尔认为传统和历史完整现在性在塑造过程中发挥着不可磨灭的作用。现代性本身并不以牺牲历史和传统为代价,而是确认理性主义同历史和传统之间存在的内在联系。在阿舍尔看来,理性主义是改革的基石,但改革本身绝不能完全脱离历史和传统的背景,历史和传统的经验性一定程度上有助于强化理性主义实现的可能性。康德和费希特的现代性试图通过转向内在的方式寻找拯救之路,创造一个新世界,是以牺牲历史和记忆为代价的,在强制性地忘却过去、有意毁灭早先遗产的基础上构造理性未来的图景。在费希特的变革计划中,康德主义不是对狂热性和历史偏见的批判疗法,而是可以想象的狂热主义的最高形式,他希望人们以忘却自我的方式获得自我意识。费希特的这一立场将人们限制在一种自我封闭的世界中,导致他们同自身以及他们寻求改变的经验世界的疏离。阿舍尔是康德哲学的欣赏者,他强调康德哲学在结束思想专制、无政府主义以及构造一种正义哲学方面的重要作用。但阿舍尔提请人们注意康德哲学对待犹太人的态度与其哲学系统本质上是断裂的,费希特对犹太人的憎恶也反映了其哲学立场中的不连贯性。[②]18 世纪末,阿舍尔已清醒意识到理性主义狂热掩盖下的哲学和宗教反犹倾向。他注意到,康德、费希特通过将德意志特征同基督教和超验哲学联系起来的方式构造了理性国家的政治图景。这一政治图景已经背离了启蒙的普遍理性主义,走向了民族狂热,阿舍尔称之为"条顿狂热"。[③]理性主义在政治领域导致了非理性主义。[④]

在基督教和犹太教的关系上,阿舍尔批判了康德割裂两者内在联系的倾向,

---

① 参见 Jonathan M. Hess, *Germans, Jews and the Claims of Modernity* (New Haven: Yale University Press , 2002), 144。

② 同上,146—147。

③ 参见 Michael A. Meyer, *The Origins of The Modern Jew: Jewish Identity and European Culture in Germany, 1749-1824* (Detroit: Wayne State University Press, 1967), 142。

④ 在哈斯卡拉圈,阿舍尔较早注意到正在兴起的德意志民族浪漫主义思潮具有强烈的排外性和反犹倾向。作为处在观念转折时代的犹太思想家,阿舍尔一方面表现出对启蒙理性主义的坚持,另一方面也对甚至可以从纯粹理性寻找根基的浪漫主义感到不安和愤慨。

认为犹太教为基督教提供了历史和道德基础。在康德的宗教观念中，基督教被想象为一种纯粹理性宗教，而犹太教被认为是理性的对立面，基督教和犹太教的关系是康德宗教哲学要处理的一个重要问题。康德主要通过诋毁犹太教的历史性来确证基督教的纯粹理性。犹太教和基督教之间的对立被他简化为历史和理性之间的对立。对犹太教历史性的阐释涉及经文诠释问题，康德提议实践一种选择性的《圣经》诠释，坚持哲学方式而非《圣经》神学方式。按照这种方式，康德不试图寻求真实的过去，而是有意识地使经文同宗教理性协调，并竭力将经文同化进理性道德的指令中去，消灭那些有关纯粹历史性的一切。对于康德来说，解读《圣经》的唯一目的是促进道德提高，而历史因素对于这一目标是毫无帮助的。阿舍尔认为，康德的目的无非是要竭力割断犹太教和基督教之间的历史联系，他利用哲学诋毁犹太教和确证基督教恰恰显示基督教本身缺乏原创性。阿舍尔重申门德尔松在《耶路撒冷》中表达的宗教洞见，即基督教在很多方面受益于犹太教的遗产。他还进一步说明，基督教并不是一种突然获得的信仰，它的产生是包括犹太教在内的多种因素作用的结果。①

阿舍尔认为，犹太教不仅为基督教提供了历史基础(基督教的全部精神在公元1世纪的犹太教中就已存在)，它同样也为基督教提供了哲学立场，引导基督教走向道德宗教。就像门德尔松在《耶路撒冷》中那样，在《关于犹太宗教》中，阿舍尔指责基督教公然否认其犹太起源，以一种与康德伦理精神对立的方式将耶稣确立为自身的意志法则。阿舍尔认为，作为一种启示宗教，犹太教给个人提供了独立理性和道德发展的基础。正是因为这种理性，阿舍尔将犹太教作为普世宗教的理想原型。同时，阿舍尔也说明了耶稣同犹太人之间的联系以及他的思想同今天人们所熟知的基督教思想之间的差距。阿舍尔指出，耶稣对他的犹太同伴来说不仅是一位犹太布道者，而且事实上也是一位接受过割礼的犹太人，他对废除古老的犹太仪式几乎没有什么兴趣。而后来割礼之类的仪式变化恰好反映了犹太教和基督教之间的历史和内在联系。犹太教不只是为作为一种理性和普世宗教的基督教出现准备了一种物质的场，而且在早期基督教传播过程中发挥了重要作用，基督教早期布道的对象都是犹太人。由此，基督教绝不可被定义为否定犹太教的一种世界性宗教。相反，基督教不得不将犹太教的原创精神看成其思想的重要起源。②

---

① 参见 Jonathan M. Hess, *Germans, Jews and the Claims of Modernity*, 149, 155。

② 同上，161—163。

二、阿舍尔论犹太教的改革与重构

阿舍尔明确地将犹太教归入启示宗教。他认为犹太教获得宗教启示的方式主要是获得启示律法,但是他认为这些宗教律法的目标是激励人们去认知犹太教的精神内核。[①]上帝选择了犹太教,将之作为教会人们思考上帝和生活的方式。没有任何其他的启示宗教像犹太教那样产生如此巨大的影响。上帝不是要给予犹太人律法来规范他们的意志,意志问题属于个人问题。上帝给予犹太人以幸福的允诺,而且要使犹太人真正地认识到他的允诺。给犹太人行为订立规则也是出于犹太民族认识上帝允诺的需要。律法是为了防止犹太人僭越信仰正道。上帝给予摩西律法,而摩西向犹太人宣示律法,于是犹太人同上帝订立了契约,犹太民族决心遵守这些律法。[②]阿舍尔围绕启示观念发展了他对于犹太教的定义。但是,他使用这一术语意在刻画犹太教不同于纯粹自然宗教和理性宗教的独特性。阿舍尔并不关注西奈启示的历史性——门德尔松证明犹太教真理的重要标准,在阿舍尔看来,犹太教的有效性依赖于历史传统和人们的心理需要。与纯粹理性主义观念相对,阿舍尔主张宗教应具有一种真正的心理学品性,这一品性为宗教在人类生活中取得了永恒的位置。同时,阿舍尔放弃了将历史真理作为评判宗教有效性的标准,强调宗教在不同时代变化的可能性。这一理论应用到犹太教就意味着犹太宗教是犹太社区存在的基本要素,但其形式是可变的。衡量变化合法性的标准在于区分哪些变化是本质性的,哪些变化只是偶然性的。正是这样一种理论为宗教改革(Reformation,这是阿舍尔所使用的基督教术语)提供了合理基础。

阿舍尔为改革提出了七条可供参照的原则和标准:“第一,我认为犹太教唯一的目标在于使人们尽可能获得幸福,并以此为信念完善社会。第二,犹太教中唯一的启示性内容就是信仰。第三,作为一种信仰的犹太教绝不是建立在对律法服从的基础上,全能的上帝在特定情况下要求人们服从的律法只是通达犹太教更高目标的方式。第四,犹太教崇尚真正的意志自由的原则。第五,全能上帝的意图不是以启示律法的方式来削弱人类的意志自由。第六,律法只是建立了宗教形式,并不构成宗教的本质。第七,律法只有在维持社会秩序和保持特定行

① 参见 *Encyclopedia Judaica*, Vol. 3 (Jerusalem: Keter Publishing House Ltd., 1972), 688。

② 参见 Peter R. Erspamer, *The Elusiveness of Tolerance: The "Jewish Question" from Lessing to the Napoleonic Wars*, 85。

为的时候才作为法典而产生效率(它不应对思想的自由构成障碍)。"[①]阿舍尔的这种改革是基于当时的历史形势,门德尔松将遵从犹太律法确立为人们忠诚于犹太教的标准,但是这一标准在他死后受到严重挑战。对宗教律法和仪式的懈怠在犹太人当中越来越普遍,叛教的犹太人也在不断增长。律法正在被抛弃,因为很多犹太人认为没有必要再坚守。

不过,阿舍尔真正的兴趣并不是宗教律法和礼仪改革。阿舍尔反对德国基督教和激进的马斯基尔将启示律法当作犹太教本质的观念。这一观念暗示犹太教缺乏理性内容,甚至与理性宗教完全对立。针对康德和费希特的哲学,阿舍尔论证道:犹太教总体说来是一种同基督教一样的纯粹的宗教信仰,不只是一种曾经存在的政治体制。与弗里德兰德等马斯基尔不同,阿舍尔认为犹太教和纯粹自然宗教之间的差别在于特定的宗教教义,特定的宗教教义才是犹太教本质所在,也是犹太教得以存续的唯一原因。错误地将犹太教等同于律法是导致启蒙知识分子广泛拒绝犹太教的罪魁祸首。[②] 阿舍尔借用康德批判哲学的模式,试图将犹太教从种种偶然性中抽象出来。他认为犹太教在任何历史阶段的展现都以其本质和内在精神为出发点。犹太教实际是由表象和本质构成的,任何表象都不过是本质的展现。与表象和本质相关,阿舍尔在对犹太教的历史陈述中引入了两种概念,即规约性(regulative)宗教和结构性(constitutive)宗教[③]。他认为,在规约性宗教中——几乎所有的宗教在其开始的阶段都是规约性宗教——因为没有教会、教条律法的束缚,宗教的本质和精神持续而公开地展现。当一种宗教走向体制化并被赋予一种外在形式即结构(constitution)的时候,它就成为阿舍尔所谓的结构性宗教。同众多其他宗教一样,阿舍尔认为犹太教也经历着这两种发展形态并在一定程度上具有典型意义。在《关于犹太宗教》中,阿舍尔具体地将犹太宗教的发展划分为以下几个阶段:(1)规约性阶段,从长老时代开始到《托拉》的形成。在这段时间内,犹太教的本质、信仰的原则和宗教象征符号逐渐成形。(2)结构性阶段,从西奈山的神启开始。那时犹太教增添了一系列的律法和教条,而且犹太人必须按照这些律法和教条行动。(3)宗教堕落和不纯洁阶段,从第二圣殿时代开始。随着律法系统的不断完善,犹太教内核已经被遗忘。律法成为犹太教关注的主要问题。法利赛趋势得以强化,宗派主义开始腐

① Saul Ascher, "Leviathan(1792)," 101.

② 参见 Michael A. Meyer, *The Origins of The Modern Jew: Jewish Identity and European Culture in Germany, 1749-1824*, 122-123。

③ 根据阿舍尔作品中这一概念的使用语境以及他对这一概念的阐发,该词汇抑或可翻译为"宪章性宗教"。

蚀犹太教。在这一阶段中,犹太教成为完全不同于其原初形态的一种结构性宗教,这种状况从中世纪一直持续到18世纪。(4)未来阶段。在这一阶段,犹太人必须作出纯洁犹太教的努力,即废弃那些古老的使得犹太信仰走向堕落的宗教形式,犹太教将被一种新的教导——新时代真正的犹太教精神所取代。[①]规约性宗教强调的是犹太教本源性的教义和精神本质,即犹太教作为真正的一神教而具备的伦理品质,摩西律法仅仅是一种结构性宗教形式,意志自律而非律法专制才是犹太教真正的本质。[②]犹太教本质上是一种与人类思想和生存环境相关的人性宗教类型,宣扬有关人性的教义。

阿舍尔坚持认为宗教改革的首要任务是建立一种新的结构性宗教,以体现规约性宗教的教义和原则,澄清和系统化犹太教的教义,而不是致力于肤浅的祈祷仪式方面的变革,或者屈从于基督教影响将咏唱和器乐带入犹太祈祷场所。[③]个性自律(autonomy of personality)——这是阿舍尔采用的康德式表达——要求个体行为不应受到外部权威所强加的仪式的束缚。阿舍尔虽然对个体犹太人忽略律法表示同情,但是他认为过分越轨行为是不适当的,因为这为改宗敞开了大门。在阿舍尔看来,唯一的疗法是重新定义犹太教,使个体犹太人在摆脱律法束缚的同时又能够保持他们对犹太宗教和社区的忠诚。所以,在阿舍尔看来,保留或者改革一些得到社区普遍认同的律法和习俗是保障犹太统一性和犹太宗教身份的必需,这也正是阿舍尔改革构想的背景。简单地说,就是要让教义因素成为犹太教的本质要素,而将律法推到边缘性和象征性地位。或者说,律法只是手段,不是最终目的,因而律法不可能是永恒和一成不变的,它们只具有暂时的有效性。根据阿舍尔的观点,犹太教本质上是对真理的信仰,只不过最初宗教真理是通过律法传达和构建起来的,律法在很大程度上成为信仰的指示物,也是构造犹太教启示的因素。后来,拉比犹太教渐渐地将这种信仰的指示物视为犹太教的本质。现在,这个伟大的民族开始回归宗教真理。阿舍尔认为,犹太教其实有自身的教义,只不过犹太人还没有解释它们是不是犹太教的本质性要素。阿舍尔号召对犹太教进行彻底改革,而不是在律法和宗教仪式方面进行修补。犹太教需要"纯洁"其教义,清除许多世纪以来覆盖在它身上的灰尘,清晰地展示自己的本质。只有这样,犹太民族才能真正回归犹太教本来的精神和目标。也只有

---

① 参见 Sual Ascher, *Leviathan*, in Shmuel Feiner, *Haskalah and History: The Emergence of a Modern Jewish Historical Consciousness* (Oxford: The Littman Library of Jewish Civilization, 2002), 47-48。

② 参见 Jonathan M. Hess, *Germans, Jews and the Claims of Modernity*, 159。

③ 同上,160。

如此，犹太教才能保持律法所忽视的纯洁性。[①]

参照迈蒙尼德的“十三条信纲”，阿舍尔提出了自己的信纲，试图调和犹太教（作为伦理一神教）的普世性与犹太身份的特殊性之间的关系。在他看来，对上帝及其启示的信仰是最根本的教义。但启示的律法只具有瞬时性效力，它们的意义纯粹是教育性的。永恒有效的是对上帝及其属性，即上帝之爱、上帝全能和全知的信仰。同以色列的契约是为了保证通过此世生活中的弥赛亚获得拯救。这是一种相当模糊的对犹太人角色的描述，回避了以色列重建的问题。阿舍尔也准备保留一些重要的犹太律法，如割礼、安息日仪式和犹太节日，将之作为对犹太人同上帝立约的纪念性标志，同时也作为表达宗教信条的需要。但是他废弃了哈拉哈，即拉比律法的有效性。阿舍尔的改革在回避犹太民族身份和削弱律法仪式功能的同时，强化作为教义和信仰的犹太教的本质，这是一种企图保持犹太宗教身份的策略。他这样告诫犹太人：“我们的宗教在所有时代对于每个人都是有效的。只要你们改革你们的宗教，你们很快就能成为真正的公民，成为真正健全的人……改革不会削弱犹太教的本质，犹太教同每一种启示宗教一样，给予人们的是一种未经定义的原则、教义和律法的汇编。从犹太教的各种资源中，从犹太教的原则和其发展的历史中，人们能够找到理论上的教义和关于信仰来源的科学。”[②]

阿舍尔一定程度上超越了门德尔松的宗教理想，同时也扭转了激进的马斯基尔追求纯粹自然宗教的倾向，开始真正朝着宗教改革的方向前进。阿舍尔认为，门德尔松在自然宗教和启示性律法之间的二元区分太牵强，实际分裂了统一的犹太教精神，从而为之后激进的马斯基尔彻底放弃犹太律法和宗教习俗埋下伏笔。阿舍尔力图将犹太教重新定义为一种教义性宗教，从而将犹太宗教理性和犹太教的启示联系在一起，为犹太教建立统一性的基础。在激进的马斯基尔中，阿舍尔开启了犹太教中一种新的现代趋势，那就是发现犹太教中教义的内容，或者更广泛地讲，找到犹太教的本质。[③]

三、启蒙、改革与犹太身份的维护

阿舍尔被广泛认为是现代改革派犹太教的肇始性理论家，是那些试图按照

① 参见 Peter R. Erspamer, *The Elusiveness of Tolerance: The "Jewish Question" from Lessing to the Napoleonic Wars*, 87-88。

② Saul Ascher, "Leviathan(1792)," 102.

③ 参见 Michael A. Meyer, *The Origins of The Modern Jew: Jewish Identity and European Culture in Germany, 1749-1824*, 122。

康德哲学阐释犹太教，力图将犹太教传统同康德道德意识和理性宗教观念结合在一起的德国犹太思想家中的第一位。[①]华尔特·格拉伯(Walter Grab)认为，阿舍尔是德国历史进步传统中不应被忽视的人物。他是哈斯卡拉的独特追随者，他的观点和同时代的马斯基尔有很大不同。他既坚持犹太文化统一性，又追求最大程度的文化适应。[②]

在宗教改革过程中，阿舍尔清醒地区分了消极的改革和积极的改革。消极的改革破坏了信仰的全部形式并建立了一种新的支离破碎的信仰，激进马斯基尔的改革就是如此，他们试图从犹太教中抽取自然宗教的因素，而抛弃与之无关的其他一切因素。积极的改革没有这么激进，而是一种温和而实际的变革，就像马丁·路德改革基督教那样，它着力寻找犹太教中本质性的教义因素，并以这些因素来协调犹太教的普世性和特殊性。启蒙时代消极的改革吸引了很多人，但是阿舍尔更欣赏积极的改革。对于阿舍尔而言，启蒙并不是理性的等价物。不管思想家如何运用他的智力，人类并不是单纯因为理性而被创造出来——理性是不充分的。信仰的对象并不是严格地和理性联系在一起。[③]诚然，阿舍尔倡导宗教改革，他在《关于犹太宗教》中提出宗教改革是犹太人被主流社会接受并获得完全公民权的必要条件。但是，他不像本大卫等人那样，将柏林犹太人描述为两大分裂的社团——改革者和传统主义者，而且两者冲突越来越严重。他感到有必要寻找一种新的维护犹太集体意识的途径，因为他很明显地感到那个时代柏林犹太社区所面临的严重危机：一些犹太人仅仅在名义上是犹太人，越来越多的犹太人开始改宗基督教。[④]

阿舍尔在追求宗教改革的同时意识到维持犹太身份和犹太生存的紧迫性，这在同时代的激进马斯基尔中是仅见的。就18世纪末的思想氛围而言，阿舍尔的宗教改革理论具有超时代性，展现了敏锐的、与众不同的思想洞察力。尽管阿舍尔在那个带有强烈世俗哲学倾向、自然宗教理论盛行的时代没有引起人们的普遍关注，甚至他的思想实际上也没有对后来主流的改革派理论家如盖革和侯德海姆产生重要影响，但阿舍尔在一定程度上封存了激进马斯基尔的观念并预示着犹太教更加深刻变革的开始。在这一意义上，阿舍尔是一个划时代的犹太思想家，在改革运动观念构建过程中起到了奠基人的作用。正如迈耶尔所评价

① 参见 Jonathan M. Hess, Germans, *Jews and the Claims of Modernity*, 139。

② 参见 Peter R. Erspamer, *The Elusiveness of Tolerance*: *The "Jewish Question" from Lessing to the Napoleonic Wars*, 82。

③ 同上，89。

④ 参见 Shmuel Feiner, *The Jewish Enlightenment*, trans. Chaya Naor (Philadelphia: University of Pennsylvania Press, 2002), 310。

的，阿舍尔是第一位值得注意的在宗教改革框架中重组犹太教与哲学要素的理论家。[1]

总体来看，阿舍尔的思想还处在哈斯卡拉的框架之内，他并没有受到那个时代开始兴起的宗教浪漫主义思潮的影响。像门德尔松一样，他以理性主义的方式，努力捍卫犹太性和犹太人在现代世界的生存。对于阿舍尔来说，宗教的功能仍然是给个人带来幸福，宗教本身依然是达致启蒙人性理想的手段。像莱辛一样，阿舍尔也将启示构想为人类理解力的预备阶段。将宗教建立在启示的基础上仅仅是因为人类理性还不能够理解最终真理。犹太教因此成为通向最终目标的中介和手段，只不过它是与基督教有所不同的另一种教义系统，但无论如何，这一系统不会干扰思想和行动的自由。所以，尽管阿舍尔批评了门德尔松，但他仍然是沿着门德尔松所期望的理性主义道路前进。他所倡导的犹太教事实上是启蒙犹太教的一个变种。[2]

① 参见 Michael A. Meyer, *Response to Modernity: A History of the Reform Movement in Judaism*, 21。

② 参见 Michael A. Meyer, *The Origins of The Modern Jew: Jewish Identity and European Culture in Germany, 1749-1824*, 124。

From Radical Enlightenment to Religious Reform: On Saul Ascher's Reconstruction to Judaism

HU Hao

Abstract: Saul Ascher is one of the Jewish thinkers that were influenced by Immanuel Kant in the late 18th century. Unlike many of his contemporaries advocating Jewish enlightenment, he tried to remove the political and modern anti-Semitic elements in Kant and Fichte's philosophy, and constructed the system of Jewish ethical monotheism that originated from Moses Law and based on Kant's reason and moral principles. Under the background of religious and philosophical anti-Semitism, and Jewish fighting for the liberation, Asher's ideas showed a strong political and philosophical criticism and the motives that defended the Judaism and Jewish survival in a rationalist context, and he was one of the key figures who guided the Berlin Jewish community from radical enlightenment to positive religious reform.

Key Words: Saul Ascher, Judaism, Enlightenment, Religious Reform

当代美国犹太教的三大变化趋势

汪舒明*

【摘要】自20世纪末以来，以非正统派为主流的美国犹太教出现了“去族裔化”“去宗派化”“性别革命”三大变化趋势。战后美国社会的“多元文化主义”转向、反犹主义的明显消退和美国犹太人的加速融入，导致旧有的族裔、宗教藩篱明显松动，进而导致犹太社区的大规模通婚和脱教现象。犹太教族裔、宗教两种身份之间相互紧密纠联的传统遭受“去族裔化”浪潮的解构。战后西方犹太教和基督教之间的持续对话与和解，以及不同宗教群体成员之间的通婚大潮，还导致犹太教和其他宗教之间共存互鉴、交叉渗透的情形日益频繁。“人人可为教牧”的后现代宗教文化兴起，导致越来越多的犹太人疏离犹太教建制派运动和组织，纷纷投身创新性犹太宗教运动，或者跨宗派的“外联”运动。美国自由化和反文化大潮，则助推了犹太女权主义思潮涌动，帮助同性恋者走出边缘地位。在非正统派各个宗派，女性和同性恋者在宗教教育、圣职任命等领域逐步获得了与男性一样的平等地位。“去男权化”的“性别革命”冲决了男性主导犹太教的悠久传统。这些“与时俱进”的维新，主要发生在高度“美国化”的非正统派。由此，也导致其与致力于捍卫犹太传统和教法权威的正统派之间进一步呈现分化之势。

【关键词】美国犹太教；去族裔化；去宗派化；性别革命

自19世纪末东欧犹太人出现北美移民潮并成为美国犹太社团的人口主体以来，他们已经在美国这个现代、多元的“熔炉”社会经历了五代。美国式的现代资本主义和自由主义，一直在消融和吞噬着犹太人在族裔—宗教身份认同和文化上的独特性。二战以后半个世纪，自由主义文化在美国的滥觞和激进化，强烈冲击着由不同移民群体的族裔与宗教传统差异和纽带维系的界限和藩篱。包括

* 汪舒明，上海社会科学院国际问题研究所、上海犹太研究中心副研究员。

犹太群体在内的不同移民群体,也在持续的文化适应或迁就的进程中,不断对不同时期进入美国社会主流而被正当化的规范和文化观念作出妥协或抵制的不同回应,从而实现自我革新和嬗进。

21 世纪初,乔纳森·萨纳(Jonathan D. Sarna)曾提出 21 世纪美国犹太教面临的四大"问题",即边界受蚀、权威瓦解、文化适应和维持统一性。① 21 世纪 10 年代,犹太生活进一步出现了多方面的明显变化:脱教和通婚;自由派犹太人疏离以色列;社会正义被置于美犹价值观顶端;正统派开放性变小;通婚进一步被改革派和保守派接纳;宗教归属界定政治身份;等等。② 站在 21 世纪初回望,美国的犹太教在形态上与半个世纪以前相比出现了明显的变异。具体而言,21 世纪的犹太教已经出现了"去族裔化""去宗派化""性别革命"三大趋势。

一、去族裔化

族裔和宗教能为人们提供意义、身份和归属感。作为一个移民社会,宗教和族裔在美国往往存在深度关联,特定的宗教及其教派通常有着深刻的族裔基础。宗教和族裔混合型群体可同时提供宗教和族裔产品,有更强的意义建构和凝聚力,能为移民提供多种多样的社会服务和帮助。③ 在教、族紧密关联的群体中,群体内婚以及让通婚者实施宗教皈依是维持群体对外边界和内部凝聚力的两种规范。后者尤其可能被视为兼具族裔和宗教性质的行为。④

族裔、宗教两种身份之间相互紧密纠联乃至无缝重合,正是犹太人的悠久传统。在世界六大宗教中,犹太教是唯一一种族裔宗教,教、族两者融合,两种群体边界相互支撑和强化。⑤ 唯有犹太人,其宗教共同体和旧族裔群体同名。⑥ 在美国媒体谈及不同族裔群体的信仰归属时,犹太人一直被视为犹太教的信奉者。防卫需求、社群本能以及对群体独特性(尤其宗教)的忠诚,为来到美国的犹太移

---

① 参见 Jonathan D. Sarna 乔纳森·D.萨纳,《美国犹太教史》[American Judaism],胡浩 Hu Hao 译(郑州[Zhengzhou]:大象出版社[Elephant Press],2009),311—317。

② 参见 Gabe Kahn, "How Jewish Life, Demographics Changed in the 2010s," December 26, 2019, https://jewishweek.timesofisrael.com/how-jewish-life-demographics-changed-over-the-last-decade/。

③ 参见 Rebecca Y. Kim, "Religion and Ethnicity: Theoretical Connections," *Religions* 2 (2011): 312-329。

④ 参见 Stephen Sharot, *Comparative Perspectives on Judaisms and Jewish Identities* (Detroit: Wayne State University Press, 2011), 168。

⑤ 同上,257。

⑥ 参见 Bernard Lazerwitz, J. Alan Winter, Arnold Dashefsky, et al., *Jewish Choices: American Jewish Denominationalism* (New York: State University of New York Press, 1998), 4。

民维持部族内聚力提供了根基。[①]而犹太教在为数众多的美国犹太人维持部族可持续性中居于中心位置。此种教、族纠联共同构建的群体认同和界限的坚固性，尤其以很低的通婚率为重要外显的征兆。支持内婚、抵制通婚在 20 世纪前半期曾经是早期犹太移民群体的社会惯常。在 1925 年前，选择与其他族裔通婚的犹太人不到 2%；在 1940 年至 1960 年间，也才缓慢上升到 6%。[②] 1957 年 3 月的美国全国人口抽样调查显示，在报告自己已婚的犹太人中，与非犹太人结婚的占了 3.8%；在至少一方为犹太人的婚姻中，有 7.2%为通婚。[③]

二战以后美国社会文化的变化，持续冲击并削弱各群体内在的宗教、族裔纽带和相互之间的藩篱。在美国式的开放社会中，个体在涉及个体身份的宗教乃至族裔议题上，本就可以遵循自由市场模式作出自由选择。在战后美国的后现代主义文化下，文化身份也被视为可自由选择和建构。群体关系方面，如火如荼的民权运动以及不同宗教之间(尤其犹太教和基督教之间)的对话与和解，推动美国从"熔炉"转向多元文化主义和身份政治，继而转向"后族裔"社会，冲击着既有的群体边界。快速的城市化进程，也进一步加剧了社会成员的流动性、交互性和个体的选择自由度。这些因素都导致二战以后美国社会不同群体的宗教和族裔边界始终处于流变和漂移之中。旧的群体边界不断被解构，新的边界又重新形成。美国宗教界限首先发生漂移；到 20 世纪 60 年代，族裔界限松动；70 年代以后，通婚加速又导致宗教界限松动。[④]

对于犹太人的宗教/族裔身份塑造而言，战后美国"白人"范围的扩大和"犹太教—基督教传统"的建构有着重要意义。在 20 世纪 60 年代末 70 年代初，新一代犹太人在教育、职业、收入、居住等方面都已经整体上上升为中产阶级。尽管许多犹太人仍然有一种根深蒂固的"少数族裔"的自我体认，但他们已经被美国主流社会接纳，被视为"白人"的一个重要部分。在一定程度上，犹太身份在美国社会已经成为一种有利因素。与犹太人通婚，在白人精英阶层也变得日益流行。20 世纪 90 年代以来相继入主白宫的克林顿、特朗普和拜登等白人权贵，其后裔都有成员选择与犹太裔通婚，甚至在婚后选择皈依犹太教(如特朗普女儿伊万卡)。纳粹大屠杀与基督教反犹主义的关联，以及战后基督教和犹太教之间的

---

① 参见 Seymour Martin Lipset and Earl Raab, *Jews and the New American Scene* (Cambridge: Harvard University Press, 1995), 66-67。

② 参见 Sidney Goldstein, "Profile of American Jewry: Insights from the 1990 National Jewish Population Survey," *American Jewish Year Book* 92 (1992): 125。

③ 参见 Sidney Goldstein, "American Jewry, 1970: A Demographic Profile," *American Jewish Year Book* 72 (1971): 27。

④ 参见 Stephen Sharot, *Comparative Perspectives on Judaisms and Jewish Identities*, 262。

对话与和解,也使反犹主义在美国主流社会声名狼藉。美国社会重新发掘和建构的“犹太教—基督教传统”,也改变了此前犹太教长期受到基督教世界排斥和迫害的处境,被完全接受为美国民主的三大信仰基础,取得与新教一样表达“美国精神”的同等地位。

一旦反犹主义这个对群体生存和安全的传统威胁明显减弱,以及主流社会以开放的姿态提供接纳,个体意义上的犹太人也就有了进入、留存或退出群体身份的选择自由。在族裔、宗教无缝重合基础上建构的犹太群体身份认同开始淡化,长期以来设定的对外边界变得千疮百孔。当今美国犹太人的宗教已经个体化、私人化,已经从集体中解脱出来,转而以主观性的个体体验为上。个体设定群体边界,群体之间的界限开放模糊。族裔忠诚和仪式遵守的程度都下降了。[①] 内婚和皈依这两个犹太社团长期盛行的核心价值观在 20 世纪末至 21 世纪初的 20 年内崩溃。通婚和脱离犹太教成为犹太教“去族裔化”的明显迹象。

比例不断上升的通婚,尤其导致教、族无缝重合状况解体,甚至使如何计算犹太人口成了问题。北美犹太联合会不同时期开展的全国或地区犹太人口调查,也展现出通婚率长期上升的趋势:1970 年的通婚率达到 31%,比 10 年前翻番;1990 年的统计发现,过去五年成婚的犹太人中,通婚率达到了 52%;2000 年的调研中,通婚率仍然高达 47%。[②]皮尤研究中心的相关数据也显示了类似的趋势:在 1970 年前,犹太人选择与非犹太人结婚的为 17%;在 80 年代已经超过 40%;到 21 世纪初则已经高达 58%。[③] 最近十年选择与非犹太人结婚的已经高达 61%,而成年犹太人口中配偶为非犹太人的已经高达 42%。[④]

在通婚愈演愈烈的同时,有越来越多的犹太人出现了疏离犹太教的现象。犹太裔出生,但不信犹太教,或信仰基督教等其他宗教的比例不断上升,而信仰犹太教的比例在持续萎缩。调研显示,除家庭生命周期事件(如生死、成人礼、婚嫁等)外,“核心犹太人口”不参加宗教活动的比例从 1971 年的 27%,上升到 1990 年的 35%、2000 年的 41%。安息日经常点亮烛台的比例也从 1990 年的

---

① 参见 Charles Liebman, “Unraveling the Ethnoreligious Package,” in *Contemporary Jewries: Convergence and Divergence*, eds. Eliezer Ben-Rafael, Yosef Gorny and Yaacov Ro'i (Leiden: Brill, 2003), 143-150。

② 参见 Steven Bayme, “Intermarriage and Jewish Communal Policy: Challenges to Orthodoxy”, in *Conversion, Intermarriage, and Jewish Identity*, eds. Adam Mintz and Marc D. Stern (New York: Yeshiva University Press, 2015), 69-73。

③ 参见 *A Portrait of Jewish Americans* (Pew Research Center, 2013), 35。

④ 参见 *Jewish Americans in* 2020 (Pew Research Center, 2021), 94。

36%下降为 2000 年的 28%。[①] 根据 2000—2001 年的"全国犹太人口调研",自我定义为"Just Jewish"、没有教派倾向的犹太人则增长到了 25%。2013 年的皮尤报告则称,没有教派倾向的为 30%。[②] 2020 年的皮尤调研报告则称这一比例进一步上升为 32%。[③]关于宗教在美国犹太人生活中的重要性的体认,皮尤调研也显示出下降趋势。在世俗化问题上,犹太社区的情况与美国公众的总体趋势一致,但在程度比例上远甚于美国社会的整体状况。在 2013 年的报告中,认为宗教在生活中"很重要"和"有点重要"的分别达到 26%和 29%,而认为"不太重要"或"一点也不重要"的则达到了 44%。而美国公众中认为宗教"不太重要"或"一点也不重要"的为 20%。[④]在 2020 年的报告中,认为宗教"很重要"和"有点重要"的犹太人进一步降为 21%和 26%,而认为"不重要"的则上升为 53%。与此相比,美国公众中某种程度认为"不重要"的达到 34%。[⑤]当今美国犹太人的犹太身份认同,存在着多种多样的要素,而且更倾向于提及文化、血统等非宗教的世俗性要素,以及参与犹太社团理事会等世俗性的犹太组织和活动。在 21 世纪的调研中,大多数犹太人称,纪念大屠杀、趋向一种符合道德伦理的生活、追求社会公平正义等是他们作为犹太人的本质属性,而遵守传统犹太饮食、遵守犹太教法(halakha)等宗教性要素即使在信教犹太人中也位居最后。绝大多数不信教犹太人对拉比的讲道毫无兴趣,但许多人对他们的犹太遗产有着强烈的自豪,而且与犹太同胞有着强有力的关联。[⑥]

异族通婚和疏离犹太教这两种加剧"去族裔化"的走向之间存在着紧密的关联。不同婚姻情况的宗教参与度、育儿方式也有很大差距。通婚者大多不信教,不参与有组织的犹太教(或跟随配偶参与其他宗教),他们的孩子往往以非犹太方式养育。混合婚姻中的配偶通常倾向于忽略差异,钟爱共性,因而趋于普遍主义。[⑦] 由此,通婚家庭也往往缺乏族裔认同,访问以色列、参与犹太组织等活动的比例比较低。相比较而言,通婚后非犹太裔配偶皈依犹太教的(皈依)家庭,在宗教参与度和育儿方式上普遍选择犹太教,也倾向于积极参与其他显示犹太族

---

① 参见 Barry A. Kosmin and Ariela Keysar, "American Jewish Secularism: Jewish Life Beyond Synagogue," *AJYB* (2012): 24-15。

② 参见 *A Portrait of Jewish Americans*, 10。

③ 参见 *Jewish Americans in* 2020, 57。

④ 参见 *A Portrait of Jewish Americans*, 72。

⑤ 参见 *Jewish Americans in* 2020, 59。

⑥ 参见 Barry A. Kosmin and Ariela Keysar, "American Jewish Secularism: Jewish Life Beyond the Synagogue," 50。

⑦ 参见 Jennifer A. Thompson, *Jewish on Their Terms: How Intermarried Couples Are Changing American Judaism* (New Brunswick: Rutgers University Press, 2014), 57。

裔倾向的活动。

如果说，犹太裔的异族通婚和疏离犹太教表明“犹太人未必信奉犹太教”，那么，数量可观的非犹太裔皈依犹太教，或在某种程度上接受犹太教信仰，则显示出犹太教“去族裔化”的另一个侧面，即“信奉犹太教的未必是犹太裔”。

全球犹太人主要由两大部分构成：其一为祖居中东欧的阿兹肯纳齐(Ashkenazi)犹太人，其二为祖居中东及环地中海一带的赛法迪(Sephardic)/米兹拉希(Mizrahi)犹太人。在以色列，这两个群体大体平分秋色。在美国，尽管这两个群体都已经被认同为“非西班牙裔的白人”，但美国犹太社团绝大多数来自前者。

但美国多元文化大熔炉环境下高比例的通婚，以及一定规模的宗教皈依，也导致犹太教的族裔背景复杂化。越来越多的非犹太裔，出席犹太会堂仪式并加入会堂，有时在会堂和教堂中持双重会员身份，甚至在会堂生活中表现活跃，居于领导者地位。[①] 其他世俗性的犹太组织，如犹太社团中心也出现了大量非犹太成员的情况。在一些较小的犹太社团，犹太人甚至经常成为犹太社团中心的少数派。[②]在犹太教各宗派中，愿意让非犹太人成为会堂成员并享有会堂荣誉的改革派和重建派，因吸引了大量通婚家庭加入而没有出现类似于 21 世纪以来保守派所遇到的困境。混合婚姻也带来大量其他宗教/族裔的成员皈依为犹太教徒，即使在白人权贵中也不乏其人。代表性的如特朗普长女伊万卡，她嫁入库什纳家族后，历经两年的学习，受到正统派拉比的确认皈依为犹太教正统派成员。

除了与犹太裔通婚并皈依的白人，21 世纪以来，少数族裔的边缘性犹太群体呈现日益明显增长之势。2013 年的皮尤报告显示，有 94%的犹太人自我认定为“非西班牙裔白人”，其余为非裔(2%)、西班牙裔(3%)和其他(2%)。与信教犹太人中的少数族裔成员比例(4%)相比，自我认定为少数族裔的不信教的犹太人比例(12%)明显更高。[③] 2020 年皮尤对美国犹太人的民调，单独设置问题，了解访谈对象的种族和族裔背景。结果显示，自我认同为“非西班牙裔白人”的比例为 92%，西班牙裔犹太人上升为 4%，包括非裔、亚裔等在内的其他少数族裔犹太人为 4%。自我认定为少数族裔和混血的犹太人，以及通过宗教定义自己为犹太人的，合计比例高达 8%。少数族裔背景犹太人与赛法迪/米兹拉希犹太人之和，则高达 17%。年轻一代犹太人和犹太教成员的族裔背景多元化程度比

---

① 参见乔纳森·D. 萨纳，《美国犹太教史》，308。

② 参见 Barry A. Kosmin and Ariela Keysar, “American Jewish Secularism: Jewish Life Beyond the Synagogue,” 49。

③ 参见 *A Portrait of Jewish Americans*, 46。

老一辈更加明显。在 18—29 岁和 30—49 岁两个组别统计中，少数族裔身份的犹太人分别达到了 15%和 12%。而 65 岁以上的老年犹太人口中，这个比例只有 3%。①

一些少数族裔犹太人开始在犹太社团崭露头角，受到媒体注意。如一名韩/犹混血的女性在 2001 年成为首位亚裔美国拉比，并于 2014 年晋升为纽约中央犹太会堂的高级拉比。非裔犹太人在纽约有四座会堂。芝加哥的埃塞俄比亚希伯来会堂也是非裔会堂，该会堂拉比卡珀・范尼(Capers Funnye)为奥巴马妻子米歇尔的表亲，为芝加哥拉比理事会理事，还是泛非犹太人联盟领导。②还有越来越多的非犹太人参加犹太会堂的宗教活动，或者加入犹太学校。如佛罗里达一所传统上向非犹太人开放的犹太日间学校，近年来就出现了非犹太学生大幅增加，占据其一半生源的情况。③ 当然，有色人种背景的犹太人在美国犹太社团内部仍然处于边缘化地位，甚至受到主流白人犹太群体的歧视。④

二、后宗派和反建制

二战以来，“犹太教—基督教传统”的提法就已经在美国逐渐流行。而且，犹太教非正统派与基督教不同支派之间围绕不同议题的宗教对话与合作也一直在积极开展。但直到 20 世纪末期，犹太教与美国其他宗教(如基督教、天主教等)之间仍然存在比较清晰的界限。犹太教内部主要宗派之间的分立竞争态势也仍然比较清晰，在美国存续了数代之久的各犹太教宗派仍然是绝大多数犹太人的主要精神归属。美国犹太社团关于 1990 年全国犹太人口的调研报告显示，成年“核心犹太人”受访者中，倾向于正统派、保守派、改革派、重建派的比例分别为 6.1%、35.1%、38.0%、1.3%，宣称自己倾向于犹太教某一宗派的比例合计高达 80.5%。其余近 19.5%宣称自己为“Just Jewish”或者“其他”。⑤

---

① 参见 *Jewish Americans in 2020*, 170, 174, 175。

② 参见“Rabbi-in-chief: Barack Obama's Jewish Connection,” 14 April 2009, https://www.independent.co.uk/news/world/Americas/rabbi-in-chief-barack-obamas-jewish-connection-1668186.html。

③ 参见 Ben Sales,“At This Florida Jewish Day School, Half the Students Aren't Jewish,” August 19, 2019, https://www.jta.org/2019/08/19/united-states/at-this-florida-jewish-day-school-half-the-students-arent-jewish。

④ 参见 Tobin Belzer, Tory Brundage, Vincent Calvetti, et al., “Beyond the Count: Perspectives and Lived Experiences of Jews of Color,” https://jewsofcolorinitiative.org/wp-content/uploads/2021/08/BEYONDTHECOUNT.FINAL.8.12.21.pdf。

⑤ 参见 Sidney Goldstein, “Profile of American Jewry: Insights from the 1990 National Jewish Population Survey,” 170。

但自20世纪末期以来，美国犹太教的后宗派化、反建制派态势已经日益明显。战后以来西方犹太教和基督教之间的持续对话与和解，以及不同宗教群体成员之间的通婚大潮，使得不同宗教之间传统的界限和藩篱不再坚固严密。犹太教和其他宗教之间共存互鉴、交叉渗透的情形日益频繁。这其中，犹太教与基督教各教派之间的互动和关联尤其密切。瑜伽、冥想等东方宗教实践，以及一些新潮的“新时代”宗教实践，也渗入犹太教的一些教派的活动中。比如，一些“犹太佛教徒”引领的精神生活，将自己置于一种介于犹太教与佛教之间的象征性精神空间。①

在重建“犹太教—基督教传统”的进程中，天主教等基督教重要分支积极反思自身的反犹历史罪责，摒弃反犹神学教义，重新发掘和回归“希伯来之根”。犹太人频繁地在天主教机构的董事会中任职②，已经不再是一种新现象。基督教主线教会在社会政治议程中与犹太教非正统派结成联盟，共同推进自由派议程。而基督教右翼则在支持以色列等议题上与犹太教右翼形成结盟。还有越来越多的基督教福音派遵守犹太忌日，反思和哀悼犹太人遭受基督教迫害。对于基督教锡安主义而言，与犹太人在信仰和政治上的团结，已经成为其核心要素之一。③而犹太教也公开有意识地运用宗教融通的环境，与其他宗教共享宗教文本和仪式，或者与基督教共用宗教设施。在基督教会启动跨教逾越节等活动的同时，跨宗教会堂也在出现。改革派会堂不仅包容通婚，现在也很少区分犹太人和基督徒。犹太复兴运动（Jewish Renewal Movement）重要创始人撒切特拉比（Schachter Shalomi）甚至想将会堂转变成面向所有人的精神体验之地，创设一种介于犹太人与非犹太人之间的类属。④ 传统上，耶稣曾长期被犹太人视为异端而受到拒斥。但在新时代，其在犹太人中的接纳程度明显上升。2013年的皮尤报告显示，有34%的犹太人认为“耶稣为弥赛亚”的观念与自己的犹太人身份相容，信教犹太人中持此立场的也达到30%。正统派犹太人中持此立场的达到

① 参见 Mira Niculescu, “Reading In-Betweenness Jewish Buddhist Autobiographies and the Self-Display of Interstitiality,” *Contemporary Jewry* 37 (2017): 333-347。

② 参见 Jacob Rader Marcus 雅各·瑞德·马库斯，《美国犹太人，1585—1990年：一部历史》[The American Jew, 1585-1990: A History]，杨波 Yang Bo、宋立宏 Song Lihong、徐娅囡 Xu Yanan 译（上海[Shanghai]：上海人民出版社[Shanghai Renmin Chubanshe]，2004），272。

③ 参见 Dan Hummel, “Why Many Evangelical Christians Now Celebrate Jewish Holidays,” August 19, 2019, https://www.washingtonpost.com/outlook/2019/08/19/why-many-evangelical-christians-now-celebrate-jewish-holidays/。

④ 参见 Shaul Magid, *American Post-Judaism: Identity and Renewal in a Postethnic Society* (Bloomington and Indianapolis: Indiana University Press, 2013), 54。

35%,高于保守派和改革派成员的相应比例(28%和 25%)。[①]

异族通婚尤其成为推动犹太教与其他宗教相互渗透、影响的强大力量。在 150 万通婚家庭中,双重身份成为常态。20 世纪 90 年代初的一项研究显示,有 62%的混合婚姻家庭为双重身份认同,而皈依家庭中持双重身份认同的为 20%。皈依家庭绝大多数显示出中高水平的犹太认同,而混合婚姻家庭绝大多数犹太身份认同度低。[②] 2013 年的皮尤报告显示,配偶为非犹太人的混合婚姻家庭中,前一年在家里放置圣诞树的比例高达 71%。[③]那些基本上脱离了犹太社团但有着犹太背景或关联的群体成员,则大多已经转为基督教徒。

如果说,与其他宗教的融通可谓广义的"后宗派"现象,那么越来越多的犹太人脱离建制派犹太教宗派,加入非建制派犹太宗教组织,则可以视为狭义的"后宗派"现象。现代化大潮下科技进步和知识传播赋能个体,反文化潮流下各种社会建制派组织机构的权威性下降,自由主义文化下相对主义和个体主义的兴盛,等等,多种因素导致美国在宗教领域也出现反建制派浪潮。各大宗教的平信徒均起而为自己"创设"宗教,从而出现"人人可为教牧"的状况。宗教已经成为另一种消费品,而"现代"的宗教权威丧失了强制圈定边界、维持控制和纯净的能力。不再认同任何有组织的宗教的美国人(尤其 1980 年后出生的千禧一代)数量迅猛增长,这是美国所有重要宗教面临的共同挑战。基督新教主线教会和天主教面临的挑战尤其严峻。2014 年的皮尤宗教民调显示,在 2007 年至 2014 年的短时间内,这两个教派占美国人口的比重均出现了显著下降:主线教会从 18.1%下滑到了 14.7%,天主教从 23.9%下滑到了 20.8%,千禧一代年轻人则分别只有 50%和 37%仍然留在他们成长的教派中。[④]与此同时,则是基于新兴网络和社交媒体技术的非建制派创新性宗教实践、运动和组织大行其道。

犹太教也不例外。21 世纪 20 年代,传统犹太会堂减少了三分之一,新冠疫情下更受重创。各种非正式犹太教兴起。成员制会堂难以维系,转向在线、虚拟社区。独立祈祷团快速发展。[⑤] 保守宗派被越来越多地视为禁锢,宗派转换变

---

① 参见 *A Portrait of Jewish Americans*, 58-59。

② 参见 Peter Y. Medding, Gary A. Tobin, Sylvia Barack Fishman, et al., "Jewish Identity in Conversionary and Mixed Marriages," *AJYB* (1992): 36。

③ 参见 *A Portrait of Jewish Americans*, 80。

④ 参见 Alan Cooperman and Becka A. Alper, "The Jewish Place in America's Religious Landscape," *AJYB* (2017): 3-4, 7。

⑤ 参见 Joel Kotkin and Edward Heyman, "The New American Judaism," *Tablet* (February 18, 2021)。

得广泛，宗派运动就像“漏水的船”[①]。年轻一代越来越怕被“归属”和被贴宗派“标签”。具体而言，犹太教的后宗派化主要表现为以下三个方面：

其一，疏离犹太教建制派运动和组织。

21 世纪以来，保守派这个犹太教建制派中最大的派系之一呈现出急剧衰落的态势，而没有明确宗派倾向，或自称“Just Jewish”的世俗犹太人群体规模一直在增长。1990 年“全国犹太人口统计”的成年核心犹太人口中，保守派占了 35.1%，改革派占了 38%，正统派占了 6.1%，而“Just Jewish”不信教犹太人为 10.1%，答曰“其他”的占了 9.4%。[②] 10 年以后，保守派和改革派相应地降为 26%和 34%，而自我定义为“Just Jewish”、没有教派倾向的犹太人则增长到了 25%。[③] 2013 年的皮尤报告中，受访犹太成年人口保守派、改革派的相应占比分别为 18%和 35%，而没有教派倾向的为 30%。[④] 2020 年皮尤报告显示，成年犹太人口保守派和改革派相应占比为 17%和 37%，自称没有特别宗派的占比 32%，其他派别占比 4%。[⑤]包括宗教在内的犹太建制派组织越来越不受欢迎。婴儿潮一代年轻犹太人尤其将参与建制派组织视为负担，疏远这些组织，甚至视为不相干、剥削，觉得这些组织排他、不关心年轻人。[⑥] 主流建制派组织虽然努力推出一些项目以吸引年轻人，但大多以失败告终。

建制派犹太教后继乏人，举步维艰，“非正统派拉比在哪里？”的问题也日益突出。改革派和保守派的拉比培训机构生源和授职数都出现了大幅下降，财政也面临严重危机。从 2008 年至 2022 年，希伯来联合学院的生源减少 30%，而犹太神学院下降了 43%。[⑦] 从皮尤调研的数据来看，犹太成年人口自我认定为

---

① Jack Wertheimer, *The New American Judaism: How Jews Practice Their Religion Today* (Princeton and Oxford: Princeton University Press, 2018), 161.

② 参见 Sidney Goldstein, “Profile of American Jewry: Insights from the 1990 National Jewish Population Survey,” *AJYB* (1992): 170。

③ 参见 Jonathon Ament, “American Jewish Denominations: United Jewish Communities Report Series on the National Jewish Population Survey 2000-01,” February 2005, United Jewish Communities, https://www.jewishdatabank.org/content/upload/bjdb/307/NJPS2000_American_Jewish_Religious_Denominations.pdf。

④ 参见 *A Portrait of Jewish Americans*, 10。

⑤ 参见 *Jewish Americans in 2020*, 57。

⑥ 参见 Jack Wertheimer, “Mapping the Scene: How Younger Jewish Adults Engage with Jewish Community,” in *The New Jewish Leaders: Reshaping the American Jewish Landscape*, ed. Jack Wertheimer (Massachusetts: Brandeis University Press, 2011), 1-44。

⑦ 参见 Arno Rosenfeld, “As Movements Recede In Jewish Life, Reform And Conservative Seminaries Shrink,” March 25, 2022, https://forward.com/news/484575/as-movements-recede-in-jewish-life-reform-and-conservative-seminaries/。

“改革派”的比重相对稳定，比保守派的存续能力要强得多。但它同样存在成员年龄老化、组织参与度低、财政困难等痼疾。希伯来联合学院的危机就是改革派整体困境一个缩影。过去 15 年，该校三大校区生源整体减少 37%，辛辛那提校区生源尤其减少 60%。同期，改革派运动的会费收入从 1500 万美元减至 540 万美元，难以承担神学院预算，只能于 2022 年停止辛辛那提校区的拉比学院招生。[①]

其二，创新性犹太宗教运动和组织的兴盛。

越来越多的犹太人疏离建制派犹太教运动，并不意味着他们都转变成了世俗主义者，脱离了犹太教。在以色列，那些不归属于某一宗派运动的犹太人倾向于采纳正式机制和精神架构之外的仪式和样式，来实现精神复兴。[②] 许多在民调中选择“非宗派”或“其他”的，实际上成了新兴宗教运动和组织的成员。21 世纪美国犹太教最明显的特征，正是致力于为宗教表达创设非常规情景的努力兴盛即创新乃至破坏性创造。这与美国更广泛的宗教图景同路。新型的宗教聚会故意选择那些不像会堂的地方，如夜总会、酒吧、行为艺术场所、屋顶、书店、货仓等。[③]那些志同道合的人聚合起来，推动了非建制派组织兴起，包括独立祈祷团、文化活动、合租共享项目(如“摩西之家”)、社会行动志愿团、涉以项目、新型慈善组织等。[④]那些草根性的、进步派的新兴会堂和运动，如哈乌拉运动(Havurah)、阿勒夫(Aleph：Alliance For Jewish Renewal)、犹太人文主义者等，起初往往自发形成，而且故意排斥拉比作为其领导人。[⑤]建制派组织领导层往往由年龄较大、社会政治立场偏于保守的男性构成，他们关注犹太群体的存续、支持以色列等。而非建制派组织领导层更加年轻，女性更多，在社会政治上持更加自由主义

① 参见 Andrew Lapin, “Hebrew Union College to End Cincinnati Rabbinical Program after Board Backs Controversial Plan,” April 11, 2022, https://www.jta.org/2022/04/11/united-states/hebrew-union-college-to-end-cincinnati-rabbinical-program-after-board-backs-controversial-plan； Andrew Lapin, “Ohio's Attorney General and Synagogues Across the Country Fiercely Debate Hebrew Union College's Downsizing Plan,” April 7, 2022, https://www.jta.org/2022/04/07/united-states/ohios-attorney-general-and-synagogues-across-the-country-fiercely-debate-hebrew-union-colleges-downsizing-plan。

② 参见 Shaul Magid, *American Post-Judaism：Identity and Renewal in a Postethnic Society*, 3。

③ 参见 Jack Wertheimer, *The New American Judaism：How Jews Practice Their Religion Today*, 234-235。

④ 参见 Jack Wertheimer, “Mapping the Scene：How Younger Jewish Adults Engage with Jewish Community,” 1-44。

⑤ 参见 Jack Wertheimer, *The New American Judaism：How Jews Practice Their Religion Today*, 236-243。

的立场，关注社会正义，较少关注犹太群体延续和以色列。[①] 他们觉得建制派组织又大又官派，反应迟缓，过于保守和特殊主义。哈乌拉这样的犹太复兴运动，关注成员之间的亲密性及在家庭式背景下祈祷，反对大型的非个人、程式化的“宗教圣所”。[②] 非建制派年轻领导人注重犹太身份中的文化表达，尤其将社会正义视为最值得追求的犹太特征，“犹太身份就是为正义而战”，他们对美、以也有着很高的道德要求。[③]建制派和非建制派之间并非对立关系。两者之间存在多种多样面向同性恋者、进步派、世俗主义者、通婚家庭等特定群体的附属性群体，承担着桥梁功能，如“马赛克”(Mosaic)、“彩虹”(Keshet)、哈巴德(Chabad)等。

其三，跨宗派“外联”运动的兴起。

除了前述在宗派归属问题上的“喜新厌旧”，跨宗派“外联”运动和组织的兴盛也构成了打破宗派藩篱的另一种方式。美国社会其他宗教群体的去宗派化趋势，犹太教正统派和非正统派群体之间的极化和恶斗，青年一代的反宗派倾向，以及反犹主义在美国的重新抬头，这些因素都在推动一些力量开展塑造跨宗派文化的种种努力。组织游历以色列的“发现以色列——与生俱来的权利”(Birthright Israel)[④]、提供犹太学习机会的 Hadar 中心和 Hartman 研究所、致力于为神职人员提供灵修帮助的“犹太精神研究所”(The Institute for Jewish Spirituality)、资助犹太青年骨干培训的 Wexner 基金会和 Tikvah 基金、推动不同宗派神职人员合作共事的“犹太会堂 3000”(Synagogue 3000)、汇聚各派犹太精英开展交流的“Limmud 大会”等，都面向不同派系背景的犹太人，有着明显超宗派的性质。[⑤]非正统派各宗派之间的差异渐趋减少，以及其共同面临的财政困难和成员萎缩，都驱使这些宗派的领导层加强交流与合作，不同宗派的会堂和组织之间开展合作乃至合并都更为频繁。改革派领导人雅各布斯(Rick Jacobs)拉

① 参见 Steven M. Cohen, “From Jewish People to Jewish Purpose: Establishment Leaders and Their Nonestablishment Successors,” in *The New Jewish Leaders: Reshaping the American Jewish Landscape*, ed. Jack Wertheimer (Massachusetts: Brandeis University Press, 2011), 45-83。

② 参见乔纳森·D.萨纳，《美国犹太教史》，275。

③ 参见 Sylvia Barack Fishman, “Reimaging Jewishness: Younger American Jewish Leaders, Entrepreneurs, and Artists in Cultural Context,” in *The New Jewish Leaders: Reshaping the American Jewish Landscape*, ed. Jack Wertheimer (Massachusetts: Brandeis University Press, 2011), 159-213。

④ 该项目发起于 1999 年，由以色列政府和美国慈善机构资助未曾去过以色列的犹太年轻人开展为期 10 天免费游历以色列的活动，到 2020 年年初，通过该项目赴以游历的人数累计已经超过 75 万。

⑤ 参见 Jack Wertheimer, *The New American Judaism: How Jews Practice Their Religion Today*, 163-167。

比就强调犹太教的开放性，有意加强超越宗派纽带，并积极参加跨宗派的活动。[①]

成立于 2006 年的 Hadar 中心是实施男女平等的犹太经学院，致力于向各派信教青年犹太人提供犹太宗教高级课程。虽然该中心由保守派成员创办，但却成为“独立祈祷团”的旗舰组织，吸引了大量出自现代正统派的学员。2007 年到 2019 年，该中心从纽约起步，然后在华盛顿和芝加哥等地开设多家地区分支，有近 600 学员参与中长期班，还有 2500—3000 人参加了其短期项目。[②]

哈巴德运动则是犹太教各派“外联”运动的标杆。该派为超级正统派哈西德派的一个分支。自 20 世纪 90 年代以来，该派就大张旗鼓地向包括美国在内的世界各地犹太组织相对薄弱的地方派遣充满奉献精神的“使者”（一般以夫妻为一组），在当地建立哈巴德中心，由这些中心向当地犹太人提供各种各样的宗教和社区服务项目，提升他们对犹太宗教和文化的知识和认同。该运动无条件接纳每一个犹太人，无论其信仰程度，也没有成员名单，组织结构去中心化。[③]该派广阔、大度的泛犹视野，对那些不想专属某个宗派的犹太年轻人特别有吸引力。服务于非正统派犹太人的哈巴德“外联”网络成员规模庞大，甚至超过非正统派所有支派拉比总数一倍有余。[④] 过去 20 年间，美国的哈巴德会堂达到 1036 所，大增 3 倍，而全国的犹太会堂总数却在同期减少了 29%。2021 年的皮尤犹太人口报告估计，有 16%的受访者表示他们经常或有时参加哈巴德中心的活动和服务，参与哈巴德中心活动的人员中，有 24%为正统派犹太人，有 26%为保守派犹太人，其余来自其他宗派或不属于任何宗派。[⑤] 在非正统派因新冠肺炎疫情而陷入困境，不得不出售或合并一些不动产之际，哈巴德却逆势大肆购入房产，为将来的拓展提供准备。[⑥]在美国高等院校，迅速扩展的哈巴德中心已经与长期以来在高校犹太学生中占主导地位的“希勒尔”（非正统派背景）形成了激烈竞争之势。1990 年，全美高校中只有 14 家哈巴德中心，到 2021 年年底增加到了 287

---

① 参见 *AJYB* (2014): 191-192。

② 参见 Shira Hanau, “Proudly Observant, Egalitarian, Nondenominational: Hadar Opens New Kollel,” December 11, 2019, https://jewishweek.timesofisrael.com/proudly-observant-egalitarian-and-nondenominational-hadar-opens-new-kollel/。

③ 参见 *AJYB* (2014): 206-207。

④ 参见 Jack Wertheimer, *The New American Judaism: How Jews Practice Their Religion Today*, 220。

⑤ 参见 *Jewish Americans in* 2020, 79。

⑥ 参见 Asaf Shalev, “As Pandemic Drove Judaism Online, Chabad Bet on More Than ＄137 Million in Real Estate,” October 27, 2021, https://forward.com/fast-forward/477279/pandemic-drove-judaism-online-chabad-bet-on-real-estate/。

家。在杜克大学东校区,新冠肺炎疫情暴发前,平均有300人参加每周五哈巴德中心举行的安息日活动,而希勒尔只有64名。希勒尔主要受改革派和保守派等非正统派主导,而且经常卷入关于以色列议题的校园辩论,有时难免引起争议。而哈巴德主要关注较少争议的安息日和节日聚会,对犹太青年更有吸引力。①

"去宗派化"趋势并不意味着宗派在犹太教群体中完全失去了重要性。各个运动仍有功能,可以作为黏合剂,将行为和理念相似的犹太人拉到一起。②也并不是所有的犹太教宗派都降低了宗派认同和界限重要性。在非正统派顺着"去宗派化"道路行进的同时,正统派总体上仍然致力于修筑和维持宗派的界限藩篱,仍然对跨宗派交流有着较强的限制,对其成员规范和资格也仍然有着比较严格的要求。自20世纪末期以来,正统派与非正统派之间的紧张和对立不降反升,与改革派的对话交流尤其在很大程度上成为"禁忌"。即使是哈巴德运动的"外联",也致力于以其正统派版本的犹太传统拉回那些"迷失的羔羊",在美国这个宗教"自由市场"中争夺更大的份额。而在美国后现代、碎片化的社会文化下,无论在多大程度上与美国主流文化相认同契合,不同的犹太教宗派仍然能在其中找到存续和发展的空间。即使最保守的超级正统派,也仍然能以"穴居"状态,自外于美国主流的自由主义文化而维持"光荣孤立"。

三、性别革命

长期以来,犹太教总体上由男性主导,女性在犹太宗教生活中的角色和地位受到犹太教法的诸多限制。传统上,拉比职位总是为男性所设。少数出色的女性,即使在多年学习后精通《托拉》而备受尊重,甚至成为教师和世俗领导人,但直到20世纪,也没有一个妇女被授予拉比的头衔。更常见的情况是,有成为拉比倾向的妇女与她们想成为的人结婚,即成为拉比的妻子。③同性恋者在犹太教传统中也同样受到排斥。对于男性之间的性行为,犹太教法视之为亵渎上帝,明确禁止并以最强烈的言辞谴责。女性之间的同性恋行为未被《托拉》明确禁止,而且《塔木德》也很少提及,但也被中世纪犹太教法权威迈蒙尼德视为"埃及习俗"而应受到管制孤立。

---

① 参见 Mark I. Pinsky, "Do Chabad's Gains On Campus Compete With Or Complement Hillel?" November 10, 2021, https://forward.com/news/478004/duke-chabad-expands-freeman-college-campuses-hillel-feels-fleishman/?utm_source=Iterable&utm_medium=email&utm_campaign=campaign_3212130。

② 参见 Jack Wertheimer, *The New American Judaism: How Jews Practice Their Religion Today*, 173。

③ 参见乔纳森·D.萨纳,《美国犹太教史》,289。

20 世纪 60—80 年代的美国自由化和反文化大潮，助推了新一波妇女解放运动高潮和女权主义思潮涌动，也帮助同性恋者走出边缘地位。妇女要求从父权社会下压迫女性的传统性别角色中解放出来，获得平等权利、机会和尊重。在此种社会大潮下，犹太女权主义者敏锐地感受到女性在犹太教法、会堂、社团机构中遭受的不平等待遇。在她们看来，传统设定的性别角色是一种社会控制的方式，将女性排斥在教育和权势职位之外。[①]非正统派女权主义者号召“结束妇女在犹太生活中的第二等级地位”。在 1972 年召开的保守派拉比会议年度例会上，该派青年妇女组织成员强烈要求“妇女被认为必定和男子一样能够履行所有诫命”，要求赋予妇女种种平等权利，包括获得会堂会员、被算作祈祷时的法定人数、被允许参与宗教仪式、成为犹太教法上的目击证人、参加拉比和唱诗班学校、在会堂中成为拉比和唱诗班成员、在会堂和犹太社团中担任职业领导人等。[②]即使在妇女地位最为不利的正统派，犹太女权主义者也强烈要求从各方面扩大犹太女性对犹太社团生活的参与和机会，改善她们的处境。1997 年，犹太教正统派女性主义者联盟成立，美国正统派女性主义者布鲁·格林伯格(Blu Greenberg)担任第一任主席。其宗旨和任务是在犹太律法框架内扩大女性的机会，使其最大可能有意义地参与犹太社团内部的家庭生活、犹太会堂、学习场所的活动。

进入 21 世纪，女性和同性恋者在美国犹太教中的地位和角色已经实现了重大变化，这主要体现在非正统派。在非正统派各个宗派，宗教教育、圣职任命等领域的大门向女性和同性恋者渐次打开，女性逐步获得了与男性一样的平等地位。改革派、重建派、保守派分别于 1972 年、1974 年和 1985 年向女性授任拉比职位。到 2000 年，这三派已经分别授予 335 名、98 名、150 名女性拉比头衔。改革派和重建派中的圣职培训班每年都有一半或超过一半的人为女性。[③]改革派尤其以前所未有的程度向女性和同性恋者开放，并欢迎她们进入权威和领导职位。2015 年 3 月，改革派的“美国拉比中央大会”(CCAR)任命丹尼斯·埃格尔(Danise Eger)为其新主席，这是该教派历史上首位公开的女性/同性恋主席。[④]此种发展趋势与男性日益疏离相结合，助推改革派出现了“女性化”趋势。保守派也出现了类似的情况。2020 年夏，保守派的学术旗舰机构“犹太神学院”

---

① 参见 Paula E. Hyman, "Jewish Feminism Faces the American Women's Movement: Convergence and Divergence," in *American Jewish Identity Politics*, ed. Deborah Dash Moore (Ann Arbor: The University of Michigan Press, 2008), 221-237.

② 参见乔纳森·D. 萨纳，《美国犹太教史》，288—289。

③ 同上，290—292。

④ 参见 *AJYB* (2015): 133。

(JTS)历史性地首次任命一位女性——舒利·鲁宾·施瓦茨(Shuly Rubin Schwartz)为校长。[①] 2021 年 3 月,该神学院又任命一位女性拉比扬·乌尔巴赫(Jan Uhrbach)为其拉比学院代理院长,导致犹太神学院出现了三大学院院长都为女性的情况。[②] 此外,21 世纪以来,保守派也通过律法裁决以接纳同性恋者,这尤其表现为同性恋婚姻证婚方面的"变通"。2006 年,保守派的犹太法律与标准委员会发布了两份立场声明,一份禁止,另一份却允许。2011 年纽约州通过同性婚姻合法化的法律后,犹太法律和标准委员会于次年 5 月通过"指南",指导同性婚礼证婚仪式。[③] 2021 年 10 月,保守派一对女同性恋拉比喜结连理,另一位女拉比为她们证婚。[④]

即使素以严守犹太教法、捍卫犹太传统著称的正统派,也在这些议题上面临着美国现代文化日益严重的冲击。2019 年的一次访谈中,布鲁·格林伯格这样描述妇女地位的变化:"许多领域许多事情上,正统派已经向妇女……开放,妇女学习机会惊人。我们须带着感恩。但让人更加绝望的不公正状态仍然存在……我要修补这种不公正。"[⑤]

自 20 世纪 90 年代以来,妇女研习犹太文本已经被广泛接受。21 世纪以来,正统派妇女学习宗教典籍和担任圣职的机会进一步扩大。现代正统派对女性经学教育持日益开放的态度。始于 1923 年的 *Daf Yomi*(由犹太教现代正统派发起)每日研读一页《塔木德》的学习活动,传统上的参与者是犹太正统派男性。21 世纪以来,全球各地犹太社团有越来越多的正统派女性开始参与这一项目。专门的女性经学教师,通过"播客"(Podcast)为女性学员在线提供日常经文

---

① 参见 Andrew Silow-Carroll, "JTS, Conservative Flagship, Names: First Woman As Chancellor," June 1, 2020, https://jewishweek.timesofisrael.com/jts-conservative-flagship-names-first-woman-as-chancellor/。

② 参见 Andrew Silow-Carroll, "Jewish Theological Seminary Names First Woman as Dean of Its Rabbinical School," 23 March, 2021, https://www.timesofisrael.com/jewish-theological-seminary-names-first-woman-as-dean-of-its-rabbinical-school/。

③ 参见 *AJYB* (2013), 182-183。

④ 参见 Alix Wall, "In 1st For Conservative Movement, Women Rabbis Tie Knot In Same-Sex Wedding," November 6, 2021, https://www.timesofisrael.com/in-1st-for-conservative-movement-women-rabbis-tie-knot-in-same-sex-wedding/。

⑤ Lonny Goldsmith, "Blu Greenberg Is Still Fighting," July 11, 2019, https://tcjewfolk.com/blu-greenberg-is-still-fighting/.

讲解。女性学员还在“脸书”等社交媒体建群，进行学习交流。[①]现代正统派的耶希瓦大学斯特恩学院为女性提供人文和科学方面的高等教育，其中也包括犹太教育项目。许多正统派妇女经过中学学习后，还可以继续进入专门针对妇女创建的高级《塔木德》研究院学习和深造。越来越多的妇女不再只是依靠男子来为她们诠释犹太律法，越来越多的人能够自己学习她们信仰的基本知识。[②] 2009年，现代正统派中的开明派拉比韦斯与第一位女性拉比莎拉·霍尔维茨(Sarah Hurwitz)成立了专门招收女学员的“女子《托拉》高等经学院”(Yeshivat Maharat)，毕业生被授予 Maharat(意为“教法、精神和托拉领导”)头衔。到2021年，已经有50名学员从该经学院毕业。[③] 在美国和以色列，现代正统派中的开明派开始让这些接受过经学院学习的女性承担一些重要工作，如布道、任教、生命周期事件监管、教法顾问，乃至精神指导员等。[④]

在更引起正统派抵制的同性恋问题上，现代正统派也出现了松动迹象。2010年7月，超过100名现代正统派的拉比、教师和精神卫生专业人员联合签署声明，宣布“异性婚姻为理想模型”，但同性恋者同样是依照上帝的形象产生的，应获得“尊严和尊重”，应在会堂和犹太学习中完全平等对待，而且他(她)们领养的孩子也应被接纳。[⑤]长期以来，正统派中的同性恋者如果想成婚，就得脱离正统派，转归非正统派。这种情况近年来出现了变化。2020年2月，有一名正统派拉比突破禁令，为一对同性恋者证婚。[⑥]愿意为同性恋者证婚的正统派拉比虽然只是其中的极少数，但其数量却在日益增加。这为正统派同性恋者带来新的希望。[⑦]此外，耶希瓦大学中的同性恋学员近年来也试图突破禁忌，要求获

---

① 参见 Isabel Kershner, “A Revolution in Jewish Learning, With Women Driving Change,” January 4, 2020, www.nytimes.com/2020/01/04/world/middleeast/women-talmud-study.html; Ben Sales, “Talmud Study Is Mostly a Boys' Club. This Orthodox Woman Wants to Change That,” December 9,2019, https://www.jta.org/2019/12/09/israel/talmud-study-is-mostly-a-boys-club-this-orthodox-woman-wants-to-change-that。

② 参见乔纳森·D. 萨纳，《美国犹太教史》，293。

③ 参见 Michal Raucher, “Orthodox Jewish Women's Leadership Is Growing—and It's Not All about Rabbis,” December 19, 2021, https://www.timesofisrael.com/orthodox-jewish-womens-leadership-is-growing-and-its-not-all-about-rabbis/。

④ 参见 *AJYB* (2015): 151。

⑤ 参见 *AJYB* (2012): 133。

⑥ 参见 Philissa Cramer, “Nearly a Year After Endorsing Same-Sex Marriages, an Orthodox Rabbi Performs His First,” February 19, 2020, https://www.jta.org/2020/02/19/lifestyle/nearly-a-year-after-endorsing-same-sex-marriages-an-orthodox-rabbi-performs-his-first。

⑦ 参见 Josefin Dolsten, “A Small but Growing Number of Orthodox Rabbis Are Officiating Same-Sex Weddings,” October 28, 2020, https://www.jta.org/2020/10/28/lifestyle/a-small-but-growing-number-of-orthodox-rabbis-are-officiating-same-sex-weddings。

得认可和尊重。他们要求成立同性恋者俱乐部,并要求该组织代表能进入该校的学生理事会。在校方授意学生理事会拒绝后,该群体 2020 年年初向纽约人权理事会起诉该校歧视同性恋者。①

即使在最为保守的超级正统派,女性对宗教和社会生活中的不平等地位感受日益强烈,比如丈夫不同意就难以离婚的"阿古纳"问题、家暴问题等,而且日益倾向于通过 Instagram、Facebook(现 Meta)等网络社交媒体揭露发声。拉比们难以管控通过这些渠道发送的负面信息,"输掉了在网络上的战争"。②超级正统派中的卢巴维奇—哈巴德分支,对网络和社交媒体等新兴技术的运用向来积极,而且许多女性都会接受宗教训练并承担拉比妻子的职能,因此,女性在该派中向来有着较高的地位。

但就总体而言,正统派对女性和同性恋者的包容度仍然很低。前述变革主要发生在现代正统派内相对开放的左翼(以韦斯拉比为代表),而且这些变革即使在现代正统派内部也引发激烈的纷争和抵制。至于超级正统派,仍然是在性别议题上固守犹太传统、抵制变革的堡垒。女性即使打破天花板在正统派机构担任圣职,在工作中也会面临巨大的困难和障碍。正统派拉比仍然致力于审查同性恋议题的文章,吊销同性恋成员的资格,抵制对同性恋持开放态度的拉比。支持性别平等自由派动议,在持保守立场的正统派看来,就是对传统的犹太价值观的直接攻击。

越来越多的女性在宗派内部授任神职的情况,引起现代正统派内部保守右翼的不安。在现代正统派中的保守势力推动下,2015 年 11 月,该派的美国拉比理事会(The Rabbinical Council of America)通过决议,禁止任命妇女为拉比或其他类似的头衔。③ 2017 年 2 月,"正统派联盟"通过一项决议,在鼓励女性教授《托拉》、担任专业性领导职位以及在某些犹太法律问题上做顾问的同时,称犹太教法禁止妇女扮演某种类似于拉比的角色,不应承担圣职。但该组织也没有对那些已经雇佣女性承担圣职的会堂作出处罚。④

---

① 参见 Hannah Dreyfus, "LGBTQ Students File Complaint Against Yeshiva U," February 18, 2020, https://jewishweek.timesofisrael.com/battle-for-gay-recognition-intensifying-at-yeshiva-u/。

② 参见 Rivkah Brown, "On Instagram, Orthodox Women Find a Voice—and Power," October 21, 2019, https://www.haaretz.com/jewish/features/.premium-meet-the-world-s-most-surprising-instagram-influencers-1.7979453。

③ 参见 Kimberly Winston, "Modern Orthodox Judaism Says 'No' To Women Rabbis," *The Washington Post* (November 2, 2015)。

④ 参见 *AJYB* (2018): 213。

四、简短的结语

并不是所有的犹太教宗派都能接受一种“后族裔化”“后建制化”“后男权化”的犹太教。在非正统派日益接纳通婚者的同时，正统派倾向于视通婚为“行尸走肉”，倾向于将通婚但非犹太裔配偶未实施皈依者从犹太社群中“剔除”。大量犹太人通婚并疏离有组织的犹太生活的倾向，也引发保守势力对于美国环境下“犹太存续”的焦虑。而正统派则仍然基于犹太社群主义、致力于捍卫犹太传统和教法，仍然维持着社群边界、犹太特殊主义、男性绝对主导等特性。族裔、宗派和教法的重要性，在正统派等保守势力中不仅没有降低，而且在“犹太存续”焦虑下，反而获得了更大的关注和重视。出于“生存主义”的考量，回归和振兴坚持犹太特殊主义立场的正统派，正是这些保守势力开出的“药方”。

融入 vs 抵制、普遍主义 vs 特殊主义，这是两千年流散史上犹太群体始终面临的议题。现代 vs 传统、个体自由 vs 社群主义，则是犹太人在西方现代性下的新议题。面对美国现代、后现代的文化，犹太教不同宗派基于自身的意识形态立场，对这些问题作出了不同的回应。总体而言，非正统派不同派系之间在相关议题上的差异渐趋消弭，与正统派存在的差异则明显加大。而这些差异和分野也加剧了美国犹太人从“整合模式”转向“碎片化”，构成了新世纪美国犹太教“极化”现象的社会文化维度。

Three Major New Trends in Contemporary American Judaism

WANG Shuming

Abstract: Since the end of the 20th century, there have been three major trends of change in American Judaism, namely, "de-ethnicity", "de-sectarianism" and "gender revolution". After the war, the "multiculturalism" turn of American society, the apparent decline of anti-Semitism and the accelerated integration of American Jews led to the obvious loosening of the old ethnic and religious barriers, which led to large-scale intermarriage and secularization in the Jewish community. The tradition of closely intertwined Jewish ethnic and religious identities was de-constructed by the wave of "de-ethnicity". After the war, the continuous dialogue and reconciliation between Judaism and Christianity in the western society, as well as the tide of intermarriage among members of different religious groups, have also led to the increasingly frequent coexistence, mutual learning and infiltration between Judaism and other religions. The rise of the post-modern religious culture of "everyone can be a pastor" has led more and more Jews to alienate from the Jewish establishment, and to join the innovative Jewish religious movement, or the crosssectarian "outreach" movement. The tide of American liberalization and counterculture has boosted the surge of Jewish feminism and helped homosexuals get out of the marginal position. In various sects of the non-orthodox, women and homosexuals have gradually gained equal status with men in religious education, ordination and other fields. The "gender revolution" of "de-masculinization" has broken the long tradition of male domination in Judaism. These "advancing with the times" reforms mainly occurred in the highly "Americanized" non-orthodox movements. As a result, it also led to further differentiation between them and the orthodox groups committed to defending the Jewish tradition and the authority of religious law.

Key Words: American Judaism, De-ethnicization, De-sectarianization, Gender Revolution

论近代中国东北出口贸易的开创与犹太人卡巴尔金家族的贡献

张铁江　张鑫焱*

【摘要】19世纪末，在日俄和欧美等列强的殖民角逐下，哈尔滨等中国东北的一些城镇成为对外开放地区。大约经过四分之一世纪，哈尔滨从一个边陲渔村迅速发展成为东亚地区新兴的国际金融中心，并成为列强商业势力争夺的新天地。中东铁路的修筑在犹太人来华历史上是一个转折点，之后在中东铁路沿线形成了五个犹太人社区。在这一发展过程中，犹太人对哈尔滨及中国东北的金融资本体系的形成、交通运输体系的建立、进出口贸易体系的构建与现代企业的发展，起到了积极的开拓与示范作用，进而把中国东北这个区域经济市场同欧洲等世界经济大舞台直接联系起来，促进了中国东北农产品的商品化，推动了中国东北这个区域经济市场繁荣发展的局面。研究这段历史不仅有助于中国东北老工业基地的振兴，而且对于中国东北陆海丝绸经济带的建设、构建人类命运共同体等都具有重要的现实意义。

【关键词】哈尔滨；出口贸易；犹太人

贸易在一个国家或区域经济生活中占有重要地位。在研究以哈尔滨为中心的近代中国东北地区的经济状况时，笔者发现大豆贸易占有特殊地位，大豆的出口，特别是远销欧洲，促进了中国东北出口贸易的发展，同时，也刺激了进口贸易的增加，这样就把中国东北这个区域经济市场同世界经济的大舞台直接联系起来了，使中国东北这个区域经济市场出现了繁荣的发展局面。渴望得到中国东北大豆出口贸易创始者这一光荣称号的人为数不少，但最有资格享有这一称号的应是哈尔滨犹太人罗曼·莫伊谢维奇·卡巴尔金（Роман Моисеевич

* 张铁江，黑龙江外国语学院哈尔滨犹太人与区域国别研究所所长；张鑫焱，黑龙江外国语学院哈尔滨犹太人与区域国别研究所所长助理、助理研究员。

Кабалкин)。研究这段历史,不仅对东北老工业基地振兴,而且对中国东部陆海丝绸之路经济带建设、构建人类命运共同体等具有重要的现实意义。

一、犹太人开创了中国大豆出口贸易之先河

犹太人移居中国,南从印度洋,北则通过天山南北路,其中有不少人是中国历史上的著名人物,如意大利旅行家、曾任中国元朝官员的马可·波罗。但中国东北的犹太移民,则是经由不同的途径。这些犹太人大部分是居住在俄国的难民,也有商人,借助俄国东渐之机来到中国东北定居。在1894—1895年的中日甲午战争前后,他们陆路从西伯利亚方面,海路通过海参崴向中国东北移民。当时在向哈尔滨移居的陆路帮中有克伊盖里鲍姆、罗伊真等人,在海路帮中又有日俄战争中的重要供应商列文·斯基德尔斯基等人。其后,在中东铁路通车以后自敖德萨经海参崴进入哈尔滨的有罗曼·卡巴尔金等人,这些犹太人均以中东铁路为生,利用世界犹太人的国际网络,或出口特产,或者进口药品、食品、杂货等,或者开办现代企业,发挥犹太人特有的"商才",不仅自己发家致富,还为哈尔滨及中国东北的出口贸易开辟了新的商路,进而推动了哈尔滨乃至中国东北经济的发展。

1852年,罗曼·卡巴尔金出生在俄罗斯波洛茨克的一个一等犹太富商家中,他的父亲是一个大粮商。[①] 罗曼·卡巴尔金是在他父亲的指导下在商界迈出最初几步的。不久,他开始独立经营,在俄罗斯格鲁博卡亚省开办了连锁店,收购粮食。在独立自主的工作中,罗曼·卡巴尔金总是坚持用新的、较完善的经商方法。他把粮食业务与在铁路上建粮仓结合起来。因为建粮仓的建议往往由上边提出来,总是得不到因循守旧的商人们的赞同,所以铁路局对一贯坚持、重视创新、精力充沛且有见解的罗曼·卡巴尔金非常重视。比如,梁赞—乌拉尔铁路局聘请他为顾问,他兼任此职达14年之久。根据他的建议,这个铁路局建了一批粮仓。他首先用车皮散装发运粮食,不用麻袋,只用闸板。这样既节省了费用,又方便了运输,推动了铁路货运的进步。

早在俄罗斯—土耳其战争期间,罗曼·卡巴尔金就向铁路方面提出了新的发货方法,即把标签贴在车厢里的货物上。俄罗斯铁路网采用了这种发货方法,这对小的发货商非常有益。同时,罗曼·卡巴尔金还把运价折扣引进俄罗斯铁路网,即从增多的货物件数上扣除一部分运价作为奖金。通过运价折扣办法进行竞争的铁路局努力增加货物的周转。但是,在竞争中失败的铁路局上书彼得

---

① 参见 П.Тишенко, "Пионер Маньчжурскаго Зкспорта," in *Харбинская Старина* (1936), 63-67。

堡,认为运价折扣是一种不好的竞争方法。上层机关讨论了这一问题,甚至上报到铁道部。虽然这些办法是引自美国,但罗曼·卡巴尔金的想法是超过了其同代人的。

此后,罗曼·卡巴尔金还有幸结识了当时很有影响的国务活动家维特。除此之外,在铁路局长期的工作中,罗曼·卡巴尔金还结交了一个对他以后的命运影响很大的人,即中东铁路最发达时期的贸易部部长拉扎列夫。拉扎列夫非常了解并十分器重罗曼·卡巴尔金,也很关心为在中国东北北部新建铁路开辟运货的货源。由于罗曼·卡巴尔金是一个非常有创见的人,因此拉扎列夫请他做向远东市场出售西伯利亚油的输出者。此外,罗曼·卡巴尔金还受拉扎列夫委托阐明了通过在中国东北新建的中东铁路加强西伯利亚与远东贸易联系的可能性。

1903 年,为了向中国东北出口西伯利亚油,同时也想开展把中国东北商品销往欧洲的业务,罗曼·卡巴尔金还酝酿了在远东建立一个大榨油厂的计划,于是,在哈尔滨组建了“罗曼·卡巴尔金父子公司”。[①] 但是,由于日俄战争的爆发,这些计划未能实现。不久,他就离开了哈尔滨,转而经营西伯利亚油及牛奶的外销业务。罗曼·卡巴尔金是国际粮食贸易的大行家,那时他就已经认识到能榨油的大豆对中国东北的出口贸易具有重要的意义。在市场上,罗曼·卡巴尔金指着大豆充满信心地对儿子说:“这是中国东北真正的金子。”他的见解遭到许多人的强烈反对,包括华俄道胜银行行长加勃里耶尔(也是犹太人)。当时普遍认为最有前途的是中国东北的小麦,在哈尔滨已建立了几座大面粉厂,中东铁路局与华俄道胜银行对此都很感兴趣。许多在哈尔滨有影响的人认为罗曼·卡巴尔金的意见是“外门邪道”。

罗曼·卡巴尔金并没有灰心丧气,坚持同中东铁路局合作制订了在中国东北建立第一座榨油厂的计划。然而,日俄战争的结束对企业的大发展并没有带来有利的影响。于是,罗曼·卡巴尔金去了埃及,他的儿子亚科夫·卡巴尔金则去了西欧继续完成学业。

罗曼·卡巴尔金天生固执,一向坚持自己认为正确的看法。他固执地坚持从中国东北出口大豆和豆油的观点,并在西欧和彼得堡进行宣传。1906 年,罗曼·卡巴尔金又回到了哈尔滨。他同中东铁路理事会进行了谈判,旨在制订一个运价表。一旦谈妥,他就可以大规模地外销中国东北的谷物。而后,他把制订的由中国东北向欧洲出口大豆并在欧洲建榨油厂的计划呈递到彼得堡。然而,

---

① 参见 З. М. Клиорин, “Акционериая АнчлоКимайская Торчовая Комиананчя,” in *Иовости Жизэнс* (*1907-1927*), (1927), 144。

这些计划却遭到加勃里耶尔的强烈反对,中东铁路局未能参与建立榨油厂,大豆的运费也未能给予优惠。

1907 年,在罗曼・卡巴尔金坚持不懈的宣传和感召下,哈尔滨犹太人比特克诺夫斯基首次将中国东北大豆销往欧洲,开创了大豆出口欧洲之先河。[①] 在比特克诺夫斯基首次将大豆试销欧洲后,1908 年 2 月,罗曼・卡巴尔金以圣彼得堡大出口商纳坦松公司的名义又将大豆销往伦敦,是为大豆"大量"输出欧洲之始。然而,开创新事业须做很多工作,在向欧洲出口的过程中也出现了许多难题。例如,按港口普通工人的建议在轮船底舱安装了通风设备,如若没有这种装置,经过热带时大豆就会发霉、燃烧。又如在消费品市场和欧洲各国也遇到了一些问题,欧洲养畜人初期不会用中国东北的豆饼喂养自己娇性的牲畜,有的牲畜病了,甚至死了。经过罗曼・卡巴尔金耐心细致的解释和工作,这些问题都逐步地得到了解决,中国东北大豆在西欧市场站稳了脚跟,成为"热销商品",从而使中国东北大豆在世界上享有盛誉。

为了进一步向欧洲出口,罗曼・卡巴尔金于 1909 年在伦敦成立了英华东方商业公司总公司;同时,在中国东北的其他地方、日本、美国等地亦设有分支机构,继续经由俄罗斯符拉迪沃斯托克(海参崴)和中国的大连港向西欧出口中国东北大豆。初期该公司获得了很高的利润,因为作为向欧洲出口大豆的唯一公司,其售价 1 普特没有超出地产价 18 戈比。因此,许多犹太公司也仿效该公司经营大豆出口业务,如丹麦的瓦茨萨尔德公司和西伯利亚公司、法国的德列伊夫斯公司、在加拿大注册的索斯金公司、俄罗斯的奥西米宁公司等纷纷派代表来哈尔滨经营大豆生意。[②] 由此,形成了一条从中国东北向欧洲出口的通道和产业链条。

1914 年,该公司在出口业务方面取得了骄人的成绩,获得了极大的成功;又吸纳了英国方面的家族资本,注册资金为 17 万英镑,使商行变成了股份制公司,即英华东方贸易股份公司。该公司的股份由卡巴尔金家族所拥有,股份公司的董事会设在伦敦,由 P. M.卡巴尔金、P. P.卡巴尔金、戈尔德、米斯金等组成。罗曼・卡巴尔金的长兄出任伦敦公司的经理,主要业务为进出口贸易;罗曼・卡巴尔金全权负责哈尔滨等中国东北方面的事务。

---

① 参见张铁江 Zhang Tiejiang,〈哈尔滨犹太人开创大豆出口欧洲之先河〉[Harbin Jews Export Soybeang to Europe for the First Time],于《黑龙江日报》[Heilongjiang Daily],2001 年 1 月 4 日[January 4, 2001]。

② 参见 А. И. Кауфман, "Евреи В Экономи Ческой Жизни Маньчжурии," *Евреиская Жизнъ* 4 (1942): 16-19。

由于罗曼·卡巴尔金等人坚持不懈的努力和勇于探索的精神,中国东北大豆首次销往欧洲,开创了中国大豆出口欧洲之先河,建立了股份制进出口公司,促进了农产品的商品化,推动了中国东北进出口贸易的发展。

二、犹太人创办了现代一流的实业公司

1898年,以修建中东铁路为契机,哈尔滨进入近代工业滥觞期。因庞大的铁路工程全面开工,工业人口剧增,生产资料与生活资料需求急剧增长,导致哈尔滨残存的自给自足的自然经济迅速瓦解,以轻工业为主体的近代工业应运而生。特别是第一次世界大战爆发后,国际市场对食品的需求急剧增加,哈尔滨生产的面粉、豆油供不应求,导致制粉业和制油业迅速发展。

为了向欧洲市场出口及与欧洲产品竞争,同时将中国东北地产的大豆就地进行精、深加工,1914年后,罗曼·卡巴尔金开始着手筹建榨油厂。在不懈努力下,罗曼·卡巴尔金在哈尔滨等中国东北的同行业者中拥有一流的信用和资产,还就任哈尔滨俄国商会的副会长,受到中外商人的推崇。同时,罗曼·卡巴尔金比较注重和善于同理解并重视其创造性思想的中东铁路局的领导们交往。在他第二次来哈尔滨时,他将中国东北大豆出口欧洲的思想和此后的一系列创举已受到中东铁路局局长霍尔瓦特的支持。在中东铁路局的大力支持下,罗曼·卡巴尔金的榨油厂购得了一块宽广而宝贵的地段,在上面可以绰绰有余地建筑工厂所需的所有房舍。

1915年,罗曼·卡巴尔金将他的公司由出口公司改为工业公司。在老哈尔滨(今香坊区)霍尔瓦特宅邸后面,中东铁路线附近,建立了榨油厂并于同年投入使用。工厂占地1100余俄坪(约6094平方米),仅仓库按当时的市价即核50万元以上,工厂还从欧洲购置了一流的设备。[①] 同时,罗曼·卡巴尔金与中东铁路局协商给予榨油厂所谓优惠运费也具有很大意义,以前在黑龙江只有面粉企业才能享受到这一特殊政策。可以说,该工厂的规模与设备在哈尔滨乃至整个中国东北均居一流。该工厂在第一次世界大战期间获得了巨额利益,全部用于充实设备投资。但是,随后苏俄爆发的内战,给罗曼·卡巴尔金本人带来了巨大的损失。

哈尔滨是东北亚的经济中心,自中东铁路修建以后,在交易上以羌帖为主

① 参见〈哈爾賓に於ける外人巨商さ其の内幕—縦横に飜躍得る根元は何?〉[What Is the Source of the Giant Foreign Business in Harbin?],于《哈爾賓日本商業會議所時報》[Harbin Japan Chamber of Commerce Times],1924年第3期[1924,Issue 3],1。

币。“羌帖”即我国东北地区民间对俄币卢布的俗称。在此之前,哈尔滨地区尚未建有金融机构,市场也无纸币流通,一些商业往来、买卖收付主要用宝银、锭银、银元、铜元等硬通货,但由于流通数量有限,一些殷实商号之间只能以相互记账、年终结算、凭据兑现的办法。自羌帖流入哈尔滨和中国东北地区后,就截然不同了。当时无论是铁路运费、异地汇兑、外贸结算、商店的标价,还是买卖交易,皆以羌帖为本位。据统计,到 1914 年第一次大战爆发前在哈尔滨一带流通的羌帖达 4000 万卢布,占整个中国东北北部地区的 2/3,可谓数目之巨大。[①] 1914 年,尤其是 1917 年俄国十月革命开始以后,国内经济的紊乱使纸币发行更滥。羌帖的不断贬值使哈尔滨及其周边地区的金融、经济大受影响,工厂、商号、银行破产倒闭的比比皆是,广大商民更是深受其害。罗曼·卡巴尔金也没有逃脱此厄运,在他的思想中始终坚信俄国货币,这就导致他的企业完全破产。然而,刚毅的罗曼·卡巴尔金于 1921 年在外国资本家的帮助下改组了自己的企业,从此才开始使用外币。罗曼·卡巴尔金在其企业改组中取得了一定的成绩后,于 1922 年决定退休,把工厂交给了儿子们。

亚科夫·卡巴尔金自欧洲留学后回到了哈尔滨,任哈尔滨市公议会议员、交易会会长。他不仅年轻、懂行、头脑灵活,而且把他在欧洲学到的先进的管理经验带了回来,并在实践中得到了运用和发挥。他不但带领其兄弟们继承了父亲所开创的事业,而且在总结了其父辈的经验教训之后,将榨油厂的事业发扬光大。

1923 年,工厂在建立 9 年以后,完全安装了加工豆油的最新设备,有水压机 22 台,一昼夜可加工大豆 88.4 吨,年产能力 3 万吨,可生产 12%以上的豆油,即年产 3700 吨,豆粕 2.5 万吨。[②] 自 1923 年起,向市场供应精制豆油。该公司在中国东北试验精制豆油方面,可称着先鞭之地位。以前被视为最劣等的豆油经该公司创始的精制法,现在在欧洲市场上,可以以“色拉油”的品牌同欧洲任何植物油产品竞争。此产品迅速赢得了市场。该公司工厂有四种产品:(1)过滤豆油;(2)精制油(Salad oil Acetee);(3)豆粕;(4)豆粕粉。上述产品是为适应对欧美市场出口而生产的,这种精制油品质优良,纯度高,无色透明,完全没有粗制豆油的异味,经中东铁路局农事试验场 1923 年的分析化验获得证实。同时,根据研究可成为葵花籽油的代用品,也可与橄榄油媲美。欧洲和美国的优秀化学家

① 参见马宏伟 Ma Hongwei,〈羌帖〉[Qiang Tie],收录于《哈尔滨经济资料文集》第 4 辑[Harbin Economic Information Collection(4)],陈绍楠 Chen Shaonan 主编(哈尔滨[Harbin]:哈尔滨市档案馆[Harbin Municipal Archives],1991),170—171。

② 参见 Hiroyuki Morita 森田广之,《北満及哈爾濱の工業》[Industries in North Manchuria and Harbin](哈尔滨[Harbin]:南满洲铁道株式会哈尔滨事务所[South Manchuria Railway Corporation, Harbin Office],1929),166—168。

对这种油做了各种化验分析,结果表明:这种油堪称欧美市场上出类拔萃的精品。

该公司还特在哈尔滨市内设一商店,经销精制豆油。在日本、美国亦有少量出口,在伦敦市场出口销售方面也制订了具体实施计划。该公司生产的豆粕,呈薄板状,重量为7公斤,经过特殊包装,便于向国外长途运输。过滤油销售市场包括中国东北地区、华北地区,西伯利亚,日本及美国部分地区。在1923年夏季召开的中国东北文物研究会的纪念博览会上,审查委员会曾授予该公司生产的精制油以金杯奖。此后,该公司的工厂不断更新设备,其中压榨机增加至30台,同时安装了生产食用豆粉的新式机器,其产品品种也得到了更新。1937年,中国东北市场有地产大豆412万吨,其中20%用于本地榨油工业,80%出口国外。在这方面最大的功绩应归功于罗曼·卡巴尔金及其家族的努力。

然而,随着日本的入侵及其经济渗透的加剧,中国东北的经济环境遭到破坏,致使许多企业经营状况不佳,经营额度连年滑坡。1939年,华英油坊的经营贸易额达350万元,但仍年年亏损,公司的资产已成为汇丰银行的抵押品。[①] 1939年7月,在日本人的逼迫下,经伪满州国大同酒精株式会社社长徐鹏志之手,以伪满洲国币130万元的价格将华英油坊收购,使其更名为“满洲油脂株式会社”。产品不许内销,全部销往日本。哈尔滨解放后,其财产由国家没收,1948年,将其更名为“东建油脂厂”。

罗曼·卡巴尔金于1922年退休后,在巴勒斯坦无忧无虑、平平淡淡地度过了自己的晚年。1933年辞世,享年81岁。

三、结语

从罗曼·卡巴尔金从事出口贸易60年的经历中可以发现,是他不断探索的创新思想、丰富的实践经验和坚持不懈的努力,使他赢得了“中国东北出口贸易创始者”的称号。笔者认为罗曼·卡巴尔金被授予这一称号是当之无愧的。首先,他最早发现了中国东北大豆的真正价值,并将这一创新理念在实践中加以应用,克服了重重困难,特别是冲破了许多思想观念上的束缚,最终才使得哈尔滨犹太人开创了中国大豆出口欧洲之先河,并使中国东北大豆成为欧洲市场的“热

① 参见赵天 Zhao Tian,〈英、美、德开办的公司〉[British, American and German Companies],收录于《建国前外国人在哈尔滨活动简况》[Foreigners in Harbin before the Founding of the People's Republic of China],方世军 Fang Shijun 主编(哈尔滨[Harbin]:哈尔滨市人民政府地方志办公室[Local Records Office of Harbin Municipal People's Government],1992),58—81。

销产品”,形成了一条陆海联运大通道,从而促进了整个中国东北地区出口贸易的发展,其意义是深远的。可以毫不夸张地说,罗曼·卡巴尔金是中国东北地区历史上最杰出的犹太出口商。其次,他创办的新式榨油厂——华英油坊,设备先进,规模巨大,产品质量优良,包装上乘,从根本上扭转了中国东北榨油工业生产方法落后的局面,特别是其独创的制油方法能生产具有独特专利的精制豆油的品牌——色拉油,为中国东北地区所独有,形成了农产品产业商品化链条,在欧洲市场上也极受欢迎。从这个意义上讲,罗曼·卡巴尔金又是中国东北地区历史上杰出的企业家。最后,罗曼·卡巴尔金的经历对于今天中国的改革开放具有现实意义,特别是在高质量振兴东北老工业基地的发展过程中,借鉴和学习罗曼·卡巴尔金等犹太人科学创新发展理念,引进国际犹太资本和高新技术,进一步促进“一带一路”建设,努力推动构建人类命运共同体。

The Emergence of Modern Northeast China's Export Trade and the Contributions of the Jewish Kabalkin Family

ZHANG Tiejiang　ZHANG Xinyan

Abstract: In the late 19th century, against the backdrop of colonization and competition from Japan, Russia, and Western powers, some towns in Northeast China, including Harbin, became areas open to foreign influence. Over approximately a quarter of a century, Harbin rapidly transformed from a remote fishing village into an emerging international financial center in East Asia. Harbin became a new arena for commercial competition among the great powers. The construction of the Chinese Eastern Railway marked a turning point in the history of Jews coming to China. Subsequently, five Jewish communities were formed along the railway. During this developmental process, Jews played a pioneering and exemplary role in the formation of the financial capital system, the establishment of the transportation system, the construction of the import-export trade system, and the development of modern enterprises in Harbin and Northeast China. This further connected the regional economic market of Northeast China directly with global economies such as Europe, promoting the commercialization of agricultural products in Northeast China and driving the prosperity and development of the regional economic market. Studying this historical period is not only beneficial for the revitalization of Northeast China's old industrial base but also has significant practical implications for the construction of the Northeast China Land and Maritime Silk Road Economic Belt and the building of a community with a shared future for mankind.

Key Words: Harbin, Export Trade, Jews

千年“孤独”与“之间”境界：马丁·布伯哲学人类学的问题意识

王希佳*

【摘要】犹太哲学家马丁·布伯在论文《人的问题》中表明其独特的哲学人类学的问题意识，将之归纳为对人类本体之“孤独”与“之间”境界的关切。布伯梳理了从奥古斯丁到帕斯卡纵横千年而凸显出的“孤独”意识，认为此并非社会学或心理学意义上的孤独，而是形而上学的“孤独”，是对人在宇宙间处境与特质的追问与沉思。“之间”境界并非对“孤独”的克服，而是人与人于“狭窄山脊”上的相遇，有绝然的“孤独”才有“之间”的绽出，弥合了现代个体主义与群体主义伦理之间的裂隙。

【关键词】马丁·布伯；哲学人类学；孤独；之间

马丁·布伯(Martin Buber)对“哲学人类学”谱系的梳理主要见于论文《人的问题》(“Das Problem des Menschen”，1938)，文章收录在《布伯全集》第十二卷《哲学与宗教著作集》[*Martin Buber Werkausgabe* (*Band 12*). *Schriften zu Philosophie und Religion*]，针对康德的第四个问题即“人是什么”作出回答。布伯梳理出一条从亚里士多德到舍勒的线索，认为康德的哲学著作没有达成他本人的诉求，即没有达成对“诸如人在宇宙中的特殊地位、人与其命运的联系、与物之世界的关联、对同类的理解、人作为知道自身是必死者的存在，人对与充满生命的秘密的一切寻常与不同寻常者的相遇之态度”①这些哲学人类学问题的深刻探索。

布伯认为哲学人类学的要旨在于认识人类自身、认识“完整的人”，其悖论在于“哲学人类学家”需要将他本人作为个体来反思，他的研究对象并非全然外在

* 王希佳，北京大学哲学系宗教学系博士后、助理研究员。

① Martin Buber, “Das Problem des Menschen,” in *Martin Buber Werkausgabe* (*Band 12*). *Schriften zu Philosophie und Religion* (Gütersloh: Gütersloher Verlagshaus, 2017), 225.

于他自身。哲学人类学甚至先天带有文学的要素——“文学即人学”，不论是奥古斯丁的“忏悔”、歌德的“漫游”、尼采的“悲剧”，还是陀思妥耶夫斯基的“手记”、克尔凯郭尔的“片段”，思想家和文学家通过自我剖析或带有自叙传性质的语言所写就的文字也在不同程度上揭示了人的共性，足以增进对普遍存在的人性特点的体会与认知。“你必须冒险，将自己投入其中；你必须游刃其中，时时警惕，竭尽全力，即便去到你认为你在失去意识的时候；正是通过这种方式而非其他方式，你才达到人类学的洞见。”[①]这是对哲学人类学的方法论上的说明，可见哲学人类学天然具有跨学科性，尤其与人生哲学、文学、历史学等传统的人文学科关系密切。文学作品（如鲁迅先生的小说）可以揭示人自身的弱点和局限，表现人的顽强或坚韧。不论是以哲学还是文学的形式，关键在于要表现哲学人类学的真问题。那么，什么才是布伯所关注的哲学人类学的真问题呢？

一、跨越千年，发现“孤独”

布伯的关注点是人的处境。他认为，哲学人类学有一个发生点，处在孤独的冰面（Im Eis der Einsamkeit）[②]上的人最适于“反思”，在其自我中发现了人，在自己的可以疑问中发现了人类的可以疑问。在精神史上，哲学人类学思想达到极深体验的时代，正是那些严重的、无处可逃的孤独感占据人们生活的时代。在那最孤独的时代、最孤独的人身上，思想才变得卓有成果。

布伯认为，奥古斯丁是在亚里士多德之后的哲学家中首先提出真正人类学问题的人。当人们意识到亚里士多德理解世界的圆球形宇宙观崩塌之后，个体只能从其分裂之中把握真理。古代东方文化传统的“范式”往往分成“光明”与“黑暗”二元，比如以诺斯替为典型的二分为神与被造物，以摩尼教为典型的在逻辑上存在“双重大地”。在这种古代东方文化的背景之下，人不再是万物中的一“物”，因而无法在大地上有其特定的位置。奥古斯丁在皈信基督教之前有摩尼教的信仰背景，他意识到人在世上“无家可归”（Hauslos）的孤独（Einsam）状态，这是一种处在更高者与更低者之间的孤独。即便当他后来皈信基督教获得心灵的救赎与慰藉，这种“人生天地间”的孤独感觉始终伴随着他。奥古斯丁在其《忏悔录》中以第一人称的方式提出了康德的问题（而非像康德那样进行客观化的处理）：“我的神呐，（告诉我）我是谁？我的本性是什么？”[③]在此，他的“我”已不仅

① Martin Buber, *MBW* (*Band 12*), 230.

② 同上，231。

③ 参见 Martin Buber, *MBW* (*Band 12*), 233: “Quid ergo sum, Deus meus? Quae natura mea?”

仅只关涉他本人,而是渊深博大的人本身(grande profundum),巨大的奥秘(das große Geheimnis)。他已然得出了马勒伯朗士(Malebranche)那样的人类学的结论——人会欣赏山巅、海浪与星轨,却不为自身感到惊讶,这是为马勒伯朗士所指责的。奥古斯丁之“沉思”的意义,在西方思想史上是一个“拐点”。因为在奥古斯丁之后,西方不再是像希腊人那样沉思自然,而是沉思信仰(der Glaube)。信仰的价值排序被提前了,为孤独的灵魂建立了一个新的宇宙之家(kosmisches Haus)①。布伯的哲学人类学并非普遍意义上的人类学,在他的思路中,并不是所有写过“人论”或“论人”的哲学家都与他心目中的哲学人类学相关,因而他的哲学人类学是一种独特种类的哲学人类学,他关注的是在孤独处境中人对自身的“觉解”及反思。

中世纪晚期出现了将人作为人认真对待的态度——这世界无非是人的一座巨型居所(hunc mundum haud aliud esse, quam amplissimam quandam hominis domum)。如波维鲁斯(Charles de Bovelles)②在16世纪所说的“你是人,是居于人中之人”(homo es, sistere in homine),这是重提库萨的尼古拉的所谓“除了人,他不愿是其他任何东西”(homo non vult esse nisi homo)。皮科(Pico della Mirandola)则抽象出人类学的最终结论,与马勒伯朗士的最终结论相似:“但是我们仍力图在人身上寻求一些特质,从这些特质可以寻获他作为神圣形象之主体的尊严,而且没有任何受造物与他共有这种特质。”③布伯指出,文艺复兴时期的哲学家虽已揭示了人类学的主题,但仍未涉及人类学关注问题的根基。他们认为人“可以”知晓一切,康德的“人可以知道什么”的知识论问题在文艺复兴时期尚未形成一个问题。波维鲁斯将上帝排除在人类认识范围之外,认为人的精神不能抵达上帝,但上帝让整个宇宙都能为人所认识。库萨的尼古

① Martin Buber, *MBW* (*Band 12*), 234.

② 波维鲁斯,拉丁语名 Carolus Bovillus,法国数学家、哲学家、人文主义者,努瓦永(Noyon)教区神父。他的《法兰西几何学》(*Géométrie en françoys*,1511)是第一部以法语印刷的科学著作。他兴趣广泛,在几何学、物理学、语言学、哲学、神学和灵修方面都留下了著作。他最重要和最有特色的哲学作品《论智者》(*De sapiente*, 1509)是一部典型的文艺复兴时期的著作,将人的概念置于现实的中心。波维鲁斯的哲学—神学体系结合了亚里士多德传统学派、皮科—德拉—米兰多拉和库萨的尼古拉的思想元素。在祈祷的问题上,波维鲁斯在《论祈祷的分殊》(*De differentis orationis*, 1529)中强调了内在性质的必要性以及赞美的的重要性。他将狂喜(ecstasy)解释为灵魂向着上帝的溢出和上帝向着灵魂的溢出。尽管不能免于某种程度上的理性主义,但他建基于库萨的尼古拉的原则上的综合论述,在精神上是属于天主教的。参见“新天主教词典”(New Catholic Encyclopedia), https://www.encyclopedia.com/religion/encyclopedias-almanacs-transcripts-and-maps/bovillus-carolus-charles-de-bouelles;“简明维基百科”(Wikibrief_Charles de Bovelles), https://de.wikibrief.org/wiki/Charles_de_Bovelles。

③ Martin Buber, *MBW* (*Band 12*), 235: “nos autem peculiare aliquid in homine quaerimus, unde et dignitas ei propria et imago divinae substantiae cum nulla sibi creatura communis comperiatur.”

拉所谓的宇宙在空间与时间上的无限性则否定了地球的中心地位，在思想上打破了中世纪的思维模式。但是，这种无限性仍只是“被思考的”，而不是“被看见的”和“被经历的”。人尚未接着奥古斯丁的问题再次去追问。直到帕斯卡(Blaise Pascal)说出“这无限时空的永恒寂静使我恐惧”[1]时，这种陷于孤独的“人的问题”才再次真正被提出[2]：“在无限之中的人是什么?”(Qu'est-ce qu'un homme dans l'infini?)[3]帕斯卡讲道：“人是一根会思想的芦苇”，然而其高贵之处正是会思想、知道无穷宇宙相对于自身的优越性。[4] 布伯认为，到帕斯卡这里终于响亮地凸显了人的特殊性。人，终于“发现”了他自己在宇宙间是一个殊异者与孤独者。从漫漫古代到近代，千呼万唤、无尽地期盼，这一种对“孤独”的自我觉知姗姗来迟了一千多年！

布伯指出，帕斯卡的孤独(Einsamkeit)从历史发展上说晚于奥古斯丁的孤独，但帕斯卡的孤独更为彻底，也更难以克服。“无限”的概念被郑重提了出来，被人们认真对待起来，“世界”已无法再作为人类的居家之地。爱因斯坦与布伯是老朋友，1933 年爱因斯坦是布伯家的常客，两人保持通信，并于 1952 年在美国再度会面。[5] 爱因斯坦的“有限空间概念”(Begriff eines endlichen Weltraums)也被纳入布伯的思考范围，被认为不适合重建作为人类家园的宇宙，这种“有限空间”绝不同于那种产生以宇宙为“家园”的感受的“有限”。因此，这是在人类无家和孤独之时重提人类学问题的时代。在帕斯卡之后，斯宾诺莎承担起对人的境况的思考，他将“无限的实体”称为“上帝”。布伯认为，斯宾诺莎“嗜好和平”(Friedenslust)，是一位真正的“宁馨儿”，“和平之子”(ein Kind des Friedens)。在斯宾诺莎这样的气质中，他曾体验到深层的孤独，曾言“很多事情我只能与上帝说”，布伯认为他在内心还是朝向着人类学问题的。至此也可见布

---

① Martin Buber, *MBW* (*Band 12*), 236: “le silence éternel de ces espaces infinis m'effraie.”

② Martin Buber, *MBW* (*Band 12*), 236: “Connaissons donc notre portée: nous sommes quelque chose, et ne sommes pas tout; ce que nous avons d'être nous dérobe la connaissance des premiers principes, qui naissent du néant; et le peu que nous avons d'être nous cache la vue de l'infini.”

③ 布伯对德语、法语、意大利语、意第绪语、希腊语、希伯来语等多种现代与古典语言都很熟悉，因此他的著作中时常出现精确引述原文的情况。这使得他的文章内容繁复、美不胜收，令人应接不暇。这里且将帕斯卡的这两处原文引述于此，读者可以感受到其思想的丰富性及其化境。

④ Martin Buber, *MBW* (*Band 12*), 236: “L'homme n'est qu'un roseau, le plus faible de la nature; mais c'est un roseau pensant. Il ne faut pas que l'univers entier s'arme pour l'écraser: une vapeur, une goutte d'eau, suffit pour le tuer. Mais, quand l'univers l'écraserait, l'homme serait encore plus noble que ce qui le tue, parce qu'il sait qu'il meurt et l'avantage que l'univers a sur lui. L'univers n'en sait rien.”

⑤ Maurice Friedman, *Encounter on the Narrow Ridge: A Life of Martin Buber* (New York: Paragon House, 1991), 209.

伯意义上的人类学之独特性，即人在茫茫宇宙中突然意识到了自己，意识到自己作为更高者与更低者"之间"的存在，意识到"我的"生命、"我的"生存本身具有的可疑问性，在寰宇之深深的孤独中提出了"人是什么"的问题。

据此，如果哲学人类学问题在布伯那里是这样的"缘起"，那么从思想会通的层面我们可以说，初唐诗人陈子昂《登幽州台歌》中的"前不见古人，后不见来者。念天地之悠悠，独怆然而涕下"的慨叹，即是布伯意义上经典的人类学之问。虽然全诗没有一个"吾"或"我"字，但此"见"此"念"，此"独"此"涕下"，正是天地间的"我"在面向苍天作出回应。这个"我"面对着没有位格的"天地"而"独"怆然涕下，天然地处在一个哲学的语境中，而且这种孤独比奥古斯丁、帕斯卡、斯宾诺莎的孤独更甚，因为没有"与上帝说"的信仰进路或退路。在此意义上，这种文化中的"自觉者"堪称全宇宙最孤独的人。这样的"孤独者"可以回转到"人间世"中磨损精力，或于高山流水的律动中"等待戈多"一般等待"知音"，或"藏"进鲁迅先生的小说中，在"圆月已经升在中天了，是极静的夜"[①]里坦然地走在路上。

二、"孤独"：一个人类学的时刻

在布伯看来，康德是第一个批判地理解人类学问题的人，尽管康德也没有从形而上的维度面对人的存在，而是从认识论的维度分析人对待世界的态度，他的《纯粹理性批判》可被认为是对帕斯卡的问题的回答。在此必须说明的是，布伯在 14 岁的少年时代即已对无限和有限有着深刻的体验，时间的有始有终或无始无终险些让他殚精竭虑而自杀，那时是康德的《未来形而上学导论》拯救了他，使他得以将"时空"理解为人的感官知觉的形式，而不是依附于事物本身的真实属性[②]。康德对帕斯卡问题的呼应着重于从神秘时空中走来之"你"所理解的世界的神秘与"你"自身存在之神秘，在 1793 年的信中康德提到，他看到了一个自我审视和自我反省的时刻，一个人类学的时刻(die anthropologische Stunde)[③]。

布伯认为，黑格尔的哲学体系是对探寻"人是什么"的人类学框架的偏离。青年时代的黑格尔继承了康德的问题，在《基督教精神及其命运》(Der Geist des Christentums und sein Schicksal)的笔记中黑格尔写道，每一个人都有自身的光明和生命，具有光的属性，是被自身之中属火的物质所点燃，闪耀自己的火焰。

---

① 鲁迅 Lu Xun，〈孤独者〉[The Solitary]，收录于《彷徨》[Wandering](北京[Beijing]：人民文学出版社[People's Literature Publishing House]，2016)，97—122。

② Martin Buber, *MBW* (*Band 12*), 240.

③ 同上，241。

这里他谈的不是抽象的人类,而是每一个具体的人。黑格尔的《逻辑全书》也有“人类学”的部分,开头即谈到“精神是什么”及其重要性、作为实体的心灵,人类与人类生命内的区别等。黑格尔想为人类建造一座新的宇宙居所(Welthaus),但在哥白尼的空间里已经不能再建起这样的居所,于是黑格尔只能在时间中去构建。人类的这一新的宇宙居所呈现为以历史为形式的时间,历史的意义得以被完满获得和理解。在布伯看来,黑格尔的体系是西方思想史上人类寻求“心安”的第三次伟大尝试,是在亚里士多德的宇宙学尝试和阿奎纳的神学尝试之后的逻辑学尝试(der logologische Versuch)。[①] 而他之所谓在黑格尔这里出现了对人类学问题的偏离,是因为黑格尔的落脚点是宇宙理性,个体的孤独在其精神的上升中被克服了,关于人的疑问被取消了——而如上文所述这种自奥古斯丁、帕斯卡以来的根深蒂固的孤独、诚惶诚恐的追问才是布伯所肯认的哲学人类学的真意识和真问题。黑格尔的宇宙并不能为现代人提供一个如家的“居所”,他只是将弥赛亚信仰世俗化(säkularisiert)了,将其从宗教信仰的领域转移到哲学信念的领域。但这里有一个问题,即人们对救赎的信仰不能通过对理念完善的世界的确信所取代,“因为只有对值得信仰者的信仰才能确立人与未来的无条件的肯定关系。仅仅靠思想无力建构人的实际人生,最严格的哲学确定性也不能把那种直截了当的确信授予心灵”[②]。在这个基础上,费尔巴哈的人本哲学可谓对黑格尔哲学的人类学改造。费尔巴哈尖锐地指出,黑格尔的宇宙理性其实只是上帝的代名词,形而上学地谈论宇宙理性不过是把人类本质从具体的存在转变为抽象的存在。费尔巴哈在著作《未来哲学的原理》(*Grundsätzen der Philosophie der Zukunft*, 1843)[③]中重新将重点放在人自身上面,把人作为哲学研究的唯一和普遍对象,以人类学为普遍的科学。在此,费尔巴哈不是像康德那样把人的认知方式作为哲学的开端,而是想把人之整体作为哲学的开端。布伯指出,费尔巴哈完成了一种“人类学的还原”(die anthropologische Reduktion),即存在对人类存在的还原。在此,费尔巴哈也引入了对“你”的发现,从而导致欧洲思想的新开端。布伯高度评价费尔巴哈的这一发现,认为费尔巴哈的思想贡献甚至要超过笛卡尔。

但是,费尔巴哈对哲学人类学的召唤中不包含“人是什么”的问题,或者说其问题意识还不够尖锐。布伯指出,尼采对费尔巴哈的哲学人类学进行了改造,其不足之处在于忽视了费尔巴哈哲学中“我”与“你”的领域,在人际关系层面满足

① Martin Buber, *MBW* (*Band 12*), 244.

② 同上,247。

③ 同上,252。

于承认17—18世纪法国道德哲学家的观点，并通过揭示道德性之根源和发展而完成；其优势在于把人置于他对宇宙思考的中心，并且这个“人”是清楚明确的存在，是有疑问的存在，“人的问题”正是尼采毕生从事的真正的伟大课题。在1874年的短著《作为教育家的叔本华》中，尼采就提出了足以反映一个时代的问题，即“人何以能认识自己”？其观点是认为人是被遮蔽的晦暗不明之物、尚未定型，人区别于动物之处在于人可以作出许诺。值得注意的是，布伯不赞成尼采关于强力意志的心理学和历史学观点，即认为一切生者都为权力而争，为增长权力而战，为获得最高的权力感而奋斗。布伯不赞成尼采的“权力意志”，但他对“力量”有另一番理解，即认为伟大本质上包含一种力量，但未必是权力意志，而是一种内在的强有力，并不一定要求权力，也可能是静默而泰然的。这其实是一种稳定、持续的人格的力量，也可以说是文化的作用。布伯没有在这里强调文明或文化这些字眼，但用他自己的方式重新定义了何为“力量”。布伯批判恋慕权力的人败坏了世界历史，人对权力的迷恋造成了脱离责任的权力。整体而言，他认为尼采从权力意志出发来理解人的一切行为是有偏差的，是对哲学人类学问题的错误回答，因而尼采没有为哲学人类学奠定一个积极的基础，而被尼采所轻视的社会学其实能为哲学人类学意义上的个体与群体的问题提供有益回答。

三、“孤独”的成熟：哲学人类学问题在现代的发展

布伯认为，只有在他自身的时代，哲学人类学问题才真正走向成熟，才开始作为独立的哲学问题被认识和对待。他从现代危机讲起，从社会学性质、人失去了“宇宙学上的安全感”而体验着深深的孤独，直面人之生存基础，深刻体验到人类自身的可疑问性；在心灵历史层面，人面对一个日益强大的“人造世界”，这一“人造世界”也逐渐获得其自身的独立性。人在技术领域、经济领域、政治领域都被异化，机器、经济生产、世界大战的潜在威胁，让人看到自己创造了自己未必能支配的“魔鬼”。

布伯在此首先关注的是胡塞尔。他认为尽管胡塞尔本人对人类学问题并未加以论述，但在其关于欧洲科学危机的论文中有三句对人类学有贡献的说法。第一句话是“最伟大的历史现象就是为自我理解(Selbstverständnis)而拼搏的人类”[①]；有史以来人类精神就一直与精神的困难和抗拒拼搏，这种斗争史乃是所有历史现象中最伟大的历史。第二句话是“如果人变为一个‘玄学的’、一个特殊的哲学问题，那么他作为一个理性存在者就会受到怀疑”；布伯点评道，如果将人

① Martin Buber, *MBW* (*Band 12*), 266.

之非理性视为人所独具的，便首次触及人类学问题之深层。第三句话是“一般来说，人性本质上就是在众人中的人的生存；而众生在世代和社会中被紧密联系在一起”[①]。这句话就与现象学派的整个人类学著作相矛盾，个体主义的人类学不在人与团体的联结中定义人，反而认为这些联结的作用会损害人的真实本质。

在正式进入现象学人类学(der phänomenologischen Anthropologie)之前，克尔凯郭尔也是布伯考察的对象。其讨论的重点是信仰，克尔凯郭尔不承认没有义务的信仰。信仰是生命对所信者的一种关系，是一种生命关系，否则信仰就不真实。布伯认为，克尔凯郭尔使得生命自身的阶段和情态、罪过、恐惧、绝望、选择，对死亡的预知以及对拯救的预知都成为思考的对象，超越了心理学的思考范围。克尔凯郭尔所思考的是“现实的个人”，并且将其联结到与绝对实体的关联中思考，现代哲学人类学为获得其哲学基础必须放弃其神学前提，问题是克尔凯郭尔也未见得成功。到了海德格尔，布伯指出，他意欲设立为形而上学原则的不是哲学人类学，而是“基础存在论”，即关于实存本身的学说。海德格尔本人不认为也不希望其哲学被视为哲学人类学，但布伯认为其哲学方式所描画的具体的人生正是哲学人类学之课题。布伯挑出海德格尔探讨人与死亡关系的一章来讨论，将海德格尔所揭示的范畴比作在棋盘上面的对弈。[②] 人在其精神史上一次次陷入孤独无依的状态，发现自己置身于一个疏离而神秘可怕的宇宙而独处。人每一次对孤独的体验都较前人“更冷酷、更严峻、更难以拯救”，人也不再能从其孤独中去迎接神圣的形式，于是尼采说“上帝死了”。“很明显，对于孤独者来说，除了寻求与他自己作内在的交流之外已别无他途，这即是海德格尔哲学由以出现的基本情形。”[③]但海德格尔的基础存在论问题，对于人的生命本身及其人类学理解来说没有什么效果。他说人的存在本质上是“在世界中之在”(Sein in der Welt)，要通过理解他人(Verständnis anderer)，认识和知识才成为可能。“日常性”(Alltäglichkeit)作为海德格尔的出发点，在某种意义上对于他特别重要。而作出决断(die Entschlossenheit)使自我成为一个与周遭事物在一起的在者，将“自我”推进为他人烦恼、劳神(Besorgens)的生命状态。一个生命与另一个生命互相“在本体上”参与对方的生存，个体在世界之中活动并影响世界。布伯强调，海德格尔的自我是一个封闭系统，而克尔凯郭尔的个人虽是“单独者”，却是一个只对上帝开放的开放系统。在比较了克尔凯郭尔的单独者与海德格尔的个人之后，布伯根据人之生存性质及状况，指出人具有三重充满活力的关系。

① Martin Buber, *MBW* (*Band 12*), 267.

② 同上，272。

③ 同上，275。

这三重关系境界(dreifaches Lebensverhältnis)[①]可谓布伯自身哲学人类学思想的基础模型,表明人与自身之外者的三重基本关系:第一重是人与世界及众物(Dingen)之关系;第二重是人与人(既是单个的又是众多的)之关系;第三重是人与存在之奥秘的关系——对此哲学家称为"绝对者",信徒称为"上帝",并且即便对于拒绝"绝对者"和"上帝"概念的人来说,也不可能从其生活中排除这第三重关系。这一"三重关系说"遂成为布伯检验上述哲学家的哲学人类学面向之标尺。他认为在克尔凯郭尔那里缺乏对人与众物之关系的阐明;在海德格尔那里只能发现作为技术、目的的关系,但是纯粹技术的关系不可能是本质上的关系,只是一种目的性的关系。[②] 除了人的上述三重关系境界,还有另一种关系,即人与自我的关系,但这种关系不能被看作一种真实的、本质性的关系,因为它缺少一种真实的双重性。布伯在此反驳了认为诗是一种人与自我的关系的完善与转变的形式,认为诗实际上是更强烈地拒绝心灵满足于自我交流[③]——诗乃是心灵的"宣言",就像那"指月"之"指",诗之思所指向的并非诗自身,而是"诗外"之"是"。

四、"孤独"的成就:"狭窄山脊"上的"之间"境界

对于哲学人类学公认的奠基人、胡塞尔学派的舍勒,布伯也展开了探讨。整体上说,布伯认为舍勒早期的哲学人类学著作对尼采多有继承,后期著作则受启于黑格尔,舍勒过高评价了"时间"对于"绝对"的意义。正是在对舍勒著作的分析中,布伯引出他自己的独特概念——"狭窄山脊"(schmalen Grat)。

布伯在第一次世界大战期间对"最高之物"(die höchsten Dinge)的思考达到一个关键转折点,他将自己的这种立场向朋友描绘为"狭窄山脊"[④]。他的意思是,人并非居住在一个包含了一系列关于绝对的特定陈述之体系的、系统的宽阔高原上,而是居住在深渊之间的"狭窄山脊"上——那里没有任何命题知识的确定性,而是遇到那仍然被遮蔽的东西的确定性。布伯曾在战后几年与舍勒重逢,那时的舍勒刚刚与天主教教会思想决裂,他告诉布伯自己已经非常接近布伯的"狭窄山脊",但布伯对此并不太认可。布伯本人首先是受到德国神秘主义

---

① 参见王希佳 Wang Xijia,〈"天地境界"与"启示境界"的互鉴〉[Mutual Learning between the Transcendent Sphere and the Reveal Sphere],于《世界宗教研究》[Studies in World Religions],2023 年第 1 期[2023, Issue 1],24—32。

② 参见 Martin Buber, *MBW* (*Band 12*), 284。

③ 同上,287。

④ 同上,291。

(Meister Eckhart, Angelus Silesius)的影响,然后又受到犹太教卡巴拉派(Kabbalah,קַבָּלָה,Qabbālā)[1]的影响——根据其教义,人可以获得力量,将高于世界的上帝与世间居所(Schechina or Shekhinah, dwelling, setting)结合起来。早年的布伯因此而产生了“通过人实现上帝”的想法,他认为舍勒与自己相同的是这一点,但是布伯本人后来(在写作这篇“人的问题”时)已放弃了这一观点。舍勒认为本原的存在即世界的基础,具有精神(Geist)与冲动(Drang)两个属性。布伯认为舍勒的这两个属性是对叔本华思想的“转译”——叔本华的“意志”(Willen)他称之为“冲动”,叔本华的“表象”(Vorstellung)[2]则被舍勒转为“精神”。舍勒的思想经历了发展转变,在其最后的人类学著作中,他的基本观点已不再是“有神论”,人的起点成为“寻求上帝者”(Gottsucher),哲学家取代了“宗教人”(religiösen Menschen),“由此人不再是一个止息的、休憩的在者(而是生生不息的),不是一个既定的事实(Faktum),而是一个充满可能性的过程方向(Prozeßrichtung)”[3]。这几乎就是尼采对人的评价,只是舍勒用“精神”取代了尼采的使人成为真正、实在之人的“权力意志”。对于“精神”的理解,布伯指出舍勒在弗洛伊德的概念体系中提取了一些心理学范畴并加以改造,“与世界分离的人”成为舍勒的人类学的对象。但是,不论是就他与他人的关系还是就其灵魂自身的基能而言,弗洛伊德的研究都是以病理性的人为基础、是基于病理心理学的分析。布伯认为,这种类型的患者并非他所处时代的典型人类,其时代最严重的危机是“信任危机”(die Krise des Vertrauens)。这里又涉及社会的确信对个人及有机团体的影响——即使在曾经历史上的人居于宇宙间的不安全的时代,通常仍有一种社会的确定性(soziale Gewißheit),“一个真正团结的小型有机共同体(organischen Gemeinschaft)的支持,这个共同体或社团之内的信任弥补了宇宙的不安全感(kosmische Unsicherheit),提供了一致性(Zusammenhang)和确定性(Gewißheit)”[4]。这样的“信任”只是基于这一共同体之内的,这种融合也只发生其特定成员内部。在此,“共同体”(Gemeinschaft)这一概念再次出现,这一概念在他对犹太教团体的论述中也常会见到,他始终关心如何形成个体与个体

① 卡巴拉,字面意思是“接受、传统或‘相应’”,犹太教神秘主义中的一种神秘方法、学科和思想流派。犹太教中的传统卡巴拉学者被称为“梅库巴”(מְקוּבָּל, Məqūbbāl)。卡巴拉的定义根据追随者的传统和目的而不同,从起源于中世纪的犹太教到后来在西方密教中的改编(基督教卡巴拉和赫尔墨斯卡巴拉)。犹太卡巴拉是一套神秘的教义,旨在解释不变的、永恒的上帝——神秘的 Ein Sof(אֵין סוֹף,“无限的”)与凡人的、有限的宇宙(上帝的创造)之间的关系,它构成了犹太教内神秘主义宗教解释的基础。

② Martin Buber, *MBW* (*Band 12*), 293.

③ Martin Buber, *MBW* (*Band 12*), 302.

④ Martin Buber, *MBW* (*Band 12*), 303.

之间真诚相对、相遇共在的共同体的关系。

五、余论

布伯所总结的“哲学人类学”的两个现代尝试从胡塞尔开始，以舍勒而终，探讨了个体主义(Individualismus)与群体主义(Kollektivismus)两种类型的哲学人类学。布伯对其分析相当精辟，认为个体主义人类学不能导向对人之本质的认识，康德的“人是什么”的问题不能在这种对人类个体思考的基础上给予回答，而只能在对其与实在的诸本质关系之整体中给予回答。对个体主义的批评通常出自群体主义的立场，布伯指出，如果个体主义所理解的只是人的一部分，则群体主义对人的理解也只是人的另一个部分，二者均未参透人的整体性(Ganzheit des Menschen)。个体主义只看到处于与他自身关系中的人，群体主义则全然不见人而只见“社会”(Gesellschaft)[①]；人之面容(das Antlitz)是扭曲和模糊的。

在此，布伯敏锐地看到，现代个体主义和现代群体主义，尽管是两种人生观的差异，但实质上是对共同的人类境况之结果的表现，只是所处的阶段不同。这种人类境况的特点就是“宇宙的和社会的无家可归”(kosmischer und sozialer Heimlosigkeit)，世界的焦虑(Weltangst)和生活的焦虑(Lebensangst)汇合在一起，成为一种无比强烈的、孤独的生存状态。人同时感到自己是一个被自然抛弃的人，也是一个在人潮涌动的世界中被孤立的人[②]，现代个人主义与现代群体主义都是对这种人类境况的反映。布伯认为，现代个体主义本质上有一个“想象”(imaginär)的基础，现代群体主义则是有一种“幻觉”(illusionär)的基础。群体中的人与人的联系仍不是本质的、真实的联系，人类的孤独感(Vereinsamung)在此并没有被克服，而是被淹没了。而在“想象”和“幻觉”结束后，只有作为个体与其同胞的相遇、人与人自身的相遇才有可能真正发生。人类实存的基本事实，既非个体本身也非群体本身，人类实存的根本事实乃是“人之相与”。[③]

由此，在人们熟知的“个体”与“群体”之外，布伯指出了第三个领域，他称其为“之间的境界”(die Sphäre des Zwischen)，这一境界依然是人类实在之基本范畴。布伯对这种“之间”境界的阐发是具体而生动的，例如在黑暗歌剧厅里的两个互不相识的听众“之间”，他们听到几个具有相同纯度和强度的莫扎特音符，会

---

① Martin Buber, *MBW* (*Band 12*), 306.

② 同上，307。

③ Martin Buber, *MBW* (*Band 12*), 309: “Die fundamentale Tatsache der menschlichen Existenz ist der Mensch mit dem Menschen.”

建立起一种几乎无法察觉却又基本的对话关系；而当灯光亮起时，这种“之间”的关系境界就恍然若失。[1] 布伯认为，这种“之间”的关系境界不是心理学的概念所能抵达的，而是本体的东西（Ontisches），真正的个体之间的对话只能在本体论上得到充分的把握——是从超越两者、位于两者之间的那个本体出发才能把握。对话最有力的时刻是真正的“深渊呼唤深渊”（Abgrund dem Abgrund ruft）之处，这既非纯然个体的，也非纯然社会的，它超然于主体，在客体的周边，“我”与“你”相遇于“狭窄山脊”。

布伯总结道，“之间”的关系境界有助于人们成为真正的人，重获真正的人格（echte Person），创造真正的共同体（eine wahre Gemeinschaft）。对于人的哲学科学来说，一方面可以改变对个体的人的理解，另一方面可以改变对共同体的理解，其中心对象既不是个体，也不是群体，而是处在与他人之关系中的人。这即是布伯通过梳理从亚里士多德到舍勒的“哲学人类学”问题所得出的个人结论，他认为包含人类学、社会学在内的“关于人的哲学科学”必须从思考“人与人”（der Mensch mit dem Mensch）这一对象开始。布伯的“之间”境界并非去消解和克服人的“孤独”，而毋宁是一种保持“孤独”之惊异性与创造性的，“孤独”的果实或成就。

① 参见 Martin Buber, *MBW* (*Band 12*), 311。

One Thousand Years of Solitude and the Sphere of Between:
Martin Buber's Problem Awareness of Philosophical Anthropology

WANG Xijia

Abstract: In his 1938 article "The Problem of Man" (Das Problem des Menschen), Jewish philosopher Martin Buber explores a unique philosophical anthropological understanding of the human condition, focusing on the ontological concept of "solitude" and the realm of "between". Buber's concept of "solitude" is not a sociological or psychological one, but rather a metaphysical exploration of the individual's position and uniqueness in the universe, as reflected in the thought of philosophers from Augustine to Pascal over the millennia. Additionally, Buber discusses the sphere of "between" as not a means to deny or to overcome "solitude", but rather as a place where human beings "encounter" each other on a "narrow ridge". According to Buber, only in this absolute solitude does the "between" Ekstase, serve as a bridge between the ethics of modern individualism and collectivism.

Key Words: Martin Buber, Philosophical Anthropology, Solitude, Between

西班牙玛拉诺犹太人的身份建构及其现代性意蕴*

李　彦**

【摘要】玛拉诺是指15世纪末西班牙反犹运动之下被迫改信基督教但私下仍信奉犹太教的"新基督徒"。本文聚焦西班牙赛法迪犹太人向玛拉诺的转变过程，分析玛拉诺犹太人如何通过寻求自我认同、集体认同及社会认同，逐渐实现自身"非犹太的犹太人"的身份建构。玛拉诺犹太人的身份建构是对古老的"何为犹太人"的反思与重审。玛拉诺彰显出非犹太教徒坚守犹太教的可能性，他们身上体现的对此世的关注与个人主义的张扬，完美地应和了现代性的诸多维度。同时，玛拉诺的流散给所经之处带去一种蕴含着自由、平等、包容的变革精神，其实质也是一种具有现代主义情怀的生活模式与人生态度。因此，在某种意义上可以说，我们每个人都是玛拉诺。

【关键词】玛拉诺；身份构建；现代性；西班牙

一、从赛法迪到玛拉诺

玛拉诺(Marrano)，又译为"马兰内""马拉内"，西班牙语原义为"猪猡""肮脏之人"。在犹太史中，该词用来指涉那些为避免迫害而转信基督教，但私下仍信奉犹太教的犹太人。对该词的词源考据角度多样，但学界大多认可使用这一违反犹太洁食律法的词汇，表达了西班牙人对那些佯装转信基督教的犹太人的厌恶和侮辱。方济会修士弗朗西斯科·托雷洪西略(Francisco Torrejoncillos)

* 本文系中国人民大学2024年度"中央高校建设世界一流大学(学科)和特色发展引导专项资金"阶段性成果。

** 李彦，中国人民大学外国语学院讲师、区域国别研究院研究员。

在撰写的反犹手册《反犹哨兵》(*Centinela contra judíos*)中,对玛拉诺进行了一番“有趣”的解释:“据说西班牙人给他们起了这个名字,叫他们‘玛拉诺’,在西班牙语中是猪的意思,因此为了侮辱他们,把犹太新教徒叫作玛拉诺……给他们起这个名字是非常合适的,因为在玛拉诺中,当其中一只发出哼哼声和抱怨时,其他所有的猪或玛拉诺都会给予回应;而犹太人也是如此,一个人的哀叹会引来所有人的响应,因此他们被赋予了玛拉诺这个称号和名字。”①在学术界,“玛拉诺”常被“隐匿犹太人”所代替,以缓和过于明显的贬义。玛拉诺是被基督教化的犹太人,但不愿放弃犹太人的身份:他们改变了名字、饮食、职业和居住地,改变了向上帝祈祷的语言,最终采用了一种“混合的、碎片化的、破裂的身份”②。

虽然“玛拉诺”一词最早出现在1380年卡斯蒂利亚索里亚市议会记录中,但犹太人在西班牙的历史似乎可以追溯到《圣经》中的记载。《俄巴底亚书》1章20节记载:“在西法拉中被掳的耶路撒冷人必得南地的城邑。”③这里的“西法拉”(Sefarad)便是西班牙犹太裔赛法迪(Sephardim)的源头,因为这个词与Ispamia(西班牙)形似。④基于这一圣经传统,一些犹太学者认为在圣经时代,便有犹太人抵达伊比利亚半岛。《圣经》中约拿为逃避上帝的指派所逃亡的他施便是后来迦太基人在地中海的港口。当然,这种说法似乎缺少充足的考古佐证,大多类似的观点都是在西班牙反犹主义盛行之时提出的,因此可以视为犹太人对自己定居西班牙合法性的一种自我辩护。这些犹太人想极力表明,中世纪西班牙反犹主义中甚嚣尘上的“谋害基督”说是站不住脚的,因为耶稣在巴勒斯坦各各他被钉十字架的时候,西班牙的犹太人已经在当地定居很久,与谋害基督毫无关联。

当然,中世纪西班牙赛法迪犹太人的这一主张不可能改变当时的反犹主义浪潮。本文无意在欧洲思想史语境中溯源反犹主义的历史脉络与逻辑演进,仅聚焦西班牙赛法迪犹太人向玛拉诺转变过程中,西班牙当时的反犹主义所起到的决定性作用。从严格意义上说,西班牙反犹主义主要集中在普通民众层面,而非上等阶级层面。哥特统治阶层和穆斯林统治阶层对犹太人采取支持和宽容的政策,在西班牙的民众看来,就是犹太人的一种卖国行为。“光复运动”(La Reconquista)之后,作为基督教国家的西班牙统治阶层也非常认可赛法迪犹太

① Fray Francisco de Torrejoncillos, *Centinela contra judíos* (Barcelona: Joseph Girált Impresor, 1731).

② Sebastián de la Obra, *Portadores de una marca: los marranos*, 2013.

③ “Los cautivos de Jerusalén que están en Sefarad poseerán las ciudades del sur, Abdías, capítulo 1”, https://www.churchofjesuschrist.org/study/scriptures/ot/obad/1?lang=spa.

④ 参见 Jane S. Gerber, *The Jews of Spain: A History of the Sephardic Experience* (New York: The Free Press, 1994), 2。

人在西班牙社会中所发挥的重要作用，他们对犹太人采取拉拢和利用的态度。穆斯林势力被逐出西班牙后，西班牙的五个基督教王国给予赛法迪犹太人特殊优惠政策，连续多年免交税费。西班牙的犹太人聚集区 Aljama 的自治权也受到国家的保证。[①] 赛法迪犹太人利用这种优势获得了巨大的财富和势力，但他们无法从根本上改变自己外来者的身份。在西班牙民众看来，作为外来者的犹太人在宗教层面自诩上帝唯一的选民，在经济上获得巨大的成功，在政治上获得国家的保护与自治，这些都是他们对犹太人抱有敌视态度的原因。但是，这些西班牙民众并没有发现赛法迪犹太人成功背后潜藏的巨大危机。虽然早期基督教在某种程度上是犹太教的一个分支，但是蔓延在中世纪欧洲的反犹主义主要根源还是基督教与犹太教的宗教分歧；而赛法迪犹太人表面上获得的巨大财富，主要源于他们从事着当时不被看好的包税人、商人、手工业者等职业；在政治上，赛法迪犹太人并没有参与西班牙基督徒公民的管理，他们只希望能够居所其所，甚至对自己聚居的市镇也没有管理的意愿。西班牙高层对赛法迪犹太人的支持完全来自其在经济上的利用价值。随着西班牙民众主体的反对与教会对下层民众的支持，西班牙的反犹主义外化为一系列反犹运动，以 1391 年反犹骚动为盛。这次反犹骚动从掠夺塞维利亚(Sevilla)犹太社区的财产演变为对犹太人的无差别屠杀。据统计，四千多赛法迪犹太人被杀，埃西哈(Écija)、卡莫纳(Carmona)与科尔多瓦(Córdoba)的犹太人社区全部被毁，大部分犹太人为了生存不得不接受基督教洗礼。[②] 1449 年，西班牙颁布了历史上首个针对犹太改信者的歧视法案"纯净血统"(Limpieza de Sangre)法案，剥夺"转信者"(Conversos)担任公职的资格。该法案表现出对犹太人的蔑视，将"新基督徒"描述为"忘恩负义、未融入、不称职和不配担任任何公共职务的人"[③]。虽然教皇尼古拉五世立即谴责了这项法律，并将法律制定者逐出教会，但人们对血统纯洁的执念并不容易根除。

在转信基督教的赛法迪中，不乏有真心归顺且全心侍奉的犹太人，例如曾经的拉比巴勃罗·德·桑塔·马里亚(Pablo de Santa María)转信后最终成为布尔戈斯(Burgos)的主教。但大部分的赛法迪转信的理由只是为了继续生存下去，他们内心仍然是虔诚的犹太教信徒。尽管外表上他们不得不按基督徒的方

① 参见 Jane S. Gerber, *The Jews of Spain: A History of the Sephardic Experience*, 93。

② 参见 Cecil Roth, *A History of the Marranos*(Skokie: Varda Books, 2001), 15。

③ Peter Hocken, *Los Marranos: Una Historia Que Necesita Ser Sanada* (el tercero folleto en la serie de folletos de Hacia el Concilio de Jerusalén II, 2004), 15: "ingratos, no integrados, ineptos, y no dignos de ostentar cargo o beneficio público alguno."

式行事,例如他们把孩子带到教会受洗,但回到家后,他们会马上把受洗的印记洗掉;他们会按基督教的仪式举行婚礼,但暗中他们也会增补一个犹太教的仪式。[①] 可见,外部社会语境与内部个人行为的巨大转变,势必会产生新的身份建构。

二、作为"现代主体"的玛拉诺与"非犹太的犹太人"

作为转信基督教的赛法迪犹太人,玛拉诺与赛法迪相比更具他者的属性。如果说赛法迪是生活在西班牙的犹太人,是西班牙的文化他者,那么玛拉诺更是具有多重他者的身份。虽然塞法迪犹太人在文化和宗教上与天主教的西班牙有所不同,但他们的身份还是比较明确的,即为犹太教信仰者。而玛拉诺则不仅在文化和宗教上游走于两者之间,他们更是因宗教迫害而被迫隐匿信仰,表面上接受了基督教洗礼,成为所谓的"新基督徒",但私下里仍然坚持犹太教信仰或在这种信仰与基督教信仰之间徘徊。玛拉诺作为"新基督徒",被旧基督徒怀疑和排斥,始终无法完全融入主流社会;作为隐匿的犹太教信仰者,又不能公开自己的身份,难以寻求同胞的认同和支持;在犹太教信仰者眼中,玛拉诺是叛教者或宗教异端,在传统的犹太社区中面临排斥。这种多重他者的身份使得玛拉诺不仅要解决宗教信仰的冲突,还要应对来自社会各方面的排斥和压力。玛拉诺在社会和宗教上都处于一种尴尬和危险的境地,不仅要在宗教信仰上找到平衡,还要在社会和文化中寻找一席之地。他们的日常生活充满了宗教和文化的复杂性。这种复杂性不仅涉及如何在外界面前表现自己,更涉及如何在内心深处保持自我信仰的完整。他们在家中秘密遵守犹太教的仪式,在公共场合需遵循基督教的习俗。这种双重的生活方式迫使他们不断地隐藏真实的自我,不仅加深了他们内心的焦虑和紧张,也使他们在身份认同上陷入了更加复杂的境地。

玛拉诺必须在基督教和犹太教两种不可共存的宗教属性之间作出选择。由于统治者缺乏宗教宽容,这种身份转换并非完全是玛拉诺自主决定的结果,因此不能低估这种选择的困难性。玛拉诺并非孤立的个体,而是因大规模强迫改宗而产生的庞大群体。他们不仅需要通过个人秘密坚守犹太教来强化自己的身份认同,还需要在与自己具有共同属性的玛拉诺群体中寻求社会认同。他们只能通过在私人领域坚持犹太教信仰和实践,维系内心的信仰完整性。同时,在与其他玛拉诺的互动中,他们试图找到一种集体认同感,这种群体归属感帮助他们在面对外界压力和迫害时获得支持和力量。双重认同模式使得玛拉诺在复杂的社

① 参见 Cecil Roth, *A History of The Marranos*, 19。

会环境中形成了独特的文化和社会身份,而这种独特的文化和社会身份源自他们犹太根源和基督教主流社会要求之间的强制共存,因此必须以隐瞒和适应为特征。玛拉诺不得不隐藏自己的真实信仰和宗教实践以在敌对环境中生存。这种混合身份体现在一系列实践和态度中,反映了犹太记忆与表面上符合基督教要求之间的持续紧张关系。隐瞒成为保护玛拉诺脆弱身份的真正策略。对他们来说,真正的宗教是隐藏和秘密的,这导致了对外在宗教形式的批判性疏远,促使一些玛拉诺成为"异端"或"异教"的中心,强调精神层面人神相遇的密契实践,如伊拉斯谟主义(erasmistas)、前宗教改革运动(prerreformistas)、光照派(alumbrados)和喀巴拉神秘主义(místicos)。[①]换言之,玛拉诺在隐匿与遗忘中产生了一种全然他者的视角,同时也萌生了抵抗与反叛;"他们成为自由思想的起源,作为一个知识和自由是存在的核心的避难所",玛拉诺是自由思想的重要起源与避难所,它"成为一种具有启发性的抵抗方式,一种完全当代的回应",正如马拉诺斯宾诺莎所说的"存在的力量"。[②]

玛拉诺的身份认同在国外的人文学科中被视为"最具吸引力的"[③]。在传统社会中,主体身份往往取决于个体所处的外部因素,换言之,个体所在的社会语境和文化传统决定了他的身份。但现代性社会的身份认同撕裂了这种整全的模型,将个体的精神维度和内在空间作为身份建构的重要维度,从而形成了具有现代性品格的主体身份概念。玛拉诺也体现了这种身份建构过程中的转变。也就是说,源自西班牙的玛拉诺犹太人经由大流散,带给世界一种全新的身份认同角度,一种复数的、非同一性的流动身份建构。被描述为玛拉诺的犹太人,势必不是一种单一身份建构,甚至不是兼具西班牙—犹太属性的双重身份建构,玛拉诺永远处于一种不确定性和生成性中。"早期现代转信犹太人的核心困境是……他们处于一种文化上的阈界……(这里)同时又是基督教世界和犹太世界的边界与十字路口。"[④]玛拉诺身份的这种不可知性只有在实践和言语中才能消解,在"委托、交付和选择"中,其身份才可以变得在场。[⑤] 可见,虽然玛拉诺犹太人起源于中世纪的西班牙,但这一现象具有厚重的现代性品格,在某种意义上可以

---

① 参见 Pedro Lomba Falcón, "Marranismo y disidencia. Un origen hispánico de la crítica moderna," *Revista Internacional de Filosofía* 57 (2012): 77。

② Sebastián de la Obra, *Portadores de una marca: los marranos*.

③ David Graizbord and Claude Stuczinski, "Introduction," *Jewish History* 25 (2011):121.

④ David L. Graizbod, *Souls in Dispute: Converso Identities in Iberia and the Jewish Diaspora, 1580-1700* (Philadelphia: University of Pennsylvania Press, 2003), 2-3.

⑤ 参见 Natalia Muchnik, "Being Against, Being with: Marrano Self-identification in Inquisitorial Spain," *Jewish History* 25 (2011): 153-174。

说，我们每个人都是玛拉诺。

玛拉诺犹太人的身份建构问题，究其本质是对古老的“何为犹太人”的反思与重审。犹太思想家以撒·多伊彻（Isaac Deutscher）曾用“非犹太的犹太人”（Non-Jewish Jew）来描述犹太人的精神内核。他的论述恰恰暗合了玛拉诺犹太人的身份建构。多伊彻认为，犹太教中蕴含着一种异教传统，这种超越犹太性的犹太异教传统恰恰正是犹太传统的内核。在这个逻辑下，斯宾诺莎、马克思、卢森堡、弗洛伊德这些伟大的革命者同时具有犹太人的身份就不难理解了。这些不同领域的革命者虽然不看重自己的犹太血统，被同化的程度很高，但他们身上明显具有犹太性，这一犹太性在很大程度上具有玛拉诺属性，即“他们生活在某个社会，但却没有生活在这个社会；他们属于这个社会，但却没有属于这个社会”[1]。他们的思想具有辩证色彩，因为他们的生活游离于不同国家，他们的宗教信仰也具有边界属性，他们眼中的一切都是变动的。

西班牙玛拉诺犹太人身上体现出的批判性、实践性与辩证性正是犹太传统的本质属性与底层逻辑，在《希伯来圣经》中这方面的例子有很多。例如，对摩西、亚伯拉罕、雅各等犹太人祖先的记载里充斥着他们对上帝的质疑、反驳乃至背道而驰。对犹太人而言，似乎只有在不断的反思与质疑中，自己的身份建构才能以一种流动的方式得到瞬间的展现。

三、玛拉诺彰显的现代性意蕴

西班牙玛拉诺多为犹太社区的知识精英，他们常年在政府、军队、大学和教会任职。许多人与非犹太贵族结婚，有些甚至与阿拉贡的王室通婚。[2] 如果说实现自我认同和集体认同是第一代玛拉诺在身份建构道路上走出的第一步，那么他们的下一步便是积极融入西班牙社会，寻求西班牙社会的认同，重新获得社会的归属感。“光复运动”之前，当天主教社会沾沾自喜于拯救犹太人的灵魂之时，玛拉诺获得了比改宗前更多的自由和宽容，从手工业者到小贩商人、从医生到律师，到处可以觅到玛拉诺的身影。15世纪西班牙人口与经济整体增长也为玛拉诺提供了施展其独特才能的机会。仅短短十几年间，玛拉诺便从西班牙社

① Isaac Deutscher, *The Non-Jewish Jew and Other Essays* (London: Verso, 2017), 31.

② 参见 Peter Hocken, *Los Marranos: Una Historia Que Necesita Ser Sanada*, 12。

会的最底层攀升至中上层,凭借积累的财富和经济影响力进入政治领域。[1] 因此,看似处于边缘化地位的玛拉诺从未远离过中心,我们对玛拉诺的想象本身似乎也是一个非常值得研究的议题。西班牙玛拉诺研究在国外一直被视为具有神秘的浪漫主义色彩,因为很多秘而不宣的东西是无法通过史料逐一展现的,而现有的资料是否在某种程度上夸大了玛拉诺现象也不得而知。例如约瑟·福尔(Jose Fauer)认为,玛拉诺是中世纪解体、世俗主义萌发的重要原因,因为玛拉诺作为一个集体现象削弱了西方基督教世界。[2] 但无可争辩的是,玛拉诺在西班牙的出现与存系,对西班牙的文学艺术产生了重要影响。文学艺术中的象征、隐喻等手法非常符合玛拉诺的生存现状,也是他们惯用的写作手法,这一文学技巧出现在当时很多犹太神秘主义的神学作品中。此外,玛拉诺也是宗教领域的革新者:来自玛拉诺对主流宗教的质疑,其宗教层面的相对主义思想影响并在一定程度上产生了宗教领域的改革和现代性思想的崛起,喀巴拉研究巨擘肖勒姆就认为沙巴泰思想中具有厚重的玛拉诺色彩。沿袭这一逻辑,中世纪迫害西班牙玛拉诺在某种程度上与 20 世纪纳粹屠犹便可以进行关联。约阿希姆·普林茨(Joachim Prinz)拉比认为,15 世纪的西班牙发展出一套类似希特勒纽伦堡法律的种族理论与实践。[3]这种类比的可能性建基于人类共有的深层心理机制,即无论所行之恶再荒谬,它表明了人们需要一个同仇敌忾的仇恨对象。

这个逻辑似乎预示着玛拉诺身上所蕴含的现代性意蕴,即我们可以通过玛拉诺来追溯世俗社会中的现代性起源。对于未转信基督教的赛法迪而言,玛拉诺是叛教者;对于西班牙社会主流的基督徒而言,玛拉诺是犹太人,他们与生俱来的民族性似乎无法与其原生的宗教信仰分割开来。因此,玛拉诺成为全然的他者。他们真正的信仰势必要秘而不宣。这种秘而不宣的传统便造就了犹太人的神秘主义或言弥撒亚运动。其中需要特别指出的是"蒙福妇女"(Beata)的出现。蒙福妇女是在 15 世纪西班牙可以见到异象并预见未来的女性,她们中大多数为玛拉诺女性。她们践行与当时主流基督教相左的教义,认为人类作为上帝的妻子具有直达上帝的渠道和能力。其中一些蒙福妇女宣称自己所见的异象是组织一些被部分同化的玛拉诺暗中重返犹太教,这种被犹太教化的主张实则是

① 参见 Stephen H. Haliczer, "The Castilian Urban Patriciate and the Jewish Expulsion of 1480-92," in Jaime Vicens Vives, *An Economic History of Spain* (Princeton: Princeton University Press, 1969), 258-277。

② 参见 Ira Robinson, *History, Memory, and Jewish Identity* (Boston: Academic Studies Press, 2016), 346。

③ 同上,350。

"穿着天主教思想外衣的犹太密教"[①]。这种多元包容的思想,无论形成的语境如何,但其结果必然导向一种现代性的反思。

玛拉诺让我们看到,作为非犹太教徒坚守犹太教的可能性。玛拉诺现象打破了人们对犹太教的模式化认知,即认为犹太教是与血统紧密关联的单一信仰体系。玛拉诺作为"叛教者",并没有抛弃犹太人的信仰,他们希望死后仍然可以埋葬在父辈身边,这是对自我认同最真实的宣称。玛拉诺通过实践彰显了犹太教"因行称义"而非"因信称义"的本质。[②]正如伊拉·罗宾逊所言,何为玛拉诺?玛拉诺的宗教身份如何?他们与犹太教的关系怎样?这些问题没有确定的答案。我们可以看到的是玛拉诺作为一种象征的符号,对现代和后现代语境中的犹太人景况提供不同的阐释路径。[③] 玛拉诺的象征品格体现在玛拉诺本身就是一种阈限属性,其既是犹太人,又不是犹太人。玛拉诺是内部的他者、边缘化的中心、虔诚的叛教者。玛拉诺不仅是秉承犹太律法精神的群体,他们还是基督教徒,有些人甚至是加尔文主义者,参与并发展了启蒙运动。[④]

玛拉诺犹太人流散到世界各地时,西班牙给他们的馈赠便是这种非正统的批判精神与质疑品格。这种品格原本就内化在犹太传统中,被玛拉诺激发和发扬光大。在玛拉诺看来,信仰并非真理的唯一携带者与意义的仅有运作场域,信仰更多地体现为一种"必要的社会规范"和"机制"。[⑤] 玛拉诺体现的对此世的关注与个人主义的张扬,可以说完美地应和了现代性的诸多维度,他们并没有放弃救赎,而是把救赎无限拖延至遥远的未来,使之成为一个蕴含希望维度的乌托邦。在《内部的他者》一书中,耶米亚胡·约维尔(Yirmiyahu Yovel)罗列了若干玛拉诺与西方现代性的契合之处,例如文化和宗教上的不稳定性、传统的颠覆、怀疑主义与异端性、世俗城市文化的兴起、理性主义和普世主义倾向、对救赎的另类寻求、寻求一种自由宽容的多元宗教、主体性和内在精神的挖掘、对变化的世界怀有开放和好奇的态度等。[⑥]玛拉诺是否为现代性产生的原因?这个问题异常复杂,但可以肯定的是玛拉诺以其流散的特质,对现代性的出现起到了催化

① Yirmiyahu Yovel, *Other Within the Marranos: Split Identity and Emerging Modernity* (Princeton: Princeton UP, 2009), 123.

② 参见张礼刚 Zhang Ligang、疏会玲 Shu Huiling,〈15 世纪西班牙马兰诺的权益维护与身份认同〉[Entitlement and Identity in 15th Century Spanish Marranos],于《世界民族》[Journal of World Peoples Studies],2013 年第 6 期[2013, Issue 6], 76。

③ 参见 Ira Robinson, *History, Memory, and Jewish Identity*, 362。

④ 参见 Yirmiyahu Yovel, *Other Within the Marranos: Split Identity and Emerging Modernity*, 337。

⑤ 同上,137。

⑥ 同上,138。

剂的作用。玛拉诺的流散经历本身就是一种支离破碎、丧失整体性的现代主义体验，在某种程度上，他们带给所经之处一种变革的精神，这种精神蕴含着自由、平等、包容的基本品格，体现在自由贸易和宗教宽容的层面，这实则是一种具有现代主义情怀的生活模式与人生态度。

The Identity Construction of Spanish Marrano Jews and Its Modern Implications

LI Yan

Abstract: Marranos are "new Christians" who were forced to convert to Christianity under the anti-Semitic movement in Spain at the end of the 15th century, but who still practised Judaism in private. This article focuses on the transformation process of Sephardic Jews into Marranos in Spain, and analyses how Marranos have gradually achieved the construction of their identity as "non-Jewish Jews" through the search for self-identity, collective identity and social identity. The identity construction of Marrano Jews is a reflection and reexamination of "what is a Jew". Marrano highlights the possibility of non-Jews adhering to Judaism, and their concern for the world and individualism perfectly correspond to the many dimensions of modernity. At the same time, Marrano's dispersal brought a spirit of change containing freedom, equality, and tolerance to the places it passed through, which is in essence a mode of life and attitude towards human beings with modernist sentiments. Therefore, in a sense, it can be said that everyone of us is Marano.

Key Words: Marrano, Identity Construction, Modernity, Spain

《申命记》与“政治神学之根”*

——与张旭教授《走向“耶典与耶路撒冷”之耶路撒冷》共同思考

燕昭宇**

【摘要】本文在张旭教授《走向“雅典与耶路撒冷”之耶路撒冷——论犹太政治神学》一文的基础上，首先针对其文中可能存在的两个方法和假设问题进行了讨论：一是指出“犹太(政治)神学”“旧约神学”“希伯来圣经神学”之间的张力和歧异，二是指出不应简单地将冯·拉德的“传统史”范式与现代的文本—历史批判法及后现代的研究对立起来。其次，本文聚焦当代《申命记》研究的两个核心问题，即申命神学对新亚述帝国意识形态的“颠覆性接受”与《申命记》在五经文学史中的作为正典和解释的二重性，以补正和丰富对《申命记》的政治神学分析，并在此基础上强调了《申命记》在“祝福和咒诅”的程式中所体现出的盟约神学的历史因果律，及其对“救赎历史”观念的重大影响。最后，本文还强调不应将“政治神学之根”限定在《旧约》/《希伯来圣经》的一种单一传统上，而应该在对申命学派与祭司学派以及启示文学、智慧文学和宗派文献等各种传统的综合观照中，更完整地把握“雅典与耶路撒冷”之“耶路撒冷”的来龙去脉。

【关键词】政治神学；旧约神学；传承史；冯·拉德；《申命记》；以撒哈顿继承条约；内在圣经解释

张旭教授的《走向“雅典与耶路撒冷”之耶路撒冷——论犹太政治神学》(以

* 本文的写作系在蒙张旭教授惠赐大作并鼓励回应之下进行的，亦得到了山东大学董修元教授的支持。文章的部分内容来自两年前在 Elnathan Weissert 先生的课堂讨论，并蒙他指示相关原始资料；在准备中亦得到了 Hannanel Shapira、Kishiya Hidaka、Moritz F. Adam 等师友的讨论，在此一并谨致谢忱，并感谢两位匿名外审专家的宝贵意见。当然文责一概自负。

** 燕昭宇，苏黎世大学神学与宗教研究系博士研究生。

下简称《耶路撒冷》)一文[①]是近年来中文学界首次对20世纪著名神学家和旧约研究大家冯·拉德[②]的《旧约神学》进行系统梳理与介绍的一项相当重要的工作,并由冯·拉德的《申命记》解释入手,上升到了如何理解《希伯来圣经》所展示出的关于上帝与以色列的拣选、立约、应许和救赎等最为重大的神学主题的讨论,从而呈现出了"犹太政治神学之根"的深刻面貌,对推进中文学界理解施米特与施特劳斯、"雅典与耶路撒冷"等当下最为关心的一系列问题具有重要的参考意义。首先,全文体大思精,视野开阔,从大处着眼(第一部分:探究犹太政治神学的意义与途径),引入主题(第二部分:冯·拉德的以色列传承史神学),转进到较为具体的文本和观念梳理(第三部分:摩西第五经的历史传承),最终合于《申命记》在其自身的传承史和古以色列史的互动中所产生的丰富的神学意涵(第四部分:摩西传统、先知传统与犹太政治神学之根)。需要强调的是,该文不应当被视为仅仅对冯·拉德这位中文学界还不够熟悉的20世纪思想学术大家的一篇评介性文章,而应当视为以冯·拉德的旧约神学为参考系和透视镜的、对《希伯来圣经》(尤其是《申命记》和申命传统)的政治神学意涵和潜力进行较全面评估的一篇研究性的大文章。换句话说,不是简单地复述或转述"冯·拉德说了什么",而是"我们能从冯·拉德那里学到什么",这应当作为阅读和评估该文的一个首要的判断。其次,文章展现出了作者宽阔的问题意识和广博的学术视野,其所直接引用和提及的二手文献近百种,涵盖了20世纪旧约研究中从威尔豪森开始的大多数代表性的名家(包括一些较新的著作),也包括了在广义的犹太教研究和现当代犹太哲学的领域内工作的重要学者,仅这份丰富的参考书目可能就将在相当一段时间内成为中文学界管窥旧约研究和旧约神学领域的一把钥匙,尽管不可避免地有一些重要的遗漏和遗憾(详见下文)。至于该文全部的可能的价值和意义,应当放在中国学人思考"雅典与耶路撒冷"问题的长时段中去展开和消化。以下试从几个主要方面就笔者与此文共同关心的问题提出若干补充和批评,以期形成有效的对话,进一步丰富我们的认识。

一、犹太神学、旧约神学,还是希伯来圣经神学?

《耶路撒冷》一文的一大高屋建瓴之处,即将《申命记》中所表达的以"耶和华

① 张旭 Zhang Xu,〈走向"雅典与耶路撒冷"之耶路撒冷——论犹太政治神学〉[Towards Jerusalem in "Athens and Jerusalem": On Jewish Political Theology],收录于《犹太研究》第22辑[Jewish Studies (22)](济南[Jinan]:山东大学出版社[Shandong University Press,2023),135—167。

② 作者在全文中使用不加分隔符的"冯拉德"的译名,或许基于行文简便之故。但按西人名姓通则,Gerhard von Rad 当译为"格尔哈德·冯·拉德",笔者仍选择加分隔符称之。

独一敬拜”与“以色列独一拣选”为核心的盟约神学(Covenantal Theology)识别为“原初意义上的‘政治神学’”,从而勾画出了在西方思想史和世界历史中可与“希腊政治哲学”分庭抗礼的“犹太政治神学”的大传统。这无疑是对“两希文明传统”或“雅典与耶路撒冷之争”的推进和具体化。然而,笔者认为,《耶路撒冷》一文在《申命记》所表达的盟约神学、(原初)政治神学和犹太(政治)神学这三个概念之间,似乎有连接得过于容易之嫌,可能仍然需要对其间的微妙关系有更细腻的辨析。

在一般的理解中,犹太人的《希伯来圣经》就是基督宗教的《旧约》,由于《希伯来圣经》(或《塔纳赫》)在犹太教中又具有无可比拟的圣书地位,因此旧约神学、希伯来圣经的神学和犹太神学应当只是大同小异的同义反复。然而这个问题实际上从一开始就关系到“我们在处理什么?”的问题域的界定。当基督教世界的学者说到《旧约》的时候,实际上总是隐含地预设着《新约》的存在。因此,在冯·拉德所处的德语新教神学的学科谱系中,旧约神学的学科使命[①],就是在与新约神学相平行的意义上,一方面捍卫旧约圣经对于基督信仰的意义[②],另一方面从中找到关于创造、盟约、救赎计划、以色列的意义与使命,上帝与人及受造世界的关系等核心神学问题的论述并形成体系化的说明。对于包括冯·拉德在内的所有19世纪到20世纪上半叶在德语新教神学传统中工作的学者来说,这其实是他们开展工作的“内在理路”。另外,诚如作者已经注意到[③],犹太教(拉比犹太教)自身的思想和实践传统并非直接地和唯独地来自《塔纳赫》,而更主要的是来自在与基督教分道扬镳(the Great Partition)的过程中逐渐形成的诉诸“口

① 传统上,德语新教神学系的旧约学科划分为三个讲席亦即三个子学科:一是希伯来语(扩展到古代近东的诸语言、历史与考古),二是释经学(文本研究与旧约文学史),三是旧约神学(含伦理学、神学人类学等)。虽然历经时代变换,多有变动,且三者之间的关系亦非分明而是多有交叉,但在今天图宾根大学、明斯特大学等较古老的神学科系中,仍然能看到这种经典三分法的影子。

② 其实在哈纳克复活早期教会的马西昂主义之前,由神学家蒂利希(Paul Dilitsch)在19和20世纪之交挑起的著名的“圣经—巴比伦之争”(Bibel-Babel Streit)已经预示了这种反犹主义倾向在20世纪上半叶的新教神学中强大的市场。19世纪后半叶,由于楔形文字的破译和英法德土各国在伊拉克、叙利亚等地丰富的出土文献成果,亚述学成为如日方升的显学,人们震惊地发现《旧约》中著名的“创世神话”“洪水神话”等在美索不达米亚文学中均有其更古老的原型。蒂利希据此提出,《旧约》在各种意义上其实都只是伟大的巴比伦的文学艺术和思想的粗劣的赝品,配不上教化日耳曼人的使命,因此应当从德国的国家宗教中清除出去,代之以日耳曼人自身的神话史诗。其实这是在哈纳克复兴古代马西昂主义异端之前对《旧约》在神学及新教教会中的合法性地位的一次更严重的冲击。

③ “到了2世纪《密释纳》和《塔木德》开始集结成典,拉比亚基巴(Rabbi Akiba)大力推动犹太经文统一运动。在不到一个世纪的时间里,第二圣殿时期的犹太教平行孕育出‘拉比犹太教’和早期基督教会两大传统,分别确立了《塔木德》和《新约》两大经典。”(张旭,〈走向“雅典与耶路撒冷”之耶路撒冷——论犹太政治神学〉,146)

传律法”(口传托拉)的拉比传统[①],包括从《密释纳》《革玛拉》,到中世纪的《经典注疏集》(*Perushim*)、《四册法典》(*Arbayim Torim*)等在内的一系列新的正典。《希伯来圣经》在犹太教中的地位是微妙的,一方面它在形式上是最高的权威和一切启示的终极来源,另一方面在实际中却更多地被用作类似于“六经皆史”意义上的古老的资料汇编和会堂、家庭中的权威礼仪的来源等。[②] 与此同时,由于漫长的解释史和流散史,犹太教历史上并不存在单一的和集中的教理权威,这使得犹太传统中的思想家在发展自身的论说时往往带有很大程度上的灵活性和个体性(从迈蒙尼德到罗森茨维格都可见一斑),也可以将自己的主张包装在“注疏”的外衣之下。基于多方面原因形成的传统的多元性和灵活性,今天甚至形成了一个连犹太学者都在反思的“怪相”:一直以来几乎没有“犹太圣经神学”这回事。[③] 因此,如果我们希望探讨“犹太政治神学”的话,那么很难离开任何一个《圣经》文本或神学主张在其漫长的解释史和接受史中展开的维度,将整个犹太文明史(特别是注意到第一圣殿与第二圣殿的断裂、早期犹太教/古典犹太教与继之而起的拉比犹太教之间的断裂,大流散中不同的地域性犹太社群形成的不同的文化传统,以及哈斯卡拉运动和锡安主义诞生后犹太内部的“古今之争”)纳入视野之中,而单单从它在《希伯来圣经》中的某些原始表述出发加以阐释。这背后其实需要两个支持性的假设:其一,《摩西五经》(特别是《申命记》)中所表述的排他性一神论等神学立场就是古以色列宗教史上的实情;其二,《申命记》或

---

① 如上一条注释中作者所指出的,重要的是认识到早期基督教和犹太教不是简单的“派生”关系,仿佛犹太教是一个样子一直就在那里,只是基督教作为一个新兴教派逐渐分化了出去;而是要认识到基督教和犹太教都是从第二圣殿犹太教(或“第二圣殿朱迪亚宗教”)中成长出来,在不断竞争与纠缠的关系中逐渐平行形成的。这方面近几年研究中最重要的贡献,参见 Daniel Boyarin, *Border Lines: The Partition of Judaeo-Christianity* (Philadelphia, PA: University of Pennsylvania Press, 2007)。关于第二圣殿犹太教的整体情况,参见 Shaye Cohen, *From the Maccabees to the Mishnah* (Louisville, KY: Westminster John Knox Press, 2014);Shaye Cohen 沙亚·科亨,《古典时代犹太教导论》[From the Maccabees to the Mishnah],郑阳 Zheng Yang 译(北京[Beijing]:中国社会科学出版社[China Social Sciences Press],2012)。

② 可参阅最新的研究 Rebecca Scharbach Wollenberg, *The Closed Book: How the Rabbis Taught the Jews (Not) to Read the Bible* (Princeton, NJ: Princeton University Press, 2023)。作者写道:“如果我们仔细研究一下《密释纳》《塔木德》《米德拉士》的作者们对《希伯来圣经》的实际论述,就会发现拉比与《圣经》的关系有着截然不同的看法。虽然从理论上讲,早期拉比权威将新正典化的《希伯来圣经》确立为犹太人生活的核心支柱,但许多早期拉比关于《圣经》文本及其地位的论述充其量只是矛盾的。换句话说,我们发现许多早期拉比权威喜欢《圣经》的理念,但对实际的《圣经》文本本身却不那么热衷。”(笔者译)引自 Rebecca Scharbach Wollenberg, “How the Rabbis Taught the Jews (Not) to Read the Bible,” *Ancient Jew Review*, Online Publishing, 2023。

③ 参见 Jon D. Levenson, “Why Jews Are Not Interested in Biblical Theology?” in *Judaic Perspectives on Ancient Israel* (Philadelphia, PA: Fortress Press, 1987), 281-307。

《希伯来圣经》的权威文本中所反映的政治神学在犹太文明史上一直具有相对确定和稳定的形态。但这两个假设可能都是不够充分的。①

笔者认为，如果我们观察的重点是《申命记》的正典文本中所反映出的“原初政治神学”的形态（而暂时搁置这种形态是否足以代表整个犹太神学/思想传统，又是否在历史实在的维度上的确是犹太文明一以贯之的要素），那么对这种解释性和描述性的工作最恰当的表述应当是“希伯来圣经神学”（Hebrew Bible Theology，HBT），这也是一个今天逐渐受到不同立场背景的学者欢迎的中性的术语。② 事实上，今日学界的《旧约》研究，其主体实际上是《希伯来圣经》研究，即研究对象是以希伯来文写成的马所拉文本（MT），采用的也是犹太传统中 24 卷的书目编次，而不是大部分基督宗教中 39 卷的书目编次。这样一来，旧约学科实际上自我转变成了一个跨宗派的（或无宗派的），基督教、犹太以及来自其他信仰背景的学者可以共同工作的，以语文学（philology）、文本批评（textual criticism）及比较文学研究为基本方法的实证性人文学科。③ 相应地，旧约神学自身的边界与任务也面临着冯·拉德的时代所不具有的危机和挑战，质言之：如果旧约神学（或希伯来圣经神学）的本质只是描述性和解释性的，那么它实际上

① 特别是，什么是犹太或犹太教？这可能是一个很烦琐但无法避免要涉及的问题。在威尔豪森、韦伯和冯·拉德的时代，“古犹太教”默认的就是《希伯来圣经》中所反映出的以独一神论为主要特征的宗教系统。相应地，包括威尔豪森在内的大多数当时学者用“晚期犹太教”（Spätjudentum，Later Judaism）这个带有贬义色彩的词语来称呼他们认为在第一圣殿结束之后到耶稣之前兴起的以烦琐的仪式和律法为特征的“背离了故犹太教的真精神”的犹太教，换句话说，是一种偏离、变异甚至是低劣版本的犹太教，内中蕴含的基督教取代主义（Christian suppressionism）和反犹倾向是不言自明的。随着圣经学术的发展和对反犹主义的清算，今天的学界意识到《希伯来圣经》中反映出的宗教系统是一个经历了长时间的发展、内部也十分多样化的理想化的系统，并不能以“古犹太教”笼统称之，也不能简单认为是历史上真实存在过的“古以色列宗教”（Ancient Israelite Religion）的实情。（相反《圣经》很大程度上恰恰是作为对古以色列宗教的反思和反动而出现的，如先知们对偶像崇拜的谴责，恰恰说明偶像崇拜（而不是独一神论）才是当时的宗教史版图中的普遍和一般现象。）相应地，学界转而以“早期犹太教”（Frühjudentum，Early Judaism）来称呼在流亡时代之后出现的第二圣殿犹太教，直至公元 70 年的第二圣殿被毁、拉比犹太教形成。明明是同一段历史时期，在不到 100 年的学术史中忽而是“晚期”忽而又是“早期”犹太教，这本身就说明了这个问题的复杂性。

② 参见 Dalit Rom-Shiloni，“Hebrew Bible Theology：A Jewish Descriptive Approach，” *The Journal of Religion* 96（2016）：165-184。一个有趣的例子是，下文将提到的康拉德·施密特（Konrad Schmid）最新的《旧约神学》，出版时德文书名为《旧约神学》（*Theologie des Altes Testaments*），而在两年后译为英文时书名改为了《希伯来圣经的历史神学》（*Historical Theology of the Hebrew Bible*），这从一个侧面反映出“希伯来圣经神学”相比“旧约神学”正在逐渐取得上风的趋向。

③ 例如，一部今天广为使用的德语教科书这样开宗明义地指出：“（旧约研究）是一种俗世的（profane）方法，它将圣经文本视作与其他文化史上的文本一样的文本，即由人写成、为人而写的书。”［Uwe Becker，*Exegese des AltenTestamnts*，5. Aufl. UTB 2868（Tübingen：Mohr Siebeck，2021），4］

同古以色列宗教史或宗教思想史区别何在?[①]就此而言,旧约神学也正处在面临一个新的范式转移并重新自我确证的过程当中。

简要总结以上讨论,笔者认为,可以如此较好地重新梳理《耶路撒冷》一文中若干概念之间的相互关系:《申命记》中所突出表达的以耶和华独一神论和以色列独一拣选为支柱的盟约神学,构成了希伯来圣经政治神学的一种核心理解框架,也在日后的犹太神学传统和基督教神学传统的发展和裂变中扮演了关键角色,从而为我们认识与希腊政治哲学传统相区别的希伯来政治神学大传统提供了宝贵的参照与门径。

二、在历史批判和后现代之间:传承史是什么?

晚近以来,在尼采和施特劳斯的理路下对现代历史主义的反思和批判是中文学界的一项核心关切,这也进入了《耶路撒冷》一文的论述,作者写道:"为了对抗圣经历史批判法切断犹太人和基督徒继续传承生存信念和文明方式的传统之根,冯拉德重申了《希伯来圣经》中所表达的犹太历史神学观念的'传承史神学'立场。"[②]笔者部分同意这一判断,冯·拉德的确是一位对历史批判法乃至更广义上的历史主义进行了反思的思想家,但这里的表述可能存在一种理解上的误区,即仿佛圣经历史批判法真的"项庄舞剑意在沛公",意在切断犹太人和基督徒的"传统之根"(甚至很大程度上成功地做到了这一点)。这可能是不够确切和公

---

① 这一趋势实际上在现代旧约学科的早期阶段就由来有自,正如卡尔·马蒂(Karl Marti)在他1897年的《古以色列宗教史》(*Geschichte der Israelitischen Religion*)序言中所说:"以色列宗教史,或旧约神学,表达的是同一个概念,即关于旧约中的宗教与伦理内容的展现的学科。"[Konrad Schmid, *A Historical Theology of the Old Testament* (Grand Rapids, MI: Eerdmans, 2019), 33]在当代学术中,"以宗教史代神学"这一思路的主要代表人物是莱纳·阿尔贝茨(Reiner Albertz)的两卷本大著《旧约时代以色列宗教史》: Reiner Albertz, Religionsgeschichte Israels in alttestamentalicher Zeit. 2 Bände. ATD-Ergänzungsreihe 8/1+2 (Göttingen: Vandenhoeck & Ruprecht, 1992-1993). 对这种方法的批评性回应可参考贝恩德·雅诺夫斯基(Bernd Janowski):"以色列宗教史研究的是《希伯来圣经》传统的历史背景及其背后的宗教、文化和历史环境。希伯来圣经神学则研究的是《希伯来圣经》传统的文学和编修的历史背景及其神学形态。"[Bernd Janowski, *Theologie und exegese des Alten Testaments, der Hebräischen Bibel: Zwischenbilanz und Zukunftsperspektiven*, Stuttgarter Bibelstudien 200 (Stuttgart: Verlag Katholisches Bibelwerk, 2005), 111]

② 张旭,〈走向"雅典与耶路撒冷"之耶路撒冷——论犹太政治神学〉,150。

允的。[①]

历史本属于人的生存经验的常识性维度,无须等到现代历史主义产生,人们才懂得可以对经典传世文本做"辨章学术,考镜源流"的工作。对《圣经》研究而言,其实早在阿斯楚克之前,也早在斯宾诺莎和霍布斯之前,犹太解经家早就已经发现了后来我们称为"底本假说"的问题(如《创世记》1 章和 2 章的两个重复版本的创造记载神名不同,语言有异,不似出自一人一时之手,只是他们尝试用上帝选择以不同的方式、不同的角度启示同一件事来化解这种张力而已)。现代圣经历史批判只是采用了更先进和系统的方法来进行(历代解经家一直都在做的)语文学的工作。如果说这种批判极大地损害到了圣经传统在犹太人和基督徒的"生存信念和文明方式",实际上是后者已然受到启蒙和世俗化侵袭之后作出的应激反应。[②] 对圣经信仰的冲击并不主要来自高等圣经批判,而是来自整个世俗化和理性化的社会结构和思想氛围。[③] 冯·拉德固然不可能同意利用历史批判对《圣经》文本进行激进反传统意义上的解构,但他的"传承史"神学本身无疑还是一种历史神学,他的研究也实质性地建立在从威尔豪森、衮克尔到他的老师奥尔特和同事马丁·诺特的一系列历史批评研究的成果之上(就对《申命记》的研究而言,马丁·诺特提出的申命历史假说之于冯·拉德更是具有根本上的启发意义)。实际上,在大洋彼岸的美国学界看来,所谓的"三种古典范式"[来源批评(威尔豪森),形式批评(衮克尔),传统批评(冯·拉德)]被统称为"历史方

① 冯·拉德之前和同时代的三位历史批判法大师威尔豪森(Julius Wellhausen)、衮克尔(Hermann Gunkel)和马丁·诺特(Martin Noth),其实没有一位像作者说的那样把"以色列人所坚信的上帝的作为、上帝的应许、上帝的立约等贯穿于整个以色列兴衰成败历史中的宣讲和叙述"看成是"过时的神话而已"——这句话可能更适用于施特劳斯这样"为反而反"的激进启蒙分子,但即使是施特劳斯也认为耶稣(在人的意义上)是伟大的宗教家和人道主义的教师(换句话说,是启蒙知识人的先驱)。衮克尔认为将以色列的各种小文学传统(神话、传说、传奇、寓言、小故事)收集起来并汇编成摩西五经的是一位无名的像格林兄弟一样的文化巨匠。马丁·诺特更认为申命历史的作者(在他看来是一位作者完整地从头到尾编写了从《约书亚记》到《列王纪》的内容)是一位几乎比希罗多德更杰出的历史学家。很难说冯·拉德之前的这几位历史批评巨匠有谁真的主观明确地意在斩断这种"传统之根"。

② 其实基要主义/原教旨主义和许多类似的宗教复兴运动在很大程度上是类似的现象,其声称自己是拒绝虚无主义、保守某种"原汁原味"的圣经传统,逐字逐句地理解和遵守《圣经》的"字面意思"。但真的去看历史的话,犹太人和基督徒在历史上其实一直懂得灵活地解经,时而读字面意思,时而读引申意思、寓意意思,实在不好解的就把它遮掩应付过去。没有"古人"是狭义的基要主义者,相反这个现象恰恰是现代的产物,是作为世俗化的反题才出现的。

③ 如同布尔特曼的名言:"一个人不可能一边用着电灯和收音机,用着现代医学和外科手术治疗疾病,一边还笃信着《新约》中的神灵和奇迹。任何宣称自己可以做到这一点的人都必须意识到,如果他宣称这是基督信仰的态度,那么他就是在使基督信仰变得不可理喻和不可能。"参见 Rudolf Bultmann, "*Neues Testament und Mythologie*: Das Problem der Entmythologisierung der neutestamentlichen Verkündigung," *Offenbarung und Heilsgeschehen*(BEvTh 7, München, 1941), 27-69,18。

法”(historical criticisms),从而区别于 20 世纪 70 年代起流行起来的各种“正典进路”,即只关注文本的最后形式的文学研究方法。[1] 因此,将冯·拉德的传承史方法和历史批判对立起来,可能是不够客观的。

另外,作者写道:“冯拉德的传承史的旧约神学范式,既吸收了《圣经》的历史批判和形式批判的成果,又最大限度地阐发了《希伯来圣经》及其编纂史的犹太政治神学的意义,有助于抵制现代主义和后现代主义对作为集体记忆和文化记忆的传统的大清洗。”[2]笔者完全理解作者所言“大清洗”的题中之义,但为了避免这个比较严重的断语为中文学界留下这些研究仿佛均别有用心且影响恶劣的刻板印象,不免要为“现代主义和后现代主义”的圣经研究说两句“公道话”。就旧约研究而言,“现代主义”的研究往往指的是前述从 19 世纪开始的语文学方法,目前仍是欧陆学界的主导范式;相应地,后现代主义的研究范式大多是集中在英语学界,强调《圣经》的“去中心化”即没有一个单一的、绝对的视角(尤其是白人、男性、新教徒、欧洲中心的视角),而是强调《圣经》中所蕴含的各种可能的解释学的维度和思想上的潜力。例如,女性主义的解读挖掘出了《圣经》(与其他古代文学相比)女性角色异常地多且作用突出的这一向度[3];生态主义的解读强

---

① 《耶路撒冷》一文将柴尔兹的“Canon Criticism”译为“经典批判”,这是不正确的。目前已有汉语译著将其称为“正典批评”或“正典鉴别学”应是更优的译法,例如:T. D. Alexander T. D. 亚历山大,《摩西五经导论:从伊甸园到应许之地》[From Paradise to the Promised Land : An Introduction to the Pentateuch],刘平 Liu Ping、周永 Zhou Yong 译(上海[Shanghai]:上海人民出版社[Shanghai Renmin Chubanshe],2008)。柴尔兹强调将传统最终确立下来的“正典” 作为研究的对象,即不再关注正典确立之前可能存在但无法证实的各种来源、底本、编修过程,而是关注最终被传统所确立下来的文本的“最后形式”(final form)。这实际上可以说是对冯·拉德的传统史或传承史(Überlieferungsgeschichte)的一种延伸(尽管这种延伸在放弃了文本—历史批判的意义上可能看似是对德语传统相当激进的背反),有趣的是,柴尔兹本人正是冯·拉德的学生,两者之间的关系亦非简单的德语和英语/欧陆与北美学术传统的对立关系。关于正典批评方法的综合评价,参见 James A. Sanders, *Canon and Community: A Guide to Canonical Criticism* (Philadelphia, PA: Fortress Press, 1984); Mark G. Brett, *Biblical Criticism in Crisis? The Impact of the Canonical Approach on Old Testament Studies* (Cambridge: Cambridge University Press, 1991)。

② 张旭,〈走向“雅典与耶路撒冷”之耶路撒冷——论犹太政治神学〉,148。

③ 在这一点上,《新约》的接受本身就提供了一个重要的说明。在《马太福音》1 章的耶稣家谱中,在清一色的男性家谱中打破格式,特别插入了四位《旧约》中的传奇女性:他玛、喇合、路得、拔士巴。再加上米利暗、底波拉、户勒大、以斯帖、犹滴等众多的女先知、女英雄的形象,我们不难注意到《希伯来圣经》本身提供了一个在其古代文化背景中异常丰富的女性人物的谱系和语料库。这正是女性主义方法可以大有可为的地方,并不是女性主义释经发明出来的“另类事实”。

调《圣经》中蕴含着区别于希腊形而上学的对自然的神学理解①;解放神学和后殖民主义的解读凸显了《圣经》中强调平等、社会正义和为弱小者发声的在古代世界独特的意识形态;等等。大多在这些新方法和新框架中工作的学者并不是仅仅拿着某些当代意识形态的陈词滥调来故弄玄虚,而是真实地挖掘出了《圣经》文本内部一些过去不够被重视的被掩盖和压抑的“执拗的低音”②。在这个意义上,后现代主义反而会起到保全和激活(被压抑的)文化记忆的作用,而不是对其进行“大清洗”。

作者认为,冯·拉德的传承史神学代表了一种在历史批判和后现代主义之间的“中间立场”,既不过分激进又不过分保守,“最大限度地把《希伯来圣经》中的摩西传统、先知传统和弥赛亚主义的意义展示给我们”,从而在诸家之中对于今天的我们来说最具启发和借鉴意义。笔者在很大程度上同意这个判断,但希望提出,如果我们能对冯·拉德之外(尤其是之后③)立论的其他各家的德语旧约神学也有一个较全面的把握和比较的话,就会更加全面和周详——特别是考虑到冯·拉德的《旧约神学》毕竟已是一部70年前的著作,而德语旧约学术在这70年间已有长足的发展。这不应苛求作者,而应当作为学界进一步努力的方

① 人与非人受造世界之间并非主体与客体、统治与被统治的关系,而是人被赋予了“修理看守”(《创世记》2:15)这个上帝看为“好”(《创世记》1:12,25,31)的受造世界的义务。与主体形而上学相反,旧约人类学在这个意义上甚至并不认为人在存在的目的论阶序上必然高于受造世界:人固然是唯一有“神的灵/气”、按“神的形象”被造的活物,但人被赋予这种特殊性的原因并不是为了人的益处,而是为了服务这个原本“好”的创造秩序。从这一思路出发,《旧约》显然具有在当代回应与克服生态危机背后的形而上学问题的巨大思想价值。

② 例如,女性主义神学家发现《圣经》中在语言上最为古老的三首古风诗歌——《出埃及记》15章的“米利暗之歌”、《士师记》5章的“底波拉之歌”、《撒母耳记上》2章的“哈拿之歌”,均出自(或被归为)女性角色的创作。这很可能反映出在早期以色列的文化传承中,女性诗人/歌者扮演着守护和传递集体文化记忆的核心作用,只是随着书写文化的发展,在从口头传统向书面传统的过渡中,男性文士才逐渐后来居上。对这些“执拗的低音”的挖掘显然可以丰富我们对古以色列宗教和圣经神学的实质性理解,也并不与信仰社群传统的教理/核心信念相矛盾。这并不是作者说的,“在很大程度上是以解构犹太政治神学的基本观念为前提的”(张旭,〈走向“雅典与耶路撒冷”之耶路撒冷——论犹太政治神学〉,148)。

③ WiBiLex中的“旧约神学”(Theologie des Alten Testaments)词条将这一学科的学术史分为四个阶段,分别是“18世纪”、“19世纪”、“从20世纪初到瓦尔特·艾希洛特”(Von der Wende zum 20. Jahrhundert bis Walter Eichrodt)和“冯·拉德”,冯·拉德自己独占一个历史阶段,足见其影响力之深远,参见Ernst-Joachim Waschke, “Theologie des Alten Testaments,” in *Das wissenschaftliche Bibellexikon im Internet* (WiBiLex, 2014)。又如杰斯珀·赫根海文(Jesper Høgenhaven)写道:“冯·拉德的《旧约神学》出版后,(新的)旧约神学的出版停止了整整十年。出于显而易见的原因,我们无法确定这种停顿是不是由于冯·拉德著作的影响。但毫无疑问,他的985页的巨著很可能让一些雄心勃勃的后继者们顿时失去了勇气。”参见Jesper Høgenhaven, *Problems and Prospects of Old Testament Theology*, BibSem 6 (Sheffield: JSOT Press, 1987)。这无疑体现出了冯·拉德及该书巨大的影响,不过我们也应该想到,那么那些在之后还是陆续出版了的旧约神学著作,一定必有其过人之处。

向。此处仅提及若干较有代表性和影响力的著作:*Theologische Grundstrukturen des Alten Testaments* (1972)、*Grundriss der alttestamentlichen Theologie*(1978)、*Theologie Des Alten Testaments in Grundzügen* (1978)、*Der Gott des Alten Testaments: Theologie des Alten Testaments. Wesen und Wirkung* (1993)、*Theologie des Alten Testaments* (1999)、*Theologie Des Alten Testaments* (2015)①,以及最重要的最新著作 *A Historical Theology of the Hebrew Bible*(2019)②。

三、《圣约》与独一效忠:《申命记》的神学维度

如果说《耶路撒冷》一文有最大的不足和遗憾的话,那就是在对《申命记》的文本和神学探究部分,如能更充分地吸纳近年学界关于《申命记》和申命学派

① Georg Fohrer, *Theologische Grundstrukturen des Alten Testaments*, Theologische Bibliothek Töpelmann 24 (Berlin: De Gruyter, 1972); Walther Zimmerli, *Grundriss der alttestamentlichen Theologie* (Stuttgart: Kohlhammer, 1978; 1999 [7. Aufl.]); Claus Westermann, *Theologie Des Alten Testaments in Grundzügen*, Grundrisse Zum Alten Testament 6 (Göttingen: Vandenhoeck & Ruprecht, 1978; 1985[2. Aufl.]); Otto Kaiser, *Der Gott des Alten Testaments: Theologie des Alten Testaments. Wesen und Wirkung*, 3 Bände (Göttingen: Vandenhoeck und Ruprecht, 1993-2003); Rolf Rendtorff, *Theologie des Alten Testaments*, 2 Bände (Neukirchen-Vluyn: Neukirchener, 1999, 2001); Jörg Jeremias, *Theologie Des Alten Testaments*, Grundrisse Zum Alten Testament 6 (Göttingen: Vandenhoeck & Ruprecht, 2015). 值得注意的是,这些德语旧约神学著作中,只有采取正典阅读进路的伦特多夫的著作(以及下揭的施密特的新著)很快就有了英译本:Rolf Rendtorff, *The Canonical Hebrew Bible: A Theology of the Old Testament*, trans. David E. Orton, Tools for Biblical Study 7 (Leiden: Deo, 2005),并在英语世界取得了较大影响,这也从一个侧面反映了今天英语和德语旧约神学"互不统属"、各自发展的程度。

② 在施密特的旧约神学的理论部分,冯·拉德是最集中被对话和批评的对象,这也从一个侧面也反映出了其持久的影响力。参见 Konrad Schmid, *A Historical Theology of the Hebrew Bible*, 36-52; Konrad Schmid, *Is There Theology in the Hebrew Bible?* (Winona Lake, IN: Eisenbrauns, 2015)。

(Deuteronomistic School)①、申命历史(Deuteronomistic History)②的重要研究成果,将无疑使本文的论说大为增色。因为诚如作者所言,该文的目的是透过《申命记》来读解圣经政治神学的基本要义,而不仅仅是对冯·拉德的《申命记》评述的评述,所以这就要求我们需要在资料的掌握上有超出冯·拉德的水平和视野。《申命记》这个冯·拉德倾注甚多的文本,恰好是近 20 年旧约学界讨论得最如日中天的若干热点话题之一。因此,这里就两个最主要的问题加以介绍和

---

① 冯象先生将其译为"申命宗",参见冯象 Feng Xiang,〈人类在前机器智能社会,在精神领域的最后冲刺〉[Humanity's Final Push into the Spiritual Realm in a Pre-Machine Intelligence Society],于《澎湃新闻》[The Paper],2024 年 4 月 29 日[April 29, 2024]。是否在古以色列宗教史上真实存在这样一个有形的、有组织的"学派",还是只是更大的、不同时期的知识群体分享了这种语言和神学特征的一种表现?或者说,"申命学派"这个术语背后有一个实体还是只是一个空名,存在不同的意见。最重要的当代批评参见 Thomas Römer, *The So-Called Deuteronomistic History: A Sociological, Historical, and Literary Introduction* (London: T&T Clark, 2007)。

② 近年来,学界对于马丁·诺特的"申命历史假说"提出了更多的批评性探讨。在诺特的假说中,是由一位像太史公司马迁一样的单一的申命学派史家,在广泛汇集他所能利用的原始资料的基础上,独立创建/编集了从《约书亚记》到《列王纪下》的整部以色列史书。然而,一旦注意到这四部大型汇编作品(compositions)在内部风格、语言乃至神学上的多样性的话,这种单一作者理论就很难维持下去,反而,这四部作品之间具有共同语言和神学特色的篇章倒更像是后来的申命学派修订(Deuteronomistic redaction)的结果。在诺特假说被引进到北美时,哈佛学派的克罗斯(F. M. Cross)略加修改提出的"双重编辑理论"(即《约书亚记》《列王纪下》是两次申命历史汇集/两位申命学派史家的作品,分别称为 Dtr_1 和 Dtr_2)是英语学界影响最广的理论,参见 F. M. Cross, "The Themes of the Book of Kings and the Structure of the Deuteronomistic History," in *Canaanite Myth and Hebrew Epic: Essays in the History of the Religion of Israel* (Cambridge, MA: Harvard University Press, 1973), 274-289。其弟子纳尔逊(Richard Nelson)随后以专书扩展了克罗斯的理论,参见 Richard D. Nelson, *The Double Redaction of the Deuteronomistic History*, JSOTSup 18 (New York, NY: T&T Clark, 1981)。另外,以斯门德(Rudolf Smend)为首的哥廷根学派则提出了"多重编辑理论"或"哥廷根假说",类似于一个书卷的"流水加工车间",认为申命历史的形成是在申命学派内部的不同作者/圈子之间,在一个相对很短的时间内依次集中完成的,有形成基本叙事结构的 DtrG,重视律法维度的修订者 DtrN,重视祭司/崇拜维度的修订者 DtrP(其中似乎又可以区分出 $DtrP_1$ 和 $DtrP_2$),等等,参见 Rudolf Smend, "The Law and the Nations: A Contribution to Deuteronomistic Tradition History," in *Reconsidering Israel and Judah: Recent Studies on the Deuteronomistic History*, eds. Gary N. Knoppers and J. Gordon McConville (Winona Lake, IN: Eisenbrauns, 2000), 95-110。除此之外,亦有许多学者试图提出替代理论以解释申命历史的形成(无论是否认为这一文本汇集真实存在),包括 Iain W Provan、Nobert Lohfink,以及上揭 Thomas Römer 等。在最新的研究中,一种呼吁是彻底放弃对诺特假说的修修补补,不再试图称其为"申命历史",参见 Christian Frevel, "Deuteronomistisches Geschichtswerk Oder Geschichtswerke?: Die These Martin Noths Zwischen Tetrateuch, Hexateuch Und Enneateuch," in *Im Lesen Verstehen: Studien zu Theologie und Exegese*, BZAW 482 (Berlin: De Gruyter, 2017), 33-62; Konrad Schmid, "Deuteronomy within the 'Deuteronomistic Histories' in Genesis-2Kings," in *Deuteronomy in the Pentateuch, Hexateuch, and the Deuteronomistic History*, eds. Konrad Schmid and Raymond F. Person, Jr., FAT II 56 (Tübingen: Mohr Siebeck, 2012), 8-30。

补充,以期更进一步丰富我们对《申命记》政治神学的认识。

(一)《以撒哈顿继承条约》与《申命记》的"颠覆性接受"

在冯·拉德的时代,流行的观点是门登霍尔(George E. Mendenhall)在1954年发表的《以色列传统中的圣约形式》("Covenant Forms in Israelite Tradition")①一文中对《申命记》与考古发现的古代赫梯帝国(约公元前1600—前1200年)的宗藩条约进行比较的框架。这种宗藩条约总有一个相对固定的格式:(1)历史引言;(2)明确立约双方的身份;(3) 宗主和附庸双方的权利和义务;(4)祝福和咒诅(遵守条约的好处和破坏条约的下场);(5)关于条约的保存等的附录。研究发现,《申命记》似乎也完整地具有这种宗藩条约的格式和特征,只不过把它表现为耶和华和以色列之间的"宗藩"(suzerain-vassel)关系。然而,由于赫梯帝国兴盛于青铜时代中晚期,在公元前1200年左右的"文明大崩溃"中即已解体②,与《申命记》和申命学派最早形成的时间(约西亚王时期,约公元前621年)尚有七八百年的时间差,在缺乏中间链条的证据的情况下,是难以假设从赫梯的宗藩条约到《申命记》的盟约神学之间存在着直接的影响和继承的链条的,而只能诉诸某种宽泛的"古代近东条约文化",并假定这种条约文化普遍存在于从青铜时代到以色列和犹大王国时代的近东世界。

然而真正的"游戏规则改变者",是在5年后即1959年由亚述学家怀斯曼(D. J. Wiseman)发表的在1955年尼姆鲁德(亚述首都尼尼微)的神庙废墟中发现的《以撒哈顿继承条约》(当时称为"The Vassal-Treaties of Esarhaddon", VTE;后通称为"Esarhaddon's Succession Treaty",EST)。③ 这份文件是在亚述王以撒哈顿(与犹大王希西家、玛拿西同时代)执政第9年(公元前672年)册封其子亚述拔尼巴为太子(crownprince)的加冕仪式上,以撒哈顿与各路诸侯、藩属签订的盟约,要求他们在日后效忠太子亚述拔尼巴。由于此前亚述帝国的王位继承常常引发政治危机——萨尔贡二世(Sargon Ⅱ)死于战场,其子西拿基立(Sennacherib)系在无准备的情况下突然继位,引发混乱;西拿基立又死于其子

① George. E. Mendenhall, "Covenant Forms in Israelite Tradition," *Iraq* 17 (1954): 49-76.

② Eric H. Cline, 1177 *B.C.: The Year Civilization Collapsed* (Princeton, NJ: Princeton University Press, 2015). Eric H. Cline 埃里克·克莱因,《文明的崩塌:公元前1177年的地中海世界》[177 B.C.: The Year Civilization Collapsed],贾磊 Jia Lei 译(北京[Beijing]:中信出版社[CITIC Press],2018)。

③ D. J. Wiseman, "The Vassal-Treaties of Esarhaddon," *Iraq* 20 (1958): 1-99.

乌达穆里苏(Urda-Mulissu)策划的宫廷政变[1],引发以撒哈顿与后者之间长达数年的内战。因此,以撒哈顿采用了与"天下诸侯"签订继承条约这种开创性的方式,早早明确亚述拔尼巴的唯一继承人地位。令人震惊的是,在这份继承条约中出现了诸多与《申命记》在结构、风格、语言和神学上的平行(为求行文简便,此处不做语言学的分析,仅呈现笔者的译文)[2]:

EST 188-197:当那日,你们的主亚述王以撒哈顿驾崩的时候,你们要以伟大的王子亚述拔尼巴为你们的王和你们独一的主。他要在你们中间行使权柄,施行审判,奖赏那些当奖赏的,惩罚那些当惩罚的。

EST 266-274:你们要爱亚述拔尼巴[3],以撒哈顿之子,你们的主,像爱你们自己一样。你们不可在他之外效忠别人,不管是他的兄弟、他母亲的其他儿子,还是别的什么人,也不可对他说任何僭妄的话,不可举起你们的手与他反对,也不可在他面前犯罪,总要听从他的一切诫命。

EST 385-396:当你们站在这誓约前的时候,你们不可只是用你们的口宣誓,而是要用你们全部的心宣誓。你们还要将这誓约教导给你的儿子们和你儿子们的儿子们,好让他们明白。从今后直到永远,亚述是你的神,伟大的太子亚述拔尼巴是你的主。

对《申命记》比较熟悉的读者不难一眼看出,这里的关键措辞与《申命记》中关于耶和华独一崇拜及耶和华和以色列之间的排他性关系的表述,具有高度的重合性。同样尤为惊人的是,在《申命记》28 章中列举了诸多"背约的咒诅",即违背圣约的以色列人将要面临的诸多灾祸,其与 EST 中同一位置上的咒诅段落不仅在内容上,而且在具体的顺序上都相同。这大大加强了《申命记》与 EST 的直接文本依赖性(direct textual dependence)的可能性。从 20 世纪 60 年代开

① 参见 Simo Parpola, "The Murderer of Sennacherib," in *Death in Mesopotamia*, ed. Bendt Alster (Copenhagen: Akademisk Forlag, 1980), 171-181; Eckart Frahm, "Family Matters: Psychohistorical Reflections on Sennacherib and his Times," in *Sennacherib at the Gates of Jerusalem: Story, History, and Historiography*, eds. Issac Kalimi and Seth Richardson, Culture and History of the Ancient Near East 71 (Leiden: Brill, 2014), 163-222。

② 据帕尔波拉(Simo Parpola)的在 SAA 中整理点校的阿卡德文转写文本(transcription)译出,并参考了他给出的英译文,参见 Simo Parpola, Kazuko Watanabe eds., *State Archives of Assyria* Ⅱ: *Neo-Assyrian Treaties and Loyalty Oaths* (Helsinki: Helsinki University Press, 1988), 28-58。

③ 这条内容特别值得重视。因为在此前的"古代近东盟约文化"中,并不存在对"爱"这个概念的盟约性和政治性使用。只有在 EST 和《申命记》中,"爱"意味着被规定的不只是具体的责任和义务,而是全方位、无保留、从内而外的无条件的服从关系。首先注意到这一点的是 William L. Moran, "The Ancient Near Eastern Background of the Love of God in Deuteronomy," *The Catholic Biblical Quarterly* 25 (1963): 77-87。

始,伴随着这个新发现涌现出了一系列重要的研究成果,至今专著就有近 10 部,论文更是层出不穷。[①] 学者的立场可以粗略地分为"强硬派"和"温和派":前者认为鉴于如此之多且明显的文本证据,可以断定《申命记》中的核心神学框架就是对 EST 的二次创作,以当今《申命记》和《旧约》法律研究权威、慕尼黑大学的奥托(Eckart Otto)[②]、明尼苏达大学的列文森(Bernard M. Levinson)、芝加哥大学的斯塔克特(Jeffery Stackert)[③]等为代表;而后者认为现有的文本证据能够说明强烈的影响和接受关系,但还不能断言直接的文本关系,以荷兰拉德堡大学的克劳奇(C. L. Crouch)[④]为代表。

一个最关键的问题是,如果我们认为公元前 672 年的阿卡德语的 EST 以某种方式为同时而稍后的犹大文士所了解和阅读,那么我们能否掌握这种文本流传的直接物理证据(谁、什么时候、怎样翻译了这份文件并带到了犹大)? 感谢地

① 在莫兰(William L. Moran)之外,最早注意到 EST 与申命记可能存在密切联系的有 Moshe Weinfeld, "Traces of Assyrian Treaty Formulae in Deoteronomy," *Biblica* 46 (1965): 417-427; R. Frankena, "The Vassal-Treaties of Esarhaddon and the Dating of Deuteronomy," in *Kaf-Hē*: 1940-1965, ed. P.A.H. de Boer, Oudtestamentische Studiën 14 (Leiden: Brill, 1965), 122-154。近年较重要的研究包括:Christiph Koch, *Vertrag, Treueid und Bund: Studien zur Rezeption des altorientalischen Vertragsrechts im Deuteronomium und zur Ausbildung der Bundestheologie im Alten Testament*, BZAW 383 (Berlin: De Gruyter, 2008); Gary N. Knoppers, "The Northern Context of the Law-Code in Deuteronomy," *Hebrew Bible and Ancient Israel* 4 (2015): 162-183; Laura Elizabeth Quick, *Deuteronomy 28 and the Aramaic Curse Tradition* (Oxford: Oxford University Press, 2018); Karen Radner, "Neo-Assyrian Treaties as a Source for the Historian: Bonds of Friendship, the Vigilant Subject and the Vengeful King's Treaty," in *Writing Neo-Assyrian History: Sources, Problems, and Approaches*, eds. G. B. Lanfranchi et al., State Archives of Assyria Studies 30 (Helsinki: The Neo-Assyrian Text Corpus Project, 2019), 309-328;以及下文将提到的几位学者的著作。

② 见奥托关于《申命记》的两部权威研究:Eckart Otto, *Das Deuteronomium: Politische Theologie und Rechtsreform in Juda und Assyrien*, BZAW 284 (Berlin: De Gruyter, 1999); Eckart Otto, *Das Deuteronomium im Pentateuch und Hexateuch: Studien zur Literaturgeschichte von Pentateuch und Hexateuch im Lichte des Deuteronomiumrahmens*, FAT 30 (Tübingen: Mohr Siebeck, 2001).

③ 参见 Bernard M. Levinson, "Esarhaddon's Succession Treaty as the Source for the Canon Formula in Deuteronomy 13:1," *Journal of the American Oriental Society* 130 (2010): 337-347; U. Steymans, "Deuteronomy 28 and Tell Tayinat," *Verbum et Ecclesia* 34 (2013): 1-13; Jeffrey Stackert, *Deuteronomy and the Pentateuch*, The Anchor Yale Bible Reference Library (New Haven, CT: Yale University Press, 2022)。

④ 参见 Jeremy M. Hutton and C. L. Crouch, "Deuteronomy as a Translation of Assyrian Treaties," *Hebrew Bible and Ancient Israel* 7 (2018): 201-252; C. L. Crouch, *Israel and The Assyrians: Deuteronomy, the Succession Treaty of Esarhaddon, and the Nature of Subversion* (Atlanta, TA: SBL Press, 2014); C. L. Crouch, *The Making of Israel: Cultural Diversity in the Southern Levant and the Formation of Ethnic Identity in Deuteronomy*, Vetus Testamentus Supplements 162 (Leiden: Brill, 2014)。

不爱宝，考古新发现有力地支持了这一假设。1955 年学者发现的 EST 的版本出土于尼尼微的宫廷中，随后的几十年中，陆续在伊朗高原西部(今属阿塞拜疆)的布坎(Bukan)发现了与 EST 内容重合的 Bukan Stele[①]，在土耳其东南部(今与叙利亚交界)的费赫里耶(Tell Fekheriye)也发现了 EST 的副本[②]，表明这份条约不仅仅是一份“文学创作”，确实在当时广为传抄并由各路诸侯带回本国。2012 年，考古学家在黎凡特地区叙利亚西南部的 Tell Ta'yinat 发现了 EST 的最新副本[③]，这样一来，拼图的最后一块就完整了。我们可以确知 EST 在当时的流通范围遍及亚述帝国的东、北、西方向。由于有明确的证据表明犹大在玛拿西时代是亚述的忠实附庸[④]，并两度出人出力参与了以撒哈顿的埃及征讨，那么，在册立亚述拔尼巴为皇太子的加冕仪式上，犹大王玛拿西或他的代表到场赴会并签署了一份 EST 的副本带回犹大，存放于耶路撒冷的圣殿当中——就像在 Tell Ta'yinat 一样，是完全合理并可采信的。更有意思的是，Tell Ta'yinat 的 EST 副本是双面书写在一块泥版上的，泥版顶部有一小孔，结合它出土的位置，可以断定这份副本是用绳子悬挂在 Tell Ta'yinat 城邦的神庙当中(因此正反面书写)，好便于附庸国王“昼夜诵读，常记心中”，正如 EST 文本所说的那样。[⑤]

---

① 参见 André Lemaire, “Une inscription arame'enne du VⅢ e AV J.-C. Trouvée â Bukân,” *Studia Iranica* 27 (1998): 15-30; Israel Eph'al, “The Bukān Aramaic Inscription: Historical Considerations,” *Israel Exploration Journal* 49 (1999): 116-121。

② 参见 C. L. Crouch and Jeremy M. Hutton, *Translating Empire: Tell Fekheriyeh, Deuteronomy, and the Akkadian Treaty Tradition*, Forschungen Zum Alten Testament 135 (Tübingen: Mohr Siebeck, 2019)。

③ 参见 Jacob Lauinger, “Esarhaddon's Succession Treaty at Tell Tayinat: Text and Commentary,” *Journal of Cuneiform Studies* 64 (2012): 87-123; Frederick Mario Fales, “After Ta'yinat: The New Status of Esarhaddon's Adê for Assyrian Political History,” *Revue d' Assyriologie* 106 (2012): 133-158。

④ 主要的证据包括以撒哈顿王室铭文(royal inscription)中对犹大王玛拿西的多次提及，[收入 Mordechai Cogan ed., *The Raging Torrent: Historical Inscriptions from Assyria and Babylonian Relating to Ancient Israel* (Jerusalem: Carta Publishing, 2016)]，玛拿西时代的犹大出土的大量亚述风格的器物、印章，以及在耶路撒冷附近的亚述“总督府”等。简明扼要的综述可参阅 Ernst Axel Knauf, “The Glorious Days of Manasseh,” in *Good Kings and Bad Kings*, ed., Lester L. Grabbe, LHBOTS 393 (London: T&T Clark, 2010), 164-188。

⑤ 参见 Kazuko Watanabe, “Esarhaddon's Succession Oath Documents Reconsidered in Light of the Tayinat Version,” *Orient* 49 (2014): 145-170。另外，劳因格(Jacob Lauinger)令人信服地指出：EST 实际上是古代近东文字的大规模生产(mass production)的一个绝佳范例，估计大约在一个月的时间内就批量制作了约 110 件副本(或 73000 行楔形文字文本)，见 Jacob Lauinger, “Neo-Assyrian Scribes, ‘Esarhaddon's Succession Treaty,’ and the Dynamics of Textual Mass Production,” in *Texts and Contexts: The Circulation and Transmission of Cuneiform Texts in Social Space*, eds. Paul Delnero and Jacob Lauinger, Studies in Ancient Near Eastern Records 9 (Berlin: De Gruyter, 2015), 285-314。

由此我们可以确定的是,形成于约西亚时期(公元前621年前后)的《申命记》(或其早期版本)在语言和思想上无疑受到了约半个世纪前的《以撒哈顿继承条约》的强烈影响。这对于理解《申命记》的神学乃至整个《希伯来圣经》的思想史都构成了巨大的挑战和冲击。最核心的问题是,现在我们知道,包括冯·拉德在内的过去的旧约神学家津津乐道的《申命记》中以以色列对上帝的独一效忠为核心的盟约神学,其实(竟然)不是希伯来思想或犹太政治神学的"首创"或"原创",而是直接来自新亚述帝国意识形态的刺激。新亚述帝国在过去通常被视为仅仅是古代东方历史上出现的一个"其兴也勃,其亡也忽"的征服王朝,在世界史中被描述为一个"没有使命的帝国"(an empire without mission)[①],并未得到世界史意义上的足够重视,这一认识如今已被推翻。如当代领军的亚述学家埃卡特·弗拉姆(Eckart Frahm)所说,犹太一神论的诞生和历史上第一个真正的世界帝国的诞生,在很大程度上是同一时期互为表里的事件(当然,这并不是说一种粗糙的因果决定论)。[②] 希伯来思想真正的深刻性不在于它多么"原创性"地提出了一系列前所未有的新观念和新思考,而是在于它对古代帝国意识形态的"颠覆性接受"(subversive adaption,奥托语)——以色列必须排他性地独一效忠的对象不再是伟大的亚述君王,而是以色列的上帝耶和华。以色列与上帝之间的盟约是不可逆转、不可撤销的永约,它规定了二者之间永恒的"君主—附庸"的同盟关系,也由此规定了以色列的身份和在历史中必须承担的责任。因此,也唯有耶和华是历史的真正决定者,以以色列人的守约或背约来决定他们在历史中的经历——蒙福还是受诅,由此构成申命学派的"救赎历史"的行动框架。在这个从政治性盟约到神学性盟约的"颠覆性接受"过程中,其实也改造了以色列的上帝本身——现在,耶和华实际上是一个"帝国主义"的上帝,他不再仅仅是过去以色列人的部落神或民族神(就像以色列的邻居们摩押人有 Chemosh,以东人有 Qos 一样),而是高于一切世间帝国之上的终极的和永恒的帝王。[③]

---

① 参见 Ariel Bagg, "Palestine under Assyrian Rule: A New Look at the Assyrian Imperial Policy in the West," *Journal of the American Oriental Society* 133 (2013): 119-143。

② 参见 Eckart Frahm, "Assyria in the Hebrew Bible", in *A Companion to Assyria* (Malden, MA: Wiley Blackwell, 2017), 556-569。

③ 如施密特所说:"在这个类比中,上帝以亚述皇帝的身份出现,从而具有了帝国的色彩。因此,即使《申命记》还没有推进到否认其他神灵存在的理论上的一神论,它对上帝概念的帝国印记也代表了向一神论发展的重要一步……在《申命记》中,上帝上升到了绝对主权者的地位。虽然与传统的关于上帝在以色列的王国的声明相比,这并不构成绝对的创新,但上帝的权力在这里被设想为与所有世俗的政治权力——特别是外国权力——更紧密地竞争并超越。"(Konrad Schmid, *A Historical Theology of the Hebrew Bible*, 224)

(二)正典还是解释?——《申命记》的文学史性质

在近年的《申命记》研究中呈现出的另一个热点问题是《申命记》的文学史性质问题。当代的《申命记》及比较法学研究大家列文森(Bernard M. Levinson)在1997年提出了这样一个乍看起来十分耸动性的观点,《申命记》作为一个文学整体其实是一部典型的"伪经"(pseudepigraph):

> 《申命记》的作者运用词法引用和转换的技巧,尽可能利用旧文本的词法来制定自己的宗教和法律议程……换句话说,《申命记》是一部刻意的文学伪书,其目的是通过将新作品的创新力量置于权威的过去,来掩盖自身的文学史。从这个角度来看,《申命记》中出现了我们熟悉的后圣经时代(post-biblical)和第二圣殿时期教派文学活动的技巧。这些技巧包括作伪(pseudepigraphy)、作伪文本转换技巧的解经(exegesis)以及"重写《圣经》"(rewritten *Bible*)现象。[1]

为了避免贬义色彩,我们在中文中把"伪经"和"作伪"理解为"二次创作"更为妥帖一些。列文森在这里强调的是我们在第二圣殿时期的犹太宗教史(以及中国思想史、经学史)中非常常见的一种现象,即一些新的文献假托为早先存在的神圣文本来为自身的合法性作掩护,或通过传抄增删内容,或通过解经"夹带私货",或"续写"经文(Fortschreibung),或附会《圣经》人物(如以诺文学),或直接改编改写《圣经》文本形成新的文本(如《历代志》之于《创世记》《列王纪》)。[2] 在中国经学中,我们通常区分"经"与"传记"(对经的解释、补充、发展)或"经"与"纬"(依托附会于经的文本),但这种界限常常是相对的、模糊的甚至是颠倒的,即使在"经"的文本自身之中,也常常存在(手抄本时代永远不可避免的)伪托、窜入、删改、讹误,而这些在《希伯来圣经》的传承史和接受史中也都是非常普遍的现象。我们在这里要谈的《申命记》的"伪书"性质在于,首先它假定了《出埃及

---

① Bernard M. Levinson, *Deuteronomy and the Hermeneutics of Legal Innovation* (Oxford: Oxford University Press, 1997), 33-34.

② 这种现象在过去的学术研究中常被称为"重写《圣经》",但晚近的研究对这一概念的准确性也提出了质疑,相关的讨论可参阅 Molly M. Zahn, *Rethinking Rewritten Scripture: Composition and Exegesis in the 4QReworked Pentateuch Manuscripts*, STDJ 95 (Leiden: Brill, 2011); Molly M. Zahn, *Genres of Rewriting in Second Temple Judaism: Scribal Composition and Transmission* (Cambridge: Cambridge University Press, 2020)。关于摩西传统(或"托拉传统")在第二圣殿时期的发展,最重要的当代研究是 Hindy Najman, *Seconding Sinai: The Development of Mosaic Discourse in Second Temple Judaism*, Supplements to the Journal for the Study of Judaism, JSJSup 77 (Atlanta, TA: SBL Press, 2009)。

记》中的出埃及传统、西奈立约传统和"盟约法典"的正典(canon)地位,其次将自己包装为对西奈立约和律法的重新解释(interpretation),由此依托于前经而将自己也侧身于经典之列。[①] 列文森等学者对《申命记》的此种性质及其所使用的各种技巧已述之甚详。我们可以注意以下较为重要的三点:

第一,在西奈立约传统中,颁布"盟约法典"(《出埃及记》20—23)的说话者是耶和华本身[②](虽然理论上说,这些内容也都必须是通过摩西转述才能为以色列百姓所知晓和记录下来的,但文本本身告诉我们说话者是耶和华而不是摩西):

> 20:1ff 神吩咐这一切的话说:"我是耶和华你的神,曾将你从埃及地为奴之家领出来……"
>
> 21:1ff "你在百姓面前所要立的典章是这样:你若买希伯来人做奴仆……"

而在《申命记》中,颁布律法诫命的说话者始终是摩西,正如前人早已注意到的,《申命记》的大结构就是摩西的"五次布道"(《马太福音》中耶稣的"五大讲论"即继承了这一结构):

> 1:5 摩西在约旦河东的摩押地讲律法说……
>
> 5:1 摩西将以色列众人召了来,对他们说……

---

① 有学者将这种策略称为"作为取代的解释"(interpretation as replacement),或者说鸠占鹊巢式的解释。参阅列文森和斯塔克特的观点:"《申命记》在文学上直接依赖于《以撒哈顿继承条约》(EST)和《圣约法典》(CC),但《申命记》的作者并不是孤立地使用这些来源。相反,正如本文对《申命记》第13章的简要探讨所显示的那样,《申命记》对EST元素的利用既为确定《申命记》的年代提供了一种方法,也为理解《申命记》对CC的修订提供了一种途径。特别是,《申命记》创造性地重新使用亚述的'继承'主题来作为它处理CC律法的指南,也是《申命记》对CC在修订后继续存在的意图的指南。《申命记》将以色列历代律法集与亚述历代国王进行了隐含的类比,试图通过利用CC的威望来确保自身的合法性。然而,《申命记》最终还是忍不住要对其法律遗产进行论战:作为一个值得尊敬的继承者,它的意图是完全取代它的前身。"[Bernard M. Levinson and Jeffrey Stackert, "Between the Covenant Code and Esarhaddon's Succession Treaty: Deuteronomy 13 and the Composition of Deuteronomy," *Journal of Ancient Judaism* 3 (2012): 140]

② 值的注意的一个问题是,在古代近东的法律传统中,立法者无一例外都是伟大的国王(如著名的《汉谟拉比法典》),虽然在这些法典中国王会自我宣称,是沙玛什(太阳神、公义与司法之神)授予了他智慧和能力来制定公平的法律云云,但法律的颁布者无疑是国王而非神明,而唯独到了摩西五经这里,立法者不再是国王而是上帝本身,法律也因此具有了超越具体"人治"的绝对性,这一转变在古代近东乃至人类思想史上都属一个突破性的变化。对这一问题的研究是苏黎世大学正在进行的欧盟研究委员会(ERC)重大课题"上帝是如何成为立法者的?"(How God Became a Lawgiver?)的内容,阶段性的进展参见Konrad Schmid, "Divine Legislation in the Pentateuch in its Late Judean and Neo-Babylonian Context," in *The Fall of Jerusalem and the Rise of the Torah*, eds. Peter Dubovsky, Dominik Markl, and Jean-Pierre Sonnet (Tübingen: Mohr Siebeck, 2016), 129-153。

29:2 摩西召了以色列众人来,对他们说……

31:1 摩西去告诉以色列众人,说……

33:1 以下是神人摩西在未死之先为以色列人所祝的福。他说……

说话者在耶和华与摩西之间的变化反映出的既是后来希伯来传统中对律法和先知的关系的理解(律法是神的启示,先知是启示的中介即律法的解释者和守护者,所以 Torah 和 Navi‘im 是“经”与“传”的关系),其实也是《申命记》与《出埃及记》的文本间关系。西奈立法是根本的、绝对的和一次性的启示,但这并不排除摩西在约旦河东的旷野进一步对它作出解释,尽管这种解释并不是真正的注疏意义上的解释,而是为了赋予《申命记》正典地位的一种手段。一言以蔽之,《申命记》并不将自己表述为“神法”(divine Law),而是“神圣的法律解释”(divine interpretation of the Law)。

第二,《申命记》的文学核心即“申命法典”(”Deuteronomic Code”,《申命记》12—26)很自觉和清晰地将自己呈现为对“盟约法典”的补充、完善和修正。在这方面前人之述备矣[①],在此仅举一个例子:

你若买一个希伯来人做奴仆,他必服侍你六年,第七年他可以自由,白白地出去。他若孤身来,就可以孤身去;他若有妻,他的妻就可以同他出去。他主人若给他妻子,妻子给他生了儿子或女儿,妻子和儿女要归主人,他要独自出去。倘或奴仆明说:“我爱我的主人和我的妻子、儿女,不愿意自由出去。”他的主人就要带他到审判官那里,又要带他到门前,靠近门框,用锥子穿他的耳朵,他就永远服侍主人。(《出埃及记》20:2—6)

你弟兄中,若有一个希伯来男人或希伯来女人被卖给你,服侍你六年,到第七年就要任他自由出去。你任他自由的时候,不可使他空手而去,要从你羊群、禾场、酒榨之中多多地给他;耶和华你的神怎样赐福于你,你也要照样给他。要记念你在埃及地做过奴仆,耶和华你的神将你救赎,因此,我今日吩咐你这件事。他若对你说“我不愿意离开你”,是因他爱你和你的家,且因在你那里很好,你就要拿锥子将他的耳朵在门上刺透,他便永为你的奴仆了。你待婢女也要这样。你任他自由的时候,不可以为难事,因他服侍你六年,较比雇工的工价多加一倍了。耶和华你的神就必在你所做的一切事上赐福于你。(《申命记》15:12—18)

---

① 除前揭列文森的著作外,亦参见 Jeffrey Stackert, *Rewriting the Torah: Literary Revision in Deuteronomy and the Holiness Legislation*, FAT 52 (Tübingen: Mohr Siebeck, 2007); Kevin Mattison, *Rewriting and Revision as Amendment in the Laws of Deuteronomy*, FAT II 100 (Tübingen: Mohr Siebeck, 2018)。

我们将类似这样的明显同一条法律的不同表述称为《圣经》中的“同源法”(cognatelaw)。在这个“奴隶法”[①]的例子中,核心的规定(七年释放奴隶)是不变的,但我们可以看到“申命法典”的版本明显作出了两点重要的调整:第一,将句式从“你若买“改为”若有人被卖“,实际上隐含了对奴隶制的否定,同胞之间的奴隶买卖不再是一个可以接受的常规行为,而只能是有人迫不得已”被卖“,作为一个既成事实的情况下这条法律才有效。第二,在法条的最中间“申命法典”补充了这条法律的法理依据,是基于出埃及传统的历史性依据。而这在“盟约法典”中是不必要的,因为它将自身表述为上帝在西奈山上神圣的启示,其正当性是毋庸置疑的。但正是“申命法典”的律法解释性质使得这一法理依据的补充成为必要的:律法之所以这样规定,不仅因为它是上帝颁布的,还在于它是神学上合理的。在这个例子中,《申命记》的法律解释性质也得到了突出的体现。

第三,《申命记》的一大文学特征还表现在“叙事”与“论证”的强烈结合,这表现在它大量使用解释性的分句,将出埃及传统中的内容放在前面,然后用“这是因为”“这是为了”“这是要”的连接词来阐释它的意义:

> 你且考察在你以前的世代,自神造人在世以来,从天这边到天那边,曾有何民听见神在火中说话的声音,像你听见还能存活呢?这样的大事何曾有,何曾听见呢?神何曾从别的国中将一国的人民领出来,用试验、神迹、奇事、争战、大能的手和伸出来的膀臂并大可畏的事,像耶和华你们的神在埃及在你们眼前为你们所行的一切事呢?这是显给你看,要使你知道唯有耶和华他是神,除他以外,再无别神。(《申命记》4:32—36)

这段气势非凡的名句很好地体现了《申命记》的解释技巧。如果仔细阅读文本的话,我们会发现从逻辑上讲,其实前面的内容(西奈神显,神迹奇事,出埃及)并不能直接得出“唯有耶和华是神”的独一神论的结论——它们只能证明耶和华的伟大,但并不能真正证明别神的虚假。但这种解释学的沟壑是被《申命记》的解释学技巧所巧妙地掩盖下去的,这种技巧类似于童话故事里常见的“这个故事告诉我们一个道理”,并不是这个道理本身是对故事唯一合理的解释,而在于说话者所占据的位置和声音(voice)赋予了解释的力量。

以上三点可以简明地表现出今日学界的共识,《申命记》在文学性质上是一部依托于出埃及和西奈传统(经)的解释性作品(传或记),或者诚如列文森所说,

---

① 关于摩西五经中三个版本的“奴隶法”[还包括“圣洁法典”(Holiness Code)即《利未记》中的一处]的综合研究,参见 Bernard M. Levinson, “The Manumission of Hermeneutics: The Slave Laws of the Pentateuch as a Challenge to Contemporary Pentateuchal Theory,” in *Congress Volume Leiden* 2004, ed. André Lemaire (Leiden: Brill, 2006), 281-324。

是一部刻意编写的“伪书”(不带贬义)——尽管可能是圣经传统中最伟大、最高超的“伪书”。这实际上也在某种程度上撼动了冯·拉德对《申命记》的整体估计。尽管我们不否认《申命记》以其超凡的文学和思想的整合能力,将先前的传统保留下来并提升到一个全新的高度,但这一事实起码告诉我们,如果我们要寻找五经或《希伯来圣经》中的应许、盟约和救赎的神学的话,《申命记》并不是一个恰当的文本起点。我们至少需要追溯到它高度依附的《出埃及记》,再抽丝剥茧地去分析《出埃及记》更为原初的思想资源,并从这种“经典—解释—解释的经典化《申命记》—经典的再解释(申命历史作为《申命记》的“传记”)”的永无止境的解释学过程中,去把握旧约政治神学的起因和演变,而不是将任何一本圣经书卷或其中表达的某个思想视为一个稳定的静态的起点——这也是冯·拉德最受到批评的方法论问题。

冯·拉德的旧约神学体系的一个支柱,是他认为在《申命记》中找到了这样的一个坚实的起点,即 26:5—11 的“短历史信经”(Short Historical Credo)[①]:

> 你要在耶和华你神面前说:“我祖原是一个将亡的亚兰人,下到埃及寄居。他人口稀少,在那里却成了又大又强、人数很多的国民。埃及人恶待我们,苦害我们,将苦工加在我们身上。于是我们哀求耶和华我们列祖的神,耶和华听见我们的声音,看见我们所受的困苦、劳碌、欺压,他就用大能的手和伸出来的膀臂,并大可畏的事与神迹奇事,领我们出了埃及,将我们领进这地方,把这流奶与蜜之地赐给我们。耶和华啊,现在我把你所赐给我地上初熟的土产奉了来。”随后你要把筐子放在耶和华你神面前,向耶和华你的神下拜。你和利未人,并在你们中间寄居的,要因耶和华你神所赐你和你家的一切福分欢乐。

冯·拉德认为,在这短短数行经文内完整地涵盖了摩西五经最核心的神学主题:亚伯拉罕、出埃及、进入应许之地,贯之以上帝不断的保守和赐福。所谓传承史或传统史,无非在于确定一传统然后观察其流变。冯·拉德认为他在“短历史信经”中,找到了像后来基督教的《使徒信经》或《尼西亚信经》一样的古以色列传统史的核心,于是然后我们就可以去观察这个传统是怎样被表达和展开的。但这个假定本身建立在一个相当薄弱的基础上,即“短历史信经”的性质问题——它究竟是不是一个古老的文本?又是不是像《使徒信经》一样是古以色列

① 参见 Gerhard von Rad, “The Form-Critical Problem of the Hexateuch,” in *The Problem of the Hexateuch and Other Essays* (London: T&T Clark, 1938), 1-78; Gerhard von Rad, *Old Testament Theology*, Vol.1 (London: Westminster John Knox, 1962), 129, 166, 357。

人核心的信仰告白？近数十年来的研究对这两个问题都给出了否定的答案。首先，由于它明确提到了亚伯拉罕的传统，而确凿的文学史研究表明这个来自南国犹大的地方性家族叙事是在很晚（至少被掳时代）才和北国的雅各、出埃及叙事结合在一起的。[①] 其次，古以色列人并没有像基督教的信经和要理问答一样的权威的信仰告白，相反基督教的信经可能反而是在希腊化哲学的刺激下诞生的，实际上是异质于古以色列或早期犹太教的。[②] 冯·拉德在这里无疑犯了一个时空错置(anachronism)的想当然的错误。虽然我们不能轻率地说这样一来他的整个神学建构的大厦就"轰然倒塌"了，但这至少解释了为什么当代旧约神学会认为他的体系包含着一些难以克服的内在困难。

四、结语：救赎历史与生存神学

在本文的最后，简要地回顾一下《申命记》全书的基本结构将是有益的：《申命记》共 34 章的内容中，夹在中间的核心是 12—26 章的"申命法典"：向后，27 章关于过约旦河的宣讲与《约书亚记》明显具有较强的文本间性，应是在《申命记》延伸至"申命历史"的过程中向前者反向插入的（或与《约书亚记》处于同一编修层）；28—30 章是祝福和咒诅，31—34 章可以简单地说是四个依次递补追加在书末的四篇附录（31 章是引出《约书亚记》的叙事性结语，32 和 33 章是两首被归给摩西的语言上远早于《申命记》的古风诗歌，最后的 34 章则又是为了给整个摩西五经作结而追加的一个叙事性附录）；向前，11 章同样是关于祝福和咒诅的说明，而 1—10 章的结构则相当错综，包含穿插着对旷野经历的回溯、十诫、"示玛"、一神论宣言（整个 4 章）等不同文体和神学特征的内容，显示出复杂的形成和编修历史。但十分清楚的是，夹在"申命法典"两侧的 11 章和 28—30 章构成

---

① 相关讨论众多，可参见 Matthias Köckert, "Die Geschichte der Abrahamüberlieferung," in *Congress Volume Leiden* 2004 (Leiden: Brill, 2006), 103-128。中文学界对这一问题已有的（从传统底本学说角度出发的）说明，可参见游斌 You Bin，《希伯来圣经的文本、历史与思想世界》[The Text, History and Ideological of the Hebrew Bible]（北京[Beijing]：宗教文化出版社[China Rligious Culture Publisher]，2007），202—208。

② 信经(credo/creed)的历史起源是一个复杂的问题。有学者认为，如"十诫"，《申命记》4 章中著名的"示玛"(Shema Israel)，或《诗篇》中的一些信仰告白（如《诗篇》78、105、135 等）就可被视为某种信经的雏形，然而这种比附是牵强的，从未有证据表明这些文本在早期犹太教中起到了确立共同信仰（尤其是区分正统和异端）的教条地位。另外，拉比犹太教中迟到中世纪的迈蒙尼德（约 1168 年），才以类似于信经的方式提出了他的"十三条原则"(Thirteen Principles)。因此，最好将信经的出现理解为一个古代晚期历史中的独特的、基督教的现象。参见 David Zachariah Flanagin et al., "Creeds," in *Encyclopedia of the Bible and Its Reception Online* (Berlin: De Gruyter)。

了一个关于祝福和咒诅的环状对称框架(inclusio),而内容较为简短的前者与更为丰富的后者则又构成了一个“总说”与“分说”的关系。11 章以精炼的语言表达了祝福和咒诅的基本原理:

> 看哪,我今日将祝福与咒诅的话都陈明在你们面前。你们若听从耶和华你们神的诫命,就是我今日所吩咐你们的,就必蒙福。你们若不听从耶和华你们神的诫命,偏离我今日所吩咐你们的道,去侍奉你们素来所不认识的别神,就必受祸。(《申命记》11:26—28)

而如前所述极大可能直接来自《以撒哈顿继承条约》的 28 章则用了整整 68 节的内容详细叙述背约将要面临的咒诅,其中特别瞩目的一些内容是:

> 耶和华必使你败在仇敌面前,你从一条路去攻击他们,必从七条路逃跑。你必在天下万国中抛来抛去。(《申命记》28:25)
>
> 耶和华必将你和你所立的王,领到你和你列祖素不认识的国去,在那里你必侍奉木头石头的神。你在耶和华领你到的各国中,要令人惊骇、笑谈、讥诮。(《申命记》28:36—37)
>
> 耶和华必使你们分散在万民中,从地这边到地那边,你必在那里侍奉你和你列祖素不认识、木头石头的神。在那些国中,你必不得安逸,也不得落脚之地;耶和华却使你在那里心中跳动,眼目失明,精神消耗。(《申命记》28:64—65)

根据“后见者明”(vaticinium ex eventu)的解经原理,这些文段的形成必然是在公元前 586 年的圣殿毁灭和大流散发生之后。犹太人(当然,严格而言,此时还只有以色列人和犹大人)“在天下万国中被抛来抛去”,被“耶和华在怒气、忿怒、大恼恨中,将他们从本地拔出来,扔在别的地上”(《申命记》29:28)不是久远以前遥不可及的预言和警告,而是正发生在眼前的生存事实。然而,当《申命记》将这一事实表述为我们的祖先和先知摩西早在约旦河外就向我们发出过的宣告时,灾难性的历史经验以越过历史的方式得到了克服:原来发生在我们身上的一切不是没有答案、没有原因的无端受苦(suffering for nothing)的赤裸痛苦,而是早已被我们的上帝所提前宣告和预言了的。从而在至深的创伤痛苦中,有一件确凿无疑的事足以令我们得到安慰,那就是我们有一位言不虚发的真实的上帝[①],既然上帝与以色列不可更改的盟约是信实的,守约就蒙福、背约就受诅的

① 卡尔(David M. Carr)在其创伤研究中这样表述这一残酷的创伤应对机制:“相比一位残酷、暴虐的上帝,唯一更可怕的是一位根本不在掌管着历史的上帝。”[David M. Carr, *Holy Resilience: The Bible's Traumatic Origins* (New Haven: Yale University Press, 2014), 32]

历史因果律也必然是信实的。那么,我们正在经历的咒诅的痛苦有多么真实,我们在上帝的盟约中将要经历的复兴和蒙福也就有多么真实:

> 你和你的子孙若尽心、尽性归向耶和华你的神,照着我今日一切所吩咐的听从他的话,那时耶和华你的神必怜恤你,救回你这被掳的子民。耶和华你的神要回转过来,从分散你到的万民中将你招聚回来。你被赶散的人,就是在天涯的,耶和华你的神也必从那里将你招聚回来。耶和华你的神必领你进入你列祖所得的地,使你可以得着;又必善待你,使你的人数比你列祖众多。(《申命记》30:2—5)

从而,《申命记》的政治神学的力量不仅在于给出了一种(来自新亚述帝国意识形态的)盟约框架,更在于将这一盟约框架扩展到了整个世界历史的现场。它一方面为公元前586年的大灾难提供了一种作为创伤应对机制的说明;另一方面更重要的是将整个历史确立为上帝的临在、掌管与显现的领域,并且,虽然历史作为偶然和暴力的领域充满了深刻的不可理解性,上帝在其中掌管以色列的命运的亘古不变的方式不是隐秘的,而是已经通过摩西及其《托拉》向着以色列人敞开的启示:

> 隐秘的事是属耶和华我们神的,唯有明显的事是永远属我们和我们子孙的,好叫我们遵行这律法上的一切话。(《申命记》29:29)

这"明显的事"就是已经"陈明在你面前"的"生死祸福"(《申命记》30:15)的奥秘:守约(遵行律法/《托拉》)就蒙福,背约(违背律法/《托拉》)就受咒诅。从而,不仅以色列过往的全部历史(《约书亚记》《列王纪》)被化约为了证实这一历史因果律的一系列注脚,而且"其后继周者,虽百世可知也"(《论语·为政》)——整个从今时直到永远的以色列在世界历史中的命运,无不服从于这一历史因果律的支配,并将不断证明其正确性。虽然这一原则在今天看来仿佛是一种相当粗糙的"二极管"式的理解方式,仿佛完全忽视了经验领域(像古希腊人在悲剧中意识到的"命运"那样)究其终极的荒谬性和不可理解性。但我们应该注意到的是,这一神学信念的高明和强韧之处恰恰在于将纷繁的经验领域表述为最为简洁的、具有"可操作性"的生存伦理学:

> 我今日所吩咐你的诫命不是你难行的,也不是离你远的。不是在天上,使你说:"谁替我们上天取下来,使我们听见可以遵行呢?"也不是在海外,使你说:"谁替我们过海取了来,使我们听见可以遵行呢?"这话却离你甚近,就在你口中,在你心里,使你可以遵行。(《申命记》30:11—14)

未了的问题是:当线性的历史因果律与极端的经验现实形成强烈的反差时,

对为什么忿怒仍未止息、以色列/犹太人仍然生活在流散和外族的压迫中的追问，并不是简单地推倒了这种历史神学的合法性，反而将其转化为一种更为激进的历史现象的形式——末世论。如同流行语说："正义虽迟但到。"如果当来的报复和奖赏都还没有按历史因果律期待的方式来到，那么不可能是上帝错了或规律出了问题，而只可能是上帝选择以一个迁延滞后的时间差来执行最终的报复和奖赏，一次性地使世界的天平重归平衡。理想化的机械决定论与纷纭难解的历史现实之间的不对称性，被转化为当下的时间与终末的时间之间的不对称性，但无论如何，以色列的上帝终将在时间的尽头处证明他的信实，而整个世界历史也因此不再是地上兴亡变幻的帝国和霸欲的领域，而是有着"亚述皇帝般的面容"[①]的上帝神显的领域。

最后，我们仍需看到，《申命记》或申命学派的这种历史—政治神学尽管在《希伯来圣经》的"交响曲"中是一个强劲回响的"声部"，但不能够简单地等同于后者当中全部的政治神学思想，仍然有其他的"声部"在发出自己的声音，甚至是与之针锋相对的声音。这包括《以西结书》中对申命神学的"集体罪责"和"罪责的代际传递"观念的否定[②]；《约伯记》中对约伯的三个朋友的嘲讽[③]；智慧文学（如《传道书》）中所体现出的怀疑主义[④]；等等。但其中最重要的是来自祭司学

---

① David M. Carr, *Holy Resilience: The Bible's Traumatic Origins*, 35.

② 申命神学将以色列视为一个整体来判断其是非祸福，而对这个整体的奖赏或报应往往存在难以解释的时间差，体现在申命历史中的难以解决的例子包括：约西亚王的义行不能使犹大免于灭亡的命运，甚至不能让他自己免于死于非命，相反，在他之前的玛拿西王的恶就已经注定了犹大将要毁灭的命运（《列王纪下》24:26—27）。申命历史对这一段历史的解释是因果错乱而且较为牵强无力的。《以西结书》18章用谚语"父亲吃了酸葡萄，儿子的牙酸倒了"讽刺了申命神学中的这种"罪责的代际传递"观念，强调罪责追溯和报应的主体不发生在集体层面而是在个体层面，人不需要为自己没有做的事（无论是他的父亲、家族还是民族犯下的罪）承担道德责任和法律后果，这一观点被认为是世界法律思想史上的一个重大突破。

③ 约伯的三个朋友在不同程度上都秉持着申命神学的观点，即坚信前述的机械决定论，从约伯必然是犯了隐秘的罪、公义良善的上帝不可能无缘无故使义人受苦等角度捍卫申命神学的神义论，然而这一切论证在《约伯记》中其实都是苍白无力的，因为从一开始读者就已经知道，约伯就是一个"完全的义人"，他的受苦就是无缘无故的。

④ 例如，《传道书》2:16："智慧人和愚昧人一样，永远无人记念，因为日后都被忘记。可叹智慧人死亡，与愚昧人无异！"

派(P)的挑战。[①] 祭司学派与申命学派共同分享了耶和华独一神论等核心神学概念,但在两个关键的地方对申命神学进行了重大的调整和修改:

> 耶和华站在梯子以上,说:"我是耶和华你祖亚伯拉罕的神,也是以撒的神,我要将你现在所躺卧之地赐给你和你的后裔。你的后裔必像地上的尘沙那样多,必向东西南北开展。地上万族必因你和你的后裔得福。"(《创世记》28:14)[②]
>
> 耶和华对亚伯兰说:"你要离开本地、本族、父家,往我所要指示你的地去。我必叫你成为大国,我必赐福给你,叫你的名为大,你也要叫别人得福。为你祝福的,我必赐福于他;那咒诅你的,我必咒诅他。地上的万族都要因你得福。"(《创世记》12:1—3)

这两处文本首先涉及的是对于流散状态的截然不同的理解方式。在前引《申命记》28章中,犹太人失去国土、被敌人掳去、"在天下万国中被抛来抛去"是离弃耶和华的律法诫命所遭受的最严厉的咒诅。然而在《创世记》的列祖叙事的

---

① 《耶路撒冷》在第157页注释3中认为祭司派是三四世纪(即比《申命记》的神学要晚得多)的另一派独立发展,这是不对的。祭司派与申命派应当是"同时而稍后"的关系,各有其渊源,彼此有共识(如耶和华独一崇拜,上帝与以色列约的关系),但也充满着差异、对话和论辩关系。如作者在第149页注释1中提到的当代五经形成研究最重要的权威之一布鲁姆(Erhard Blum),就假设五经形成于波斯时代朱迪亚两个平行存在的知识团体,分别各自整理了一份权威文献,他称为"KD"(deuteronomistishen Komposition,申命结集)和"KP"(priesterlishen Komposition,祭司结集),在两派相持不下、无法说服对方的情况下,双方妥协将KD和KP合并修订,形成今日摩西五经的基本样貌。参见Erhard Blum, Studienzur Komposition des Pentateuch, BZAW 189 (Berlin: De Gruyter, 1999)。当然,布鲁姆的二重结集学说并非今日唯一合理有效的学说,但矛盾的焦点集中在五经中的非P文本能否用"申命结集"来加以概括,还是存在着更复杂和多元的复合来源。一部分学者认为存在着同时前P前D的"原始六经"(Proto-Hexateuch)或"原始出埃及—征服叙事"(Proto-Exodus-Conquest-Narrative),如Reinhard Kratz, *Die Komposition der erzählendenBücher des Alten Testaments: Grundwissen der Bibelkritik*, UTB Theologie 2157 (Göttingen: Vandenhoeck und Ruprecht, 2000)。而更多的学者则遵循伦特多夫(Rendtorff)学派的观点,强调不存在一个完整的前P五经的来源(source),而只有不同的小文本单元在自身文学史中经历不断的修订、扩充和组合而形成的大文本单元,即原初历史(《创世记》1—11)、列祖叙事(《创世记》12—50)、出埃及叙事(《出埃及记》1—15,18)、西奈叙事(《出埃及记》19—23)等。关于当前五经编集研究的不同模型及其评价,最好的总结是Rainer Albertz, "The Recent Discussion on the Formation of the Pentateuch/Hexateuch," *Hebrew Studies* 59 (2018): 65-92。

② 关于本节的文学史归属问题存在一定争议。传统上底本学说将其视为J文本,而较新的研究因放弃J源的假设称其为后P文本或"波斯时代的非P文本"。然而,考虑到该文本中所体现出的与申命学派颇为不同的"世界主义"的立场和对流散的积极看法,我们仍可以粗略地说这是一段受到P的影响或与P存在密切联系的后P文本。关于本节的详细讨论,参见Konrad Schmid, "The Diaspora as Blessing for the Nations: The Case of Gen 28:14," in *Yahwistic Diversity and the Hebrew Bible: Tracing Perspectives of Group Identity from Judah, Samaria, and the Diaspora in Biblical Traditions*, eds. Benedikt Hensel, Dany Nocquet, and Bartosz Adamczewski (Tübingen: Mohr Siebeck, 2020), 79-89。

应许中,亚伯拉罕的后裔将如“天上的星,海边的沙”(《创世记》22:17)本身就暗含了一种犹太人将广泛散布在大地表面而非聚居一处的隐喻。更直接的是这里体现的对流散的积极理解:“向东西南北开展”将成为“万国得福”的条件或阶梯。犹太人之所以会散落在世界各处,是为了给地上的万国万族带来祝福。换句话说,流散状态不仅不是历史的灾难、背约所引发的上帝愤怒的结果,而恰恰相反是上帝向列祖施加的应许和祝福的内容。这种“世界主义”包含着更为开放和自信的理解历史的方式,也比申命神学的灾难性解释更适合生活在波斯帝国各处的犹太社群自我认同的需求。

另外,祭司神学中的“约”的概念与申命神学有显著的不同:如前所述,申命神学的盟约概念来自古代近东条约文化,强调的是立约双方各自都有服从条约的权利、义务和相应违约的代价。而祭司神学的亚当之约(《创世记》1:28—30)、挪亚之约(《创世记》9:8—17)和这里的亚伯拉罕之约,都是上帝单方面的应许和祝福(blessing),并未规定立约另一方的权利、义务,自然也不包含以色列守约的蒙福和背约的咒诅的规定——单方面的应许唯独来自上帝的恩赐,不以以色列的意志为转移。这种截然不同的约的概念在《新约》和早期基督教中演化为“恩典”(χάρις)的重要概念。新教系统神学又据《旧约》文本将约区分为“无条件的恩典之约”(covenant of grace)和“有条件的工作之约”(covenant of works)。[①] 实际上,改革宗神学恰恰是以独到的眼光注意到了《旧约》文本中内在包含着的祭司盟约神学与申命盟约神学之间的差异。

祭司神学的世界观基本上是一个静态的和谐宇宙,这与犹太人在波斯帝国统治下相对和平而优渥的生活有关,上帝的宇宙性审判发生在过去(大洪水)而不是未来,复兴以色列国不是必须的,因为上帝完全可以任命外邦君王(如居鲁士)作为他所拣选的“受膏者”(弥赛亚),所以重要的是我们在上帝对宇宙的和谐统治中使自身合乎于这种秩序,从而导向了祭司学派对于洁净、礼仪和节期的特别关注,也深刻影响了日后第二圣殿晚期犹太教和拉比犹太教的发展方向。因此,在对《希伯来圣经》中的“政治神学之根”的追溯中,《申命记》之外的祭司文献同样构成了一个不可或缺的观察视角。此外,智慧文学、启示文学和《死海古卷》宗派文献中所体现的形形色色小传统独特的理解政治和历史世界的不同方式,也都在这部精彩的“交响曲”中演奏着各自的声部。从而,在冯·拉德的基础上,对希伯来传统的政治神学作更进一步的介绍与阐发,应当是从看到“硬币的一面”看到“硬币的两面”甚至“多面”。从这些不同线索的互动和交错中,关照出更多的神学脉络和思想源流,以期获得更为整全的思想史和文明史视野。这将是笔者继续努力的方向。

① 参见 Louis Berkhof 伯克富,《系统神学》[Systematic Theology],随真 Sui Zhen 译(洛杉矶[Los Angeles]:麦种传道会[A Kernel of Wheat Christian Ministries],2019),522—529。

Deuteronomy and the Root of Political Theology: Discuss with Zhang Xu's "Towards Jerusalem in 'Athens and Jerusalem': On Jewish Political Theology"

YAN Zhaoyu

Abstract: In dialogue with Professor Zhang Xu's article "Towards Jerusalem in 'Athens and Jerusalem': On Jewish Political Theology", this paper firstly brings with two methodological and hypothetical problems that may exist in the article: On the one hand, it points out the tension and discrepancy between the terms of "Jewish (political) theology", "Old Testament theology" and "Hebrew biblical theology"; On the other hand, it argues that von Rad's "traditional history" paradigm should not be simply pitted against the modern text-historical critical method and postmodern studies. Subsequently, the paper focuses on two central issues in contemporary studies on Book of Deuteronomy, namely, (a) the "subversive adaption" of Neo-Assyrian imperial ideology by Deuteronomic theology, and (b) the duality of Deuteronomy as both canon and interpretation in the literary history of Pentateuch, to complement and enrich the study of Deuteronomy's political theology. On this basis, the paper emphasizes the historical causality of covenant theology as reflected in the Deuteronomic formula of "blessing and cursing" and its significant influence on the concept of "salvation history". Finally, the paper also addresses that the "root(s) of political theology" should not be confined to a single tradition of the Old Testament/Hebrew Bible, but should be more fully grasped in the context of a synthesis of the Deuteronomi(sti)c (D) and Priestly (P) traditions, as well as of Apocalypticism, Wisdom, and the sectarian literature in Qumran, in order to gain a more comprehensive understanding of "Jerusalem in 'Athens and Jerusalem'".

Key Words: Political Theology, Old Testament Theology, Überlieferungsgeschichte, Gerhard von Rad, Deuteronomy, Esarhaddon Succession Treaty, Inner-biblical Interpretation

土地神圣性与国家神圣性之间的博弈：宗教犹太复国主义对定居点问题的态度探析

王　昊*

【摘要】定居活动是犹太复国主义的目标之一。在过去40年里，宗教犹太复国主义者一直是以色列定居点计划背后的推动力量，信仰者集团是其主要活动组织。他们把领土认同作为核心原则，把在以色列土地上定居看作救世主的活动，是救赎的进一步阶段。西奈定居点和加沙定居点的撤离造成了宗教犹太复国主义观点与国家政策的冲突，人们认为结果将是暴力、血腥的对抗，然而尽管有动荡和抵抗，最终多数的宗教犹太复国主义者还是采取了克制的行动，国家的神圣性还是超越了土地的神圣性。

【关键词】宗教犹太复国主义；定居点项目；信仰者集团；库克拉比

2022年12月22日，内塔尼亚胡组建的新政府签署协议，同意重启吞并对约旦河西岸部分领土的计划。尽管该协议中未明确提及实施的具体时间，但历来被称为是巴勒斯坦与以色列和平进程中最难消除的障碍之一——定居点问题重新回到公众视野。巴以争端的核心在于被占领土的归属问题，而犹太定居点则构成了领土归还的主要障碍。因此，在巴以和平进程的最后阶段，犹太定居点的存废与调整幅度，无疑成为决定和平能否实现的核心因素。[①]

在约旦河西岸以及2005年之前加沙地带的定居点计划无疑是几十年来以色列政治中非常具有争议的问题。一开始只是宗教狂热者的小规模行动，截至2019年年底，在约旦河西岸（不包括东耶路撒冷）有131个合法犹太定居点和约

* 王昊，山东大学犹太教与跨宗教研究中心博士生。

① 参见 Leslie Stein, *The Hope Fulfilled: The Rise of Modern Israel* (London: Praeger Publishers, 2003), 183。

110 个没有得到政府承认的定居点,超过 62 万以色列人目前居住在这些定居点中。[①] 目前,定居者包括传统主义者、世俗主义者和极端正统派犹太人,但定居点项目背后的中心和动力是宗教犹太复国主义阵营。

本文着重关注宗教犹太复国主义定居运动—信仰者集团的发展与宗教犹太复国主义定居者和政府的冲突,特别是在 1982 年西奈定居点撤离和 2005 年加沙定居点撤离期间。宗教犹太复国主义者认为以色列国家具有深刻的宗教意义,他们的意识形态赋予了国家神圣性。然而,当国家法律限制修建定居点,尤其是下令拆除定居点时,他们又有宗教义务维持土地的神圣性,从而选择违反国家法律。对国家神圣性和土地神圣性的双重承诺产生了一种不安的对峙,在具体冲突发生时,对以色列作为通向救赎神圣工具的承诺阻止了宗教犹太复国主义者采取大规模的反抗政策,国家的神圣性最终战胜了土地的神圣性。

一、宗教犹太复国主义关于以色列地的态度

(一)宗教犹太复国主义的历史背景

伴随着中世纪欧洲反犹浪潮的肆虐和假弥赛亚闹剧的频繁上演、欧洲启蒙运动的兴起和早期资产阶级革命的浪潮,越来越多的犹太人开始寻求转向政治途径来探索返乡复国的可能,犹太复国主义运动应运而生。西奥多·赫茨尔(Theodor Herzl)著作《犹太国》的出版,将犹太复国主义推向系统化和理论化,标志着现代政治犹太复国主义的诞生。[②] 一部分东欧的犹太教正统派犹太人期望在保留宗教认同的前提下,实现犹太人外部现实层面状况的改善,于是变通自己的信条,从宗教的角度为犹太复国主义提供了一种合理的解释。这部分支持犹太复国主义运动的宗教犹太人被称为"宗教犹太复国主义者"。

1902 年,瑞恩斯拉比(Rabbi Reines)成立了宗教犹太复国主义的精神中心党(Mizrahi),他和赫茨尔一样,都强调了应对当时"犹太人困境"的紧迫性。由此,宗教犹太复国主义者从一开始就表现出在宗教问题上作出妥协的意愿,旨在推动宗教力量参与犹太复国主义运动。宗教犹太复国主义与世俗犹太复国主义

---

① 参见 The Israeli Information Center for Human Rights in the Occupied Territories, "Statistics on Settlements and Settler Population," *B'Tselem*, updated January 16, 2019, accessed January 16, 2024, http://www.btselem.org/settlements/statistics。

② 参见 Walter Laqueur 沃尔特·拉克,《犹太复国主义史》[A History of Zionism: From the French Revolution to the Establishment of the State of Israel],徐方 Xu Fang 译(上海[Shanghai]:三联书店[SDX Joint Publishing Company],1992),106。

的合作在第二次阿利亚[①](1904—1914)继续深化,旨在平衡世俗多数人与宗教少数人的权益,这种政治妥协一直延续到以色列建国初期,最终演变成了在宗教事务上的"现状协议"。20世纪50年代,宗教犹太复国主义的精神中心党和精神中心工人党合并为全国宗教党,其议题主要局限于以色列国内问题,如"谁是犹太人""守安息日""饮食教规"等,并未对宗教与国家之间的关系产生深远影响,在以色列国家议程的决策中也鲜有作为,一直处于以色列社会中的边缘地位。

宗教犹太复国主义的思想渊源主要可以追溯到亚伯拉罕·以撒·库克(Abraham Isaac Kook),他是英国托管时期以色列的第一位阿什肯纳兹拉比。库克把犹太复国主义与犹太教相结合,并将其解读为弥赛亚降临的前兆。首先,库克创立了"泛托拉主义"概念,即一切都是托拉。他对托拉进行了全新的诠释,提出在圣经时代,托拉被视为生活的实践指南,而非纯粹的理论研究。然而,在拉比时代则将对托拉的研究演变为了理想生活的追求,认为学习托拉比实践和工作更可取。库克强调,真正的托拉应涵盖所有形式的神圣启示,即完整的生活,参与世俗和精神的活动都是托拉。因为"精神活动强化了实际的内容……在世界上,在生活中,以及它们所带来的一切"[②]。正是精神上的活动加强了物质世界和现实世界,毕竟物质与精神世界本为一体,任何试图分割二者的观念都源于信仰与理解的缺失。

其次,库克将现实历史进程中的犹太人视为"弥赛亚一代"。他坚信,在以色列地进行实践活动的世俗犹太人,无形中充当了上帝救赎的工具。无论是否信仰犹太教,所有在这片土地上定居的人都是救赎过程的一部分。库克要求承认在定居者灵魂中的神圣驱动力,他解释说:"渴望更美好世界并为之战斗却未遵守戒律的年轻犹太人,比没有行动的正统派犹太人,具有更高水准的神圣性……世俗主义者灵魂的圣洁源泉与其宗教罪恶之间的冲突,是一个在前弥赛亚的现实世界中建设一个完美世界尝试中所不可避免的结果。"[③]既然那些不完全遵守戒律的犹太人也受到了内在神圣火花的激励,那么,在以色列地上奋斗的世俗犹太人自然也是圣洁的。

因此,在库克的思想体系中,世俗犹太人在以色列地的一切活动都成为上帝

① 阿利亚(Aliyah),"上升"之意,指犹太人向"应许之地"(以色列地)移民。

② Motti Inbari, *Messianic Religious Zionism Confronts Israeli Territorial Compromises* (Cambridge: Cambridge University Press, 2012), 46.

③ Stephen Sharot, *Messianism, Mysticism & Magic: A Sociological Analysis of Jewish Religious Movement* (Chapel Hill: The University of North Carolina Press, 1982), 227.

救赎计划的一部分。他的思想为世俗犹太复国主义运动赋予了宗教上的合法性,使这一运动不再仅仅是世俗犹太人的事业,而是上帝促进他神圣计划的工具,是引导犹太人回归故土的重要手段。由此,犹太人建立的主权国家以色列,自然而然地获得了神圣性的地位。

(二)宗教犹太复国主义的以色列土地观

在圣经时代,土地即应许之地,意指巴勒斯坦,是上帝应允给犹太民族永远居住的一块乐土。当年耶和华与亚伯拉罕立约,将巴勒斯坦赐给亚伯拉罕及其子孙,说过:“我要将你现在寄居的地,就是迦南全地,赐给你和你的后裔,永远为业。”(《申命记》17:8)此后耶和华又先后对亚伯拉罕的子孙以撒和雅各显灵,重申将此地赐给犹太人。然而,历来对于以色列地的具体范畴并没有一个完全一致的界定。甚至在《圣经》中,以色列地也没有一个确切的疆界。有时疆域很大,包括整个新月沃地:“我已赐给你的后裔,从埃及河直到幼发拉底大河之地”(《创世记》15:18);有时又较小,大约相当于现在的巴勒斯坦之地,“从但到别是巴”(《士师记》20:1)。对此,安塔·夏皮拉总结道,“以色列地”是一个神圣的词汇,尽管其边界难以确定但归属却是明确无误。[①]

以色列人被迫离开以色列地进入流散时期,但是他们对圣地的思念与祝福却从未停止。他们自认为是寄居在异乡的客旅,心始终向往故土。在反抗罗马战争失败后,“以色列地”一词遭到禁用,并被“巴勒斯坦”(Palestine,意为“非利士人之地”)取而代之。然而,犹太人一直拒绝使用该词,并发展出以“耶路撒冷”代指圣地和著名的祝福语“明年在耶路撒冷相见”,实际上它并非专指耶路撒冷,而是泛指回到圣地之意。

总体来说,在犹太复国主义政治领袖中,没有一个人会淡化这片土地的重要性。[②] 宗教犹太复国主义的库克则直接赋予了以色列土地神圣性。库克首先对犹太民族过去的流散生活进行了严厉的批驳。他认为犹太人被迫进入散居是因为他们将自己“民族的本质”与自己民族“生命的源泉上帝”分离了开来,流散使上帝的观念无法影响犹太人的民族观念。[③] 而只有在以色列地,犹太人的一切才是圣洁的,他们才可以获得最大的宗教归属。其次,库克写道:“以色列的土地

① 参见 Anita Shapira, *Land and Power: The Zionist Resort to Force, 1881-1948*, trans. William Templer (California: Stanford University Press, 1992), ix。

② 参见 Eyal Chowers, “Israel's Nationality Law: Reconsidering Settlement, Citizenship and Ethics in the Context of Occupation,” *Journal of Holy Land and Palestine Studies* 22 (2022): 78。

③ 参见 Eliezer Don-Yehiya, “The Negation of Galut in Religious Zionism,” *Modern Judaism* 12 (May 1992): 131。

有内在的意义","它与犹太人有着生命的纽带。它本身就充满了非凡的品质"。[①] 他认为以色列地并非脱离犹太民族灵魂的事物,也并非仅仅是民族拥有物,而是作为团结犹太民族、支撑其物质甚至精神生存的一个工具而发挥作用。[②] 因此,以色列地的神圣性同犹太人的历史命运息息相关,犹太人世代回归锡安的愿望就是犹太教独特性之所以延续的源泉。[③] 没有以色列地,也就是放弃了回归锡安的愿望,也就是放弃了救赎的梦想。所以居住在以色列土地是犹太人个人和整个犹太国家需要遵守的重要宗教义务。由此,他相信以色列的土地不仅是物质财富,不仅标志着犹太民族作为一个国家的复兴,而是神圣计划(atchaltadege'ula,救赎的开始)的实现,而这一计划的最终目的是收复整片土地。一旦整片领土得到完全救赎,犹太人民将与上帝团聚,引领全人类走向最后的审判。总之,以色列的重生代表着末世时代的开始,为世界末日的到来铺平了道路。

二、六日战争后信仰者集团的定居点活动

(一)定居点的发展

从某种意义上讲,以色列的历史就是犹太定居点在巴勒斯坦地区不断增加和扩展的历史。[④] 在以色列拥有土地,或者用犹太复国主义的术语来说"救赎土地",是犹太复国主义运动开始的目标之一,这是犹太人在民族家园巴勒斯坦获得主权的一种手段。无论是左翼还是右翼,无论是工党还是利库德集团,都有一个广泛的共识,即把定居点运动作为一个国家的目标来推动。[⑤]

---

① 参见 Abraham Isaac Kook, *Eretz Chefetz* (Jerusalem: Darom Press). 转引自 *The Zionist Idea: A Historical Analysis & Reader*, ed. Arthur Hertzberg (New York: Macmillan Publishing Company, 1982), 419。

② 参见 Abraham Isaac Kook, *Orot*. 转引自 *The Zionist Idea: A Historical Analysis & Reader*, ed. Arthur Hertzberg (New York: Macmillan Publishing Company, 1982), 420。

③ 参见刘精忠 Liu Jingzhong,《宗教与犹太复国主义》[Religion and Zionism](北京[Beijing]:中国社会科学出版社[China Social Sciences Press],2010),200。

④ 参见殷罡 Yin Gang,《阿以冲突——问题与出路》[Arab-Israeli Conflicts: Issues and Solutions](北京[Beijing]:国际文化出版公司[World Culture Books],2005),333。

⑤ 参见 Lawrence Susskind, Hillel Levine, Gideon Aran, et al., "Religious and Ideological Dimensions of the Israeli Settlements Issue: Reframing the Narrative?" *Negotiation Journal* 21 (April 2005): 180。

在以色列独立之前，这项任务是通过购买土地和建立农业定居点来完成的。① 除了为来自欧洲的移民和难民提供住房外，这些定居点的目的是帮助确定以色列最终成为一个主权国家时的国家边界。到 1947 年联合国大会通过巴勒斯坦分治决议时，犹太人已经在有组织购买的土地上建立了 240 多个定居点，其中包括特拉维夫等初具规模的中心城市。② 以色列建国时，定居点总数已达 302 个，安置了 16 万以上的农业定居者，全国总人数达 63 万。③ 联合国大会分治决议不得不接受犹太人在半个多世纪中造成的既定事实，将绝大部分定居点及其周边地带认定为犹太领土，以色列国就是在此基础上建立的。④

在以色列宣布独立和 1948 年战争结束后，以色列继续执行建立农业定居点政策。从安全的角度来看，定居点的存在是为了使敌军在战时难以推进，并在其他时候防止渗透。从经济角度来看，增加农业定居点将弥补由于国家独立而带来的农产品短缺。⑤ 除了这些因素外，意识形态也是推动农业定居点发展的重要因素。农业定居点被认为是犹太复国主义革命的巅峰，它体现了生产主义、集体主义、社会主义和安全主义的综合价值观，表达了当时以色列国一些领导人对农业能够改变个人和社会的深刻信念。⑥

具有特定内涵的"犹太定居点"，是指 1967 年六日战争后在以色列军队占领的东耶路撒冷、戈兰高地、加沙地带、西奈半岛和约旦河西岸地带建立的定居点。

早期在工党政府的统治下，这一阶段的定居点建设集中于"安全需要"，选取具有军事战略价值或促进以色列经济发展的地点建立定居点。工党的具体方针即避开阿拉伯人聚居区，在约旦河谷"安全带"、耶路撒冷至希伯伦沿线的埃齐翁集团定居点原址、"绿线"(1949 年停战分界线)外围和加沙南部沿海地带均匀布点。⑦ 加入定居者行列的既有以色列本国居民，也有来自世界各地的犹太新移

① 参见 G. Lipshitz, *Country on the Move: Migration to and within Israel, 1948-1995* (Dordrecht: Kluwer Academic Publisher, 1998), 39。有关农业定居点的具体内容可参见 Chaim Gvati 哈伊姆·格瓦蒂，《以色列移民与开发百年史》[A Hundred Years of Settlement]，何大明 He Daming 译(北京[Beijing]：中国社会科学出版社[China Social Sciences Press]，1996)。

② 参见殷罡 Yin Gang，〈犹太人定居点：巴以和平另一难题〉[Jewish Settlement: Another Problem for Israeli-Palestinian Peace]，于《世界知识》[World Affairs]，1997 年第 3 期[1997, Issue 3]，24。

③ 参见哈伊姆·格瓦蒂，《以色列移民与开发百年史》，12。

④ 参见殷罡，《阿以冲突——问题与出路》，333。

⑤ 参见 G. Lipshitz, *Country on the Move: Migration to and within Israel, 1948-1995*, 44。

⑥ 参见 Avi Picard, "The Reluctant Soldiers of Israel's Settlement Project: The Ship to Village Plan in the mid-1950s," *Middle Eastern Studies* 49 (January 2013): 30。

⑦ 参见贺雅琴 He Yaqin，〈犹太定居点问题浅析〉[A Brief Analysis of the Issues of Jewish Settlements]，于《山西大同大学学报(社会科学版)》[Journal of Shanxi Datong University (Social Science Edition)]，2009 年第 2 期 [2009, Issue 2]，33。

民。

1977 年,以色列政坛发生了翻天覆地的变化,执政三十多年的工党政府倒台,利库德集团上台执政,定居点在安全和军事方面的意义不再被强调,定居点建设转变为“政治需要”。[①] 1977 年 6 月,贝京政府在“施政纲领”中宣布,政府将鼓励城乡居民在本国土地上定居。利库德集团主张在西岸和加沙行使以色列主权,犹太人有权在占领区的任何地方建立定居点,政府无权赶走任何定居者。[②]

此外,“宗教定居点”在这一时期也异常活跃,以“信仰者集团”为代表的宗教犹太复国主义者积极采用各种手段推进定居活动从而满足“宗教需求”。他们出于意识形态选择对犹太民族和犹太教有特殊意义的地点定居,与现实层面的国家安全利益和发展无关。同时,因为六日战争极大地鼓舞了宗教犹太复国主义者,他们更加强调犹太人对耶路撒冷和希伯伦等地的历史权利,而且认为以色列祖先的土地神圣不可出让,通过在历史家园的全面定居,犹太人将更接近获得弥赛亚的拯救。[③]

(二)信仰者集团的建立

在宗教犹太复国主义成立后的几十年里,其一直都是公众关注的次要焦点,一方面在世俗犹太复国主义者的世界里被边缘化,另一方面又被犹太教极端正统派所唾弃。在 1967 年的六日战争中以色列军队占领了东耶路撒冷、戈兰高地、加沙地带、西奈半岛和约旦河西岸这些绿线以外的广大地区。随着历史上以色列部分土地的解放和与它们的密切接触,宗教犹太复国主义青年发生了根本性的转变,他们的宗教信仰不断加深,弥赛亚救赎的解释重新回到了宗教话语的中心地位。虽然以色列在 1973 年的赎罪日战争中取得胜利,但也付出了惨痛的代价。战后,美国国务卿基辛格在以色列和埃及之间展开“穿梭外交”并提出了归还被占领土的和平建议。[④] 为了阻止政府返还被占领土,特别是有宗教和历

---

① 参见王宇 Wang Yu,〈后奥斯陆时代巴勒斯坦被占领土上犹太定居点的新发展〉[New Developments of Jewish Settlements in Occupied Palestinian Territories in Post Oslo Era],于《国别和区域研究》[Journal of International and Regional Studies],2019 年第 2 期[2019, Issue 2]。

② 参见徐向群 Xu Xiangqun,《第三圣殿——以色列的崛起》[The Third Temple—The Rise of Israel](上海[Shanghai]:上海远东出版社[Shanghai Far East Publishers],1994),168。

③ 参见 Elisa Efrat, “Jewish Settlement in the West Bank: Past, Present and Future,” *Israel Affairs* 1 (1994): 142。

④ 参见 Lilly Weissbrod, “Gush Emunim Ideology: From Religious Doctrines to Political Action,” *Middle Eastern Studies* 18 (July 1982): 266。

史意义的西岸[①],宗教犹太复国主义开始走到犹太复国主义运动的前沿,并开始带头在被占领土上建立定居点。[②] 在这样的背景下,1974 年 1 月 30 日,信仰者集团(Gush Emunim)正式成立。

信仰者集团在被占领土上建立定居点的动机是复杂和多层次的。粗略地看,定居点项目可以被视为一种手段,在地面上建立地理人口的事实,挫败任何旨在与巴勒斯坦人进行领土妥协的政府策略。通过"挑衅的存在",定居点项目被证明是以色列土地事业最有效的保障。[③] 此外,信仰者集团定居运动的意识形态核心是将他们对约旦河西岸的主张建立在"大以色列地"的概念上。对他们来说,领土已经成为他们意识形态的核心要素,取代了其他的宗教戒律,成为宗教和民族归属的基石。他们在约旦河西岸定居的"权利"被视为神圣过程的一部分。经过两千年的流亡,1948 年以色列国的建立将抽象和形而上学的空间概念转变为具体的国家概念,家园领土从外国的控制中解放出来,回到了它的合法所有者手中。[④] 然而,领土的解放并没有随着国家的建立而停止,1967 年后,这个过程将继续进行。定居点项目背后的推动力本质上是弥赛亚的救赎主义。整个以色列土地的再犹太化,被积极的宗教犹太复国主义信徒视为在当今社会中要履行的主要宗教责任,代表着对救赎愿景的实际实施。这一愿景在犹大和撒马利亚的山丘上以具体的形式呈现,以日益增长的定居点和前哨点为幌子。[⑤]

库克拉比在犹太复国主义和寻求救赎之间建立了最初的联系,创造了独特的宗教犹太复国主义思想。宗教犹太复国主义者把世俗犹太人和他们的机构看作是帮助弥赛亚的到来,这种观点使信仰者集团将世俗犹太人纳入弥赛亚的救赎过程。[⑥] 库克拉比的儿子兹维 · 耶胡达 · 库克拉比(Zvi Yehuda Kook)则提出了一个更加具体的政治议程,他将以色列的军事胜利视为弥赛亚无可辩驳的

① 参见欧振华 Ou Zhenhua、傅有德 Fu Youde,〈信仰者集团与西岸犹太宗教—政治定居点问题研究〉[Gush Emunim and Jewish Religious-Political Settlements in the West Bank],于《山东大学学报(哲学社会科学版)》[Journal of Shandong University (Philosophy and Social Sciences)],2018 年第 5 期 [2018, Issue 5],124。

② 参见 M. Walzer, *The Paradox of Liberation: Secular Revolutions and Religious Counterrevolutions* (New Haven: Yale University Press, 2015), 274。

③ 参见 Michael Fiege, *Settling in the Hearts: Jewish Fundamentalism in the Occupied Territories* (Detroit: WSUP,2009), 21-38。

④ 参见 David Newman, "From National to Post-National Territorial Identities in Israel-Palestine," *Geo Journal* (2001): 241。

⑤ 参见 Carlo Aldrovandi, "Theo-Politics in the Holy Land: Christian Zionism and Jewish Religious Zionism," *Religion Compass* 5 (2011): 466。

⑥ 参见 Aviezer Ravitzky, "Roots of Kahanism: Consciousness and Political Reality," *Jerusalem Quarterly* 39 (1986): 92。

标志，并将犹太圣地(如圣殿山和西墙)的“解放”以及耶路撒冷的统一解释为一个新解读的开始，即“大以色列地”(Eretz Yisraelha-shlema)的到来。“大以色列地”是《圣经》术语，出现在《创世记》《民数记》《申命记》中。虽然其地理范围因《圣经》经文而异(在某些情况下，它从埃及延伸至幼发拉底河)，但它始终将以色列地等同于比独立战争获得领土更大的领土，包括被占领的巴勒斯坦领土(加沙和西岸)。自此，“大以色列地”的神话让世俗犹太人和宗教犹太人都着迷，将以色列社会的很大一部分拉向了政治救世主理想。对于宗教犹太复国主义者来说，占领被占土地是一种宗教义务，是民族救赎进程的一个进一步阶段。在这个过程中，民族家园领土正在被其古老的主人“解放”。信仰者集团运动通过定居的实际手段旨在防止未来从该地区撤出任何领土，从而在人民和家园领土之间重新建立纽带。通过在整个西岸建立定居点，作为扩大他们对领土控制的一种手段。以信仰者集团为旗手的宗教犹太复国主义者开始把以色列的领土，而不是以色列人与上帝的盟约，提升到犹太民族身份的核心要素。[①] 根据他们的宗教犹太复国主义神学，在约旦河西岸定居是实现救赎的手段；宗教既创造了他们的领土目标，又为他们的领土目标辩护，因此宗教和领土不可分割地交织在一起。从这一点开始，土地、犹太教和现代政治之间就有了不可分割的联系，上帝、土地、以色列人民的统一，就像几个世纪前《圣经》中的以色列王国一样。[②]

因此，信仰者集团强烈反对政府以土地换和平的企图，将与阿拉伯人的谈判和建立巴勒斯坦国视为对犹太民族的背叛。信仰者集团宣称，任何禁止犹太人在约旦河西岸定居的政府法令，都相当于英国 1939 年授权的白皮书，该白皮书限制犹太人移民到巴勒斯坦，导致数百万犹太人在大屠杀中丧生。通过宗教和历史诉求的结合，信仰者集团利用他们的宗教权威来赢得民众支持，使定居者运动合法化。同时，信仰者集团的意识形态助长了以色列社会新型政治文化的形成。它以“犹太特选论”和神圣孤立取代了主流犹太复国主义的民族独立、“正常化”和融入世界的愿望，以一个依据犹太教法治理的神权社会的理想取代了世俗、民主、劳工社会主义的新社会的理想。[③]

---

① 参见 David Newman, “From National to Post-National Territorial Identities in Israel-Palestine,” *Geo Journal* (March 2001): 241。

② 参见 Gwyn Rowley, “The Land of Israel: A Reconstruction Approach,” in *The Impact of Gush Emunim: Politics and Settlement in the West Bank*, ed. David Newman (New York: St. Martin's Press, 1985), 26。

③ 参见汪舒明 Wang Shuming、缪开金 Miao Kaijin,〈信仰者集团崛起对以色列社会的影响〉[The Impact of the Rise of Gush Emunim on Israeli Society]，于《西亚非洲》[West Asia and Africa]，2006 年第 6 期 [2016, Issue 6]，51。

三、土地神圣性与国家神圣性的对抗：西奈和加沙定居点的撤离

宗教犹太复国主义定居者与以色列政府之间存在两大危机，这两次危机都涉及撤离位于1967年“绿线”以外的定居点：西奈地区的亚米特（Yamit）定居点和加沙地区的古什卡蒂夫（Gush Katif）定居点。宗教犹太复国主义者发现他们陷入了僵局，因为以色列这个国家被赋予了一种神圣的品质，而神圣化的国家却决定将同样具有神圣性地位的部分土地归还给阿拉伯人，这体现了国家神圣性和土地神圣性两种价值观的冲突。

（一）反对撤离西奈亚米特定居点的斗争

1979年，以色列和埃及签署了《戴维营协议》，该协议包括以色列承诺从西奈半岛撤军，并给予约旦河西岸和加沙地带的巴勒斯坦人自治权。协议定于1982年9月完成西奈撤军，这意味着16个定居点的撤离，其中最著名的是亚米特定居点。

绝大多数世俗民众对协议表示支持，使宗教犹太复国主义者意识到政府有撤出被占领土的实际意图，从而引发了对信仰失败的严重恐惧，因为撤退被认为与救世主救赎道路相矛盾。在5300名西奈亚米特定居者中，大多数定居者是世俗的，只有70人反对撤离。[①] 绝大多数世俗定居者都急于与政府达成一项有利的赔偿协议然后离开。宗教犹太复国主义者明白他们正在打一场注定要失败的仗。然而，他们相信如果出现严重抵抗的行为，就会阻止未来任何试图撤离约旦河西岸部分领土的企图。

1981年年底，由世俗犹太人和宗教犹太人组成的“阻止西奈撤退运动”成立。因为大多数西奈定居者是世俗犹太人，对宗教狂热没有同情心。因此，信仰者集团在阻止亚米特撤离的努力中扮演了关键角色。查南·波拉特（Chanan Porat）作为信仰者集团的著名代表，宣称：“铲除定居点的决定在道德上毫无意义，我在此开始一项请愿书的签名活动，我们将竭尽全力反对《戴维营协议》的实施。”[②]他们在被占领土内举行了大型示威游行，通常与学校假期同时举行，以确

① 参见 Haggai Segal, *Yamit, the End: The Struggle to Stop the Withdrawal from Sinai* (Beit-El: Beit-El Library, 1999), 23。

② Haggai Segal, *Dear Brothers* (Jerusalem: Keter Publishing House, 1987), 44.

保有大批宗教青年参加。这样的示威在宗教社区引起了相当大的骚动。[①] 他们也游说议会成员，培养公众舆论，甚至挑衅性地在亚米特地区建立了一个新的定居点，同时也教授律法课程和举行公开祈祷会等宗教活动，为抵抗运动增添了宗教色彩。[②]

在亚米特撤离的最后阶段，“阻止西奈撤退运动”的支持者在亚米特地区加强了自己的力量，他们认为自己是保护真正以色列利益的先锋，但是世俗公众的支持很弱。根据阿兰的说法，随着“关键时刻”的临近，抗议活动变得越来越激烈，反撤退力量的宗教神秘主义变得越来越主导。亚米特地区“被该运动的宗教活动人士神圣化，以至于失去了它的具体实体”[③]。领土从一个世俗的现实转变为一个崇高的精神本质。

在整个亚米特撤退的过程中，大约有 3000 名示威者组织起来抵抗以色列军队，他们在亚米特的屋顶上与以色列军队作战。抗议者收集了轮胎、沙袋和金属棒来面对数千名士兵。[④] 但是暴力程度远低于媒体所预测的，当士兵们试图爬上反对撤退的人聚集的屋顶时，确实发生了一些暴力行为，包括向士兵投掷物品，甚至是肉搏战，但是威胁生命的暴力行为是非常少的。[⑤]

（二）反对单方面撤离加沙古什卡蒂夫定居点的斗争

2004 年，阿里埃勒·沙龙（Ariel Sharon）宣布了他的“脱离接触”倡议。该倡议计划撤离所有的加沙定居点（共有 21 个定居点，大约 8000 名居民）以及撒马利亚北部的 4 个定居点。

沙龙的“脱离接触”计划对定居点项目造成了前所未有的威胁，远比西奈半岛的撤离更具威胁性。与世俗和务实的西奈人不同，加沙地带的大多数居民都笃信宗教，意识形态上致力于定居点项目，并经常受到救世主理想的激励。此外，西奈定居点是相对较新的定居点，而加沙定居点包括生活了 30 年的居民，他们从不同的以色列政府获得了资金和支持。因此，加沙定居者断然拒绝参加任

---

① 参见 Myron J. Aronoff, “The Failure of Israel's Labor Party and the Emergence of Gush Emunim,” in *When Parties Fail: Emerging Alternative Organizations*, eds. Kay Lawson and Peter H. Merkl (Princeton: Princeton University Press, 2014), 327。

② 参见 Arie Na'or, *Greaterer Israel: Theology and Policy* (Haifa: Haifa University Press and Zemora Bitan Publishers, 2001), 285。

③ Gideon Aran, “From Religious Zionism to Zionist Religion: The Source of Gush Emunim and Its Culture” (PhD diss., The Hebrew University, 1987), 42.

④ 参见 Aliza Weissman, *The Evacuation: The Story of the Evacuation of the Settlements in Sinai* (Bet-El: Bet-El Library, 1990), 333。

⑤ 参见 Haggai Segal, *Yamit, the End: The Struggle to Stop the Withdrawal from Sinai*, 209。

何关于搬迁赔款的谈判并不奇怪。

宗教犹太复国主义者对从西奈撤军和从加沙撤军的反应也非常不同。在西奈撤军中,参与争论和反对撤离被占领土的人主要局限于信仰者集团和库克拉比经学院的内部圈子,而宗教犹太复国主义者和一些著名的拉比则广泛地参与了反对单方面撤离加沙的斗争。造成这种情况的主要有以下几个原因:首先,就西奈定居点而言,撤军是以色列与埃及和平条约的一部分,该条约得到了以色列议会多数议员和以色列公民的支持。事实上,著名的宗教犹太复国主义拉比把公众对埃及和平条约的支持作为他们强烈谴责从亚米特地区撤出时激进抵抗的中心论点。[①] 而脱离接触计划并不是和平条约或其他国际协议的一部分,这是以色列单方面的行动,没有任何具体的政治或经济回报。同时,"脱离接触"计划也在以色列社会各界引起了强烈不满,当沙龙对该计划进行表决时,遭到了他利库德党的多数成员的反对。[②] 另外,许多宗教犹太复国主义拉比和他们的门徒并不认为西奈是以色列领土不可分割的一部分,这是另一个有助于减轻反对从亚米特和西奈半岛其他地区撤军的因素。与西奈相比,没有人质疑加沙的古什卡蒂夫地区作为以色列土地一部分的地位。

呼吁大规模抵制撤离的宗教犹太复国主义拉比是亚伯拉罕·夏皮拉(Abraham Shapira),他是以色列前任首席大拉比,也是库克拉比经学院的领导者之一。根据夏皮拉的说法,不服从撤离定居点的命令是一种宗教义务,同时,大规模的不服从也会迫使政府放弃其撤离计划。[③] 除此之外,耶沙(Yesha,犹大、撒马利亚和加沙首字母缩写)理事会也发表了一份声明:"禁止任何犹太人以任何方式参与或帮助拆除以色列土地上的定居点或任何犹太财产。这片土地从所有的方面来说都是上帝赐给我们的。"[④]

尽管与预测的相反,从加沙的撤离也没有发生危及生命的暴力事件,但是有许多消极的抵抗和拳脚相向。总的来说,加沙古什卡蒂夫定居者比公众想象的

---

① 参见 Eliezer Don-Yehiya, "Messianism and Politics: The Ideological Transformation of Religious Zionism," *Israel Studies* 19 (January 2014): 253。

② 参见 Anat Roth, *Not at Any Cost-From Gush Katif to Amona: The Story behind the Struggle over the Land of Israel* (Tel Aviv: Miskal-Yedioth Ahronot Books and Chemed Books, 2014), 176。

③ 参见 Aharon Trop, "Evacuation of Jews Is a Sin: An Interview with Rabbi Abraham Shapira," *Besheva* (2004)。

④ Moshe Hellinger, Isaac Hershkowitz and Bernard Susser, "The Dialectic between Confrontation and Commitment: Religious-Zionism and the Settlement Project," *Politics and Religion* (November 2016): 857.

更温和[1],宗教犹太复国主义者们的声明也不像许多人所期望的那样好战,在很大程度上,他们并没有公开地剥夺国家及其法律的合法性。主要的情绪是一种无奈,但同时也是一种希望:加沙古什卡蒂夫之战已经失败,但更大的战争仍有可能取得胜利,这些抵抗能使将来进一步撤离的可能性降低。

(三)宗教犹太复国主义定居者的克制

在 1982 年从西奈撤军和 2005 年从加沙地带撤离的情况下,宗教犹太复国主义定居者领导人都认真地准备防止撤离。媒体和社会都预测定居者和军队之间会发生大规模的反抗,甚至是暴力的流血冲突。然而,这些预测最终被证明是夸大其词。在大多数情况下,宗教犹太复国主义的定居者领导人都采取了克制的行动,克制的原因有以下几点:

1.团结民主的内在价值观

定居者对撤离领土行动的抵抗是巨大的、令人难忘的,但它大部分仍停留在规范的被动抵抗范围内。宗教犹太复国主义定居者所信奉的思想很容易导致暴力,因为大多数定居者认为将定居点连根拔起将阻止以色列的弥赛亚救赎,撤离定居点是一种巨大的罪恶,其无异于谋杀或叛教,甚至那些计划撤军的人也将被视为叛徒。从这个意义上说,宗教犹太复国主义定居者是激进分子,因为他们的宗教信仰显然制造了暴力的可能性。但与此同时,定居者也深深内化了一些价值观,这些价值观起到了抑制暴力的作用。调查的定居者中,有三分之二的人相信犹太人的团结和以色列的存在比领土更重要。定居者还表现出对民主原则的强烈尊重。大多数人都表示,以色列作为一个民主国家必须容忍广泛的意见,并同意他们应该尊重政府的决定,即使他们不同意政府的决定。[2] 在这种背景下,就不难理解从被占领土撤军期间没有发生对军队的暴力抵抗。

2.实用主义的历史方法

宗教犹太复国主义自以撒·雅各布·瑞恩斯(Isaac Jacob Reines)拉比建立之初就同赫茨尔一样在实用主义的框架下看待重返以色列地的问题,即犹太复国主义只是作为犹太人逃离苦难的避风港。后期尽管库克拉比将救赎主义和犹太复国主义相结合,赋予了犹太复国主义宗教上的合法性,但同样倾向于与世俗

① 参见 Joyce Dalsheim, *Unsettling Gaza: Secular Liberalism, Radical Religion and the Israeli Settlement Project* (New York: Oxford University Press, 2011), Chapter 4。

② 参见 David Weisburd and Lernau Hagit, "What Prevented Violence in Jewish Settlements in the Withdrawal from the Gaza Strip: Toward a Perspective of Normative Balance," *Ohio State Journal on Dispute Resolution* 22 (2006): 80。

犹太复国主义的合作,即在具体问题的实践方法上,采用了实用主义的观点。因此,才有了宗教犹太复国主义政党与世俗政党的联合,前期是工党,后期是利库德集团。宗教犹太复国主义定居者选择对话而不是不服从,是因为宗教犹太复国主义者相信谈判比暴力能实现更多的目标。① 因此,定居者的运动更倾向于称为"实用主义",而不是从事无条件的宗教斗争。

3.国家神圣性的神学观点

最关键避免了宗教犹太复国主义定居者社区的大规模反抗的是支撑他们的深层神学观点。这种神学观是在耶路撒冷的库克拉比经学院犹太学校发展起来的,它把深刻的宗教救世主意义赋予了以色列这个国家、它的政府和它的军队。因此,宗教犹太复国主义团体必须保持以色列的国家神圣性和它不可避免是世俗国家这一事实之间的动态平衡。理想情况下,对以色列的宗教承诺是首要的,但现实中,这个国家经常违反犹太教的律法。这种宗教责任与政府决定之间的冲突造成了宗教犹太复国主义内部的紧张关系。② 自一个多世纪前其诞生以来,这种紧张关系一直困扰着宗教犹太复国主义,平衡这两者成为该运动的核心困境。

考虑到国家及其代表机构政府的神圣性,在很多情况下,国家符号就成为宗教符号。以色列国成为犹太人和上帝之间的纽带——用经常重复的话说,这是"救赎的开始"。这种政治神学在宗教犹太复国主义者中广泛存在,是定居点计划背后的驱动力。在大多数叶希瓦小学和高中,在每一所宗教犹太复国主义高等学习机构中都进行密集的教育努力,反复灌输以色列国家是救赎弥赛亚的特性。

反对撤离西奈定居点是宗教犹太复国主义历史上第一次对国家神圣性的严重挑战。尽管如此,最后对国家神圣性的忠诚占了上风,宗教犹太复国主义阵营并没有号召一场针对国家及其机构的大规模兵变。23 年后,从加沙定居点撤离对国家的神圣性构成了更为严重的威胁,在这时国家的神圣性也依旧占了上风。可以肯定的是,这不仅是出于团结民主的价值观和实用主义的原因,而且是因为国家的神圣性是宗教犹太复国主义最重要的价值观。

1982 年从西奈亚米特地区和 2005 年从加沙古什卡蒂夫地区的撤出,这些

① 参见 Peter Herriot, *Religious Fundamentalism: Global, Local and Personal* (London: Routledge, 2009), 104-108。

② 参见 Moshe Hellinger, Isaac Hershkowitz and Bernard Susser, "The Dialectic between Confrontation and Commitment: Religious-Zionism and the Settlement Project," *Politics and Religion* 9 (November 2016): 861。

失败在宗教犹太复国主义者中产生了一种危机感。然而,宗教犹太复国主义的大多数追随者并没有放弃他们的观念,即犹太复国主义运动和以色列国是弥赛亚救赎的神圣表达。相反,他们认为救赎是一个渐进的、持续的过程,在通往圆满的道路上有起有伏。根据这一观点,他们把撤离西奈和加沙这样的事件解释为人民尚未完全成熟到可以得到救赎的迹象。[①] 于是,宗教犹太复国主义者与其试图通过诉诸暴力和非法手段来加速救赎,更需要的是一种旨在向犹太人民灌输以色列土地神圣性的教育战略。

虽然撤离了西奈和加沙定居点,但宗教犹太复国主义在东耶路撒冷、约旦河西岸的定居活动仍在持续进行,由宗教犹太复国主义者出于宗教意识形态建立的定居点占据定居点总数的三分之一[②],这个数字并不令人意外,而且预计还会增长。今天宗教犹太复国主义者认为他们有足够的人数和机会在国家和政府中发出自己的声音,以纠正过去西奈和加沙定居点撤离的错误,尤其是考虑到在现任政府(该国历史上最右翼的政府)的领导下,2023 年 6 月的一项法律将新定居点的批准权从总理内阁完全转移到国防部长,现任国防部长是宗教犹太复国主义党领袖贝扎雷尔·斯莫特里奇(Bezalel Smotrich)。[③] 这一决定意味着定居点推进计划现在受到"保护",不受外部政策的影响,例如来自美国、欧盟或阿拉伯国家的外交压力。因此,仅凭国防部长的命令,定居点就可以不受干扰地继续建设下去,宗教犹太复国主义者可以继续推进定居运动以实现其"大以色列地"的目标。

四、结语

定居点在犹太民族历史上一直是一个复杂而有争议的问题。在以色列建立定居点可以追溯到 19 世纪末,当时犹太复国主义的先驱开始在属于奥斯曼帝国的土地上定居。以色列建国后,定居点运动在政府的支持下蓬勃发展,并在 1967 年的六日战争后发展势头强劲。

被占领土的定居点计划是宗教犹太复国主义所带头拥护的,其最显著的活动是信仰者集团的建立及其定居活动。这些定居点通常被视为是确保以色列国

---

① 参见 Dov Schwartz, *Religious-Zionism: History and Ideology*, 147。

② 参见 https://israelpolicyforum.org/west-bank-settlements-explained/, accessed July 13, 2024。

③ 参见现任政府联盟 2023 年 1 月协议,https://www.google.com/url? sa=t&source=web&rct=j&opi=89978449&url=https://www.ofekcenter.org.il/wp-content/uploads/2023/01/what-Israels-37th-governments-guiding-principles-and-coalition-agreements-mean-for-the-West-Bank-Jan-2023.pdf&ved=2ahUKEwiLmNydqtiG, accessed July 13, 2024.

安全的一种方式,当然更重要的这些定居点代表着他们与古老家园的联系,是《圣经》预言的实现,是保持犹太传统和价值观的一种方式。在被占领土进行定居活动被积极的宗教犹太复国主义者视为在当今社会中要履行的主要宗教责任,代表着为弥赛亚救赎而进行努力。

在面对世俗国家时,激进的宗教主义可能引发挑衅性、对抗性甚至反体制的政治行为。然而,在以色列,情况却有所不同。尽管犹太教信仰在国家行为面前屡受冲击,特别是在 1982 年西奈定居点撤离和 2005 年加沙地带定居点撤离期间,宗教信仰的力量却有效遏制了大规模的反抗运动。尽管对众多宗教犹太复国主义者而言,以色列的土地是神圣不可侵犯且不容谈判的,这两次大规模撤离也确实引发了社会的骚乱与不安,但值得注意的是,并未出现致命的暴力冲突。这一现象反映出在以色列,国家被视为救赎的工具,其神圣性的地位在宗教犹太复国主义者的心中最终还是超越了土地的神圣性。

Sanctity of the Land and Sanctity of the State: An Analysis of Religious Zionism and Settlement

WANG Hao

Abstract: Settlement activities have always been one of the goals of Zionism. For the past 40 years, religious Zionists have been the driving force behind the Israeli settlement project, and the Bloc of the Faithful is its main activist organization. They see territorial identity as a core principle, and settlement in the land of Israel as a messianic activity, a further stage of redemption. The withdrawal of the Sinai settlements and Gaza settlements created a clash between religious Zionism and state policy, and it was assumed that the result would be a violent, bloody confrontation. But despite turmoil and resistance, in the end, most religious Zionists acted with restraint, and the sanctity of the state transcends the sanctity of the land.

Key Words: Religious Zionism, Settlement Projects, Bloc of the Faithful, Rabbi Kook

以色列基布兹集体主义教育的历史、改革与现状*

陈艳艳**

【摘要】20世纪末以来，以色列基布兹中传统的集体主义教育最终发展成了一种系统化的价值认同教育。基布兹的价值认同教育是对以基布兹生产生活方式为核心的社会主义价值体系的认同教育，包括在此基础上形成的教育教学方法的集合。这种价值认同教育是对基布兹的共产主义教育与集体主义教育的继承与发展。基布兹价值认同教育的展开立足于宏观和微观两个层面。宏观上这是贯穿于受教育者生命整体的教育过程，微观上是特定社会历史条件下的多种教育手段的集合。基布兹的价值认同教育成果显著，它帮助基布兹度过了20世纪80年代中期爆发的大危机，增强了基布兹的生命力、吸引力与凝聚力。

【关键词】基布兹；集体主义；价值认同

"基布兹"(Kibbutz)是以色列特有的具有社会主义性质的社区，至今已有110多年的历史。在建立初期，基布兹社区内实行生产资料公有制与按需分配制度，社区成员在平等与自愿原则下共同参与义务性劳动。20世纪80年代中期，基布兹遭遇发展危机，债台高筑且劳动力大量流失，从而促使其进行了大规模的改革。改革在进入21世纪后初见成效，基布兹步入了稳步发展时期，显著表现就是大量年轻人开始选择到基布兹定居。仅2008年至2009年间，就有2500名新成员加入了基布兹，从根本上扭转了过去20年间基布兹人口增长的颓废势头。根据调查，基布兹吸引年轻人加入的原因主要有四个：集体——共有

* 本文系教育部人文社会科学重点研究基地重大项目"以色列宗教与政治、社会研究"(22JJD730004)阶段性成果，教育部人文社会科学研究青年基金项目"以色列基布兹社会主义的实践与理论研究"(21YJC710014)阶段性成果。

** 陈艳艳，山东大学犹太教与跨宗教研究中心暨哲学与社会发展学院助理研究员。

的生活方式，乡间的自然生活环境，值得称赞的教育系统，基布兹根据个人才能与兴趣来安排工作的做法。①

近年来，基布兹独特与优质的教育是吸引年轻人定居于此的重要原因，来自教育方面的收入成了许多基布兹的主要收入来源。可以说，基布兹教育奠定了其在以色列社会中的重要性。这种教育模式不仅具有自身内在的价值，也为以色列的教育指明了方向。② 作为整体的基布兹教育是世界上被研究最为广泛的教育系统③，既有从理论与逻辑构架进行的研究，也有从经验分析角度开展的研究。国外学者研究基布兹教育系统主要有两个原因，一是基布兹教育体系在资本主义世界里的"异质性"，二是反思现行的教育理念以及一种可供选择的基布兹生活模式。在基布兹 110 年的发展过程中，基布兹的教育理念与体系经历了漫长的探索与发展过程，其中也有危机和改革。总的来说，基布兹教育体系可大致分为三个发展阶段：1910 年至 20 世纪 40 年代是基布兹共产主义教育的探索阶段；20 世纪 40 年代到 80 年代是集体主义教育体系的形成、推广与危机阶段；20 世纪 90 年代至今是以价值认同教育为核心的现代教育体系的形成与发展阶段。

一、基布兹集体主义教育的确立与实践

自 1913 年第一个基布兹儿童于基布兹德加尼亚(Degania)出生后，基布兹新生代的抚养与教育问题就成了基布兹成员必须关注的问题，这其中最关键的问题是如何让新生代继承父辈的志向，培养合格的接班人，从而将基布兹继续发展壮大。也就是说，基布兹教育体系的建立不仅关系到新生代的抚养与教育，更加关系到基布兹的稳定与发展。④ 传统的犹太教育与西方的资本主义教育对基布兹来说显然是不适用的，基布兹人需要的是适合基布兹现实处境和意识形态要求的共产主义教育。彼时，并没有一种现成的共产主义教育体系可供基布兹借鉴，于是基布兹开始了对适应发展需求的共产主义教育方式的探索。

① 参见 http://www.kia.co.il/infoeng/kibbutz.htm。

② 参见 M. Fölling-Albers, "Kibbutz Education: Characteristics, Changes, and Future Relevance," in *The Communal Idea in the 21st Century*, eds. Eliezer Ben-Rafael, Yaacov Oved, and Menachem Topel (Boston: Brill, 2013), 299。

③ 参见 M. Fölling-Albers, "Kibbutz Education:Characteristics, Changes, and Future Relevance," 296。

④ 参见 Henry Near, "Experiment and Survival: The Beginnings of the Kibbutz," *Journal of Contemporary History* 20 (January 1985): 192。

经过近 30 年的努力，到 20 世纪 40 年代初，一个成熟的且得到普遍认可的基布兹教育实践体系基本形成。这种体系被称为集体主义教育体系或共产主义教育体系。① 基布兹教育体系的形成过程是一条从实践到理论的道路。正是基于这一特征，基布兹教育又被称为人类教育科学史上的一次伟大的教育实验。这一教育实验的目的在于培育“新人”，即基布兹事业的建设者与接班人。基布兹教育家塞格尔（Mordechai Segal）曾说道：“我们教育的目的与基布兹建设的目的一致，首先教养基布兹式的人，他必须要继续基布兹生活。”②整个基布兹教育系统都围绕这个目的而设立。“基布兹类型的人”需要天然地接受平等社会的价值观，并将它们传递给下一代，让基布兹以现存的模式继续发展下去。为了让基布兹价值观代代相传，教育被赋予重任。基布兹认为教育儿童发展的责任应该由集体而非父母承担，甚至为此一度实行儿童集体抚育制度。一言以蔽之，基布兹的教育体系不仅是一种帮助新青年提高身体素质和加快社会化的体系，它本身也是一种促进社会稳定的体系。③

与一般性的学校教育相比，基布兹孩童教育的总体时间更长，共计 18 年，主要分为四个阶段，包括 1 年左右的“育婴室”教育（babies' house）、2—3 年的“育幼期”教育（Nursery School）、2—3 年的“学前教育”和 12 年的“正式的学校教育”（6 年小学和 6 年中学）。④ 基布兹中刚出生的孩子被视为集体财产，被要求送到“育婴室”集体抚养。早期的基布兹都设有“母亲屋”（house Mothers）这一特殊机构来负责婴儿期孩子的养育工作。婴儿期之后至学前教育之前的孩子会被安排在专门的育幼学校，由专业人员看护与教育，不与其父母一起生活。进入小学教育之后，孩子的主要生活、学习与活动场所是“儿童之家”（children's home），他们的父母只能每天下午陪伴 1—2 小时。“儿童之家”负责孩子的主要教育与社会技能的训练，包括卫生礼仪、餐桌礼仪、社交规则和作息习惯等。这种教育的主要目标是把集体主义价值观教授给基布兹新生代。到了中学阶段，

---

① 参见 M. Fölling-Albers, “Sociostructural Change in the Kibbutz and Its Impact on Kibbutz Education,” in *Integrated Cooperatives in the Industrial Society: The Example of the Kibbutz*, eds. K. Bartölke, T. Bergmann and L. Liegle (1980), 87。

② M. Segal, “Theory and Aims of Kibbutz Education,” in *Children in Collectives: Child Rearing Aims and Practices in the Kibbutz*, ed. P. B. Neubauer (Springfield. Ill.: Charles C Thomas Publisher, 1965), 3-5.

③ 参见 Henry Near, “Experiment and Survival: The Beginnings of the Kibbutz,” *Journal of Contemporary History* 20 (January 1985), 196。

④ 参见李勇 Li Yong,〈以色列基布兹共产主义教育研究〉[Study of Communist Education on Kibbutzim in Israel],《武汉科技大学学报》(社会科学版)[Journal of Wuhan University of Science and Technology(Social Science Edition)],2013 年第 6 期[2023, Issue 6],644—647。

孩子会组建自己的“青年社会”。“青年社会”(youth society)是专门为大一点的孩子与青年人建立的,这种组织与理想化的基布兹模式一致,目的是让青年人形成相对独立的社区,基本上是成人社区的青年版。“青年社会”里的年轻领袖负责休闲、运动、节日、旅游等内部事务管理。这些青年领袖同时也肩负意识形态教育的责任,他们通常会在代表大会上讨论一些日常问题,如青年社区内的矛盾与冲突、学习的原则与动力、社区之外的社会与自由、城市儿童与文化贫乏等。有些基布兹会建立寄宿学校,由专业老师负责传授社会主义价值观、锡安主义价值理念、人道主义责任以及个人价值确立等方面的知识。到 20 世纪 80 年代,一个小学阶段的“儿童之家”通常有 50—60 个孩子,而地区性的高中或寄宿学校的“青年社会”一般有 150—200 个学生。

这一时期的集体主义教育的重点是意识形态教育与劳动实践教育,但教育形式多样化,各种实践方式与手段都是教育的重要环节。学生的主要学习内容是自然科学与人文科学,主要学科有数学、化学、体育、历史和地理等。集体主义与平等主义理念贯穿于整个教育实践之中。“儿童之家”有专职教师教育孩子如何在集体中和谐生活。小学与中学阶段的孩子课程安排的重点都是围绕如何更好地在基布兹中生产与生活而展开,例如,地理课程的主要内容是巴勒斯坦地区以及基布兹所处地区的地理状况,包括这些地区主要的动植物的生长与活动规律;历史课程的一个重要方面是基布兹历史。“青年社会”则是一个理想的基布兹试验田,学生在其中根据所学知识,实践集体主义原则。在学习之外,基布兹所有的孩子都要参与劳动。劳动教育贯穿于整个基布兹的教育过程。幼儿园会教育孩子学习家务劳动,基布兹还会根据孩子的不同年龄段设立相应的学习农场。10—13 岁的孩子每天需劳动 3 小时,13—16 岁的孩子每天需劳动 5 小时。[①] 在基布兹中,劳动尤其是体力劳动的意义已经超出了劳动本身。对基布兹成员而言,劳动是一种生命需求,也是基布兹平等、共有理念的载体。劳动不仅是社会的必需品,也是一种道德境界提升的活动。劳动在基布兹中的地位如此重要,以至于在以色列建国前,基布兹甚至被有些人视为“劳动的宗教”[②]。

二、基布兹集体主义教育的挑战

20 世纪 50 年代开始,随着新移民的加入以及基布兹对外交流的增加,基布

① 参见 Henry Near, *The Kibbutz Movement: A History*, Volume I (London: Oxford University Press, 1992), 241。

② Henry Near, “I-Thou-We: Buber's Theory of Community and the Kibbutz,” *Economic and Industrial Democracy* 7 (1986): 255.

兹成员逐渐开始不满一直以来的集体主义教育。这种不满从某项具体的教育措施或制度发展到对整个集体主义教育体系的批评。针对这些不满与批评,基布兹对教育体系进行了相应的改革。这一改革是从实践到理论的摸索过程,并最终在 20 世纪末形成了新的价值认同教育体系。根据基布兹成员的不满与批评,集体主义教育体系的弊端主要有如下几个方面。

第一,儿童集中抚育制度,尤其是"集中就寝制度",即孩子出生后由基布兹设立的专门抚养机构来抚养,年龄相仿的孩子共用一间宿舍,而不与自己的父母同住。在这种安排下,基布兹教育呈现出来的突出特征就是"多重养育"(multiple mothering)。在基布兹改革之前,基布兹的孩子都生活在育婴室或"儿童之家",不与自己的父母一起生活,直到成年后才返回父母身边。这一制度是由集体主义观念极强的第二波移民(约 1904—1914 年)创立的。基布兹最先采用这种制度主要是出于经济上的考虑,但在经济条件改善之后也没有废除这一制度;甚至在 20 世纪 40 年代,将这种制度正式确立了下来。在开头的十年,基布兹的集体主义教育执行得非常机械。孩子被视为基布兹的集体财产,出生后就被接到育婴室由经过训练的育婴员集中抚养。家长只允许在每周的固定时间去看望孩子,而不能和自己的孩子一起过夜或者有更多时间互动。很多父母认为这种制度是对亲情的剥夺,其最终结果是导致整个社会的"亲人不相亲"。年轻母亲们尤其反对这一制度,认为"这阻碍了她们的母性"[①]。后来,从事儿童抚育的教育工作者发现基布兹的一些学前儿童和幼童会更容易表现出咬手指、尿床、脾气暴躁、侵略性强等问题,并将导致这些问题的原因归于过度集体主义教育下的多重养育。许多家长开始批评这种彻底的集体主义教育在实施上的草率及其表现出来的弊端,并最终促使基布兹对教育体系进行改革。

"儿童之家"是基布兹孩子生活与接受教育的主要场所,学前儿童有专门的老师,而学龄儿童除了专门老师外,还有团队领导者。"儿童之家"对集体主义教育来说有重要意义,其背后支撑的理论系统是教育与社会权威之间的相互关系系统。社会权威系统及其价值体系是教育活动的主要执行者与教育内容,教育本身也拒绝来自其权威之外的其他影响。这种系统最大限度地杜绝了外界对基布兹儿童的不良影响,给"自由"留下的空间很小。[②] 这一组织化的结构对基布兹教育的目标来说是有效的,但同时也让基布兹成了一个封闭的社会。因此,对

① Melford E. Spiro, "Utopia and Its Discontents: The Kibbutz and Its Historical Vicissitudes," *American Anthropologist* 106 (September, 2004): 561-562.

② 参见 M. Fölling-Albers, "Kibbutz Education: Characteristics, Changes, and Future Relevance," 298。

儿童的集体照顾方式只能是过渡性和暂时性的。从某种意义上来说,集体照顾方式更有助于我们理解基布兹的成长而不是基布兹的永恒。[①] 在改革之后的基布兹中,父母不仅可以哄自己的孩子入睡,也可以在任意时间去看望孩子。基布兹还设立了“欢愉时光”(love hour),让父母与孩子每天中午都可以交流互动。从 20 世纪 60 年代开始,越来越多的基布兹开始让孩子在父母家里而不是育婴室里睡觉,这种做法在 70 年代至 80 年代蔓延到了所有的基布兹。到 1991 年,这种对基布兹孩童全天候的“集体抚育制度”基本上被废止了。现今的“儿童之家”是婴幼儿与学前儿童日间照料中心,甚至有些基布兹的“儿童之家”被改为托儿所,并接纳基布兹以外的孩子入园。对儿童照料体系的改革也相应地改变了妇女以及家庭在基布兹的地位。基布兹妇女开始回归传统身份,个人家庭对新生儿的影响力显著提升。家庭教育的影响先于学校教育的影响,父母在日常中的非正式教育(informal education)也先于学校教育。现今的基布兹鼓励发展这种日常的非正式教育,一方面鼓励与支持孩子的个人发展,另一方面要满足改革中基布兹共有教育(communal education)的要求。近几年,家庭在基布兹中的地位愈发明确,基布兹社会也迎来了一些变革。

第二,基布兹学校的课程安排与孩子的未来发展方向。基布兹学校系统分为两个阶段,即 1—6 年级的小学与 7—12 年级的中学。只要有足够的学龄儿童,通常每个基布兹都会开办自己的学校。如果学龄儿童不够,则会由几个相邻的基布兹联合办学。此外,基布兹还为在情感或精神有问题的孩子开设特殊教育学校。基布兹培育自己的教师以保障知识教学与意识形态的教育任务,教学既是教育过程的一部分,也是基布兹“生活教育”的一部分。基布兹学校的课程是经过特别甄选的,目的是尽可能让学生建立生活与学习间的链接,例如其历史课程较多地讲述基布兹的历史及其理念,而地理生物课程也着重于基布兹所在地区的地理风貌以及地区性的动植物知识。学校不会根据学生的个人能力来划分等级,但所有学生都必须在 12 年级时学会如何写论文。基布兹学校也要求有意参加以色列大学入学考试的学生在学校中备考一年。

从 20 世纪 70 年代开始,基布兹学校的家长们希望孩子在 12 年级后能直接参加大学入学考试,而非继续呆在基布兹备考一年。这意味着必须让孩子在上大学之前获得更好的学习条件与教育。这就要求基布兹学校必须放弃一些传统课程,并开设更多的国家标准课程。但是,由于不少基布兹学校无力开设新课程或购买新的教学设备,所以几乎所有的基布兹都采取了联合办小学和中学的方

① 参见 Stanley Diamond, “Kibbutz and Shtetl: The History of an Idea,” *Social Problems* 5 (Autumn 1957): 91-92。

案。改革后的基布兹学校的师资力量也不再局限于基布兹内部,转而开始聘请专业的外来教师,逐渐向综合化与专业化的教育发展。有些基布兹学校不再仅对基布兹内部的孩子开放,也接纳周围乡镇和城市的孩子在缴纳一定费用后来入学。

第三,过多的劳动教育与传统的强意识形态教育。从 20 世纪 70 年代开始,基布兹教育的意识形态性、教条性、实践劳动教育以及这种教育所带来的社会压力等都遭到了批评。① 劳动教育曾经是最具代表性的基布兹教育。社会主义复国主义的先驱们强调"劳动是基布兹的最高价值","也是基布兹的象征与基石,是高质量生活的核心要素"。基布兹的每个人必须根据自己的能力参加劳动,劳动既是基布兹的意识形态要求,也是伦理道德要求。基布兹孩童在很小的时候就开始接受劳动教育了。许多基布兹设立专门的"儿童农场",让小学生参与劳动。从高中开始,基布兹孩子会被安排在基布兹的不同部门参加劳动,劳动时长从最开始的一个星期几个小时,到后来的每周一天。基布兹希冀通过这些方式,教育孩子体验作为劳动集体的基布兹生活,让他们将劳动视为生活的一部分。基布兹的这种重视体力劳动的教育遭到了不少批评,甚至让儿童在"儿童农场"劳动的做法被批评为是使用童工。此外,基布兹教育体系的整体意识形态也受到了批评。家长们更希望孩子能主动且有选择地接受某种意识形态,而非被动且没有选择权。同样地,家长们也希望自己的孩子能自由地选择是否接受基布兹的生活方式。这些问题促使基布兹不得不开始对教育系统进行改革,并逐渐用价值认同教育取代传统的强集体主义意识形态教育。

三、基布兹价值认同教育的确立

基布兹的价值认同教育始于 20 世纪 70 年代的基布兹教育改革,正式形成于 20 世纪末至 21 世纪初。它是对以基布兹生产生活方式为核心的价值体的认同教育,以及在此基础上形成的一整套教育教学方法和理念的集合。这种认同教育是一个过程,也是一个结果。它是个体和社会对基布兹价值体的一个从认识、承认到逐渐认同的过程,是文化价值体与个体或群体实践生活的结合,并且这种文化价值体现到个体或群体日常生活的方方面面。基布兹的价值认同教育注重价值体与受教育者之间的双向互动关系,即价值体寻求受教者的认同,同时

---

① 参见 Y. Liebermann, "From Ideological Commitment to Professionalism," in *The Transformation of Collective Education in the Kibbutz*, eds. W. Fölling and M. Fölling-Albers (Frankfurt/Main Berlin etc.: Peter Lang, 1999), 96-105。

受教者也主动认同价值体。受教者的主动认同开始于业已接受基布兹价值的父母的言传身教,这种非正式教育可以引导受教者产生对基布兹价值认同的主观需求。基布兹价值体主要从宏观与微观两个方面寻求受教者的认同。在宏观层面上,将价值认同教育贯穿于整个生命体的教育,既有时间上的整体,又有空间上的整体。在微观层面上,是对基本生活条件或者生产生活形式上的认同教育。微观层面的教育是日常生活的教育,是具体的时空点的教育,也是特定的社会历史条件下的教育。

在宏观层面上,基布兹推行成员的终生学习与教育。除了传统的长达 18 年的免费教育外,基布兹鼓励成员及其下一代到以色列的高校或者国外接受高等教育,并对其提供相应的资助。此外,基布兹也鼓励和资助其成员接受必要的继续教育与技术培训。另外,基布兹注重发展师范教育,设立基布兹师范学院为基布兹学校培养具备专业素质的基础教育老师。对教师的培养与培训不是某一阶段的事情,而是贯穿于基布兹运动始终的任务。早期的基布兹生活条件非常艰苦,一般教师很难胜任长期在基布兹的教学工作。在 20 世纪 50 年代,以色列国家教育部所辖的文化委员会(The Cultural Committee of the Histadrut)曾为基布兹安排过教师,但是这些教师通常不能长期坚持下去。加之,大部分基布兹并不信任基布兹之外的教师能承担集体主义理念传递的重任。以培养基布兹接班人为主要目标的集体主义教育决定了基布兹必须培养符合需求的专业教师。在价值认同教育阶段,基布兹学校的教师不仅要传递基布兹的传统价值,还需要有过硬的专业知识储备与现代化的教学方法。因此,培育高质量的基布兹教师队伍是一项贯穿基布兹运动始终的重要任务。

在微观层面上,基布兹会根据受教者的具体年龄和社会条件来开展不同形式的教育。首先,加强年轻成员的军事教育。以色列实行全民兵役制,接受完中学教育的基布兹青年也需要去部队服役,而且他们的服役期通常比其他青年多 6—18 个月。服完兵役的基布兹青年需要返回基布兹,以“成人”的身份继续生活一年或选择接受高等教育,以便正式成为基布兹的建设者与接班人。其次,基布兹会根据成员的发展需求开展各种特色教育,如旅游教育、成人教育和技能培训等。基布兹鼓励青年在服完兵役后,到城市工作赚旅费或以基布兹垫付的方式展开一年或更长时间的出国游学,并将这种行万里路的学习方式称为“旅游教育”,主要目的是锻炼年轻成员自力更生的能力,开拓其思想与视野。不仅如此,基布兹成员也可以在参加工作后,根据自己的兴趣或职业发展短板申请相关技能培训。基布兹也给失业者安排再就业培训,并根据失业者所受的培训专长,给其安排合适的工作。最后,基布兹会定期组织基布兹儿童、青少年与外界进行交流活动,在交流中拓宽他们的视野,也在交流中扩大基布兹价值体系的对外影响。处于城市周边的基布兹会制度性地为城市儿童提供到基布兹劳动实践的机会,既可以培育城市儿童热爱劳动、亲近自然的习性,也可以让他们在实践中理解基布兹的生活与建设理念。有些基布兹每年都会举办国际夏令营,面向世界各国欲了解或向往共产主义生活方式的青年人,通过夏令营的方式传播基布兹的理念与价值观。大部分基布兹也欢迎非基布兹成员在自愿原则下,以志愿者的身份申请去基布兹中体验生活 3—5 个月。志愿者在基布兹生活期间,每个工作日需在基布兹中劳动 4—6 小时,具体劳动内容由基布兹负责安排。相应地,基布兹会为这些志愿者提供学习以色列文化或语言的机会,并且提供基本薪酬以及食物住所等物质生活所需。这些举措旨在通过多样化的实践手段,以潜移默化与主体自主认同的方式传播基布兹的理念与价值。

需要指出的是,基布兹价值认同教育是对集体主义教育的延续和发展,而非否定。这两种教育体系的目标是一致的,即发展和巩固以基布兹生产生活方式为核心的价值体系。基布兹学校对社会道德义务与责任的强调使得基布兹教育的原有理念依然随处可见。跨课程与塑造性教育在基布兹学校依然被实践。[①]价值认同教育去掉的只是以往集体主义教育对理论与意识的形而上的说教,用更加注重受教育的个人选择与自然发展的做法,取代以往相对单一化与高强度的教学方法。可以说,现今的基布兹价值认同教育不仅保留且强化了集体主义教育中优良的成果。在保留了集体主义教育中的优良传统之外,基布兹的价值认同教育体现出了更大的吸引力与凝聚力。

首先,基布兹学前教育模式受到了以色列社会的普便肯定。改革之后,基布兹的日托所和学前学校里的建筑、设备以及“儿童之家”的环境等都是完全以孩子的发展为基调而建的。从业教师也都在基布兹教师培训学院接受过专业培训。这种教养模式下的孩子实际上有两个“情感中心”,一个由家庭和母亲建立,另一个由“儿童之家”与群体建立。[②] 家庭主要负责孩子的情感需求,而“儿童之家”发展孩子的主要教育与社会技能的训练。现今的基布兹学前教育被认为是以色列学前教育的典范。基布兹的日托所与学前学校因其良好的师资力量与教学环境,对城镇家庭具有很大的吸引力,且学费通常会高出以色列同类学校的平均收费标准。教育收入已经成了许多基布兹的主要收入来源。其次,基布兹的

---

① 参见 M. Fölling-Albers, “Kibbutz Education: Characteristics, Changes, and Future Relevance,” 301。

② 参见 G. Lewin, “Problems of Early Childhood. Infancy in Collective Education,” in P. B. Neubauer, *Children in Collectives. Child Rearing Aims and Practices in the Kibbutz* (Springfield. Ill.: Charles C Thomas Publisher, 1965), 69-73。

劳动教育与技能培训体现出了积极的意义。劳动的道德价值在基布兹教育中未被忽视过，即使是在基布兹教育饱受质疑的20世纪90年代亦然。时至今日，很多基布兹学校仍坚持让学生每周花一天来从事体力劳动，希望通过这种方式让学生掌握一技之长，同时也塑造学生的劳动价值观。在基布兹长大或者曾在基布兹求学的年轻人在以色列的就业市场中很受欢迎，因为基布兹的生活与教育经历被视为良好的道德品质与专业素养的保障。最后，基布兹倡导的青少年独立文化适应时代所需。基布兹中的“儿童之家”与“青年社会”传统，加之劳动在教育中所占的独特地位，促使在这种环境下成长起来的青少年很早就形成了独立的文化传统。在溺爱文化、虚拟网络与人工智能泛滥的当代，这种教育被越来越多的人视为一种健康的青少年生活方式。

综上所述，基布兹最初建立的教育体系与现今基布兹中运行的教育模式是有显著区别的。始于20世纪40年代的强集体主义教育实践与基布兹教育的当下形式也是不一样的。基布兹本身是一种有选择的民主生活结构，而不是基于某种教条或宗教信仰的强制性模式。这决定了基布兹教育必然是一个开放的动态系统。基布兹教育尽可能地为孩子创造适宜的环境，激发孩童的创造性与独立性，培养孩子的社会责任意识与优秀道德品质，这些都是值得肯定的。此外，还有一点值得肯定的是，基布兹教育体系在保持其核心目标的前提下，依据现实需求的变化灵活地进行改革，果断摒弃了集体主义教育的强制性说教手段，转而将核心价值观念教育融于潜移默化的价值认同教育之中。总的来说，基布兹教育的改革是成功的，它不仅减少了基布兹的人才流失，缓解了基布兹的发展危机，也增加了基布兹的吸引力与凝聚力。

四、小结

以色列的基布兹教育经过100多年的摸索，从最初共产主义教育的尝试，到20世纪40年代集体主义教育的改革，再到20世纪末价值认同教育的确立，其教育的根本目标是培育基布兹集体主义理念的传承者和践行者。他们既需要对基布兹价值体系的认可，也需要有建设基布兹的能力，以崇高的品德与积极的精神风貌树立良好的社会形象。通过上文对基布兹教育体系的实践与改革研究，我们可以看出：

第一，身教重于言传，适时转换传统的教师角色，培养一批身体力行的思想政治教育教师。这些教师除了要具有扎实的专业知识外，还必须在价值观、德行、吃苦耐劳与奉献精神上有更高的追求。以色列基布兹学校的教师一般都是出自基布兹或者在基布兹所创办的师范院校受过专业训练。基布兹教育引发了对传统意义上的教师或教育者角色的重新思考。基布兹教师的主要任务是正确价值观的培养和教授立世之本领。这些老师不仅传授专业的学科知识,更重要的是传递基布兹的社会主义价值观体系,并且亲身参与作为基布兹教育重要环节中的"劳动"教育。从事基布兹学校教育的教师大都是发自内心地认同基布兹的核心价值理念,并在日常生活中实践基布兹的生产生活方式。这种对某一价值体系的主动认同与实际实践在日常教学中极富感染力。

第二,拓展教育与学习的空间,建设多元的教育环境,开展灵活多样的教育。基布兹先驱们从一开始就坚信基布兹的建设与发展需要与环境共处,而不是竞争。与外界环境相协调的教育体系有助于培养出适应基布兹生活与价值的新人。时至今日,大多数多基布兹成员也赞同这种说法。[①]基布兹教育强调环境对基布兹成员和孩子的影响,教育的改革也依据对环境的准确分析与研究,因此教育的一项重要工作是有意识地造就某种特定的环境。从本质上讲,基布兹教育建立了一种基于集体责任的儿童抚养模式。作为整体的基布兹必须尽可能地创造适宜的环境来开展教育。这种环境要能很好地激发孩子的智力与创造力,又能塑造孩子的德性。基布兹教育除了正式的课堂教育之外,还因时因境地开展多样性教育,如军队教育、旅行教育、继续教育、技术培训等。这些教育虽然形式不同,但其共同目标是传递基布兹的价值观念,将基布兹的价值认同教育从课堂延伸到了基布兹人的一生。

第三,保持教育观念的与时俱进性和教育系统的开放性,对教育内容与方法进行适宜的改革是价值教育保持生命力的重要因素。100 多年的基布兹教育历史就是一部教育改革历史,从共产主义教育到集体主义教育,再到价值认同教育,是不断根据现实需求改革发展的。直面基布兹发展所遇到的价值观冲击与思想影响,在科学分析与研究基础之上,主动进行改革是基布兹教育的重要品质。这种改革是紧密契合时代发展需求的。当传统的意识形态教育因为落后于时代发展而陷入囹圄之时,基布兹依据成员的意见与自身发展需求及时调整教育策略,在保持核心价值观地位不变的前提下,以开放包容之姿态对新思想与新价值进行了兼容并蓄的吸收,拓展了价值教育空间与教学方式。这是基布兹价值教育能一直保持生命力的重要举措。

① 参见 Henry Near, *Where Community Happens* (Bern: Peter Lang AG, 2011), 213。

The History, Reforms and Current Status of Collectivist Education on Kibbutzim in Israel

CHEN Yanyan

Abstract: Since the end of the 20th century, the traditional education of collectivism in Israeli kibbutzim has eventually developed into a systematic education of value identity. The Value Recognition Education of Israeli Kibbutz is the recognition education of the Socialist value system centered on the Kibbutz lifestyle, including a collection of education and teaching methods formed on this basis. This kind of Value Recognition Education is the inheritance and development of Kibbutz's Communist education and Collectivism education. The development of Kibbutz Value Recognition Education is based on the macro and micro levels. On the macro level, this is the education process that runs through the entire life of the educated; and on the micro level, it is a collection of multiple educational methods under specific social and historical conditions. Kibbutz's Value Recognition Education has achieved remarkable results. It helped the Kibbutz through the development crisis of the mid-1980s and increased the vitality, attractiveness and cohesion of the Kibbutz.

Key Words: Kibbutz, Collectivist, Value Recognition

作为隐喻的偶像崇拜

——欧芝克《大披肩》中的大屠杀书写*

陈影　袁皓天**

【摘要】美国当代犹太作家辛西娅·欧芝克倡导反偶像崇拜,以此守护犹太传统。但具有异教色彩的偶像崇拜所张扬的想象力恰恰是文学创作生发与延展的土壤。因此,当犹太身份与她的文学创作结合在一起,形成一种具有"矛盾修辞"品格的张力时,欧芝克势必需要借助隐喻的方式来彰显其文学诉求和宗教持守。本文认为,欧芝克在《大披肩》中通过作为偶像的"大披肩"具体呈现出偶像崇拜的三种类型,这三种类型通过隐喻的形式彰显出来。与此同时,欧芝克将偶像崇拜与大屠杀关联到一起,以此表达她对犹太传统和现代性的反思。

【关键词】《大披肩》;隐喻;偶像崇拜;大屠杀书写

一、"犹太作家"欧芝克

自辛西娅·欧芝克(Cynthia Ozick)凭借其第一部小说《信任》(*Trust*)在美国文坛崭露头角以来,她笔耕不辍,先后出版了7部长篇小说和7部短篇小说

* 本文系国家社科基金项目"犹太喀巴拉神秘主义对本雅明文化批判理论的影响研究"(23BZJ062)、中国人民大学中华民族现代文明研究专项项目"中华文明与犹太文明交流互鉴研究"(23XNQZ19)阶段性成果。

** 陈影,中国人民大学外国语学院英语系副教授、博士生导师;袁皓天,中国人民大学外国语学院英语系博士生。

集，另有杂文若干。因其作品中后现代主义写作风格与犹太传统的整合，欧芝克被认为是当代美国最具代表性的犹太作家之一。欧芝克“犹太作家”的身份似乎是国内外学者展开研究时不证自明的预设，欧芝克也认同自己的犹太人身份，她自述年轻时曾大量阅读犹太哲学和历史，写作对欧芝克而言是一种对文学的绝对崇拜，文学是祭坛，而她自己就是祭坛上的祭品。[①] 这不禁让人想起阿甘本意义上的献祭，牺牲品被世俗世界排除，成为一种阈限性的存在，同神圣与世俗两者都保有一种张力。这种被排斥的祭品不但可以关联到犹太人“少数的中间人”的边缘化处境，更会联想到犹太传统中人们对上帝的崇拜与献祭。

犹太传统中，一神崇拜及其衍生的偶像崇拜禁令构成了对上帝敬拜的基础。对浸润在犹太传统与美国现代社会中的欧芝克而言，成为一名犹太作家是不可能的，或言“犹太”与“作家”两个词的并置本身就是一种矛盾修辞（oxymoron），因为创作所要求携带的想象力与犹太传统的律法是不相容的。[②] 可以看出，欧芝克所理解的犹太传统似乎更接近拉比犹太教或传统犹太教教义，即犹太教的主流思潮，在哈拉哈（halakha）层面体现为613条律法；其中核心要义“摩西十诫”的第一诫为只可敬拜耶和华一神，第二诫便是偶像崇拜禁令：“我是上主，你的天主，我曾领你离开埃及地，那为奴之家。除我以外，你不可有别的神。你不可为自己雕刻偶像，或制造任何上天下地、或地下水中的所有各物的形像。你不可叩拜，也不可事奉这样的偶像，因为我上主，你的天主是忌邪的天主，对于恨我的人，我必在子孙身上追罚他们祖先的罪恶，直到第三代、第四代；对于爱我、守我诫命的人，我对他们施行仁慈，直到千代。”（《出埃及记》20：2—6）犹太教偶像崇拜禁令造成的影响之一是，自古以来，犹太艺术在绘画和雕塑上成就不高，但在音乐、文学、舞蹈等其他领域成就斐然。而犹太传统在论及偶像崇拜时，并未以纯然的诫命形式出现，因为偶像崇拜禁忌本身存在某种程度的悖论：犹太教禁止崇拜耶和华上帝的雕像或图像，却允许语言层面的偶像崇拜，例如以《托拉》为偶像，借由语言进行崇拜。此外，在偶像崇拜方面，犹太传统有一个非常特殊的意象，即对天使基路伯的崇拜。基路伯的形象出现在约柜、圣殿等诸多圣物或场所中。犹太人在这些宗教场所进行宗教活动时，很大程度上是在敬拜基路伯这一偶像。天使具有真实与虚幻的中介属性，这使犹太人偶像崇拜的边界变得模糊，换言之，基路伯表明了犹太人眼中的偶像具有“任意性”，它是《圣经》一神崇

① 参见 Mario Materassiand Cynthia Ozick, “Imagination Unbound: An Interview with Cynthia Ozick,” *Salmagundi* 94/95 (1992): 88-89。

② 同上，91。

拜的"延展"[①]。

禁止偶像崇拜与犹太教一神论存在某种内在的关联性,换言之,偶像崇拜既是对一神论的反驳与解构,又蕴含着悔改后救赎的可能性。在这个逻辑中,反偶像崇拜作为犹太传统的内核,与异教的偶像崇拜泾渭分明,而异教的偶像崇拜恰恰为文学,特别是诗歌提供了生发的土壤。[②] 在1985年的一篇采访中,欧芝克坦言自己犹太作家的标签是一个矛盾修辞。[③] 可以看出,欧芝克没有认为"犹太作家"这一术语所体现出的信仰与想象之间的张力是一个需要规避的问题,相反,她认为犹太作家这一身份的标识可以很好地审视反偶像崇拜与创作之间的关系。换言之,反偶像崇拜是欧芝克对自身犹太人身份求索的一种表达,也是犹太身份本身所彰显出的游离性的一种反映。在主流美国文化中,犹太人需通过强调自己的族裔身份来获得身份上的归属与认同,但犹太人身份本身的动态特质又使欧芝克无法圈定和封闭自己的身份边界。因此,当犹太作家身份与文学创作相结合时,势必要借助一种隐喻的方式来展现诗学的偶像崇拜根源,这一点在欧芝克的《大披肩》中得到了充分的彰显。

二、作为偶像的"大披肩"

反偶像崇拜在欧芝克的诸多作品中是反复出现的重要母题,特别是在其代表作《大披肩》(1989)中。该小说主要讲述了犹太妇女罗莎(Rosa)在纳粹集中营中奋力保护爱女的故事。斯科拉福德(Barbara Scrafford)评价道,该小说通过"具有讽刺性的反差"来表达犹太人面对死亡时"沉默的呐喊"[④]。戈特弗里德(Amy Gottfried)通过分析碎片化叙事和"礼拜式的听众"之间的交互作用,揭示了后大屠杀时代中的心灵旅程和集体记忆的重要性。[⑤] 马尔科姆(Cheryl Alexander Malcolm)强调罗莎作为波兰犹太人的身份及其境遇给她带来的挣扎、文化冲突和创伤。[⑥] 西维安(Miriam Sivan)则讨论了大屠杀为幸存者留下的

① Jose Faur, "The Biblical Idea of Idolatry," *The Jewish Quarterly Review* 1 (1978): 2.

② 参见 Cynthia Ozick, *Art & Ardor* (London: Atlantic Books, 2016), 171。

③ 参见 Elaine M. Kauvar and Cynthia Ozick, "An Interview with Cynthia Ozick," *Contemporary Literature* 4 (1985): 401。

④ Barbra Scrafford, "Nature's Silent Scream: A Commentary on Cynthia Ozick's *The Shawl*," *Critique: Studies in Contemporary Fiction* 31 (1989): 11.

⑤ 参见 Amy Gottfried, "Fragmented Art and the Liturgical Community of the Dead in Cynthia Ozick's 'The Shawl,'" *Studies in American Jewish Literature* 13 (1994): 39-51。

⑥ 参见 Cheryl Alexander Malcolm, "A Good Pole in Yavneh: Cynthia Ozick's *The Shawl*," *Studies in American Jewish Literature* 21 (2002): 123-134。

痛苦记忆,以及语言在传递此种经历时的重要作用。[①] 古斯塔夫·桑切斯·卡纳勒斯(Gustavo Sánchez Canales)指出,罗莎身上展示出了明显的创伤后应激障碍(PTSD)的症状。[②] 在小说中,承载最多集中营记忆和创伤的,自然是"大披肩"这一重要符号,它也是贯穿小说两个故事的红线。对此,琼斯(Billie J. Jones)总结说,织物(fabric)这一符号有着女性化的内涵,它象征着"母亲和性别化的存在"[③]。

但更加重要的是,大披肩也在此扮演了一个隐喻式的偶像角色。大披肩一方面喂养和庇护玛格达,另一方面让玛格达奇迹般地复活在"披肩"这一偶像所建构的幻觉之中。这非常符合欧芝克对偶像的理解。在《作为偶像的文学——哈罗德·布鲁姆》一文中,欧芝克罗列了偶像的四大特征:首先,偶像是"封闭的、内在化的体系",它自身毫无力量,却可以自我持存。[④] 偶像因其自我持存的品格,对世界和人类是漠然的,它诱惑人类复制并热衷于偶像,从而达到"去人化"(dehumanize)的效果。[⑤] 其次,偶像的存在永远先于其崇拜者,即偶像承载了先驱或前人(precursor)的权威,换言之,"每个偶像就是一个前人",而偶像的崇拜者便是后来者。[⑥] 再次,偶像因其惰性无法具有历史的视域,即便偶像的外表再多样,它也是静止守一的。最后,毫无力量的偶像因其崇拜者强有力的想象力而变得异常强大,这会"根除人类的怜悯",成为敬拜"摩洛神"(Moloch)的盲众。[⑦] 在《大披肩》中,"大披肩"首次出现是作为玛格达的庇护所,玛格达被"裹在披肩里,藏起来,睡去"[⑧],玛格达在披肩里就像"窝中的松鼠,安全,无人触摸到她"[⑨]。披肩是玛格达生命的保障,"扔下披肩,玛格达就会掉出来,砸到头,摔死"[⑩]。可以看出,披肩对玛格达和罗莎而言就是生存的唯一希望,披肩俨然一个封闭的、

① 参见 Miriam Sivan, "Crossing the Abyss: Language and the Holocaust in Cynthia Ozick's *The Shawl*," *Studies in American Jewish Literature* 24 (2005): 42-59。

② 参见 Gustavo Sánchez Canales, "'Prisoners Gradually Came to Buddhist Positions': The Presence of PTSD Symptoms in Rosa in Cynthia Ozick's *The Shawl*," *Studies in American Jewish Literature* 30 (2011): 30。

③ Billie J. Jones, "The Fabrics of Her Life: Cloth as Symbol in Cynthia Ozick's *The Shawl*," *Studies in American Jewish Literature* 21 (2002): 78.

④ 参见 Cynthia Ozick, *Art & Ardor*, 177-178。

⑤ 同上,178。

⑥ 同上。

⑦ 同上。

⑧ Cynthia Ozick 辛西娅·欧芝克,〈披肩〉[The Shawl],王祖友 Wang Zuyou 译,于《外国文学》[Foreign Literature],2004 年第 12 期[2004, Issue 12],12。

⑨ 同上。

⑩ 同上。

内在化的体系,它表面仅为一个无关紧要的物件,但它却维系着生命,对小孩子而言,甚至有一种"亚麻的奶味……能给婴儿三天三夜的营养"[10]。此外,大披肩对于婴儿玛格达而言就是自己的母亲,是一个"前人",而后大披肩也呈现出与集中营迥然不同的景象,大披肩意味着生的希望,而当玛格达被纳粹士兵屠杀时,披肩开始成为抚慰罗莎的良药,她用披肩"堵住自己的嘴","直到她咽下狼嚎声"。[2] 至此,大披肩彻底成为罗莎的"偶像"。当斯太拉写信告之罗莎,已将大披肩寄给她的时候,斯太拉俨然视披肩为一种准宗教敬拜的偶像了:"你的偶像(idol)已经在路上了……如果你愿意,去给它下跪吧。"[3]披肩包裹的玛格达也自然成为罗莎的偶像,比如罗莎对玛格达的各种称呼:"我的宝贝、我的财富、我的心肝、我的小芝麻、我的天、我的小黄花、我的玛格达! 万花丛的女王!"[4]

当然,作为偶像的披肩意象贯穿在欧芝克的作品中,这似乎是一个没有太多争议的事实。但细考之,我们会发现披肩作为偶像还关联到了大屠杀。在小说中,罗莎在收到斯太拉寄给她的大披肩后,把放有大披肩的"盒子紧紧贴在胸前"[5],她想亲吻披肩,但感到一种"极度恐惧围绕着她"[6]。表面上看,大披肩让罗莎回忆起集中营的悲惨经历;但从深层看,大披肩形象地描绘了偶像的超验性给敬拜者带来的疏离与惊颤。这种偶像带来的恐惧链接这一事实,即在欧芝克看来,作为隐喻的偶像崇拜是无法离开大屠杀的语境进行审视的。在小说中,罗莎不让斯太拉碰大披肩,斯太拉也给大披肩取了很有意思的名字——"创伤、偶像",[7]可见偶像关联着大屠杀带来的创伤,而对偶像的崇拜本身就是对大屠杀的创伤崇拜。欧芝克并不是担心大屠杀被遗忘,而是忧虑大屠杀被偶像化,偶像化后的大屠杀会从历史语境中剥离出去,在时间中凝固,成为膜拜的偶像,因此满足了前文所言的第三个偶像的特质。在小说的第一部分《大披肩》中,大披肩是保护玛格达,给她带来温暖与保护的具有神圣性的符号。在第二部分《罗莎》中,披肩成了现实世界的一个偶像,如果说在第一部分中大披肩尚具些许历史维度,还没有沦为完全意义上的偶像,那么第二部分中的大披肩则是一个记忆符号,它在时间中凝固,俨然一个偶像。

---

⑩ 同上,12—13。
② 辛西娅·欧芝克,〈披肩〉,14。
③ Cynthia Ozick, *The Shawl* (New York: Vintage Books, 1990), 31.
④ 同上,66。
⑤ 同上,30。
⑥ 同上。
⑦ 同上,31。

三、《大披肩》中偶像崇拜及其隐喻特质

作为偶像的“大披肩”是贯穿欧芝克《大披肩》中的主线，它呈现出与大屠杀之间的内在关联。邦妮·莱昂斯(Bonnie Lyons)认为“大屠杀本身是偶像崇拜的产物，(它)在广义上被定义为用某种东西取代上帝”[①]。偶像崇拜是大屠杀的原因，换言之，大屠杀本身就是偶像崇拜，杀戮者心中所秉持的正是对某种封闭的、自我持存的体系的膜拜，它使人们忘记社会的历史维度，成为偶像的附庸，并最终成为偶像的样子。正如欧芝克所概括的偶像特征之一，“毫无力量的偶像”本身所具有的巨大能量就是根除人类的同情心。[②] 也正因如此，小说中的大披肩既是玛格达的裹尸布，又是罗莎膜拜的偶像，它关联着大屠杀带来的死亡，又象征着一种虚假的救赎和希望，因为裹尸布无疑让人联想到天主教传统中对耶稣裹尸布的偶像敬拜；同时，小说中提到圣子与圣母，这种母子关系也映射了罗莎与玛格达的母女关系。在小说中，偶像崇拜与大屠杀之间的关联是以隐喻的形式得以彰显的。之所以使用隐喻是因为这种方法可以“通过相似性”产生新的概念，这种全新的概念“通过身份和差异之间的冲突以开放的方式呈现”，从而以一种隐匿的方式将“差异融合”，形成“语义网格”。[③] 作为隐喻的偶像崇拜在小说中，在很大程度上表现为一种犹太式的写作：欧芝克采用隐喻的方式，将偶像崇拜关联到大屠杀受害者，以此来表达作家对犹太传统与现代性的反思。但对于大屠杀文学书写可能性的问题，欧芝克的态度非常矛盾。在 1993 年的一次采访中，欧芝克在面对“纳粹大屠杀是否应该在历史中保留”这一问题时，给出了肯定的答案。这个问题的深层意义是思考纳粹大屠杀这一事件是否只能在历史的论域中言说，而不能通过想象进行文学加工。[④] 欧芝克认为大屠杀不能经由诉诸想象力的文学作品得以呈现，但有意思的是，从欧芝克的第一部小说《信任》(*Trust*)到《异物》(*Foreign Bodies*)，大屠杀一直是欧芝克构建故事的重要背景，换言之，虽然欧芝克的文学创作建基于大量的历史文献，但她一直在对大屠杀进行文学加工。欧芝克对大屠杀文学书写的矛盾态度，实则是在区分作为文学体裁的大屠杀和作为故事背景的大屠杀。欧芝克不愿直接碰触以大屠杀为内

---

① Bonnie Lyons, “Cynthia Ozick as a Jewish Writer,” *Studies in American Jewish Literature* 6 (1987): 16.

② 参见 Cynthia Ozick, *Art & Ardor*, 178。

③ Paul Ricoeur, *The Rule of Metaphor* (Toronto: University of Toronto Press, 1978), 198.

④ 参见 Elaine M. Kauvar and Cynthia Ozick, “An Interview with Cynthia Ozick,” 390。

核的文学创作,但却时刻不忘大屠杀背景下彰显人性诸多面向的叙事,因此欧芝克在表示“如果我感觉到历史重压在我身上,我便永远无法写作”①的同时,她的作品处处暗合了大屠杀的语境。这样就不难理解,《大披肩》中并未提到“‘犹太人’‘纳粹’‘集中营’,甚至‘战争’”②,但是,长着铅笔腿的婴儿,寒冷的吃人的眼睛,戴着闪亮钢盔的士兵和吞咽大披肩的母亲等形象又无时无刻不在勾勒大屠杀的背景色。

欧芝克对大屠杀进行文学书写的态度恰恰暗合了她对偶像崇拜的理解。大披肩作为犹太教祈祷仪轨的重要符号,本应表现犹太人对律法的恪守与传承,但它却成为膜拜的偶像。大屠杀在其中起到了决定性的影响。玛格达是欧芝克大屠杀书写中最具悲剧性的人物和“最无力的受害者”③。玛格达对大披肩的依赖,就像她对“母亲、食物、衣服和住所”④的依赖一样,究其本质,这种变形的生存依赖就是一种偶像崇拜,大披肩成了“玛格达的襁褓布,玛格达的裹尸布”⑤。这种类型的偶像崇拜无法区分偶像与自身的差别。玛格达最终的命运是“被扔到带钩的、带刺的、通电的围栏上;电网和烤架;火炉,孩子着火了”⑥。“她看起来像一只蝴蝶触碰着一根银色的藤蔓。”⑦戈登(Gordon)将这一场景描述为“美丽的隐喻”,它“增强悬念与恐怖”。⑧ 玛格达“变成了一只寿命只有几分钟的蝴蝶”⑨,最终实现了自由。这彰显出偶像崇拜所带来的灾难,虽然“最无助的受害者”⑩最终实现了超越,但这种生命超越的代价同时也是生命本身的终结,这无疑是偶像崇拜的恶果。

另一个容易被忽视的承担偶像崇拜恶果的人物是斯太拉。在《罗莎》中,斯太拉似乎已经摆脱了源自大披肩的偶像崇拜,转而成为将偶像崇拜祛魅、业已彻

---

① 同上, 362。

② Amy Gottfried, “Fragmented Art and the Liturgical Community of the Dead in Cynthia Ozick's *The Shawl*,” 1.

③ 同上, 42。

④ Andrew Gordon, “Cynthia Ozick's *The Shawl* and the Transitional Object,” *Literature and Psychology* 40 (1994): 5.

⑤ Cynthia Ozick, *The Shawl*, 31.

⑥ 同上。

⑦ 同上, 9。

⑧ Andrew Gordon, “Cynthia Ozick's *The Shawl* and the Transitional Object,” 8.

⑨ Miriam Sivan, “Crossing the Abyss: Language and the Holocaust in Cynthia Ozick's *The Shawl*,” 45.

⑩ Amy Gottfried. “Fragmented Art and the Liturgical Community of the Dead in Cynthia Ozick's *The Shawl*,” 42.

底融入美国社会的犹太人。但真实情况并非如此,自始至终,斯太拉都是偶像崇拜者,只不过她是以一种反偶像崇拜的方式去膜拜偶像。《大披肩》的开篇就是“斯太拉,冷,冷,地狱般的冷”①。斯太拉嫉妒披肩中的玛格达,渴望成为大披肩护佑的对象。她对大披肩的渴望表面上是为了抵御寒冷,实际上是对披肩所代表的母爱和安全的崇拜。希望获得母爱与安全的诉求和本能固然无可指摘,但上升到偶像崇拜的程度,这一自然的需求便会成为可怖的欲望。首先,她抢走大披肩,这间接导致了玛格达的死;其次,当对母爱的极度渴望成为一种偶像,主体仅关注自身的时候,遗忘历史,抹去记忆便会是一个自然的结果。在罗莎看来,二人逃到美国后,“斯太拉实际上很冷漠,她没有心”②。甚至在她眼里,斯太拉是“死亡天使”。作为从死亡集中营逃出来的幸存者和见证者,“斯太拉,她记得的,却拒绝”③。有意思的是,一方面,斯太拉把罗莎对大披肩的崇拜视为源自恋物癖的创伤后遗症,阻止罗莎借由大披肩去回忆玛格达与大屠杀;但另一方面,她又一直保留着大披肩,迟迟不肯还给罗莎。由此可见,斯太拉将大披肩视为偶像,把它当作与罗莎之间的情感纽带,迷恋的是“与大披肩相关的某种母性力量”④。

与斯太拉相比,作品中罗莎身上体现出的偶像崇拜更具代表性,前文讨论的欧芝克对偶像的诸多描绘,都可以在罗莎身上找到映证。对大披肩的崇拜使罗莎丧失了历史的维度,罗莎表面上把战前华沙无忧无虑的生活、战后在美国迈阿密的隔世独居与集中营的苦难之间区分得非常清楚,并把自己的人生概括为:“之前是一个梦,之后是一个笑话,只有中间停了下来。”⑤但罗莎的人生已经丧失了历史的维度,上文提及的三个时间段在她头脑中是交替出现的,中间停下来的是集中营悲惨的经历,痛苦与恐惧一直萦绕在罗莎对过去的回忆和对未来的希望中,或言罗莎似乎从未考虑过自己的未来,因为与偶像崇拜关联在一起的大屠杀夺走了她生命中最美好的时刻,因此罗莎反复念叨:“小偷偷走了它。”⑥“对我(罗莎)来说,只有曾经;没有以后。”⑦在那“之前是一场梦,之后是个笑话。只有在中间停留”,这一表述同样意味着偶像对时间演进的排斥,罗莎将大屠杀视

---

① 辛西娅·欧芝克,〈披肩〉,12。
② Cynthia Ozick, *The Shawl*, 15.
③ 同上,41。
④ Andrew Gordon, “Cynthia Ozick's *The Shawl* and the Transitional Object,” 6.
⑤ Cynthia Ozick, *The Shawl*, 58.
⑥ 同上,28。
⑦ 同上,58。

为唯一真实时间。在偶像的作用下，过去成为梦境，换言之，将过去视为梦境是一种用偶像的术语对历史的重写。活在当下的斯太拉和珀斯基选择忘记历史，用美国的价值观重塑自己的身份，重新开始新的人生，以至于罗莎讽刺地把自己的侄女称作"斯特拉·哥伦布"，即真正意义上的美国人。其实，他们同样被偶像崇拜所支配，无法体认历史的维度。摆脱了偶像崇拜，实现某种意义上的破坏偶像，这是实现救赎的唯一出路。正如考瓦尔（Elaine Kauvar）的评述，《大披肩》中的罗莎是一位偶像崇拜者，"她的偶像保存并滋养了她的痴迷（obsession），这同时也将她的未来分裂为原子"①。当罗莎的生活因珀斯基的到来而发生变化，她有了打破偶像的勇气时，她烧毁了特里（James Tree）医生力劝她参加大屠杀幸存者研究的信件。烧毁特里的信件，即烧毁树木（burning tree），无疑会让人联想到上帝借由燃烧的荆棘向摩西说话这一典故。摩西是带给犹太人解放与自由的领袖，这预示了罗莎美好的未来生活。② 小说的最后出现了"金色的宝座"（golden thrones）意象③，这里欧芝克埋下了犹太喀巴拉神秘主义中"默卡巴"的种子，借由默卡巴，人神相遇得以实现并完成了最后的救赎，而罗莎也最终从偶像崇拜的禁锢中解放出来，进入犹太传统中的律法，获得了新生。④

由此可见，大披肩作为主人公所崇拜的偶像与恋物，其隐喻的所指并不是静止的，"大披肩不仅是故事中婴儿的过渡对象，也是冲突的焦点"⑤。这种冲突的焦点在很大程度上指向了纳粹主义，因为纳粹主义同样是通过静止和僵死的方式，阻隔人们对多元性的追求。最终，纳粹主义将自身视为绝对真理，成为人们膜拜的偶像。人们在膜拜的过程中也丧失了所有可能的同情心。在纳粹集中营中，德国士兵如同上帝一般掌握着犹太人的生命，由他们来定义真理和描绘意义，大屠杀背后蕴含的是人类与造物主之间的竞争，人类希望成为价值的制定者与裁度者。这俨然是比大披肩更恐怖的偶像。

从这个角度看，反对偶像崇拜，破坏偶像，便成为一种反对纳粹集权思想的进步话语，这也是欧芝克借《大披肩》展开的反思与批判。大屠杀源自偶像崇拜，同时也在延续偶像崇拜，这使得欧芝克将偶像崇拜视为一种无法逃脱的犹太人

---

① Elaine M. Kauvar, "The Dread of Moloch: Idolatry as Metaphor in Cynthia Ozick's Fictions," *Studies in American Jewish Literature* 6 (1987): 117.

② 同上，119。

③ 参见 Cynthia Ozick, *The Shawl*, 70。

④ 参见 Elaine M. Kauvar, "The Dread of Moloch: Idolatry as Metaphor in Cynthia Ozick's Fictions," 119。

⑤ Andrew Gordon, "Cynthia Ozick's *The Shawl* and the Transitional Object," 2.

宿命;而犹太教义明确禁止偶像崇拜,这让犹太人永远处于一种渎神与敬畏上帝的张力中。所以,在欧芝克的《大披肩》中,我们会读到小说中的人物以自己的方式崇拜偶像,同时也能看到罗莎因无法将自己的大屠杀记忆传达给自己的顾客,愤而将纽约的古董店关掉,这实则是一种打破偶像崇拜之举,让人想到《圣经》中的亚伯拉罕打碎父亲保存的多个偶像,开始一种全新的一神教崇拜。这也让人联想到水晶之夜这一历史事件,纳粹党徒同样摧毁了犹太人的商店,标志着大屠杀的开始。小说结尾也多处预示了对披肩这一偶像的破坏:斯太拉将大披肩寄给罗莎,表明她不再固执维系与罗莎的联结,放弃了偶像崇拜。罗莎在珀斯基的开导下,逐渐摆脱大屠杀的创伤负担,完成身份意识的转变,当罗莎"从电话上取下大披肩"时,作为隐喻的偶像——大披肩完成了其使命,"玛格达不在那里。害羞,她逃离了珀斯基。玛格达离开了"①。

四、结语

作为犹太作家,欧芝克对偶像崇拜持有一种矛盾的态度。一方面,犹太传统的禁止偶像崇拜,另一方面,文学创作所必须的想象力本身就是一种缪斯式的偶像,需要仰视和膜拜。此外,偶像本身的多重意蕴,正是欧芝克在不同时期的作品中所极力挖掘的,尤其是欧芝克将大屠杀与偶像崇拜结合在一起来思考现代性社会中犹太传统何去何从的问题,这也是她一直探索的"礼拜式文学"的写作风格,即在厘清犹太历史(特别是大屠杀)的脉络上,在遵守犹太教律法和契约观的基础上进行创作。欧芝克断言:"离散地的思想或著作,除非以犹太思想为核心,否则便无法持久。"②在罗莎的信里,她"假想出一个共有的和礼拜式的听众",即她的女儿,并在此基础上展开一种具有历史性的"宗教的仪式"。③

玛格达的离开表现出欧芝克对偶像崇拜的进一步思考。很明显,欧芝克并不是一位严格意义上的犹太教作家,她接受犹太作家的身份,但一直思考其中所蕴含的悖论性,内中的原因恐怕在于欧芝克并没有将犹太性、犹太传统、犹太思想等核心术语视为"一种范畴,而是一种深度"④。犹太思想对欧芝克而言不是

① Cynthia Ozick, *The Shawl*, 70.

② Cynthia Ozick, *Art & Ardor*, 160.

③ Amy Gottfried, "Fragmented Art and the Liturgical Community of the Dead in Cynthia Ozick's 'The Shawl,'" 45.

④ Diane Cole, "I Want to Do Jewish Dreaming," *Present Tense* 9 (1982): 56.

信仰体系，而是一种与社会关联到一起的、开放的宗教文本传统。在这一传统中，对质疑和批判的禁止便是一种偶像崇拜；在这一传统外，对批判本身及批判的可能性所进行的批判也是一种偶像崇拜。偶像崇拜的概念只能通过隐喻的方式呈现在欧芝克的诸多作品中，并在大屠杀的隐性语境中得以呈现。在此基础上，救赎的含义便指向了一种对静止与宿命的拒绝，换言之，救赎是一种更新与转变，其中需要想象力的加入。在1988年(即《大披肩》出版后)接受《巴黎评论》采访时，欧芝克对"写作是否为偶像崇拜?"这个问题的回答是：在写作时，想象力并非制造意象，"目前在讲故事的领域里，我也不再认为我在制造偶像"。伦理的一神论诫命需要一种想象力，"如果你拒绝想象力，你就不再是犹太人"。[①] 很明显，这时的欧芝克已经将想象力放置到了犹太传统之中，以一种反偶像崇拜的姿态对"犹太作家"这一身份中的悖论性给出了自己的回答。

① Victor Strandberg, *Greek Mind, Jewish Soul: The Conflicted Art of Cynthia Ozick* (Wisconsin: University of Wisconsin Press, 1994), 26.

Idolatry as Metaphor: Holocaust Writing in Cynthia Ozick's *The Shawl*

CHEN Ying　YUAN Haotian

Abstract: Contemporary American Jewish writer Cynthia Ozick advocates anti-idolatry as a means of safeguarding Jewish tradition. However, the imaginative power embodied in pagan idolatry is precisely the soil in which literary creation is born and extended. When the combination of Jewish identity and her literary creation creates a tension with the oxymoronic feature, Ozick inevitably needs to utilize metaphors to manifest her literary pursuits and religious assertions. This paper argues that Ozick presents three types of idolatry in *The Shawl* with the "shawl" as an idol, which is manifested in the form of metaphor. Meanwhile, Ozick associates idolatry with the Holocaust as an expression of her reflection on Jewish tradition and modernity.

Key Words: *The Shawl*, Metaphor, Idolatry, Holocaust Writing

被遗忘的"犹儒对话"*

——开封犹太教会堂楹联释读研究

杨 叙**

【摘要】本文围绕悬挂于明清时期开封犹太教会堂中的楹联,对楹联内容进行释读、比较和分析,考察开封犹太人灵活运用儒学、佛学与道学等中华传统文化,阐释犹太教的教义、经典和历史的尝试。例如,借用道家的"有无思想"和儒家的"生生思想"解释犹太教的独一神观念,引用《诗经》中含有敬天法祖意蕴的诗句诠释犹太教礼拜崇敬上帝的诫命,运用儒家的生命观念对摩西十诫中"不可杀人"的诫律进行对释与理解。由楹联所呈现的"犹儒对话",为已有的"儒释道合一""伊儒会通""耶儒对话"等中国宗教对话研究提供新颖的案例。

【关键词】开封犹太人;宗教中国化;宗教对话;楹联

一、略述开封犹太教会堂楹联

曾经矗立和悬挂在开封犹太教会堂的中文碑刻与匾额楹联,是了解与研究开封犹太人社群历史文化的资料宝库。得益于天主教入华耶稣会士骆保禄、孟正气和宋君荣等人在18世纪上半叶数次探访开封犹太教会堂的田野记录与寄往罗马的书信,以及两名中国基督新教教徒邱天生和蒋荣基受到伦敦的犹太人基督教促进会的派遣于1850年12月9日至14日前往会堂的考察记录,最终经

* 本文系中央民族大学博士研究生自主科研项目"孟加拉国伊斯兰教本土化研究"(BZKY2024127)阶段性成果。

** 杨叙,中央民族大学哲学与宗教学学院2022级宗教学专业博士研究生。

过西班牙耶稣会士管宜穆归纳整理并于1900年在上海出版的《开封府犹太人碑题》一书，共有十七幅楹联内容保存至今。由于管宜穆对于碑文的注释最为详细，对于匾额与楹联的录文最为完整、错讹较少，加之会堂今已不复存在，所以他的录文成了珍贵的文献。①

十七幅楹联中有六幅的悬挂位置不详，需要进一步考证，其余十一幅楹联分别悬挂于会堂的第二进大门、供教职人员使用或教众临时居住的焚修住室、圣祖殿、至教堂中的立柱与窗旁、尊经龛旁的立柱、大殿前方的南北讲经堂等处。依据楹联的落款姓名，共有七人为会堂题写楹联，艾复生写有八幅楹联，沈荃撰写三幅楹联，赵映斗书写两幅楹联，艾田、艾世德、艾应奎、赵作梅各书有一幅楹联。② 其中沈荃不是开封犹太人，他作为开封地方官员和知名书法家留有数幅墨宝，但是他所题留的内容几乎是以教内人口吻而言的。陈垣认为沈荃与开封犹太人交往密切，他应犹太友人之邀，誊抄由开封犹太人创作的楹联并且题名，以此体现友情之真诚。③ 其余撰写楹联的六人皆是明清时期开封犹太人社群中的知识分子，其中艾田与赵映斗分别以举人和贡士的身份担任地方官员，艾应奎、艾复生父子先后接续家族传统医生行业担任周王府医官，作为普通教众的艾世德是社群中的热心人，为清初重建会堂出力颇多，《开封府志》与《祥符县志》均载有其少年时代拾金不昧的事迹。④

依照陈垣和潘光旦两位先生的整理与考证，开封犹太教会堂中的十七幅楹联内容、题者、年月、悬挂地点的基本信息如表1所示。

表1　开封犹太教会堂楹联

楹联内容	题者	年月	悬挂地点
自女娲嬗化以来，西竺钟灵，求生天生地生人之本； 由阿罗开宗而后，中华衍教，得学儒学释学道之全	沈荃	康熙十八年	第二进二门左右两侧

① 参见 Joseph Dehergne 荣振华、Donald Daniel Leslie 李渡南，《中国的犹太人》[Jews in China]，耿昇 Geng Sheng 译(郑州 [Zhengzhou]：大象出版社 [Elephant Publishing House]，2005)，7。

② 参见潘光旦 Pan Guangdan，《中国境内犹太人的若干历史问题》[Some Historical Issues of the Jews in China](北京[Beijing]：北京大学出版社[Peking University Press]，1983)，158—160。

③ 参见陈垣 Chen Yuan，《陈垣全集》第二册[The Complete Works of Chen Yuan (Volume 2)](合肥[Hefei]：安徽大学出版社[Anhui University Press]，2009)，103—104。

④ 参见刘百陆 Liu Bailu，《开封犹太人碑文研究》[A Study on the Inscriptions of Kaifeng Jews](河南大学研究生硕士学位论文[Henan University Master's Degree Thesis]，2006)，67。

续表

楹联内容	题者	年月	悬挂地点
教学合尼山人物，本乎天祖，冬至而修，恪守先王闭关之典；字画宗庖羲义理，包乎法象，七日而斋，得其复见天地之心	艾复生	康熙二十七年秋	焚修住室
祖独承天敬天，因而念祖；生能止杀戒杀，所以尊生	沈荃	康熙十八年	至教堂大殿前柱
对太空以爇栴檀，都忘名象；溯西土而抗嗜欲，独守清真	沈荃	康熙十八年	尊经龛旁的立柱
天经五十三卷，口诵心惟，祝皇图于巩固；圣字二十七母，家喻户晓，愿社稷以灵长	艾田	明万历，清康熙年间艾显生重刊	明镜堂
识得天地君亲师，不远道德正路；修在仁义礼智信，便是圣贤源头	赵映斗	康熙九年	至教堂前殿窗旁
有不滞象，无不沦虚，道更在有无之外；礼自尊天，义惟法祖，心常存礼义之先	艾世德	康熙十五年冬	至教堂后殿立柱
帝命曰明曰旦，银烛煌煌，仰俯照临之有赫；纯嘏维馨维清，紫檀袅袅，肃将芳烈之寅修	赵映斗		至教堂后殿旁柱
春祭采生，秋祭报成，不敢忘天地生成之义；尊祖于殿，祀宗于堂，亦以尽侑享祖宗之思	艾复生	康熙二十七年秋	圣祖殿
仰瞻造化天，敢不起恭起敬；俯拜长生主，自宜洁体洁心	赵作梅		至教堂后殿横窗旁

续表

楹联内容	题者	年月	悬挂地点
统天地人物而著经，纲常伦纪秩然千古，道德居名象之先； 合干支五行以成字，礼乐文章灿乎百代，点画在图书之始	艾复生	康熙二十七年秋	讲经堂
道源于天，五十三卷，备生天生地生人之理； 教宗于圣，二十七字，得传心传道传学之微	艾复生	康熙二十七年秋	
为化为育，理备化育之全； 积气积形，道居形气之先	艾复生	康熙二十七年秋	
生生不已常生主， 化化无穷造化天	艾应奎		
统天地人物以为道，不尚名象； 合君亲师友以立教，非涉空虚	艾复生		
曰明曰旦，昭事惟严； 本天本祖，奏格匪懈	艾复生		
由阿罗而立教，法宗无象； 自默舍而传经，道本一中	艾复生		

二、释读开封犹太教会堂楹联

根据楹联的内容和意旨，十七幅楹联可被归类为“回顾犹太社群历史”“阐释犹太宗教义理”“倡导道德伦理教化”三个主题。以“回顾犹太社群历史”为主题的楹联主要讲述诺亚、亚伯拉罕与摩西等犹太先贤传续宗教的历史、开封犹太人社群来华历史与《摩西五经》的基本信息。以“阐释犹太宗教义理”为主题的楹联主要围绕阐明上帝的存在性质、强调核心教典中所载诫律等方面。以“倡导道德伦理教化”为主题的楹联着眼于儒家思想中的“五伦”与“五常”，阐明犹太教与儒家传统在道德伦理教化方面殊途同归，倡导犹太人崇敬上帝、顺服现世君王、孝敬父母、尊重师长与拉比，践行仁义礼智信的道德准则。由于部分楹联的内容和意蕴相近，因此笔者选取其中较为典型的楹联进行释读。

（一）回顾犹太社群历史

（1）第一幅楹联：

自女娲嬗化以来，西竺钟灵，求生天生地生人之本；
由阿罗开宗而后，中华衍教，得学儒学释学道之全。

云间沈荃敬书

释读：

自从先知诺亚传续宗教和繁衍后代以来，犹太教发源的西方天竺地区汇聚着灵秀之气，人们不断地求索上帝造化天地与人类的深奥本源。随着先知亚伯拉罕得到上帝的启示开创犹太教之后，犹太教来到中华大地延续到今天，犹太教得到儒教、佛教、道教各种文化传统的补充而得以日臻完善。

这幅楹联的书写者是活跃于清朝顺治和康熙两朝的官员沈荃，沈氏乃上海松江人，“云间”是松江的别称，所以楹联落款是“云间沈荃敬书”。沈荃长期在河南为官，他与开封犹太人关系密切，加之开封犹太人在地方社会较有影响，为地方官府所重视和尊重，因此沈荃曾为会堂撰写楹联与匾额。

上联中的“女娲”即是犹太教先贤诺亚，女娲在中国古代神话中有炼石补天的事迹，在犹太教传统中，诺亚得到上帝的启示，盛载人类与动物进入建造好的方舟中避难。女娲与诺亚虽是不同文化中的神话人物，但是二者都具备承接天意而拯救人间的功绩，因此熟悉中国传统文化的开封犹太人便将“女娲”指代“诺亚”。在正德碑与康熙碑中，亦有“自开辟以来，祖师阿耽，传之女娲，女娲传之阿无罗汉”①与“始于阿耽，继之女娲，继之阿无罗汉”②的本土化称谓传统。“西竺钟灵”是开封犹太人对作为祖源之地的西方天竺山川秀美的形容，开封犹太人笃信他们的兴起之地是在天竺，弘治碑载：“噫！教道相传，授受有自来矣，出自天竺，奉命而来”；正德碑与康熙碑中亦有“本出天竺西域”与“教起于天竺”的沿用说法。“生天生地生人”是开封犹太人对儒道两家的“三才者，天地人”思想的借鉴。《周易》中有“兼三才而两之，故《易》六画而成卦”③的记载，国学经典《三字

① 陈垣，《陈垣全集》第二册，69。

② 同上。

③ 杨天才 Yang Tiancai、张善文 Zhang Shanwen 译注，《周易》[The Book of Changes]（北京[Beijing]：中华书局[Zhonghua Book Company]，2011），648。

经》精炼概括为“三才者，天地人”。中国哲学认为“天、地、人”是构成生命现象与生命意义的基本要素，“人”作为万物之灵汲取天地正气而存续于世间，应当效法天地为社会大众作出贡献。楹联运用“天地人”观念阐述上帝造化天地与人类世界的过程。犹太教认为人类个体是按照上帝意愿造就的，仁慈与博爱是上帝的属性，作为人类应该具有上帝的精神标识，使人能够感受到作为个体的人应有的尊严的道德意识，真切地感悟上帝的恩典。因此宣扬和实践仁慈与博爱是义务，个人理应诸恶莫作、众善奉行，使得犹太社群趋向于真善美，人与天地和谐共生的愿望与“天地人”观念相一致。

为了与上联中“女娲”对称，下联起始的“阿罗”是“阿无罗汉”的简称，“阿无罗汉”是开封犹太人对于其祖先亚伯拉罕的音译称谓。“罗汉”作为佛教术语指的是佛陀得法弟子修持最高的果位，中国人对于罗汉的通俗理解是修行玄奥与道行高深的宗教大师。亚伯拉罕作为接受上帝启示的先知与犹太族群的祖先，他的贡献与地位足以达到“罗汉”的标准，因此开封犹太人将亚伯拉罕音译为“阿无罗汉”，既遵循人名原词同音，又富含中文语境的深刻意蕴。“开宗”指的是亚伯拉罕承接上帝下降的启示，建造神坛奉献给耶和华，求告耶和华的名，自此尊奉独一上帝的犹太教开始在人间传播的过程。“中华衍教”即是将开封犹太人“归我中夏，遵守祖风，留遗汴梁”从天竺迁徙中国的社群历史略述，开封犹太人从寓居到扎根中国的结果，是在多元通合的中华文明之中，犹太人学习和吸纳儒教、佛教、道教传统中与犹太教相契合的内容，借助中国主流的文化传统尝试作出符合社会价值与适宜外界理解的犹太教阐释。

值得玩味的是，天主教传教士葡萄牙人骆保禄在几十年后探访开封犹太人社群，当他问及这幅楹联内容的时候，开封犹太人“立即反驳说这是由一名大吏写的。他们说他们自己的教法要比儒、释、道三教更为古老，无须接受儒生们的教训，更谈不上听从和尚们与道士们的说教了”①。从骆保禄的这则记录可以窥探当时开封犹太人的心理，一方面他们认为沈荃论及犹太教“学儒学释学道”过于直白，并非事实，另一方面他们将地方官员撰写的楹联悬挂在最为神圣的会堂柱子上面，以此彰显结交官宦阶层的影响力。

(2)第二幅楹联：

由阿罗而立教，法宗无象；
自默舍而传经，道本一中。

尊教弟子艾复生薰沐敬题

① 荣振华、李渡南，《中国的犹太人》，74。

释读：

我们的宗教是由亚伯拉罕得到上帝的启示而创立的，我们的上帝没有具体的容貌形象。自从摩西得到上帝下降的经典，并且将经典传播于后世，立身行道、经世致用的根本就是信仰上帝乃唯一的真神。

楹联中的“阿罗”与“默舍”分别是亚伯拉罕与摩西的中文音译称谓。上联回顾亚伯拉罕得到上帝的启示而创立犹太宗教的历史。“法宗”指代上帝，“无象”出自《老子》所载“绳绳兮不可名复归于无物。是谓无状之状，无象之象，是谓忽恍”，“无象”意为没有行迹和形象，凸显“道”的玄妙难辨和无色、无音、无形的恍惚之感。[①] 开封犹太人借用“无象”表示上帝“无形永恒”的属性，上帝是常人自身能力所无法感知的。因此结合“由阿无而立教”的历史回顾，“法宗无象”意为亚伯拉罕等历代先贤向人们宣扬上帝缥缈清净、无可寻觅的属性，强调上帝是不可比拟和无法具象的超越性存在，对于无限的上帝来说，时间和空间便失去了意义。

下联首先提到摩西的功绩是“传经”，呼应弘治碑叙述摩西“求经于昔那山顶，入斋四十昼夜，去其嗜欲，亡绝寝膳，诚意祈祷，虔心感于天心；正经一部，五十三卷，有自来矣”[②]的内容，回顾摩西在西奈山得到上帝亲手写的十诫法板，并教导希伯来人诫命、典章及律例，以及建造会堂的事迹。楹联中的“道”指犹太教，具体指上帝传授人类的教诲和人类尊奉上帝所应行的规矩。“本”意为根源、本质，“一”有专一、纯粹之意，“中”意为不偏不倚。整体理解“道本一中”便是“犹太教的根本就是不偏不倚地信仰唯一的上帝”，与下联的“传经”对应，在摩西传播的十诫中的第一条诫律便是“我是你的上主，你的天主，除我之外，你不可有别的神”。

(3)第三幅楹联：

戊辰秋菊月上浣之吉
道源于天，五十三卷，备生天生地生人之理；
教宗于圣，二十七字，得传心传道传学之微。
尊教弟子艾复生沐手敬题

释读：

犹太教源于上帝的启示和点化，《摩西五经》共有五十三卷，这部传续千载的

① 参见汤漳平 Tang Zhangping、王朝华 Wang Zhaohua 译注，《老子》[Lao Tzu](北京[Beijing]：中华书局[Zhonghua Book Company]，2022)，53—55。

② 陈垣，《陈垣全集》第二册，63。

经典囊括上帝造化天地与人类等世间万物的原理。犹太教尊崇历代圣贤,圣贤传续下来的经卷内容是用二十七个希伯来语字母写就的,诵读经卷能够习得有关品性、道德、知识的精妙深奥道理。

上联的“道”指犹太教,“天”指上帝,“源于”表示“道”从属于“天”,表明犹太教始于上帝启示。“五十三卷”指的是《摩西五经》被划分为五十三卷进行传抄和诵读。“生天生地生人”就是前文所述“天地人”思想,开封犹太人多次引鉴这一思想,说明他们认为《摩西五经》在宗教信仰和伦理道德方面同“天地人”思想一致。人类作为现实世界的核心主体,应当效法天地的高厚覆载之德,用一颗仁义之心来为社会大众作出贡献,既契合儒教倡导的“仁者爱人”,亦同理于犹太教提倡的“仁慈博爱”。作为权威经典的《摩西五经》,其内容涵盖上帝造化世界的过程与规范人类社会原则,教导子民应该仿效上帝,培养博爱、谦卑、慈善、诚实、宽恕、节制的优良品德。

下联的“教”亦指犹太教,“圣”泛指犹太教历代先贤,“宗”作为动词表示尊崇与敬重,“教宗于圣”可以理解为犹太教倡导教众在尊崇上帝的同时,也要尊重和纪念诸如亚伯拉罕、摩西等犹太先贤。体现犹太人相信自身不只是属于今天,其生命也是那些给予他以信仰的祖先生命的延续。[①] “二十七字”是指开封犹太人传抄与收藏的《摩西五经》是由希伯来文写就的,希伯来文是由二十七个字母组成。但是希伯来字母实际上有二十二个,骆保禄发现开封犹太人所使用的字母表中有五个字母是复合音,因此才有二十七个字母的说法。[②] “传心传道传学”可以提炼出“心、道、学”三个方面,“心”意为符合犹太教价值观念的内心性情品行;“道”是上帝降示给人类应行的教诲和原则;“学”意为犹太教的知识。下联意在强调先知观念和宗教经典的重要性,历代先贤是由上帝拣选并负责传达上帝意旨,犹太教是在先贤们的接续引领之下发展至今,作为教众理应坚信先知的预言真实无误,敬重与缅怀历代先贤也是一项宗教义务。《摩西五经》蕴含品性、教义、知识等众多方面的精深奥妙之理,教众通过研读《摩西五经》,可以习得上帝的神圣律法与宗教知识,能够塑造契合宗教价值观的性情品行。

(二)阐释犹太宗教义理

(1)第一幅楹联:

戊辰秋菊月上浣之吉

① 参见 Leo Baeck 利奥 · 拜克,《犹太教的本质》[Essence of Judaism],傅永军 Fu Yongjun、于健 Yu Jian 译(济南[Jinan]:山东大学出版社[Shandong University Press],2002),4。

② 参见荣振华、李渡南,《中国的犹太人》,91。

教学合尼山人物，本乎天祖，冬至而修，恪守先王闭关之典；
字画宗庖羲义理，包乎法象，七日而斋，得其复见天地之心。

尊教弟子艾复生沐手敬题

释读：

犹太教的教理学说契合于孔子的儒家传统，依从于上帝的意旨和历代祖先的倡导，人们在冬至时节开展斋戒修行活动，严格遵守往昔圣贤们进行归隐修道所遗留下来的典故。犹太教的文字点画仿效自伏羲的思想学问，涵盖包罗世间一切的事物现象，人们每隔七天进行安息日的斋戒，经由斋戒领悟上帝造化宇宙万象的奥妙。

坐落于山东曲阜的尼山是孔子的诞生之地，因此上联里的“尼山人物”可以理解为“孔子及其弟子开创的儒家学说”。“本乎”中的“本”作为动词意为本源，作为介词的“乎”意为于、在，“天祖”应为造化万物的上帝，艾复初认为儒家思想的本源与上帝所创的犹太教并无差别。上联后半部分“冬至而修，恪守先王闭关之典”源于《周易・复卦》中“先王以至日闭关，商旅不行，后不省方”这则典故，上古的君王在阳气微弱的冬至日闭关修养，暂停巡视四方邦国的活动，商贾旅客也不远行商贸，对以往进行回顾和总结，安排来年的任务，以求长足发展。[①] “闭关”包括斋戒、沐浴、静养，达成与俗世暂时隔离的阈限状态。艾复生灵活地将《周易》中冬至闭关斋戒的典故置换为阐述犹太教斋戒的合理性。斋戒是犹太教的一项重要功修，斋戒通常是纪念犹太人历史中的某一不幸事件，斋戒的目的包括向上帝忏悔罪过、实现自我净化和抑制自身的物质欲望而重拾精神力量。[②] 弘治碑论述斋戒的意义在于“斋乃入道之门，积善之基”。

下联中的“庖羲义理”是由中国神话中的人类始祖伏羲创立的八卦学说，八卦中所蕴含的“天人和谐”的整体性、直观性的思维方式与辩证法思想是中华传统文化的原点。[③] 艾复生认为犹太宗教义理与八卦学说相近，都是囊括与解读世间万物运行规律的真理。“七日而斋”指代“安息日”，安息日是犹太人在每周的第七日谨守的斋戒之日，从周五晚上开始，一直到周六日落时结束，旨在使创

① 参见杨天才、张善文译注，《周易》，226—227。

② 参见黄陵渝 Huang Lingyu，《犹太教》[Judaism]（北京[Beijing]：中国社会科学出版社[China Social Science Press]，2008），162。

③ 参见李庚香 Li Gengxiang，〈当代的精神处境——在“广泛的哲学体系”与人类精神价值指向之间探寻〉[The Spiritual Situation of the Contemporary World: Exploring between the “Extensive Philosophical System” and the Orientation of Human Spiritual Values]，于《河南社会科学》[Henan Social Sciences]，2023年第5期[2023, Issue 5]。

世说这一极其珍贵的思想在人们心中长久不衰、永世流传。[①] 人们在安息日停止工作、禁绝生火煮食，通过诵经和祈祷来敬奉上帝。开封犹太人将安息日视为最重要的斋戒，康熙碑载有“斋者，精明之至也。七日者，专致其精明之德也。斋之日，不火食，欲人静察动省，存诚去伪，以明善而复其初也”。楹联认为安息日的意义是人们通过斋戒达到修养身心的状态，通过灵性休憩可以领悟上帝造化宇宙万象的奥妙，即“复见天地之心”，又使生命免于世俗性的喧嚷，使生活为虔敬所充盈。安息日与其他犹太教节日联结成一根神圣的纽带，贯穿于开封犹太人的日常生活中，使社群凝聚在一起，不至于将生活分裂为单纯的时间延续。[②]

(2)第二幅楹联：

祖独承天敬天，因而念祖；
生能止杀戒杀，所以尊生。

华亭沈荃书

释读：

亚伯拉罕、摩西与以斯拉等历代犹太先祖，独当一面地承担起上帝降示的天命，引导人们敬爱上帝，因此需要怀念和感恩他们。上帝创造生命的大能可以制止杀戮和戒除侵犯他者生命的恶行，所以我们理应尊重上帝，践行爱惜自我与关爱他者的生命观念。

“祖”字原意为祖先或者创始人，上联的首字“祖”指犹太人的历代先贤，他们秉承上帝的意旨，创立和传播犹太教。数方会堂碑刻中述及的阿耽(亚当)、女娲(诺亚)、阿无罗汉(亚伯拉罕)、以思哈㲼(以撒)、乜摄(摩西)、阿呵联(亚伦)、月束窝(约书亚)、蔼子剌(以斯拉)都属于“祖”的范畴。“承天”一词出自《易经·坤卦》中“至哉坤元，万物资生，乃顺承天”，赞颂大地不仅可以顺承阳光的照耀而哺育万物生长，同时可以安分随顺地承载万物。[③]《易经》以“乾天坤地”代表宇宙自然界，万物的生命来源于天和生成于地，“承天”的本意便是倡导人类顺从天地的规律而生活，是从个体的生命存在出发去理解自然界。[④] 楹联中的“天”指代

① 参见 Moses Maimonides 摩西·迈蒙尼德，《迷途指津》[The Guide for the Perplexed]，傅有德 Fu Youde、郭鹏 Guo Peng、张志平 Zhang Zhiping 译(济南[Jinan]，山东大学出版社[Shandong University Press]，1998)，522。

② 参见利奥·拜克，《犹太教的本质》，143。

③ 参见杨天才、张善文译注，《周易》，28—29。

④ 参见蒙培元 Yang Peiyuan，〈天·地·人——谈《易传》的生态哲学〉[Heaven, Earth, and Man: On the Ecological Philosophy of Yi Zhuan]，于《周易研究》[Zhouyi Research]，2000年第1期[2000, Issue 1]。

上帝,“承天敬天”意为顺服和履行上帝降示的诫律与敬爱上帝。正是因为犹太教历代先贤以自己的言传身教践行“承天敬天”的宗教义务,所以后辈理应时常“念祖”,通过祭祖仪式表达对他们的怀念和感恩。

“生”字是中国传统文化中的核心概念,其基本含义是“生命”,比如殷代卜辞中有“其获生鹿”;《论语》中有“志士仁人,无求生以害仁,有杀身以成仁”;《孟子》中有“生,亦我所欲也;义,亦我所欲也。二者不可得兼,舍生而取义者也”的教诲。下联的“生”可以理解为“犹太教的生命观念”,犹太教将生与死视作上帝赋予人类的内在属性,生命是人类最为宝贵的财富。“止杀戒杀”对应《摩西十诫》中的第六诫“不可杀人”,不得犯下自杀和侵犯他人生命的恶行,《塔木德》中曾教导无论谁毁灭了一条生命,便视其为毁掉了整个世界,自杀是受到深恶痛绝的行为,并且作为滔天大罪受到谴责。[①] 下联旨在劝导人们积极地思索上帝创造人类生命的意义,时刻关注日常生活中的各种行为是否符合契约所载的诫律,实现生命的价值,直到不可阻挡的死亡降临,在上帝的接纳中使灵魂得到安息。同时犹太人坚信上帝从万民中拣选犹太人作为“选民”,作为与上帝订立契约的子民,更应感恩上帝造化人类和选定犹太人,珍惜来之不易和弥足珍贵的生命,此乃“尊生”。

(3)第三幅楹联:

对太空以爇栴檀,都忘名象;
溯西土而抗嗜欲,独守清真。

华亭沈荃书

释读:

在会堂之内举行宗教仪式的时候,朝向玄高的天空焚燃栴檀香料,人人能够沉浸其中,忘却俗世的名物制度。追溯犹太教发源于西方和传衍至中国的历程,回味这段历史能够抗拒追求肉体享受的欲望,生发出独自坚守精一无二、正而无邪的宗教追求。

上联中的“太空”原指玄高远大的天空,此处指代寓居天堂的上帝。“爇”意为焚烧、引燃,“栴檀”作为一种常见的檀香香料,经常做为庙宇焚香之用。“名象”源自《荀子·正论》所载“天下之大隆,是非之封界,分职名象之所起,王制是也”(天下的最高标准,判断是非的界限,确定各种名分、职位和名物制度的根据,

① Abraham Cohen 亚伯拉罕·科恩,《大众塔木德》[Everyman's Talmud: The Major Teachings of the Rabbinic Sages],盖逊 Gai Xun 译(济南[Jinan],山东大学出版社[Shandong University Press],2006),78、87。

就是王者的制度)[①],《荀子》中的“名象”是指可以表述的各种外在事物。楹联中的“名象”指代具有实体的外在元素,是上帝在客观世界中造化的各类具体物象。因此上联展现的是犹太人在会堂中举行宗教仪式的场景,教众通过焚燃香料礼拜和崇敬上帝,沉浸在仪式之中,能够暂时忘却俗世欲念和外在事物。体现礼拜的最高尚的意义是个体同造物主之间内心深处的亲密交流,礼拜不仅仅是口唇与身体的运动,它必须是发自内心的虔信。

下联中的“清真”一词在道教中被用来形容清净高洁、纯真朴素的品质,置于楹联中则是阐释犹太教的礼拜功修,开封犹太人还曾以“清真寺”称呼礼拜会堂。弘治碑中所载“清者精一无二,真者正而无邪”是对“清真”一词的高度概括。“清”是“精一无二”,要求教众虔诚信仰上帝独一无二的至高地位,坚信上帝对自身的眷顾;“真”是“正而无邪”,要求教众依照摩西十诫行事,保持身心的纯净无暇。[②] 下联提及社群来源于天竺,几经辗转最终留存于中国的历史,作为后人理应抗拒追求肉体享受的欲望,完全沉浸和献身于宗教信仰,谨遵摩西十诫赋予人的义务,这种宗教信仰与实践的精炼总结就是“独守清真”。

(4)第四幅楹联:

丙辰冬月上浣吉旦

有不滞象,无不沦虚,道更在有无之外;

礼自尊天,义惟法祖,心常存礼义之先。

教人艾世德沐手敬书

释读:

上帝的形象流动不居,不会因为没有实体而沦为虚无,上帝之道超脱于“有”和“无”的范畴之外。犹太教的宗教礼仪源于对上帝的尊崇,人们理应学习和效法历代祖先传续下来的道德规范,始终将宗教礼仪和道德准则内化于心中。

“不滞”意为内在思想和外在神形不受任何拘泥和阻滞。“象”通假于“像”,意为形象、状貌,例如《老子》论述“道”的模样“恍兮惚兮,其中有象”[③]。上联里的“有不滞象”可以理解为上帝的形象变动不居,没有固定形态。“虚”与“实”相

① 参见方勇 Fang Yong、李波 Li Bo 译注,《荀子》[Xun Zi](北京[Beijing]:中华书局[Zhonghua Book Company],2011),296—298。

② 参见刘百陆,《开封犹太人碑文研究》,50。

③ 汤漳平、王朝华译注,《老子》,82—84。

对，意为空虚、虚无，《论语·泰伯》中有“有若无，实若虚，犯而不校”①。“无不沦虚”可以阐释为上帝没有实体存在并不会沦为虚无。属于道家学问的“有无”辩证思想在《老子》中有多处阐述，例如“无名，万物之始；有名，天地之母”②；“天下万物生于有，有生于无”③；“故有无相生，难易相成，长短相形，高下相倾，音声相和，前后相随”④。“有无”是存在于事物和世界中的一套辩证关系，“无”是在“有”之前并高于“有”。“有无”思想意在说明，一些看似无用之人之物，才是真正的有大用，才能长久地生存下去，此乃一种人生智慧。开封犹太人借用道家的“有无思想”诠释犹太教对于上帝的定位和属性问题，“道更在有无之外”是对上联前面两句的总结，可以理解为犹太教主张上帝没有实体形象，信众并不会因为没有塑像无法祭拜而使内心虚空无助，世界皆是上帝造化而成，“无”外显形象的上帝借由世间运转和万物生长显现自身的神力，即是“有”，这是主张独一神论的犹太教的信仰核心。

“礼”的本意是举行礼仪以祭神求福，下联中的“礼”指犹太教的礼拜、斋戒、祭祀等一系列仪礼，本质是表达对上帝的尊崇，因此“礼自尊天”理解为在会堂中举行的宗教仪式是源自对“天”(上帝)的崇奉，目的是怀着虔敬与端庄的态度崇拜上帝，祈求上帝赐福于民。“义”的原意是按照正义或者道德规范的要求，下联中的“义”指犹太教的价值取向，“法”意为可以被效仿的标准或者模范，前文已有述及的“祖”可被解释为犹太教历代先贤。“义惟法祖”是指犹太教的价值取向与道德规范已由犹太教先贤们贯彻与实践，后辈教众理应学习和效法他们，明确地表达了犹太人的先知观念。“心常存礼义之先”是对下联的概括，意在倡导人们坚守日常礼拜、斋戒功修，同时切实践行由先辈传续至今的诫命和其他道德规范，将两者放置在日常生活的首要位置，内心更应该诚信上帝和遵守诫命。

(5)第五幅楹联：

帝命曰明曰旦，银烛煌煌，仰俯照临之有赫；
纯嘏维馨维清，紫檀奥奥，肃将芳烈之寅修。

尊教弟子赵映斗沐手敬书

释读：

上帝的意志知晓世间一切，宛若闪闪发亮的银制烛台，他洞察人间慧目明

① 陈晓芬 Chen Xiaofen、徐儒宗 Xu Ruzong 译注，《论语·大学·中庸》[Analects of Confucius · Great Learning · Doctrine of the Mean](北京[Beijing]：中华书局[Zhonghua Book Company]，2011)，91。

② 汤漳平、王朝华译注，《老子》，2—6。

③ 同上，154—155。

④ 同上，8—10。

亮。上帝赐予世间的福气芳香与纯洁，恰似悠远绵长的紫檀香气，人们应该重视清晨的礼拜，将它作为一项重要的功修和事业。

上联中的“帝命”即指天帝的意旨，《诗经・大雅・文王》中有“有周不显，帝命不时”，意为周王朝光辉荣耀，得益于上天的意旨能够得到完全的遵照。[①]“曰明曰旦”源于《诗经・大雅・生民之什・板》的结尾两句“昊天曰明，及尔出王。昊天曰旦，及尔游衍”，意为昊天上帝的意志明白可鉴，对于无道之人的惩戒无处不在[②]，作者凡伯基于周代传统的敬天思想，意在劝诫周厉王感知上天的威严，改变政令，使人民摆脱苦难，融洽自安。开封犹太人以“昊天”指代造物主上帝，“曰明曰旦”形容上帝洞察万事万物的大能形象。因此上联中的“帝命曰明曰旦”理解为上帝的意志不可妄测，上帝能够洞察世间发生的任何事情，并且决定万物的发展与变化。“银烛”即指银制的烛台，它是犹太教仪式中的典型器物，比如每个星期五在日落时分点燃烛台承托的蜡烛，代表安息日的开始，同时在光明节的时候，烛台亦是极为重要的物件。“煌煌”意为明亮耀眼、光彩夺目，《诗经・陈风・东门之杨》中有“昏以为期，明星煌煌”，诗中的“煌煌”指的是年轻人在黄昏时分到达约会的地方，苦等恋人直到天空明星闪亮。[③]而楹联中的“煌煌”则是形容举行犹太宗教仪式时点燃的烛火将室内照耀得明亮辉煌，引申形容上帝洞察世间的能力宛若烛台闪耀的光芒。“照临之有赫”出自《诗经・大雅・皇矣》的首句“皇矣上帝，临下有赫”，“临”意为上帝居高俯视的姿态，“下”意为上帝掌管的人间，“赫”则有显著之意，整体意为天帝伟大而又辉煌，洞察人间慧目明亮。[④]《诗经》中的“上帝”是指宇宙秩序中占据最高地位的存在，是“天”与“天道”的神格化和具体化表述，开封犹太人将“上帝”用作创造宇宙的至高上帝的本土化表达。犹太教的上帝如楹联中所写的那样，居高临下地洞察世间并下达启示。

下联中的“纯嘏”出自《诗经・小雅・宾之初筵》中的“锡尔纯嘏，子孙其湛”，“纯”意为毫无杂质的洁净状态，“嘏”意为福气，古人经由祭祀和祝祷之礼而获得祝福。[⑤]因此，“纯嘏”在楹联中理解为“上帝赐予的纯净祝福”。“维馨维清”是形容上帝的赐福具有外在芳香和内里纯洁的特质。“紫檀”与“银烛”相对，应是犹太教仪式中点燃的紫檀香，根据骆保禄和孟正气的观察记录，会堂内摆放焚香

① 周振甫 Zhou Zhenfu,《诗经译注》[Translation of Shijing](北京[Beijing]:中华书局[Zhonghua Book Company],2002),395。

② 同上,449。

③ 同上,194。

④ 同上,412。

⑤ 同上,368。

的大香案，上面摆放香炉与蜡脂大烛台。[1] 燃香能够使室内芳香，香气缭绕的氛围亦能提升宗教仪式的庄严与神秘感，“紫檀袅袅”引申形容上帝下降的福佑宛若紫檀香悠远美好。“肃将”出自《尚书·泰誓上》中的“皇天震怒，命我文考，肃将天威”[2]，有敬奉与敬献之意。“芳烈”一词有馥郁的香气之意，比如曹植曾写下“遗芳烈而靖步，抗皓手而清歌”的诗句。“寅修”指的是犹太教徒在早上的礼拜功修。弘治碑载有“人于日用之间，不可顷刻而忘乎天，惟寅午戌而三次礼拜，乃真实天道之理”。开封犹太人每天进行早中晚三次礼拜，礼拜能够使教众时刻铭记上帝与完善自我。因此下联应从后至前理解，下联围绕一日之始的“寅修”展开论述，敬奉上帝的礼拜仪式对于教徒而言是一项功修和事业，礼拜仪式在紫檀缭绕的会堂举行，祈求上帝将宽宏的福气恩泽赐予人间。

（6）第六幅楹联：

生生不已常生主，
化化无穷造化天。

尊教弟子艾应奎沐手敬题

释读：

世间万物都遵循新陈代谢、永无停止的规律，我们的上帝亘古永存。世间万物变化多种多样、没有穷尽，上帝对于天地的创造演化也是如此。

上联的“生生不已”借鉴《周易·系辞上》中的“生生之谓易”思想，“生生之谓易”意为生生不灭就是阴阳相互转化产生的“变易”。[3] “生生”意为生之又生、生生不绝，《周易》认为天地万物始终处在变化的状态，变化的动力源于阴阳的冲突与调和，所谓“刚柔相推而生变化”。因此天道就是万物生生不息之道，天下之道根本在于化天道为人道，使人类生生不息而德配天地。[4] 作为事物存在的根本目标的“生生思想”被开封犹太人借用，楹联里的“生生不已”成为上帝造化世界的结果，上帝创造世间万物并且制定自然规律，事物依照上帝的意志运转有序和展现勃勃生机。“常生”一词字面意为经常产生，后来引申为长生不老。《列子·天瑞》载有“常生常化者，无时不生，无时不化”，意为产生的事物不能不产生，变

---

① 荣振华、李渡南，《中国的犹太人》，87—88、109。

② 王世舜 Wang Shishun、王翠叶 Wang Cunye，《尚书》[Shangshu]（北京[Beijing]：中华书局[Zhonghua Book Company]，2012），429—431。

③ 参见杨天才、张善文译注，《周易》，571—574。

④ 参见赵汀阳 Zhao Tingyang，《惠此中国：作为一个神性概念的中国》[The Making and Becoming of China：Its Way of Historicity]（北京[Beijing]：中信出版社[China Citic Press]，2016），142。

化的事物不能不变化，所以经常产生与变化。[①] 列子认为，作为自然规律的“道”可以使万物产生与变化，万物都遵“道”而生、循“道”而化。“常生”一词被开封犹太人用来形容“主”，即上帝。“常生”既指上帝永存实有的超然属性，亦指上帝没有固定的具体形象，无从被人把握的上帝寓于天地万物之间，恰如弘治碑中所言：“生者自生，化者自化，形者自形，色者自色。”[②]

下联中的“化化无穷”意为不断变化、没有穷尽。楹联里的“化化无穷”既指上帝无有实体、变幻莫测，又指上帝创造与掌控的天地千变万化，天地蕴含上帝的存在，人类借由天地万物感知上帝。“造化天”指代创造化育世界的上帝。下联的“化化无穷”与“造化天”形成修饰与被修饰的关系，“化化无穷”凸显上帝以其变化无穷、无有实体的超在性质造化世界和人类，还用其公正和仁慈主宰着世间一切。

(7)第七幅楹联：

戊辰秋菊月上浣之吉

为化为育，理备化育之全；

积气积形，道居形气之先。

尊教弟子艾复生薰沐敬题

释读：

上帝造化与养育世间万物，上帝制定的道理可以涵盖与阐释所有事物从造化到发育的整个过程。无形的气与可见的形共存于世间，作为核心的上帝之道规范人类社会的运转。

上联围绕“化育”展开，“为化为育”里的“为”作为表示并列关系的连词连接“化”和“育”。“化育”一词见于《中庸》所载“能尽物之性，则可以赞天地之化育，可以赞天地之化育，则可以与天地参矣”[③]，“化育”意为由天地主导的变化产生、教化养育万事万物的过程。在楹联里，“化育”这一行为的发出者是上帝，上帝以其智慧和权能化育万物。“理”字意为世间事物的规律与道理，《周易・坤卦》中有“君子黄中通理”，意为黄色是中和之色，体现君子内中祥和、通达事理[④]；《礼记・乐记》亦有“人化物也者，灭天理而穷人欲者也”，此处的“天理”是囊括常人

① 参见叶蓓卿 Ye Beiqing，《列子》[Liezi](北京[Beijing]：中华书局[Zhonghua Book Company]，2011)，2—4。

② 陈垣，《陈垣全集》第二册，63。

③ 陈晓芬、徐儒宗译注，《论语・大学・中庸》，334—335。

④ 参见杨天才、张善文译注，《周易》，42—43。

的情理、事物的本来规律与社会秩序的自然之理。[①] 上联可以理解为，上帝用其意志和意愿从虚无中生成和养育世间万物，由上帝制定的自然规律与内在事理能够阐释所有事物由造化到发育的整个过程。

下联聚焦"形气"，中国哲学思想中的"形"指能够看得见摸得着的客观事物，以流动不居、松散弥漫的状态存在于天地之间的"气"，构成宇宙万物的最根本的物质元素。依照视觉和触觉的直观判断，"气"可以分为有形与无形两种可以相互转化的状态。若以"形气"观念阐释人体生命活动，人的外在身体就是"形"，身体内里便是"气"，"气"是生命的主轴。道家以元气阐释宇宙的生成和性质，天地出现之前存在一种混沌之物，老子将这种浑然存在称为"道"，认为"道"作为最原始的存在而生成万物，之后"道"产生"一"，"一"便是由无形之道向有形之物转化的开始。开封犹太人借鉴"气"与"形"思想阐释上帝所行之"道"，即上帝于无声无息之中滋养万物和赋予万物运行的规律，上帝既由自然秩序和社会秩序显现自身实在性，此乃"形"；亦不露形迹地内化于人类头脑之中，得到教众承认与崇奉，此乃"气"。这也契合了拉比教义中上帝与世界的关系，上帝既被认为超然并远离于他所创造的万物，也贴近万物并与他们息息相关。[②] 因此上帝之"道"超脱于有形与无形的范畴，以一种力量和机制将信奉独一上帝的观念植根于信众内心深处。

(三)倡导道德伦理教化

(1)第一幅楹联：

天经五十三卷，口诵心惟，祝皇图于巩固；
圣字二十七母，家喻户晓，愿社稷以灵长。

奉教弟子艾田沐手撰
本支孙艾显生敬述重刊

释读：

上帝下降给我们的《摩西五经》共有 53 卷，我们一面诵读经典，一面思考经典蕴含的道理，祈祷我们的王朝绵延牢固。神圣的经文由 27 个希伯来字母写就，每家每户都很明白，祝愿我们的国家发展广远绵长。

"天经五十三卷"指犹太教经典《摩西五经》，内容源于摩西在西奈山接受上

① 参见胡平生 Hu Pingsheng、张萌 Zhang Meng 译注，《礼记》[Liji](北京[Beijing]：中华书局[Zhonghua Book Company]，2017)，718—719。

② 参见亚伯拉罕·科恩，《大众塔木德》，46—47。

帝的启示，因其具备天启的神圣性质，称作“天经”。在碑刻和传教士的记录中，开封犹太人也将《摩西五经》称为“正经、道经、尊经、圣经、大经、五经”等。先后探访会堂的骆保禄和孟正气都曾注意到开封犹太人收藏的《摩西五经》共有 53 卷，不同于西方犹太人的 54 卷，孟正气判定开封犹太人与迈蒙尼德派信徒一样，依照中世纪的犹太神学家迈蒙尼德的分类方式将经典划分为 53 卷。[①] 不仅是经典的划分卷数相同，传教士还观察到开封犹太人沿用迈蒙尼德所创立的礼拜仪式和礼仪经文，说明他们同迈蒙尼德派传统存在极为密切的联系。“口诵心惟”意为口中诵读，心里琢磨与品味，置于楹联中意在倡导教众在孜孜不倦诵读经典的同时，更应该思考经典蕴含的意义和道理。“皇图”意为封建王朝的版图或者单指国家，“祝皇图于巩固”意为祈祷国家绵延永固于世界之上，此处的“皇图”明显指代开封犹太人生活已有百年的中国。

“圣字二十七母”前已述及。“家喻户晓”形容《摩西五经》是人所共知并且得到尊崇的经典。“社稷”与上联中的“皇图”对仗工整同指中国，“社稷”一词原本意为土地神和五谷神，古时君王为了祈求五谷丰登定期祭祀社稷，后来便用社稷指称国家。“愿社稷以灵长”意为祈愿国家富强发展、广远绵长。

弘治碑记载永乐十九年(1412)，犹太人医士俺诚在周王朱橚的支持下，第二次重建会堂时，在显著位置树立“万岁牌”，牌上刻有金字：当朝皇上万岁万岁万万岁。到清代又改设成“万岁楼”，表示对统治者的尊崇与顺服。弘治碑的结尾也载有“受君之恩，食君之禄，惟尽礼拜告天之诚，报国忠君之意，祝颂大明皇上，德迈禹汤，圣并尧舜，聪明睿智，同日月之照临，慈爱宽仁，配乾坤之广大。国祚绵长，祝圣寿于万年，皇图巩固，愿天长于地久，风调雨顺，共享太平之福”[②]。耶稣会士骆保禄曾经观察到，在会堂大门的牌坊上面和会堂后殿都悬挂有用金字书写的“敬天祝国”匾额。[③] 通过展陈在会堂各处的碑文、楹联、匾额与万岁牌，可见开封犹太人将宗教上帝同现实社会中的君王和国家并列起来，实现了宗教信仰与政治顺服的合一，表明了开封犹太人在保持自身文化和族群认同的同时，自觉地将宗教信仰归结到维护与祈祷国家长治久安，体现了历史上的开封犹太人将爱国与爱教统一起来的优良传统。

(2)第二幅楹联：

识得天地君亲师，不远道德正路；
修在仁义礼智信，便是圣贤源头。

---

① 参见荣振华、李渡南，《中国的犹太人》，17。

② 陈垣，《陈垣全集》第二册，66。

③ 参见荣振华、李渡南，《中国的犹太人》，74。

文林郎宜良令赵映斗谨题

释读：

懂得敬天法祖、孝亲顺长的价值观念，遵守世间万物共同生活及其行为的准则和规范，不能背离这条端庄的道路。学习和实践仁义礼智信的五常观念，五常观念就是塑造超凡才智与高尚品德的圣贤的原初本源。

“天地君亲师”是儒家提倡个体应该重视与尊敬的五类对象，《荀子·礼论》载有“礼有三本，天地者，生之本也；先祖者，类之本也；君师者，治之本也”[①]。通过祭拜“天地君亲师”，表达对天地的感恩、对君师的敬重、对长辈的敬爱，体现儒家主张的敬天法地、孝亲顺长、忠君爱国、尊师重教的价值取向，由此引申出遵循的相处关系和人伦准则。犹太教特别强调尊敬，“天地君亲师”的观念自然得到开封犹太人的重视与吸纳，“识得天地君亲师”首先倡导教众认识世界与人类是由上帝创造的，应该敬畏、热爱与尊敬永恒的上帝，其次顺服现实世界中的君王，承认君王是上帝在俗世中的代治者，孝敬父母和长辈，尊重教书育人的老师和主持宗教仪式的拉比。犹太教将尊敬和谦卑纳入到基本的宗教体验之中，“识得”的目的在于倡导教众遵守正确的行为准则和规范，不会背离与疏远端庄的道路。无独有偶，在弘治碑的结尾对比犹太教与儒家学说时，论述犹太教“亦不过敬天道、尊祖宗、重君臣、孝父母、序尊卑、交朋友，而不外于五伦矣”[②]，认为两种传统就是大同小异的关系。

“仁义礼智信”是儒家提倡做人的五项道德准则，即“五常”。“仁”乃以人为本、人性关怀，“义”是公平正义、坚守原则，“礼”为恭敬尊重、礼仪文明，“智”是崇尚知识、追求真理，“信”为忠于职责、诚实守信。“仁义礼智信”虽是儒家传统提出的五个道德范畴，但是其内核也是犹太教积极宣扬并在经典之中时常提及的，两种传统围绕道德的阐释互相契合，因此开封犹太人将犹太教的道德准则冠以“仁义礼智信”的主流称谓。回顾历代犹太先贤的事迹，他们亦在提倡和实践“仁义礼智信”，并且因为坚信上帝而得到启示与恩典。同时犹太教认为人类是上帝依照自身形象与德性而创，“仁义礼智信”是上帝和先贤的品质，作为上帝的子民应该信守上帝之道，培养和实践“五常”，以经典为指引，以圣贤为楷模，个体的最高理想应是坚信上帝同时越来越像上帝。

(3)第三幅楹联：

春祭采生，秋祭报成，不敢忘天地生成之义；

① 方勇、李波译注，《荀子》，303—305。

② 陈垣，《陈垣全集》第二册，66。

尊祖于殿，祀宗于堂，亦以尽侑享祖宗之思。

戊辰秋菊月上浣之吉 尊教弟子艾复生沐手敬题

释读：

在春天举行向上帝献祭的仪式，在秋天举行向上帝汇报功过的祷告仪式，我们不敢忘记上帝创造世界和造化万物的义理。我们建造殿宇用来尊敬犹太教的创始者亚伯拉罕，在堂屋里面祭祀从西方千里迢迢移居中国的先辈，这也是借此实现使得先辈附祭于犹太会堂的愿景。

“春祭”与“秋祭”是中国传统的春秋二祭习俗，《礼记·祭统》载：“凡祭有四时，春祭曰礿，夏祭曰禘，秋祭曰尝，冬祭曰烝。”[①]春祭在清明节举行，祭拜直系祖先，秋祭在重阳节进行，祭奠宗族共同祖先。上联中“春秋二祭”是指犹太人在春天举行的“逾越节”和在秋天进行的“住棚节”。“采生”一词原指中国古代存在捕杀活人用以祭神的祭祀行为，犹太教亦有亚伯拉罕为了表达对于上帝的绝对顺服，欲将儿子以撒献祭，最后上帝启示用一只公羊替换以撒进行献祭的故事。犹太教的献祭主要有燔祭与素祭之分，燔祭要奉献健康的公牛公羊，或者鸽子、斑鸠等。贫困的犹太教家庭则可举行素祭，为上帝奉献油炒面加以香料。因此上联中的“春祭采生”是指在逾越节举行礼拜上帝的燔祭仪式。“报成”之意同于“报功”，王充在《论衡·祭意》中阐述祭祀的目的有两种：“一曰报功，二曰修先。”可见“报功/报成”是向祖先陈述功绩的意思。楹联中的“秋祭报成”意为人们在秋天举行住棚节，向上帝吐露自己的心迹，忏悔近期的所作所为，祈求上帝饶恕罪过和赐予祝福。“春秋二祭”的目的是促使人们想起上帝在埃及所创下的奇迹和先辈们在旷野所遭遇的奇迹，应当在幸运时追忆昨日的苦难，才能对上帝充满感激并且变得谦卑、恭顺。[②] 同时，牢记天地万物的形成离不开上帝的创造，通过礼拜仪式感赞上帝。

下联中的“尊祖于殿”指的是纪念犹太教历代先贤的地方，根据骆保禄的实地走访，犹太会堂的主殿附近，有一座装满小香炉的殿堂，这是开封犹太人专门纪念亚伯拉罕等历代圣贤的地方。殿堂中央最大的香炉是为亚伯拉罕供奉，继此之后依次是以撒、雅各及其十二个儿子。接着是供奉摩西、亚伦、约书亚、以斯拉和其他几个著名人物（有男有女）的香炉。[③] 康熙碑中也述及会堂中有“教祖殿三间、圣祖殿三间”，即专为祭祀亚伯拉罕和摩西的建筑。“祀宗于堂”指的是祭祀祖先的祠堂，开封犹太人以家族为单位，在各自家族的祠堂或家宅中祭祖。

---

① 胡平生、张萌译注，《礼记》，944—945。

② 参见摩西·迈蒙尼德，《迷途指津》，524。

③ 参见荣振华、李渡南，《中国的犹太人》，41。

从孟正气所绘制的会堂平面图也能看到,会堂庭院两侧各有祖先祠堂,一座是艾氏祠堂,一座是赵氏祠堂。曾经进入祠堂的骆保禄看到里面有大量香炉和祖先灵牌,开封犹太人平日里在祠堂为祖先点香和供奉菜肴蜜饯,在春秋两季举行盛大的祭祀仪式,与中国人的传统祭祖仪式一样,只是以其他动物的肉代替猪肉进行供奉。[①] “侑享”是指古时功臣被附祭于皇家祖庙的恩遇。开封犹太人建造祭祀先贤与家族祖先的殿宇和祠堂,其意图可由“亦以尽侑享祖宗之思”所揭示,他们希望将先贤与祖先附祭于会堂,在礼拜上帝与实践共修的同时,祈愿上帝能够提升“祖”与“宗”的品级,惠泽后人。

三、开封犹太教会堂楹联的潜藏意蕴

既往学者通常将开封犹太教会堂的中文碑刻与匾额楹联视为犹太人社群同化的实物凭证,因为它们是借用与引用中华传统文化术语或思想所撰写而成。通过释读楹联,本文认为,撰写楹联的开封犹太人并非完全同化于他者文化与淡漠自身的犹太教认同,他们吸纳与运用以儒释道传统为主的中华传统文化概念和术语,阐释、理解与表达自身所遵行的犹太教传统,侧面反映出明清时期“三教合一”潮流已经浸润到包括开封犹太人社群在内的中国社会生活的各个领域。开封犹太人称呼上帝为“天、帝、主、太空”,称呼《摩西五经》为“经、天经、道经、尊经”,使用“祖、贤”称呼历代先贤,借用“女娲”指代诺亚,借用“盘古”称呼亚当,依照音译称呼亚伯拉罕为“阿无罗汉”,称呼摩西为“默舍”。楹联中的字句撷取自《诗经》《周易》《尚书》《老子》《论语》《礼记》《中庸》《荀子》等国学典籍。比如运用“道”的观念阐释上帝所行之道,道家认为作为万物本源的“道”是万物运行的规律,有生于无,无生于道。楹联里的“道”是上帝之道,其特点是“道源于天”与“道本一中”所蕴含的神圣性,“道居形气之先”和“道更在有无之外”所揭示的非外在性,以及“统天地人物以为道”所呈现的广博性。“道”是上帝创造万事万物有序运行的规则,亦是降示给人类尊奉上帝应行的规矩原则,由此观之,开封犹太人所言之“道”除过上帝之外的部分,与道家存在相似之处[②],这是对于道家思想的创造性转化。同样地,开封犹太人在楹联中综合运用道家的“有无思想”和儒家的“生生思想”解释犹太教的独一神观念与上帝不可言明、无从把握的属性;引用《诗经》中含有敬天法祖意蕴的诗句诠释犹太教中礼拜崇敬上帝的教义;运用儒家的生命观念对摩西十诫中“不可杀人”的诫命进行对读与理解。

① 参见荣振华、李渡南,《中国的犹太人》,43、48。
② 参见刘百陆,《开封犹太人碑文研究》,48。

开封犹太人"以儒释犹"的本土化实践，类似于美国神学家弗兰西斯·克鲁尼提倡的"比较神学"(comparative theology)，比较神学是以寻求理解的行动为特点，倡导扎根于一种特定信仰传统的个体从其根基出发，大胆地汲取其他信仰传统中与自身重合的部分，目的是追寻新的神学见解和发现更好的自己。[①] 楹联折射出来的是开封犹太人跨越文化边界的深度学习，或许可以说，开封犹太人中的知识分子是比较神学的践行者，他们从犹太教传统出发，驻足和汲取儒家、佛家、道家诸文化传统的思想概念与术语词汇，超越自我的主体性，将自己的宗教信仰借助中华传统文化的思想框架表达出来，为社群内部提供契合时代背景的宗教诠释，丰富自身的宗教世界与延续自身的文化传统，亦使外界更容易理解与接纳犹太文化。悬垂于开封犹太教会堂的十七幅楹联，体现了文化之间不是非此即彼，而是相辅相成、互学互鉴，楹联内容所体现的"犹儒对话"，既是犹太教与中华传统文化相结合，又是犹太教对自身传统的深化与更新，契合明清时期犹太教与开封犹太人社群生存发展的愿景。

① 参见 Francis Xavier Clooney 弗兰西斯·克鲁尼，《比较神学：跨越边界的深度对话》[Comparative Theology: Deep Learning Across Religious Borders]，聂建松 Nie Jiansong 译(北京[Beijing]：宗教文化出版社[Religious Culture Publishing House]，2013)，10。

The Forgotten "Dialogue between Judaism and Confucianism": A Study on the Interpretation of Couplets in Kaifeng Synagogue

YANG Xu

Abstract: This article revolves around couplets hanging in the Jewish synagogue in Kaifeng during the Qing Dynasty, interpreting, comparing, and analyzing the content of the couplets. It examines Kaifeng Jews' flexible use of traditional Chinese culture such as Confucianism, Buddhism, and Taoism, and their attempts to interpret the teachings, classics, and history of Judaism. For example, borrowing the Taoist concept of "having or not having thoughts" to explain the concept of the sole deity in Judaism, quoting lines from the *Book of Songs* that contain the meaning of respecting the heavens and ancestors to interpret the commandment of worshipping God in Judaism, and using the Confucian concept of "birth and death" to interpret and understand the commandment of "not to kill" in the Ten Commandments of Moses. The "dialogue between Confucianism and Taoism" presented by the couplets provides a novel case for the existing research on Chinese religious dialogues such as "dialogue between Confucianism, Buddhism, and Taoism", "dialogue between Islam and Confucianism", and "dialogue between Christianism and Confucianism".

Key Words: Kaifeng Jews, Sinicization of Religion, Religious Dialogue, Couplets

俄罗斯犹太人民族—国家认同背景及理论探析*

刘精忠　刘鹏**

【摘要】历史上,俄罗斯犹太人的民族—国家认同不断遭遇各种挫折与失败。究其原因,从外在历史层面而言,除了一般意义上的"反犹主义"影响外,俄罗斯及苏联历代政权在民族理论、政策上的变迁及其与犹太人之间的互动影响,无疑是更为直接、具体的考量因素。与此同时,从内在文化层面来看,更需深刻认识到犹太人的特殊历史经验及相关宗教认同模式对其自我认同及现代"民族性"内涵建构的深远影响。

【关键词】俄罗斯;犹太人;民族—国家认同

犹太人在俄罗斯有着悠久的生活历史,19世纪后期的俄国更是世界上犹太人最为集中的地区。2022年2月,俄乌冲突爆发,次月莫斯科前首席拉比平查斯·戈德施密特(Pinchas Goldschmidt)离开俄罗斯,并发文号召俄境内犹太人尽快离境。截至当年秋季,2万—3万俄罗斯犹太人离境,其中大多数选择前往以色列。[①] 在犹太人口锐减情况下,为阻止犹太人大规模离境,2022年10月,俄罗斯联邦司法部宣布,将关闭组织向以色列移民的犹太机构在莫斯科的办事处。

历史上,犹太人移民其所谓"以色列地"的大规模移民运动屡见不鲜,这一次的大规模犹太移民潮在俄罗斯历史上亦并非首次,而俄罗斯也并非历史上唯一一个面临这种状况的国家。在俄乌冲突这一揭开"百年未有之大变局"的关键历史背景下,或许人们还有可能关注的是:作为多民族国家俄罗斯联邦中的一员,当代乃至历史上的俄罗斯犹太人在民族—国家认同问题上,对其寄居国俄罗斯究竟抱有一种怎么样的历史经验和认同立场?换言之,作为一个历史上散居世

---

* 本文系国家社会科学基金重点项目"《犹太宗教大辞典》编纂"(19AZJ001)阶段性成果。

** 刘精忠,南昌大学教授、博士生导师;刘鹏,中共江西省委党校讲师。

① 2022年1月,俄罗斯犹太人口约14.5万人,参阅 https://www.jewishvirtuallibrary.org/jewish-population-of-the-world#large,2023年4月13日下载。

界各地两千年的民族,犹太人在其对俄罗斯的民族—国家认同困境背后,究竟又有着什么样的历史文化背景以及可能的内涵特征?

一、俄罗斯犹太历史及问题渊源

(一)俄罗斯犹太问题的历史起源

论及犹太人特别是欧洲犹太人的历史命运时,通常无法回避所谓"反犹主义"的影响,俄罗斯犹太人也并非例外。

历史上的"反犹主义"是人类文明史上的一大悲剧。概而述之,囿于人类政治、宗教、文化等各种原因上的局限,犹太人作为一个群体,曾经历经非同寻常亦难以想象的苦难与挣扎,在最终全体性流放变故后,散居欧洲的犹太人主体大多处于被歧视的困苦生存境地中。当下人们所常说的"反犹主义"(Anti-Semitism)这一术语首创于 1879 年,尽管从语言学角度而言,其本义为"反闪米特主义",但联系到上述特殊历史背景,从现代国际犹太研究学界,特别是犹太人自身的视角来看,业已历史地特指历史上犹太人所遭遇到的那种境况,即厌恶或仇视犹太人的社会思潮和行为。[①]

历史上,俄罗斯犹太人的来源并非唯一。[②] 7 世纪时,位于伏尔加河中下游、与拜占庭帝国和阿拉伯帝国鼎立的哈扎尔汗国已出现犹太人。至 8 世纪中叶,出于政治、经济和商业等方面的考量,这个由突厥化部族建立的汗国最终选择犹太教为国教,由此在犹太人四处寻求生存的中世纪,成为一个非同寻常的犹太国家。11 世纪初,哈扎尔汗国为罗斯覆灭,大量犹太人被俘虏至基辅。这一时期,基辅治下的民族与宗教政策相对具有一定意义上的包容性,加之青睐于犹太人经商所带来的经济能力,因而当时的犹太人在一定程度上受到政府与贵族的庇护。

12 世纪初,随着外部地区主要是中欧犹太人为逃避"十字军"的迫害而大量迁居基辅罗斯,犹太人与当地人的社会矛盾开始激化。1113 年,基辅大公斯维亚托波尔克二世(1093—1113 年)去世后,犹太人失去庇护。不久,基辅发生了

---

① 参见周燮藩 Zhou Xiefan 主编,《犹太教小辞典》[A Concise Dictionary of Judaism](上海[Shanghai]:上海辞书出版社[Shanghai Dictionary Publishing House],2004),175。

② 参见 Elie Barnawi 埃利·巴尔纳维主编,《世界犹太人历史:从〈创世记〉到二十一世纪》[A History of World Jewry: From Genesis to the Twenty-First Century],刘精忠 Liu Jingzhong 等译(北京[Beijing]:中国人民大学出版社[China Renmin University Press],2007)。

针对犹太人的暴行，这也是俄罗斯历史上有记载的最早的涉及犹太人的大规模骚乱。较之历史上一般的“反犹主义”，需要特别注意的是，这次反犹行动从根本上说，即便在一定程度上受到反犹情绪的推动，但在极大程度上，还是政治经济动荡时期阶级暴动的一种表现，其所犯下的暴行也并非仅限于犹太人，而是同样针对非犹太人①，因此也就谈不上出于宗教或族群背景下的冲突因素。此后，在相当长的一段历史时期内，基本未再出现此等规模的反犹行动。换言之，这一历史时期大体并不存在对犹太人的过度压迫。相反，犹太人凭借经济优势保持着自由人身份，且与统治阶层有着良好的关系。

1453 年，拜占庭帝国灭亡。其后，随着东正教中心转移至莫斯科，所谓“第三罗马”的观念在俄统治阶层和整个社会中逐渐扎根下来。由此，东正教与犹太教之间的宗教分歧以及与之相关的现实冲突开始凸显。

概而言之，一方面，东正教与俄政权之间建立起紧密的联系，东正教不仅成为辅助的统治工具，同时也赋予统治者政权不可或缺的天赋“神圣性”；另一方面，东正教与所谓“第三罗马”的联合，也使俄罗斯人坚信东正教才是基督教的正统，而“沙皇是上帝在人间的直接代理”②。换言之，这一时期的俄国政权通过东正教开始神权化，“如同《圣经》里的耶路撒冷一样，俄罗斯王国被视为‘新耶路撒冷’，而俄罗斯人则如同古罗斯人一样，是上帝的新选民。由沙皇率领自己的臣民走入上帝之国”③。更为重要的是，依据这一政教合一的精神，其所扩张的领土也被赋予“神圣性”。由此，在作为征服者的俄罗斯人当中，这一状况进一步催生了俄罗斯人的民族主义，并逐渐演化为后来的“大俄罗斯主义”。从本质上说，这一民族主义以东正教与俄罗斯人之间的“神圣化”连接为共同纽带，而历代统治者也致力于在其境内不断推行“俄罗斯化”运动。从这一层面来看，借由东正教精神所进一步构建起的俄罗斯民族性，与犹太教所代表的所谓“希伯来精神”之间，愈发显得格格不入。伴随着教权服从于王权的政教合一体制被不断强化，对于统治者及整个社会而言，俄罗斯犹太人所信奉的犹太教开始成为干扰其信仰的不稳定因素。

但在这一转折性历史背景下，出乎意外的是，15 世纪后期，莫斯科公国境内突然掀起一场皈依犹太教的“异端”运动。1478 年，随着莫斯科大公伊凡三世

① 参见 Louis Greenberg, *The Jews in Russia: The Struggle for Emancipation* (New York: Schocken, 1976), 5。

② Boris Nikolayevich Mironov 鲍里斯·尼古拉耶维奇·米罗诺夫，《俄国社会史》[Russian Social History]，下卷[vol. 2]，张广翔 Zhang Guangxiang 等译（济南[Jinan]：山东大学出版社[Shandong University Press]，2006），112。

③ 同上。

(1440—1505年)吞并诺夫哥罗德(Novgorod),犹太教传教者也随之来到莫斯科。在他们的努力下,一些政府官员和高级神职人员暗中皈依犹太教,其中甚至包括大公的儿媳和莫斯科主教,由此导致整个政府事实上一度由犹太教皈依者和同情者组成,并在教会及政府圈内拥有了巨大影响力。[①] 最终,这场运动尽管被伊凡三世以动摇东正教与国家统治根基的理由残酷镇压,但却进一步加深了东正教及俄国人对犹太人的忌惮和憎恨,导致反犹主义情绪逐步加深,其范围也从以往的经济领域直接扩大到宗教领域。从沙皇伊凡四世(1530—1584年)起,在相当意义上可以认为,俄罗斯的反犹主义逐渐成为一种根深蒂固的传统。

(二)沙俄时代的犹太人政策

在这场大规模的"异端"皈依运动被镇压之后,沙皇时代的俄罗斯对犹政策渐次发生调整,其大致可以分为三个阶段。

第一阶段,沙皇政府要求境内犹太人必须改信东正教,否则将遭到驱逐。但这一政策并不稳定,譬如伊凡四世在位时,曾拒绝波兰国王申请犹太人入境经商的请求,并公开宣布"犹太人是有毒的进口商和基督教信仰的蛀虫"[②]。甚至曾经下令淹死不愿皈依东正教的300名犹太人。在伊凡四世去世之后,对于犹太人的驱逐和强制改宗政策被取消。其后,罗曼诺夫王朝沙皇米哈伊尔一世(1613—1645年)再次恢复了这一政策,尽管在程度上稍显宽容。继任的阿列克谢一世(1645—1676年)通过俄波战争与乌克兰合并,使俄境内的犹太人进一步增加,但并未颁布任何限制性政令。彼得一世时期(1672—1725年),大量改宗东正教的犹太人开始进入俄罗斯上流社会。但此时犹太人在经济和商业领域遭到俄罗斯社会越来越大的敌视,在对犹太人的排斥与对其经济能力的依赖之间,多少出于无奈,沙皇政府相关犹太人的政策实则处于不断变动之中。

第二阶段,女皇伊丽莎白一世(1741—1761年)采取隔离与限制犹太人的政策。1739年,第四次俄土战争期间,受犹太包税人"引诱"俄退伍海军军官改宗犹太教事件影响,沙皇政府最终下令驱逐全部犹太人,至女皇叶卡捷琳娜二世(1762—1796年)初期,这一政策稍有松动。但伴随着对波兰的瓜分,俄境内犹太人数量再次大幅增至120余万。很显然,这一数量庞大的群体令原先简单的驱逐手段面临着极大风险,而犹太人在宗教、政治及经济等方面的独立性,又不言而喻地潜藏着巨大的政治风险。在东正教商人的主动施压下,自叶卡捷琳娜二世开始,沙皇政府开始设立专门限制犹太人生活和行动的"栅栏区",并出台各

① 参见 Louis Greenberg, *The Jews in Russia: The Struggle for Emancipation*, 6。
② 同上,7。

种法律和政策限制犹太人。其后，尽管1804年的法律在一定程度上缓和了犹太人的处境，扩大了其自治权力，但并未改变“栅栏区”的本质。随之到来的一系列深度同化政策等，使得俄罗斯犹太人的境遇变得更为恶劣。至沙皇亚历山大二世(1855—1881年)时期，尽管其本人相对奉行自由主义精神，致力于西式改革，并因此而废止了对犹太人的很多歧视政策，表现出相当程度上的宽容态度，但在其统治后期，由于犹太人暗中援助波兰人起义，加之犹太分离主义以及革命思想的发展，整个俄罗斯社会的反犹情绪再次达到新的高度，对犹政策也随之缩紧。

第三阶段，俄国掀起了全面限制和迫害犹太人的浪潮。1881年亚历山大二世遇刺，在反犹主义的影响下，犹太人的处境极为艰难。之后的继任者亚历山大三世(1881—1894年)和尼古拉二世(1868—1918年)先后分别颁布了65条和50条反犹法律，甚至仅1914年6月一个月内，就出台了50项针对犹太人的各种法律及规定①，旨在从全方位反对、驱逐和压迫犹太人，并于1881—1909年掀起了有组织、有预谋的三次大规模的全员迫害犹太人浪潮。

总体来看，自中世纪俄罗斯的“犹太问题”出现伊始，到沙皇统治时代末期，在相当长的历史时段里，俄罗斯统治阶层在认可犹太人的商业和经济能力的同时，几乎本能地更倾向于以改宗的方式同化犹太人，但在相当长的历史时段内，他们显然没有深刻意识到，犹太人所特有的宗教信仰及其所建构的文化传统，在“流散生活”这一人类某一群体的特殊性经验中，对其自身身份认同的巨大影响力，因而最终收效甚微。其间，即便有部分犹太人通过改宗而俄罗斯化，但绝大多数犹太人，正如他们在世界其他国家或地区的教友或同胞一样，更愿意坚持自身的宗教信仰及传统，或仅仅只是通过假意改宗以求得生存。

犹太人在相关民族—国家这一政治身份认同上的特殊性，最终令沙皇俄国末期的统治者意识到，犹太人在宗教—文化身份意义上的这种与生俱来的“先天”属性，或其所谓的“犹太性”，事实上极难改变，而俄国及东欧地区犹太“栅栏区”或所谓“隔都”(Getto)的设置，反过来又进一步加剧了犹太人的自我认同以及对所在寄居国的分离主义倾向。由是，在沙皇统治末期，同化犹太人的远大构想事实上被彻底放弃，随之而来的反犹运动也在俄罗斯达到了高潮，从1881年开始爆发的各种反犹及屠杀事件断断续续几乎一直延续到一战前。至此，沙俄时代无论是伊凡四世还是亚历山大二世解决“犹太问题”的所谓融合或同化努力，都最终历史性地归于失败。

这一历史结局，对现代以前的俄国而言，意味着多民族国家在国家统一层面

① 参见 Benjamin Pinkus, *The Jews Of the Soviet Union: The History of a National Minority* (Cambridge: Cambridge University Press, 1988), 23。

上的文化融合与政治和谐，在诸如犹太人这类拥有不同宗教—文化认同的族群面前（尽管犹太教与基督教、东正教在宗教起源和发展上还存在着天然的亲缘关系），事实上难以真正实现或表面上维系下去；而对于原本外来的、持寄居者身份的俄罗斯犹太人来说，东欧俄罗斯大地上数世纪以来所沉淀的苦难与压迫，在精神上不仅没有最终击垮他们，相反，他们更加坚定其自身所抱持的信仰与传统。

在此历史背景下，俄罗斯犹太人更是直接催生了现代民族主义意义上的"犹太复国主义"思想和行动。在1881年大屠杀的阴影下，一位曾经极力倡导犹太人"俄罗斯化"的犹太医生利奥·平斯克匿名出版了《自我解放——一个俄国犹太人对其同胞的警告》一书，指出"反犹主义"产生于犹太人拒绝"同化"的本性，犹太人的唯一出路是建国。在其影响下，产生了以"热爱圣山运动"为代表的第一批犹太复国主义组织，现代犹太复国主义运动在俄国正式诞生。

至此，自19世纪80年代始，犹太人大规模离开俄国。截至1914年，大约有198万犹太人离开俄国。其中，大部分前往美国，一部分前往巴勒斯坦。与此同时，较之这场现代犹太民族主义运动，另一特别值得注意的历史现象是，在俄国革命运动的影响下，另有一部分留在俄国的犹太人则转而积极参加俄国革命运动，以求通过无产阶级革命谋求自身的平等与自由。

二、苏联和俄罗斯的民族理论及犹太政策

历史上的沙皇俄国一直存在着非常深重的民族矛盾与阶级压迫，因而又被列宁称为"各族人民的牢狱"①。沙皇统治末期，伴随着俄境内各民族的民族运动，对犹太人的限制最终被废除，1917年二月革命后，"犹太人获得了事实上的权利平等。犹太人积极参加俄国的民主生活，还准备召开全俄犹太代表大会，并部分地选举了民主社团"②。

十月革命后，1922年年底，原本从沙皇俄国独立的各民族国家为应对国内外威胁，又合并组成苏维埃社会主义共和国联盟。1991年，苏联这一人类历史上曾经最伟大的社会主义国家解体，再次分裂为一众独立的民族国家。20世纪

① Lenin 列宁，《列宁全集》[The Complete Works of Lenin]，第27卷[vol.27]，中共中央马克思恩格斯列宁斯大林著作编译局[The Compilation and Translation Bureau of the Works of Marx, Engels, Lenin and Stalin of the CPC Central Committee]编译（北京[Beijing]：人民出版社[People's Publishing House]，1990），85。

② 郭宇春 Guo Yuchun，《俄国犹太人研究（18世纪末—1917年）》[Studies on Russian Jews (Late 18th Century-1917)]（哈尔滨[Haerbin]：黑龙江人民出版社[Heilongjiang People's Publishing House]，2015），129。

苏联国家在民族和国家政治版图上所经历的这一巨大往复与变迁,也给身处其间的苏联及当代俄罗斯联邦在国家统一与民族主义问题上带来了巨大挑战。面对各自不同的历史环境,不断发展变迁的民族理论政策及相应的犹太人政策,大致可分为列宁时期、斯大林时期、战后至冷战时期、后冷战叶利钦—普京时代四个阶段。

(一)列宁时期

早在十月革命之前,列宁从无产阶级相关社会主义革命及建设的理论视角出发,意识到布尔什维克党内及社会上普遍存在的"大俄罗斯民族主义"危险,并据此提出相关民族理论。列宁的主张大体分为三大部分。

第一部分是坚持民族平等。这一主张主要有三层含义:一是"一切民族的公民在法律上一律平等"①,不能因为民族的族籍而限制和区别公民;二是各民族必须取得事实上的平等,反对只有形式上的平等,因此必须"无条件保护一切少数民族的权利"②;三是各民族在语言上平等,赞成但不强迫使用俄语。在此基础指导下,列宁明确否定反犹主义,肯定犹太人在革命中的作用,主张延续二月革命以来对犹太人的解禁政策,给予犹太人与俄国人平等的权利。

第二部分是在反对民族主义的基础上,实行民族自决与联邦制过渡。十月革命后,"各民族纷纷独立并建立了 60 多个民族国家和民族区域自治实体,各少数民族强烈要求实现民族独立自主"③。在民族平等的原则下,苏联根据"民族自决"的精神建立了自治共和国、自治州、自治区。但犹太人的复国主义思想却因与"民族主义"近似这一理由而被否定。1919 年,犹太复国主义组织被视为"帝国主义的代理人"④,而被政府全面取缔。

---

① Lenin 列宁,《列宁全集》[The Complete Works of Lenin],第 28 卷[vol.28],中共中央马克思恩格斯列宁斯大林著作编译局[The Compilation and Translation Bureau of the Works of Marx, Engels, Lenin and Stalin of the CPC Central Committee]编译(北京[Beijing]:人民出版社[People's Publishing House],1960),56。

② Lenin 列宁,《列宁论民族问题和民族殖民地问题》[Lenin on the National and National Colonial Questions],中共中央马克思恩格斯列宁斯大林著作编译局[The Compilation and Translation Bureau of the Works of Marx, Engels, Lenin and Stalin of the CPC Central Committee]编译(北京[Beijing]:人民出版社[People's Publishing House],1960),143。

③ 熊坤新 Xiong Kunxin,《苏联民族问题理论与政策研究》[Research on the Theory and Policy of Soviet National Issues](北京[Beijing]:中央民族大学出版社[Minzu University of China Press],2010),66。

④ 徐新 Xu Xin、凌继尧 Lin Jiyao 主编,《犹太百科全书》[Jewish Encyclopedia](上海[Shanghai]:上海人民出版社[Shanghai People's Publishing House],1993),540。

第三部分是提出了民族接近与民族融合的主张。在此时段，列宁开始将社会主义革命目标与这一明确的思想方向相结合，旨在“打破各民族间的任何隔离状态”[①]。这一思想路线为苏联后续领导人的民族理论奠定了基础。必须注意的是，列宁提出的这一思想方向的出发点，究其本意，实则同时更为注重的也是马克思主义理论视域中相关阶级矛盾的解决路径，譬如强调犹太人是“我们的为社会主义斗争的同志”[②]，“犹太人中间也有富农、剥削者、资本家”[③]，等等。这一思想诚然具有其自身理论意义上的合理性，但在一定程度上却忽略了民族问题的特殊性与复杂性。

较之列宁的这一无产阶级民族解放理论，另一给人留下深刻印象的历史现象是十月革命中犹太裔领导层所起到的卓越作用。俄罗斯犹太人在推翻沙皇统治、建立苏维埃新政权的革命和建设中，发挥了巨大的作用，在党的高层领导中，以托洛茨基为代表的众多犹太裔领导人更是占据了大量至关重要的领导岗位。对此，必须加以明确说明的是，这些犹太裔领导人并不是以犹太人的身份参与国家事务，他们“对于俄国人的身份认同感，高于对于犹太人的身份认同感，都在客观上肯定：这是一场俄国革命，是俄国人的革命，而不是某个其他民族的革命，更不是犹太人的革命，只有在这一前提下，犹太人才能在这场革命中发挥作用，否则，便会遭遇不可逾越的障碍。这同时意味着，只有当你抛弃或否认自己的犹太民族的身份时，你才可能成为革命中的一员”[④]。换言之，对于这部分犹太裔革命领导人而言，其对俄罗斯国家的国家认同远大于对于犹太人的民族认同，这与当时大多数坚持其犹太民族属性的苏联犹太人的立场是有所不同的。

总体而言，列宁时期的民族政策，一方面，契合了当时的具体情况及历史需要，缓和了民族矛盾，促进了民族团结。对于犹太人而言，平等的观念和民族自决的理论使得犹太人在这一时期得到了较为宽松的发展，在社会各阶层都发挥

---

① Lenin 列宁，《列宁全集》[The Complete Works of Lenin]，第 20 卷[vol.20]，中共中央马克思恩格斯列宁斯大林著作编译局[The Compilation and Translation Bureau of the Works of Marx, Engels, Lenin and Stalin of the CPC Central Committee]编译(北京[Beijing]：人民出版社[People's Publishing House]，1958)，18—19。

② 中国社会科学院民族研究所《马恩列斯论民族问题》语录编选组 The Institute of Ethnology, Chinese Academy of Social Sciences' Quotations Compilation Group 编选，《马克思恩格斯列宁斯大林论民族问题》[Marx, Engels, Lenin, Stalin on the National Question](北京[Beijing]：中国社会科学出版社[China Social Sciences Press]，1978)，47。

③ 同上。

④ 铁戈 Tie Ge，《荒漠之岩：反犹主义与阴谋论解析》[The Rock of Isreal: Uncorer the Veil of Anti-Semitic Conspiracy Theories](北京[Beijing]：世界图书出版公司北京公司[World Book Publishing Co., Ltd. Beijing Company]，2013)，192。

了重要作用,许多犹太人也积极投身到新国家的社会主义建设之中。另一方面,这一时期的民族政策亦显然潜藏着一定的矛盾和隐患。其中,最为典型的自然当属相关的民族自决与民族融合理论。从逻辑上说,所谓“民族自决”中自然蕴含着分离的意味,完全、彻底的“民族自决”只能是民族独立,各自发展,与所谓“民族融合”的原初目标南辕北辙。对此,在《论民族自决权》和《社会主义革命和民族自决权》中,列宁进一步阐释民族自决的目标是遏制大俄罗斯民族主义,以缓解各民族矛盾,为民族融合扫清障碍。但尽管如此,这一理论及其实践客观上还是历史地增强了各民族的独立性,为后续民族问题的处理埋下了隐患。

(二)斯大林时期

在列宁身后,斯大林虽然基本肯定了列宁对于民族问题的理论,但在理论解读与执行时,却渐渐背离了列宁民族理论的初衷,客观上给人以所谓“大俄罗斯主义”的倾向。

起初,在民族问题的发展规律上,斯大林认为,各民族因不同的历史遭遇而产生了政治、经济、文化发展上的不平衡,令民族问题具有复杂性,并将在社会主义时期长期存在下去。鉴于此论断,斯大林甚至还专门从语言角度规划了民族发展和融合的三个过程,即首先各族语言共同繁荣、各族形成共同语言和经济中心,进而以共同语言取代各族语言,最终在统一语言的基础上消弭民族差异。据此,斯大林在 1925 年提出“社会主义内容和民族形式的文化,强调发展民族文化,反对强制推广俄语”①。为此,他甚至亲自领导了为 48 个民族创造自己的语言文字的工作,在民族地区大力建立和普及使用本民族语言的学校。除此以外,这一时期还主张用多种民族语言教学,鼓励出版了多种语言文字的报纸和图书。②

20 世纪 30 年代后,这一民族理论及政策相继被推翻,取而代之的是对民族问题发展形势过于乐观的主观判断,并将民族问题与阶级问题近乎等同。斯大林认为,“制造民族纠纷的主要势力即剥削阶级已被消灭,培植民族互不信任心理和燃起民族主义狂热的剥削制度已被消灭”,各民族之间“互不信任的心理已

---

① 俞良早 Yu Liangzao,〈论斯大林的东方社会理论及其特点〉[On Stalin's Theory of Oriental Society and Its Characteristics],于《社会科学研究》[Social Science Research],2006 年第 6 期[2006, Issue 6]。

② 中国社会科学院民族学与人类学研究所民族理论室 Department of Ethnic Theory, Institute of Ethnology and Anthropology, Chinese Academy of Social Sciences 编,《马克思主义经典作家民族问题文选》[Selected Works on National Questions by Classic Marxist Writers],斯大林卷[vol. Stalin](北京[Beijing]:社会科学文献出版社[Social Sciences Academic Press],2016),273—274。

经消失”。[1] 由是,至1936年,斯大林十分主观片面地认为,消除各民族不平等的任务业已在苏联社会主义建设所取得的巨大业绩中得以实现,换言之,苏联的民族问题已经得到解决。由此推断出发,在民族语言上,“俄语作为各非俄罗斯第二民族语言得到了事实上的强制推行,使得民族语言关系问题更加复杂化了”[2]。这一时期,依据相关的“民族”内涵定义,斯大林认为,“民族是人们在历史上形成的一个有共同语言、共同地域、共同经济生活以及表现在共同文化上的共同心理素质的稳定的共同体”[3],而“这些特征只要缺少一个,民族就不成其为民族”[4]。对于苏联犹太人而言,这一定义事实上直接否认了持有多种语言、流散于世界各地生活的犹太人为一个民族。

由此,斯大林对犹太人的政策逐渐更具针对性和限制性。政治上,直接取缔和禁止犹太人的政治组织和政治活动,1930年撤销苏共犹太局,随后大量的犹太高层官员在肃反运动中被清洗。在宗教与文化事务上,随着20世纪20年代末至30年代掀起的全国性反宗教运动,犹太会堂和犹太学校被关闭,几乎所有的犹太文化活动亦被禁止,“一批有影响的犹太知识分子也以‘反革命’‘间谍’等罪名遭到判刑或处决”[5]。二战时期,尽管出于政治及外交目的,斯大林采取了诸如建立犹太自治州、支持以色列建国等一些政策调整,但这些措施并未改变斯大林的反犹倾向。二战结束后,苏联各行业加强了对犹太人的抵制,犹太人被无故扣上种种罪名,“克里米亚事件”和“医生谋杀案”等进一步激化了斯大林及苏联政府对犹太人的憎恶与反感,1953年斯大林甚至提出将国内所有犹太人驱逐至西伯利亚的计划。

不难看到,从列宁到斯大林时期,苏联的民族认知理论以及犹太人政策发生了较大的改变。列宁时期的民族理论及政策无疑具有较强的包容性和理想主义色彩,与之相比,斯大林的民族理论尽管在认知出发点上与列宁一脉相承,但其对于民族问题的解决抱有不切实际的乐观、急躁心态,最终导致其中后期在民族问题处理上的巨大灾难性失误。在如何对待境内犹太人的问题上,列宁将之视

---

① 中国社会科学院民族研究所 Institute of Ethnology, Chinese Academy of Social Sciences 编,《斯大林论民族问题》[Stalin on the National Question](北京[Beijing]:民族出版社[Ethnic Publishing House],1990),429。

② 詹真荣 Zhan Zhenrong,〈杰出的贡献,严重的失误——论斯大林在民族理论上的得失〉[Outstanding Contribution, Serious Mistake: On Stalin's Gains and Losses in National Theory],于《民族研究》[Ethnic Studies],2000年第2期[2000, Issue 2]。

③ 中国社会科学院民族学与人类学研究所民族理论室编,《马克思主义经典作家民族问题文选》斯大林卷,32。

④ 同上。

⑤ 徐新、凌继尧主编,《犹太百科全书》,540。

为马克思主义理论指导下民族问题的一个特殊部分，而斯大林却依据自身“民族”定义直接否认犹太人为一个民族，并从各方面限制并打压犹太人，在俄反犹传统的映衬下，客观上使得所谓的“反犹主义”在斯大林时期的苏联达到巅峰。在消融民族隔阂、实现民族融合这一具体目标上，列宁的民族理论政策囿于现实局限，缺乏长远规划与执行力度，而斯大林客观上则将民族平等理念逐步替代为大俄罗斯沙文主义，极大激化了民族矛盾。

（三）战后至冷战时期

在斯大林之后，反犹主义浪潮逐渐平息。赫鲁晓夫时期，部分在斯大林时期受到冤屈的少数民族得到平反，伴随着经济形势的好转以及物质条件的改善，民族关系在一定程度上获得缓和。但赫鲁晓夫对于民族形势依然过于乐观，并在斯大林关于民族问题的超前论断基础上，又进一步提出了“新的历史共同体——苏联人民”民族理论。赫鲁晓夫的所谓“苏联人民”共同体，具体内涵包括四个方面：一是各民族的社会政治共同体；二是各民族的经济共同体；三是各民族的文化共同体；四是各民族族际主义的共同体。[①] 显然，这一新的民族理论尝试是基于苏维埃国家的统一及其最高政治目标，寄望于“超越”不同民族在政治、经济、文化等领域的多样性与差异性。赫鲁晓夫的新理论为后续苏联领导人所肯定与继承，勃列日涅夫认为“苏联人民”共同体得到了进一步发展与完善，各民族全面接近一致，之后的安德罗波夫亦致力于这一理论的实施。

在“苏联人民”共同体理论下，赫鲁晓夫至戈尔巴乔夫接手时期的民族政策，具体表现为各少数民族地区有限而不平衡的经济改革发展，在僵化的体制之内强制推动俄语的普及，以及以俄罗斯民族为核心的“苏联人民”共同体的建设。与此同时，伴随着建设这一新的“苏联人民”历史共同体理论，作为苏联国家的主体民族，俄罗斯民族客观上在苏联社会主义建设事业中所起到的重大贡献以及主体地位进一步自觉凸显出来，不论是赫鲁晓夫，还是勃列日涅夫，都曾多次公开强调过这点。但这一做法本身又异常无奈地令人勾忆起历史上沙皇俄国的大俄罗斯沙文主义，甚至不得不令人质疑“从 20 世纪 30 年代起，苏联领导人和史学界不仅不批评大俄罗斯沙文主义，反而歪曲了沙皇政府征服少数民族的历史”[②]。最终，伴随着一系列严重民族问题的爆发，特别是戈尔巴乔夫所谓的“政治民主化”“公开化”改革思路，苏联长期积聚下来的民族问题，作为一大至关重要的内在因素，不断发酵、泛滥，为境内各种民族分离主义提供了契机，最终在冷

① 参见熊坤新，《苏联民族问题理论与政策研究》，71。

② 同上，157。

战背景下，摧毁了国家的统一，使之彻底分崩离析。

在涉及犹太人的民族—宗教问题上，赫鲁晓夫时期一改二战时期较为宽松的宗教政策，对正在复苏的宗教展开了新一轮的镇压，但对于犹太人问题，则采取稍显宽松的态度。勃列日涅夫时期的改革虽然缓和了对宗教的镇压，使得境内宗教活动在一定程度上逐渐复苏，但在外界看来的"反犹主义"影响下，斯大林时期对于犹太人在宗教、政治、经济、文化等多方位的覆盖政策依然被延续。与此同时，苏联对犹太人的政策与态度也随国际关系形势的变化而发生调整。第三次中东战争后，当苏联和以色列的关系恶化，再次在国内掀起反对犹太复国主义的浪潮，并对犹太人移民政策采取限制。其后，迫于美国压力，相关政策于20世纪70年代放宽。

至戈尔巴乔夫执政，在其所谓"新思维"思想的影响下，国内宗教逐渐繁荣，对犹政策进一步放宽，20万以上犹太人从苏联移民出去，"从1986年起，苏联政府取消了对犹太教活动的种种限制，同意兴建犹太会堂，准许进口希伯来语教科书，批准犹太人出国接受'拉比'课程培训，允许在莫斯科开办'可舍'饭店"[①]。与此同时，戈尔巴乔夫时期的"多元化"政策，除了使相关犹太教的限制得到解除，意识形态上的空虚也使得国内多种思潮泛滥，为境内"反犹主义"以及各种极端主义思潮提供了温床，由此反过来又在一定程度上激化了民族—宗教问题。

（四）后冷战叶利钦—普京时代

苏联解体后，叶利钦时期的俄罗斯政府既没有对犹太人实施苏联时期的限制政策，也没有对社会层面的反犹主义采取过多的干预。值得注意的是，"休克疗法"和私有化的推进，使得俄罗斯的犹太商人迅速发展起来，形成了把握国家经济命脉的寡头群体，并在叶利钦执政时期发展到了巅峰。犹太人在寡头群体中占据主要地位，并在一定程度上干预着国家的政治。在社会生活方面，各领域私有化的激进变革导致社会严重分化，人民生活水平空前下降，社会阶层分化与犹太商人对国家经济的主导形成了鲜明对比，并由此催生了更为极端的民族主义，整个社会上充斥着反犹主义宣传，各种极右翼的民族主义反犹政党和暴力组织开始活跃在俄罗斯社会中。

普京时期，俄罗斯政府意识到了犹太商人寡头对国家权力的威胁，在对经济寡头进行一系列清除和限制的同时，也着手加强对极端民族主义的打击力度。

① 张倩红 Zhang Qianhong、葛淑珍 Ge Shuzhen，〈简论苏联政府对其境内犹太人的政策和态度〉[A Brief Discussion on the Soviet Government's Policy and Attitude towards the Jews in Its Territory]，于《世界民族》[World Ethnic Groups]，2007年第3期[2007, Issue 3]。

这在民族政策上主要体现在三个方面：首先是修改了列宁时期的民族自决权，确立了单一国家主权思想，旨在防止分裂，维护国家统一；其次是强化公民意识，重塑国家认同；最后是实行民族文化自决，消除民族歧视，维护少数民族权利。综上所述，可以认为叶利钦和普京时期在民族政策特别是犹太人政策上，更为强调的是民族文化上的自决以及对国家认同的强化，其关注点不在于民族之间的差异，而在于俄罗斯的国家利益。就此而言，如果抛开俄罗斯社会层面上的反犹主义倾向，这一时期的俄罗斯政府并没有明显的反犹倾向。

随着北约东扩步伐的一步步逼近，俄罗斯政府的危机意识逐渐觉醒，尽管从彼得大帝时代以来，"道路选择问题在俄罗斯是一个历久弥新的课题，它不仅是苏联解体之后俄执政阶层面临的核心问题，而且贯穿整个俄国历史。处于东西文明之间的俄罗斯，始终面临融入代表西方文明的欧洲，还是走本民族独特发展道路的选择"①。叶利钦执政中后期起，"新斯拉夫主义"也随着俄政府的危机意识应运而生，其中强调"在建设新俄罗斯的时候，我们应该借鉴俄罗斯的历史经验。祖国历史上许多光荣的篇章都和罗曼诺夫家族的名字联系在一起"②。在叶利钦的基础上，普京又进一步提出了所谓的"俄罗斯新思想"③。在这一思想主张中，东正教作为俄罗斯的民族精神再次被联邦政府高度重视，并恢复其在国民教育中的地位。2013 年，普京对西方世界明确表示："'我们的价值观和你们的一样好'——的确不同，但绝不次于你们。"④在这一背景之下，普京在东正教节日活动中的多次现身，无疑含有更为深刻的政治文化意蕴。显然，在此情势下，国家主流意识形态的东正教倾向，或多或少都会使得犹太人对于这个国家的归属感再次降低。

三、俄罗斯犹太人民族—国家认同理论分析

从上述回顾与梳理出发，不难发现俄乌冲突爆发后犹太人随之而来的移民

---

① 庞大鹏 Pang Dapeng，〈乌克兰危机折射俄罗斯与西方关系结构性困境〉[The Ukrainian Crisis Reflects the Structural Dilemma in Relations between Russia and the West]，于《当代世界》[Contemporary World]，2022 年第 2 期[2022, Issue 2]。

② 栗献忠 Li Xianzhong，《俄罗斯民族主义研究》[Studies on Russian Nationalism]（北京[Beijing]：社会科学文献出版社[Social Sciences Academic Press]，2015），193。

③ 同上，198。

④ Popo Luo 波波·罗，〈两种世界观与世界失序的回归——新霍布斯式想象与俄罗斯外交的功能性失调〉[Two Worldviews and the Return of World Disorder]，陈曦 Chen Xi 译，于《俄罗斯研究》[Russian Studies]，2016 年第 2 期[2016, Issue 2]。

风潮除却战争因素外,究其主要原因,一方面,无疑是出于对俄罗斯"反犹主义"传统可能爆发的应激反应;另一方面,也必须看到,犹太人对俄在文化与政治认同方面的匮乏,除了历史上从国家到民间的各种直接或间接、主观或客观的"反犹主义"影响外,就双方间在民族—宗教这一文化传统上的差异及冲突而言,还需考虑到犹太人自身非同一般的悠久历史及其宗教文化传统所铸就的自我认同观,以及其对所谓"民族—国家"这一现代认同模式所构成的"先天性"挑战。

(一)"民族"内涵的复杂性

"民族"这一概念本身只是近代欧洲历史的产物,其定义也存在着相当程度上的复杂性乃至歧义性。就其在一般意义上的具体内涵而言,正如安东尼·史密斯(Anthony D. Smith)所认为的,"民族可以被定义为一个被命名的人口总体,它的成员共享一块历史性的领土,拥有共同的神话、历史记忆和大众性公共文化,共存于同一个经济体系,共享一套对所有成员都适用的一般性法律权利与义务"①。除此之外,他还注意到,在西方以外,其实还有一种非常不同的、"族裔的"民族概念挑战西方模型的支配地位,其中"一个民族首先且主要是一个拥有相同血缘的共同体"②。较之这类内涵归纳,对于"民族"这一概念的"本质"究竟为何,厄内斯特·勒南(Ernest Renan)则直言:"'民族'(nation)的本质就在于每个成员都会拥有许多共同的事物,而同时,每个成员也都遗忘了许多事情……遗忘,甚至是历史性的有意误记,是型塑'民族'(nation)的一个关键因素。"③换言之,"近代'民族'(nation)就是一系列趋同性事实所造成的历史性结果"④。较之二者,欧内斯特·盖尔纳(Ernest Gellner)则直接主张:"1、当且只有当两个人共享同一种文化,而文化又意味着一种思想、符号、交往以及行为和交流方式,则他们属同一个民族。2、当且只有当两个人相互承认对方属于同一个民族,则他们同属一个民族。"⑤

辨析相关"民族"定义及内涵的此类探讨,人们不难发现,西方学者为所谓

① Anthony D. Smith 安东尼·D.史密斯,《民族认同》[National Identity],王娟 Wang Juan 译(南京[Nanjing]:译林出版社[Yilin Press],2018),21。同理,斯大林时代的民族识别划分,大体上也是依据这一思路。

② 安东尼·D.史密斯,《民族认同》,18。

③ Ernest Renan 厄内斯特·勒南,〈民族是什么?〉[What is a Nation?],袁剑 Yuan Jian 译,于《民族社会学研究通讯》[Ethnosociological Research Newsletter],2012 年第 113 期[2012, Issue 113]。

④ 同上。

⑤ Ernest Gellner 欧内斯特·盖尔纳,《民族与民族主义》[Nation and nationalism],韩红 Han Hong 译(上海[Shanghai]:上海人民出版社[Shanghai People's Publishing House],2021),8。

“民族”之内涵所追溯或涵括的这类划分范畴或因素,常常是多重、并列或交织的,乃至不可避免地导致更多复杂问题。[①] 究其原因,在人类相关自我或他者的这种身份或文化之认知过程上,近代新生的“民族”这一概念在内涵之确定或涵括上,则更多地表现出一种相对外在的、历史追溯性特征,因而在一定程度上,也都不可避免地带有相关历史条件下的目的性和主观性。换句话说,这类被认定的标准或区分范畴事实上常常未必能够涵括得当,亦并不具有普遍意义上的适用性乃至确定性,这也同样可以解释“为什么在历史研究的过程中经常会产生对‘民族性’(nationality)(原则)的威胁”[②]。与此同时,内涵确定上的这种复杂性和歧义性,多少又进一步强化了另一客观事实,即在现实、具体的应用当中,较之诸如国家、宗教、血缘等其他传统、累积的认同概念,所谓“民族”——作为一种近代以来兴起的并处于不断建构中的全新范畴——显然往往并未能更好体现出其所指在文化及身份之自我认同上更为内在的历史性特质。就此而言,无论是犹太人,还是中国人,乃至世界上其他一些颇具自身文化传统特质的群体,事实上都对此深有感受。[③] 更值得人们警觉的是,在现代历史上,“民族”内涵定义上的这一巨大局限性,在苏联以及相关国家民族识别过程中所造成的混乱与纷争乃至严重的历史后果,作为诸多典型示例,也皆是有目共睹的。

回顾历史,“民族”这一近代认同范畴作为一种人类自我认知中新兴的、不断建构的“想象的”共同体,其历史生成本质及最终命运实则取决于相关人类群体围绕于此的历史认同、现实基础以及共同意愿。就学者们对所谓“民族”内涵中诸多历史性认同因素或范畴的追溯或涵括而言,客观地说,种族—血缘、语言—文字以及文化—价值这三大内涵集合,在相当意义上,大抵成为最常映入人们眼帘的优先考量(尽管其本身亦同样正在经历不断的融汇或变迁)。从人类文明史视角而言,种族—血缘视域上的人类生物性基础隶属于现代“民族”认同的“先天性”范畴,而诸如语言—文字和文化—价值视域上这类认知与实践中的文化性产物,则隶属于现代“民族”认同的“后天性”范畴之列。就此而言,不同研究者在所谓“民族”内涵的涵括中,又往往各取所需,将诸如共同居住地域、共同经济生活乃至共同文化心理等这类“后天性”的文化认知与实践范畴纳入其中,进而由此造成“民族”定义在所谓内涵上的复杂性、歧义性现象。

① 参阅前述本尼迪克特·安德森《想象的共同体——民族主义的起源与散布》以及厄内斯特·勒南《民族是什么?》等相关研究著述。

② 厄内斯特·勒南,〈民族是什么?〉。

③ 譬如国人所常常乐于补充的自我认知定义“中国是一个伪装成‘国家’的‘文明’”。

(二)民族认同与宗教认同

较之“民族”这一新生物,在人类文明史上那些深刻影响到人类认同的、前“民族”范型的传统认同概念当中,“宗教认同”无疑是影响力比肩民族认同、阶级认同乃至国家认同的一大重要类型。

从马克思主义认识论与实践论出发,人类文明进程分为认知与实践两个部分,诸如宗教和科学等都是其中的一种文化形式、文化力量或文化整合类型。由此进路出发,不难看到,所谓“宗教”实则为源于个体性的、以内在“信仰”为核心的一种累积传统,即作为一种人类特殊之“知”,“信仰”这一个体性的、以内在特殊之“知”作为核心,外化并累积而成为一种人类社会和历史中外在的“宗教”,并藉此成为历史和文化意义上的一种所谓“传统”而延续下来。① 从这一视角进一步观察,也就可以发现,“宗教作为人类文明发展过程中一种主导性的初始文化形式,在文化的养成和发展过程中,渗透到历史与社会生活中的方方面面,并对文明的形成与发展起到一种独特的规范与整合功用。宗教在文化意义上的这种规范性整合特征,由于其在认识论及方法论表现上的特殊性,往往表现出不同于其他文化形式的一系列独特特征”②。换言之,宗教是人类文明或历史进程中一种初始性、根基性、主导性的文化形式或文化整合力量。③ 在纯粹理性主义力量占据人类认知主导方式之前,宗教本身一直是早期人类探知世界或存在的重要方式。

有鉴于此,相对于现代“民族”内涵中“后天性”的文化—价值乃至文化心理等层面上的认同而言,作为一种历史和文化“传统”的宗教,其所内涵的文化—价值层面积累,对于现代“民族”认同的建构至关重要。原因在于,作为人类文明史进程中一种初始性、根基性、主导性的文化形式乃至文化整合力量,“宗教”在不同人类群体的文明进化或文化孕育过程中,在相当长的历史时期及范围内,事实上都曾发挥着初始性、根基性乃至主导性的关键作用。④ 更深入一点来说,宗教

① 参见 Wilfred Cantwell Smith 威尔弗雷德·坎特韦尔·史密斯,《宗教的意义与终结》[The Meaning and End of Religion],董江阳 Dong Jiangyang 译(北京[Beijing]:中国人民大学出版社[China Renmin University Press],2005)。不可否认,关于“宗教”之本质或起源,同样存在多种不同的视角及诠释。尽管如此,对于“宗教”作为一种人类历史文化现象的具体所指,学者们大抵并无根本性的分歧或异见。

② 刘精忠 Liu Jingzhong,《宗教与犹太复国主义》[Religion and Zionism](北京[Beijing]:中国社会科学出版社[China Social Sciences Press],2010),419。

③ 是故不同于宗教改革后政教分离的欧洲基督教文明,犹太教在近代解放之前,都仍然是一种宗教—文化体系。

④ 这一基本事实可从大多数文明或文化体系往往被直接冠以“某某文明”这一约定俗成的称谓方式而探知。

作为一种历史上曾经的主导性文化力量，其对社会生活各领域的整合，在不同人类群体的文化—价值建构这一历史过程中，具体表现为在其自身“神圣化”建构的加持下，对置身其间的人们在文化认知、实践的具体方式，乃至道德、伦理、生存意义及目标等价值认知的塑型上，都具有无与伦比的影响力，并以绝对信仰的名义藉此历史地铸就起各自强大的“传统”。惟其如此，在“民族”这一现代认同概念自欧洲兴起并广为传播之前，建立于“宗教”这一人类古老的文化—价值集合之上的“宗教认同”，在人类历史及文明发展过程中，直至当代，事实上都一直发挥着深远而广泛的影响，正如在当代世界，宗教认同或至少由宗教所提供的文化—价值乃至文化—心理支持，在不少情况下也是构成相当部分群体之所谓现代“民族”认同的最为核心的重要基础。

(三)犹太“民族”认同中的决定性因素

现代“民族认同”与传统的“宗教认同”之间的这一特殊关系，在犹太人身上表现得最为突出。至少在近代“犹太解放”之前，实际上并无所谓犹太“民族”这一现代意义上的群体概念，但作为信奉犹太教传统的宗教群体的犹太人，却是一种完全真实的历史性存在。

具体而言，作为一个被全体流放的人类群体，长期分散在世界各地的散居生活，不仅使犹太人根本不存在苏联等国家民族识别意义上所谓的“共同生活地域”“共同经济生活”乃至“共同文化心理”等民族认同或识别标准，而且由于长期流散生活的影响，犹太人在种族—血缘以及语言—文字这两大“民族性”定义内涵上，事实上也都经历了难以想象的历史嬗变。从所谓“民族”在种族—血缘上的认同内涵来说，全体性的流放以及同欧洲、中东、非洲等不同种族的长期融合，加上犹太人所坚持的母系血缘认定原则，从生物学基础上来说，犹太人的血缘基因本身就具有相当意义上的多样性。更为直白地说，诸如俄罗斯犹太人本身以及非洲犹太人，即便考虑到历史上曾经的血缘融合，他们与中世纪和当代犹太人主体中的德系阿什肯那兹犹太人和西班牙系的塞法迪犹太人之间，都存在着很大的差异。

与之相应，从语言—文字这一现代“民族”定义中的重要内涵来看，历史上的犹太人在散居时代很快散失其在语言—文字上的统一性。古代犹太教时期所使用的希伯来语，随着犹太人几近全体流放异乡，最终作为口语被其后代事实上所放弃，而成为极少数人用于宗教等相关活动及创作时所使用的专门性书面语言(现代希伯来语作为一种民族语言学意义上的“复兴”，与之存在历史意义上的根本区别)。源于同样的历史遭遇，散居欧洲各地的犹太人，在逐渐遗忘祖先语言的同时，除了使用寄居国语言之外，还相继单独或参与了诸如阿拉米语、意第绪语、拉地诺语等的发明和使用，这些曾经为各地犹太人所使用的不同地方性语言最终又从实际生活中基本消失。从所谓“民族性”建构的角度来看，历史上犹太人曾经使用过的那些语言—文字，事实上恰恰削弱了他们在现代意义上作为一个所谓“民族”的“民族性”认同。

较之上述影响，在漫长、艰难乃至几乎不可能看到希望的流散生活中，能够维系乃至唤醒犹太人作为一个群体的“犹太认同”的根源，除了共同的苦难记忆，事实上唯有犹太教这一共同的宗教—文化认同与基础。客观地说，如果没有宗教所提供的文化—价值层面上的认同，历史上的犹太人或今天人们所谈论的“犹太民族”，大概率会如那些最终融入其他民族的个体一样，早就消失在历史的长河之中。究其根本，鉴于宗教作为人类文明或历史进程中一种初始性、根基性、主导性的文化形式或文化整合力量，作为西方“一神论”宗教的源头，至少在文化—价值乃至文化—心理层面，犹太教作为一种跨越四千年的强大“传统”，为散居世界各地两千年的犹太人提供了最为持久也最具生命力的认同基础。从宗教内涵及其文化功用的角度来看，历史上犹太教基于自身信仰认知与宗教实践所不断累积与建构起的强大“传统”，实际上覆盖了犹太生活的一切，并由此形成其包罗万象的宗教—文化系统。就此而言，犹太人“至少在近代之前，事实上并无绝对的宗教与世俗之分”[①]。换言之，对于历史上的犹太人而言，宗教客观上成为犹太人历史、文化以及现代“民族性”建构与认同中的决定性因素。

历史上，曾经有一些犹太复国主义者“希望以世俗的物质性认同因素，转换或替代传统中宗教的精神性认同因素”[②]，对此，东欧犹太思想家、后来的以色列正教党创建者伊萨克·布罗伊尔（1883—1946 年）直言：“犹太人是一个宗教民族，这个民族不同于其他一切民族，因为宗教是它的唯一内容。……因为没有宗教，数千年的犹太历史也就失去了意义。……宗教曾经拯救了这个民族。经历了两千年的苦难之后，现在想把犹太人变得和其他民族一样，使他们政治化，建立一个对宗教保持中立的国家，这不是发疯吗？”[③]换句话说，现代犹太复国主义作为拿破仑之后犹太人发起的一场自我解放运动，在命运上拯救了几乎处于绝境的世界犹太人的同时，在意识形态上也进一步逐渐建构起现代意义上的犹太

① 刘精忠 Liu Jingzhong，《犹太神秘主义概论》[A Guide to Jewish Mysticism]（北京[Beijing]：中国社会科学出版社[China Social Sciences Press]，2015），224。

② 刘精忠，《宗教与犹太复国主义》，120—121。

③ Isaac Breuer 伊萨克·布罗伊尔，《犹太人问题》[The Jewish Question]（哈雷出版社[Halley Publishing House]，1918），64—65。转引自 Walter Lack 沃尔特·拉克，《犹太复国主义史》[History of Zionism]，徐方 Xu Fang 等译（上海[Shanghai]：三联书店上海分店[Joint Publishing Company Shanghai Branch]，1992），501—502。

"民族"及其民族主义。[①] 但尽管如此,现代犹太复国主义在文化和身份认同上得以成立的根本,只能在于其宗教所提供的共同的文化价值、文化心理乃至文化传统,"如果忽视了宗教在犹太历史上的这种独特功用或地位,那么所谓犹太人的民族认同就成了无源之水、无本之木"[②]。换言之,否定了犹太人的宗教认同,实际上也就否定了新的犹太"民族"认同中的决定性因素,由此任何相关犹太人集体性复国重建的共同意愿,以及与之密切相连的现实利益基础等,也就缺乏最具文化影响力的认同根基。

四、结语

回首过往,俄罗斯的"犹太问题"由来已久,从沙皇俄国时期至今事实上一直未能解决。究其根本,如前所述,自然缘于沙皇时期以来俄罗斯在犹太人民族与国家认同上一直不断遭遇的各种挫折和失败。在这一看似难以避免的结果背后,其中的具体缘由,除了通常表象上多民族国家中现实政治、经济、文化等各种利益的冲突、博弈与制衡之外,实则更为直接、具体地体现为前述国家层面上的各种理论、政策及其后果。在这一背景之后,俄罗斯历史上主观或客观上的"反犹主义",尤其是犹太人自身历史经验及宗教—文化传统对民族—国家认同所构成的深远影响,才是历史上俄罗斯所谓"犹太问题"的根本原因。

更深一步来看,即便当代,除了少部分的所谓"世俗犹太人"以外,无论对于北美犹太社会中各类派别的犹太人,还是以色列国内或苏联、东欧地区的大多数犹太人来说,完全脱离自身宗教身份及其价值属性的所谓现代"民族性"身份与认同,事实上均难以成立甚而也是不切实际的。其背后的根本原因在于,宗教认同作为人类认知与实践历程中一种前民族时代的"先天性"文化基因,实则早已融入犹太人的灵魂深处。就此而言,消解犹太人建立于其共同宗教认同之上的历史记忆和文化传统,事实上现代"民族"认同建构中的文化—价值集合也就难以扎根并延续下来。换言之,犹太人也将不可避免地失去其所谓"犹太性",遑论再重建一个"犹太的"民族。有鉴于此,一个符合历史逻辑的结论就是:对于犹太人而言,宗教与民族在认同建构上的彻底分离,终究只能是一种不可理喻的梦呓。历史上,即便是犹太民族主义复国者皆全然明白,在犹太人之所谓"民族性"这一现实建构中,类似于"我不曾是我"的理想主义臆想路径实则根本是完全不可能也并不存在的事情,更不用说俄罗斯历史上同化或融合犹太人的历史性

① 相关系统性研究详阅刘精忠,《宗教与犹太复国主义》。

② 刘精忠,《宗教与犹太复国主义》,121。

失败。

从犹太人在民族—国家认同上的这一独特历史经验出发，反过来不难发现，对于现代多民族国家而言，不同宗教—文化背景及其所历史性建构的、作为一种文化—价值“传统”的宗教认同，事实上也就对其能否顺利实现统一的民族性国家认同构成了根本性的挑战。就此而言，东正教与犹太教之间在宗教认同上的这一冲突及其“先天性”局限，无疑也是千年来犹太人始终游离于俄罗斯民族—国家认同之外的内在关键性因素，而诸如此类的现象在历史及当代显然也并非仅限于犹太人身上。

与此同时，正如在现代犹太民族主义的建构历程中，宗教与民族在认同建构上的彻底分离事实上不存在可能性，对于多民族国家中统一的“民族—国家”认同而言，除了其本身的理论建构尚待更深一步的思考与辨析之外，诸如“族教分离”之类的策略性考量，事实上对于历史上犹太教这样在近代以前未能真正实现公共领域去功能化的前现代宗教来说，也同样是难以成立或行得通的。类似历史困境的难题在于：除了上述前现代宗教在文化整合功用上作为一种强大“传统”几近全方位的惯性影响，这类“绝对一神教”自身在其宗教合法性历史建构中的“自我神圣化”和“绝对真理化”原始设定，也使得其对任何其他文化或政治身份认同上的拥抱或侵蚀常常有着无与伦比的天然免疫力。就此而言，在未能真正改变其绝对排他的、原始基础性建构的情况下，任何寄望于“族教分离”式策略的现代“民族—国家”之类的构想，也就难以取得真正意义上的成功。

The Background and Theoretical Exploration of the National-State Identity of the Russian Jews

LIU Jingzhong　LIU Peng

Abstract: Historically, the national-state identity of Russian Jews has continuously encountered various setbacks and failures. The reasons for this can be analyzed from both external historical and internal cultural perspectives. On the external historical level, apart from the general influence of "anti-Semitism," the evolution of the national-ethnic theories and policies of Russia and the former Soviet Union, as well as their interactions with Jews, certainly should be more direct and specific considerations. At the same time, on the internal cultural level, it is essential to deeply understand the unique historical experiences and religious identity patterns of Jews, which have had a profound impact on their self-identification and the making of their modern "nationality".

Key Words: Russia, Jews, National-State Identity

以色列法学教育发展及其借鉴意义*

王宏选　王添**

【摘要】英治时期巴勒斯坦地区出现职业教育性质的法学教育，其受到英国强烈影响且规模较小。以色列建国初期，法学教育转变为学术教育，教育风格混杂但总体类似欧陆国家，犹太教律法被纳入法学教育体系。此后数十年间，以色列法学教育在欧陆与美国风格之间徘徊。近年来，由于民间与官方双向发力，以色列法学教育得到重大改革发展，在保留民族传统和宗教特征基础上走上美国化道路。以色列法学教育的发展动因受学术研究、政治、文化和经济利益等多重因素的影响。其借鉴意义是，以实践为标准判断法学教育理念优劣、实现法学教育变革和创新，强调传统法律文化与现代法治价值、国际化与民族性的协调平衡。由于文化历史背景、经济社会结构、法治建设路径、法治人才需求的特殊性，以色列法学教育存在一定局限性。其美国化趋向警示我们，学习外国先进经验时，要立足本国国情、服务本国法治与社会发展需求，避免出现法学教育脱离社会实践的不良后果。

【关键词】以色列法学教育；法学教育理念；实践标准；传统与现代；国际化与民族性

在历史学家眼中，“以色列”这个名词可以追溯到公元前一千年的以色列国，《希伯来圣经》中记载的一些故事与历史真相也有高度相似性。[①]将眼光转向现实，以色列成为一个国家的事实发生在1948年。现代以色列国的诞生，是两个

---

* 本文系西安财经大学2023年研究生教改项目“地方财经高校法律硕士实践能力培养创新路径”(2023J015)阶段性成果。

** 王宏选，西安财经大学法学院副教授；王添，上海师范大学哲学与法政学院2024级研究生。

① 参见 M. Liverani, *Israel's History and the History of Israel*, trans. C. Peri and P. R. Davies (Sheffield: Equinox Publishing Ltd, 2007), xv。

悲剧性因素的产物:其一,当时很多国家拒绝接受他们社会中的犹太人;其二,一些犹太人不愿成为所在社会的成员,从身体和文化上排斥所在社会、拒绝同化。[①] 经过一系列艰苦卓绝的斗争,犹太人最终拥有了自己的国家以色列。从1948年建国起,以色列的历史就为两种因素所制约。其一是犹太复国主义,其二是国家安全的需求。[②] 犹太复国主义者认为,主权国家对一个历尽苦难且分散各地的民族来说,是获得永久安全的方式。国家安全的需求,促使以色列在建国前后紧紧靠拢西方国家。以色列国一方面追求西方式的自由,另一方面,其经济、政治、社会和法律受到犹太民族传统和宗教因素的深刻影响。经过数十年发展演变,现代以色列的法律制度极为复杂。以色列的私法法典,是古代穆斯林法律传统的重述,受到奥斯曼帝国法律改革的影响,能够追溯到19世纪法国和德国的立法模式。英治时期的立法,则具有19世纪和20世纪英国制定法的特征,1949年后逐渐被以色列制定法代替。除了犹太教律法和穆斯林法律,其他十多个宗教社区(大多数是天主教)的社团规范对以色列法律也有影响。[③]建国伊始,以色列就重视对这种混杂法律局面的处理,法学教育是解决这个问题的关键环节。

法学教育是培养法律人才的专门性教育活动,也是国民教育体系和高等教育的重要组成部分,与历史文化背景、经济社会结构、法治建设实践、国家发展和社会变迁密切相关。基于法治建设和社会发展对法治人才需求的变化,在法学教育理念选择与确立、法学教育模式变革与创新、传统法律文化与现代法治价值的协调、法学教育国际化与民族性如何平衡等方面,以色列走过坎坷的发展历程,同时积累了丰富的经验。作为后发型法治现代化国家,以色列法学教育发展具有一定的代表性,也有其特殊性;其法学教育模式有着普适性价值,也有其局限性。我国与以色列同属后发型法治现代化国家,在法治现代化和法学教育发展中面临相同或类似问题。我国近现代法学教育,诞生于清末民初救亡图存运动中。通过彻底否定和批判旧的法学教育体系,深刻总结社会主义法治建设正反两方面经验,新中国法学教育体系逐步建立和完善。当前遇到的突出问题是如何应对全球化、多元化和信息化挑战,有效发挥法学教育的基础性和先导性功能,满足国家和社会对高素质法治人才的需求。为此,需要明确法学教育理念,

① 参见 Ahron Bregman 阿伦·布雷格曼,《以色列史》[A History of Israel],杨军 Yang Jun 译(北京[Beijing]:东方出版中心[Orient Press],2002),2。

② 参见 C. Shindler, *A History of Modern Israel* (Cambridge: Cambridge University Press, 2013), 10。

③ 参见 J. Laufer, "Legal Education in Israel: A Visitor's View," *Buffalo Law Review* 2 (1964): 232-255。

解决法学教育与法治中国建设实践有效衔接、传统法律文化与现代法治价值、国际化与民族性之间协调平衡等问题。本文运用文献研究法和比较分析法,通过对以色列法学教育发展历程的揭示,分析其对我国法治建设和法学教育的借鉴和启示,以应对和解决法学教育发展中遇到的突出问题,促进我国法学教育健康发展。

一、前改革时期以色列的法学教育

以色列法学教育的发展历程,伴随该国于 20 世纪 80 年代积极融入现代化、全球化进程而发生重大改革和变化。以此为标准,可以将以色列法学教育的发展过程划分为前改革时期和改革时期。其中,前改革时期包括建国初期与徘徊时期。以色列建国前的英国委任统治时期对以色列法学教育有着重要影响,可以归入前改革时期。

(一)英治时期巴勒斯坦地区的法学教育(1917—1948 年)

英国委任统治时期之前,巴勒斯坦地区处于奥斯曼帝国统治之下,没有本土的法学教育。一战后期的 1917 年 2 月,英国军队进入巴勒斯坦。1920 年,国际联盟将巴勒斯坦的委任统治权授予英国。英国人统治巴勒斯坦之后,本土法学教育开始出现。在英治时期,巴勒斯坦地区有两个法学教育机构,分别是耶路撒冷法律培训班(the Jerusalem Law Classes)和特拉维夫法律与经济学院(the Tel Aviv School of Law and Economics)。

耶路撒冷法律培训班由英国统治者设立,分两个部门,一个是犹太人的部门,另一个是阿拉伯人的部门。培训班的课程包括两部分。第一部分课程用希伯来语或者阿拉伯语讲授,教师是犹太人或阿拉伯人官员、法官和律师。完成第一部分课程并通过考试后,可以参加第二部分课程学习。第二部分课程用英语讲授,内容更具理论性,比如法理学和法制史,教师通常是英国的法官或者律师。[①]经过四年学习,学生将被律师协会承认为候选人,通过考试后能够成为律师。据资料统计,大约有一千名犹太人和阿拉伯人通过这个制度成为律师。[②]

特拉维夫法律与经济学院非官方设立,而是由一群试图复兴犹太教律法的

① 参见 A. Likhovsk, "Colonialism, Nationalism and Legal Education: The Case of Mandatory Palestine," in *The History of Law in a Multi-Cultural Society: Israel* 1917-1967, eds. R. Harris, A. Kedar, P. Lahav and A. Likhovski (Burlington, VT: Ashgate PubLtd, 2002), 75-93。

② 参见 J. Laufer, "Legal Education in Israel: A Visitor's View," 232-255。

学者设立。不同于耶路撒冷法律培训班，这个学院教师约有三分之一是来自欧洲的学者或教授。该学院实行一种既不同于西方教育也不同于耶路撒冷法律培训班那种殖民教育的新型法学教育模式。他们试图将犹太教律法与当地法研究结合起来，培养一批民族主义法学家，对抗英国在巴勒斯坦的影响力。英国统治者对此不满，不给予任何支持，还声称它将成为极端反英的中心。该学院毕业生没有资格参加律师考试，只有在国外大学取得学位之后再归国，才能成为律师。[①]

这一时期的法学教育，具有三个突出特征。

首先，法学教育是作为一种职业教育存在的。英国统治者设立耶路撒冷法律培训班的目的，没有任何学术考量，仅仅是为当地提供司法和行政人才。培训班的课程设计，纯粹为了满足法律职业教育的需要。特拉维夫法律与经济学院的设立尽管有学术目的，但非官方机构且不为官方所承认、影响有限，其毕业生为获得参与法律实践资格不得不留学就是明证。

其次，法学教育受到英国法律制度和法律文化的强烈影响，这一点在耶路撒冷法律培训班课程设置中清晰可见。特拉维夫法律与经济学院的课程设计尽管受到欧陆法学教育影响较大，但整个巴勒斯坦的律师考试都由英国统治者控制，所有法律职业群体成员必须学习并通过这个考试。

最后，法学教育的规模较小。一方面，巴勒斯坦地区的法学教育机构仅两所，且规模很小；另一方面，特拉维夫法律与经济学院的毕业生为参加律师考试不得不出国留学，只有经济条件良好的学生才能实现从业梦想。

（二）建国初期以色列的法学教育（1948—1967 年）

1948 年建国伊始，以色列试图创造一个新的法律体系并满足两个目标：保证一个自由社会的存在，表达鼓舞这个国家再生的那些理念。[②] 这就是说，一方面要成为西方那样的自由社会，另一方面维护包含犹太复国主义在内的一系列传统理念。以色列作为一个国家非常年轻，但其法律体系还是比较发达的。委任统治结束后，英国人留下大量法律遗产，以色列承认并保留了这些法律制度和文化。以色列的法律同时具有东西方特征，具备奥斯曼帝国、英国、美国、欧陆和犹太民族等多元因素。建国初期，起着宪法作用的基本法试图将以色列塑造成

① 参见 A. Likhovsk, "Colonialism, Nationalism and Legal Education: The Case of Mandatory Palestine," 75-93。

② 参见 J. Laufer, "Legal Education in Israel: A Visitor's View," 232-255。

一个民主的犹太国家，但其法律体系经常发生不同价值目标的冲突。[①]

这一时期，以色列的法学教育乏善可陈。在长达二十多年的时间里，以色列只有希伯来大学法学院这一所法学教育机构。最初的法学教师大多是来自欧洲国家的犹太移民，他们在不同国家接受法学教育。随后入职的年轻法学教师，往往只在耶路撒冷、巴黎和伦敦等地接受过硕士研究生教育。法学院的课程安排，包括讲授课、实践课和研讨会等不同类型。期末考试一年有两次机会，学生可以选择其中一次参加考试。授课方式以教师主动讲授、学生记笔记为主，考试可以背诵笔记通过。学生在法学院期间要学习大量课程，包括以色列制定法、世俗和宗教的司法体系、外国法（包括奥斯曼帝国和英治时期的法律遗产）、外语（主要是英语和法语）。法科学生被期望掌握以色列法、英国法和犹太教律法，包括它们的规则、历史、概念和区别。此外，他们还被要求学习罗马法。[②]希伯来大学有权授予法学专业的学士、硕士和博士学位。

这一时期，以色列法学教育呈现三个特征。首先，法学教育从职业培训转向学术教育，这是其鲜明特征，也是唯一可称道之处。其次，法学教育风格混杂，没有统一的标准和要求。在不同国家接受法学教育的教师们，通常主张和实践各自的教学风格，整体上呈现欧陆法学教育风格，比如法律图书馆、名人讲座和考试方式设置。[③]最后，由于仅有一所法学院，可以说法学教育全部在大学校园完成。这意味着既没有单设的法学院，也没有设立教授法学的宗教学校，犹太教律法等宗教规范需要在世俗大学讲授。韦伯将宗教规范与世俗法律的区分或者前者对后者影响的减少或消除视为一种进步，是法学专业走向理性化的标志。[④]英治时期统治者对犹太教律法等传统民族文化采取禁止和打击措施，各种宗教规范对世俗法律的影响持续降低。以色列建国后，试图恢复犹太教律法等民族传统文化影响力，但这种努力与其靠拢西方文化存在紧张关系。第三个特征是多种因素综合作用的结果，客观上是一种进步，似乎不能归功于这一时期的法学教育发展。

（三）徘徊时期以色列的法学教育（1967—1980 年）

建国之后，以色列一度奉行相对封闭的外交政策。在 1967 年“六日战争”之

① 参见 Y. Efron and N. Ebner, “Legal Education in Israel: Developments and Challenges,” in *Legal Education in Asia*, eds. S. P. Sarker (Hong Kong: Eleven International Pub., 2014), 99-115。

② 参见 J. Laufer, “Legal Education in Israel: A Visitor's View,” 232-255。

③ 同上。

④ 参见 Max Weber 韦伯，《法律社会学》[Sociology of Law]，康乐 Kang Le 、简惠美 Jian Huimei 译（桂林[Guilin]：广西师范大学出版社[Guangxi Normal University Press]，2005），251—252。

前,以色列主要的盟友是法国,后者为其提供武器装备和安全支持。在20世纪50到60年代,以色列领导集团一直试图与美国总统和国会领导人建立良好的关系。当时美国正陷于冷战的焦虑中,无暇对中东地区投入更多注意力。[①] 1967年是个分水岭,当备受战争威胁的以色列向国际社会寻求支持时,法国总统戴高乐对以色列外交部长严厉地说"不要打仗"。英国和美国的态度则热情有加,不仅对以色列表达强烈同情,还积极参与斡旋,默许以色列率先发起攻击。[②]自此,以色列国内出现众多亲美势力,以色列开始在法国与美国之间徘徊。

徘徊时期,学者们围绕法学教育的未来展开一场大辩论。对以色列而言,1967年最重要的意义是"六日战争"的胜利,同时也为一场法学教育领域的"战争"拉开帷幕。这一年,希伯来大学的两位法学教师赴哈佛大学法学院进修,随后将美国法学教育模式和法学研究理念带回以色列。1966年,希伯来大学特拉维夫分校更名为特拉维夫大学,设立了法学院。围绕法学教育理念和方法,以希伯来大学法学院和特拉维夫法学院为主角的大辩论迅速展开。法学教育新理念和新方法的倡导者中,希伯来大学的巴拉克(Barak)和特拉维夫大学的沙皮拉(Shapira)是代表人物。

时任希伯来大学法学院院长的巴拉克,主张以提问和对话方式上课并身体力行。这种方法类似美国的兰代尔案例教学法,但不完全相同,它是苏格拉底式方法与兰代尔式方法的结合,辅之以问题方法,不同于以往的案例教学方法。[③]

特拉维夫大学法学院沙皮拉教授认为,法学教育目标不应被简单设定为职业教育、学术教育,而应当设定为服务公共利益。这样做考虑和顾及每一位参加法学教育的学生,不管他们将来从事私人法律服务、司法还是立法工作。针对具体教学方法,沙皮拉主张四点内容。其一,跨学科取向,包括法学教育在内的大学教育应当注重不同院系之间的合作。其二,有意义的课程,法学教育应当结合职业培训、智识进步、政治机敏和社会意识。法律应是鲜活的社会过程,不是被埋葬在故纸堆里的概念建构。其三,高效的教学,这意味着将静态的、被动的教学模式改为动态的主动的模式,包括小班教学、授课与研讨发言相结合等。其四,学生的课外活动,丰富的课外活动能将法学教育真正融入社会过程。[④]

---

① 参见 P. Lahav,"American Moment[s]: When, How, and Why Did Israeli Law Faculties Come to Resemble Elite U.S. Law Schools?" *Theoretical Inquiries in Law* 2 (2009): 653-697。

② 参见阿伦·布雷格曼,《以色列史》,108—113。

③ 参见 P. Lahav, "American Moment[s]: When, How, and Why Did Israeli Law Faculties Come to Resemble Elite U.S. Law Schools?" *Theoretical Inquiries in Law* 2 (2009): 653-697。

④ 参见 A. Shapira,"Changing Patterns in Legal Education in Israel," *Administrative Law Review* 2 (1972): 233-244。

反对的声音非常强烈,许多年轻教师也不支持新的法学教育方法,仍然坚持传统欧陆方法。反对者的理由是,讨论和对话式授课方式,需要学生更加积极主动地参与,要求学生提前阅读推荐或给定的材料。如果学生不能满足这两个条件,讨论和对话式授课方式的效果非常糟糕。他们认为当时以色列法科学生尚未具备诸多素质,反对新方法在法学院加以运用。辩论和对立持续了很久,结果是两种新的法学教学方式并存,传统的面授课程仍占据主导地位。随着越来越多的年轻教师从美国学成归国,新型法学教学方法的支持者越来越多。①

总体上这一时期法学教育发展缓慢,新理念和新方法停留在辩论和个别教师的教学实践中。这一时期被称为徘徊时期,任何一个学校都未能开展实际的法学教育改革。这一时期的争论和实践,为随后以色列法学教育改革奠定了理论基础。1970 年巴伊兰大学设立法学院,至此以色列拥有了三所法学院,三所法学院各自具有一些特色和风格。希伯来大学法学院更加注重传统的教学方式,特拉维夫大学法学院反对原有的教学方式。巴伊兰大学法学院相比前两者,具有鲜明的特征。其一,巴伊兰大学法学院教师大多数在美国完成法学教育,法学教育和学术研究深受美国风格影响;其二,巴伊兰大学是一所宗教导向的大学,其法学院重视对犹太教律法的研究、教育,关注传统法律文化的创造性转化,支持具有重要文化价值和传承意义的法学学科发展。②

二、改革时期以色列的法学教育(1980 年至今)

(一)民间的法学教育改革

20 世纪 60 年代末开始萌发改革迹象,80 年代初以来逐步席卷以色列法学教育领域。越来越多的法科学生选择去美国留学,接受硕士和博士阶段教育并取得学位。以色列国内法学院,以英语授课的法学课程越来越多。这些迹象表明,法学教育发展的方向是美国化(Americanization)。总体看,以色列的法学教育在两方面受到美国的强烈影响。其一,法学学术研究,进而影响到法律实践。其二,美国法学教育的内容和价值导向不断输入以色列法学教育界。③

---

① 参见 P. Lahav, "American Moment[s]: When, How, and Why Did Israeli Law Faculties Come to Resemble Elite U.S. Law Schools?" 653-697。

② 参见 A. D. Grunis, "Legal Education in Israel: The Experience of Tel-Aviv Law School," *Journal of Legal Education* 2 (1975): 203-218。

③ 参见 H. Sandberg, "Legal Colonialism—Americanization of Legal Education in Israel," *Global Jurist* 2 (2010): 1-24。

就前者而言，美国法学学术的典型特征是跨学科研究。一方面，社会学与分析哲学主导 20 世纪英美法理学研究；另一方面，大量“法律与……”运动此起彼伏。这种跨学科研究风格传入以色列，促使以色列的法学院更加重视跨学科课程设置和多元化人才培养。

就后者而言，相比欧陆国家，美国法学教育具有特色鲜明的价值理念和办学模式。其一，英才教育或精英教育理念。相比欧陆的平民教育理念，美国人希望将大学变成一个学术品质被承认和奖励的地方，录取和升学以学术天资和学术表现为主要标准。其二，私立大学具有重要地位。在民法法系国家，私立大学在高等教育中发挥非常小的作用，甚至大多民法法系国家不存在私立大学。美国则不同，私立与公立大学不仅在师资和生源上展开激烈竞争，而且在个体、团体、基础设施及政府资源上展开激烈竞争。在这些竞争中，私立大学往往占据优势地位。其三，大学教育目标和方法的自主意识非常强烈。在英美法系法学院可以发现，学者们一直在研究我们在做什么、为什么这么做，以及如何更完美地做好它。而大多民法法系的学者，根本不考虑这些话题。[①]

以色列民间法学教育改革内容涉及三个方面：学术期刊、课程规划和授课形式。早在徘徊时期，希伯来大学和特拉维夫大学法学院就开始这方面的改革，只是因反对力量过大，没有产生太多影响。随着 20 世纪 80 年代法学教育美国化成为共识，这些措施得到有力的贯彻，影响到以色列其他法学院。希伯来大学和特拉维夫大学法学院率先创立由法科学生运营的法律评论期刊。这种来自美国的、由学生负责编辑的学术期刊，本身就是一种法学教育工具。课程改革方面，一些导论性质的法学课程被取消或变为选修课，刑法、合同法等实体法课程被安排到第一学年讲授，并增加了法学选修课和研讨课。模拟法庭和法律论证指导等课程，也先后开设。

在这一时期，特拉维夫大学走在希伯来大学前面。授课方式改革在特拉维夫大学法学院更为顺利，而在希伯来大学遇到重重阻力。1982 年，时任希伯来大学法学院院长韦斯曼(Weisman)对新式授课方式提出批评。他认为，这些在美国留学归来的老师们只是“将他们所学的东西教给学生，而不是将学生应该学习的教给他们”。韦斯曼坚持认为以色列与美国的法学教育任务不同，反对新式法学教学方法。直到 1990 年，普罗卡恰(Procaccia)担任院长，希伯来大学法学

① 参见 J. H. Merryman, “Legal Education There and Here: A Comparison,” *Stanford Law Review* (1975): 859-878。

院才以开放态度引进美国式法学教育。[①]

(二)官方的法学教育改革

官方的法学教育改革,始于以色列加强大学的自我管理。1993年8月,以色列教育部长鲁宾斯坦(Rubinstein)将一份教育改革的提议公之于众,听取公众意见。该提议要点为:学校的财政拨款应当基于"学生篮子"(student basket),包括大多数分配给每个学生、老师和学校的预算;"篮子"应当平等且透明;每个学校应当以年度预算为根据,作为一个封闭的财政经济体被管理;学校应当有设定其教学目标并调整预算的自由;学校应当设定更清晰的目标并承担课程规划责任;每个学校应当设立一个管理委员会,委员会包括校长、教职工及当地政府、社区和学生父母的代表;督学(school inspector)应当被限定为咨询性和支持性角色;校长有人事决定权;这些建议的实施需要修改相关立法。公众对这份提议反响热烈,绝大多数支持实施该提议。但由于教师工会不可忽视的反对意见,鲁宾斯坦在1994年3月批准先行试验性实施这些提议。基于试点成功,其他地区才开始逐步推进此项改革。[②]

法学教育是鲁宾斯坦领导教育改革的重点领域。原本的学院(college,在以色列指那些仅专注于教学而不从事学术研究活动的教学机构)也被鼓励从事学术研究,国家授权他们具有颁发法学学士学位的资格。官方已经转变立场,将学术教育视为法学教育的重点。[③]随着国家对法学院设立和管理的放松,以色列开始出现私立法学院。作为私立法学院的先驱,弗里德曼(Friedmann)创立管理学院(the College of Management)的法学院,莱希曼(Reichman)创立跨学科研究中心(the Interdisciplinary Center)。[④]随后,一大批私立法学院纷纷设立。截止目前,以色列拥有七所传统的大学、一所远程教育大学和五十所相对较小的学院。其中有十三所法学院,四所设立于大学中,九所位于学院中。[⑤]大学的法学院可以授予法学学士、硕士和博士学位,学院的法学院只能授予法学学士学位。

---

① 参见 P. Lahav, "American Moment[s]: When, How, and Why Did Israeli Law Faculties Come to Resemble Elite U.S. Law Schools?" 653-697。

② 参见 A. Volansky, *The Three Waves of Reform in the World of Education*: 1918-2018, trans. E. Lottem (Cham: Springer, 2023), 336-339。

③ 参见 Y. Efron and N. Ebner, "Legal Education in Israel: Developments and Challenges," 99-115。

④ 参见 P. Lahav, "American Moment[s]: When, How, and Why Did Israeli Law Faculties Come to Resemble Elite U.S. Law Schools?" 653-697。

⑤ 参见 P. Hemmings, "Israeli Education Policy: How to Move Ahead in Reform," *OECD Economics Department Working Papers* 37 (2010): 1-34。

官方领导的教育改革,一直持续推进。为了缓解法学教育中基于社区和经济因素带来的不平等,2005 年以色列出台一项政策,开启公立的、国家财政支持的乡村地区法学教育项目。①以色列官方还于 2014 年启动了另一项重要的教育改革,名为"有意义的学习改革"(meaningful learning reform),改革目的是推广有意义的学习,改革基于学习者和社会的价值、学习者在学习中的进步及学习者相关的情感、社会和认识学习经验。②这些改革措施有利于促进法学教育领域实现平等,有利于开展跨学科教学与研究,同时促进了法学教育的社会关怀面向。

(三)改革时期法学教育的特征

这一时期,可谓以色列法学教育"跨越式"发展阶段。走出徘徊时期,美国化成为以色列法学教育最鲜明的特征。以色列美国化和全球化进程与法学教育的关系难以一言蔽之,但可以肯定的是,以色列越是变得更加美国化和全球化,其法律制度越更加类似美国法律制度。③法学教育的美国化特征表现在多个方面,举其要者有三。

首先,法学学术风格的变化。传统欧陆法学研究重视法教义学,而美国式法学教育既重视理论研究,又强调跨学科研究,聚焦社会关怀。英美法系中,法学家通常被认为在从事一项社会工程工作,法学的作用是保障监督社会秩序的有效运行。④以色列的法学教育很好地接受了这一美国风格。美国化的法学教育,实际上是用非教义学、多学科理论研究解决实践问题的教育风格。美国化对以色列法学教育的影响,主要集中在公法领域,尤其宪法学领域。

其次,法学教学模式的变化。相比欧陆国家,美国法学教育强调发挥学生的积极性及法律实践的重要性。在这一理念影响下,以色列法学院逐渐推广问答模式的课堂教学方式。模拟法庭、法律诊所等教学方式迅速发展起来。有学者认为,以色列法律诊所教育是包含监督指导的实验性法律教育与学习,这种活动必然会给法律实践和社会生活带来影响。⑤ 在美国法学教育中,非常注重法律职

---

① 参见 P. Lahav, "American Moment[s]: When, How, and Why Did Israeli Law Faculties Come to Resemble Elite U.S. Law Schools?" 653-697。

② 参见 M. Isbanionly, D. Danaiata and L. Hurbean, "Managing the Implementation Process of Education System Reform in Israel," *Procedia-Social and Behavioral Sciences* 238 (2018): 259-266。

③ 参见 P. Lahav, "American Moment[s]: When, How, and Why Did Israeli Law Faculties Come to Resemble Elite U.S. Law Schools?" 653-697。

④ 参见 J. H. Merryman, "Legal Education There and Here: A Comparison," *Stanford Law Review* (1975): 859-878。

⑤ 参见 Y. Efron, "Clinical Legal Education in Israel," in *Clinical Legal Education in Asia: Accessing Justice for the Underprivileged*, ed. Sarker Palgrave (London: Macmillan, 2015), 91-111。

业人才培养。以色列建国初期,法学教育就从职业培训转向学术教育。以色列法学教学模式的美国化,进一步推动法学教育重点向学术教育的转移。事实上,学术教育与实践面向不冲突,法学教育与法律实践、社会生活息息相关。

最后,法科学生职业规划的变化。建国初期及徘徊时期,相当多的学生选择在国内获得法学硕士和博士学位并进入法学院任教。进入改革时期,这一情形发生较大变化。一方面,美国法律文化对法科学生具有相当的吸引力;另一方面,以色列的法学院形成一条潜规则:所有进入法学院任教的教师应当拥有国外学习经历。受两方面因素的影响,那些准备以学术为志业的法科学生,更愿意选择去美国获得法学硕士和博士学位,或在美国开展博士后研究工作。[①]

在先拥抱欧陆后拥抱美国的过程中,以色列并没有失去法律文化最深层的东西。这意味着,以色列法学教育同时呈现欧陆、美国和犹太民族特色等多元化特征。[②]一方面,欧陆法学教育保留在以色列法学教育体制内。进入法学院的前提是高中毕业,所有法科学生全部在大学接受高等教育。[③] 同时,仍然有部分法学教师的指导更加抽象、更多涉及哲学问题,而不是强调当下法律实践的重要性。[④]另一方面,随着美国价值观念和法律制度的移植,可能导致政策制定者、立法者、律师、法学家和法官抛弃犹太教或犹太复国主义的主张。[⑤] 但是,支持以色列建国的宗教规范和传统价值,对法学教育依然有着巨大影响。以色列的司法体系分为三大类:普通法院、专门法院和宗教法院。宗教法院系统包括犹太教法院、穆斯林法院、基督教法院和德鲁兹法院。其中,犹太教法院的影响最大,它包括由两位首席大拉比领导的最高犹太教法院以及全国九个地方设置的拉比法庭,有 90 名法官。以色列独特的世俗—宗教双层司法体系,通过法学教育体系得以维持和传承。

---

① 参见 H. Sandberg, "Legal Colonialism - Americanization of Legal Education in Israel," *Global Jurist* 2 (2010): 1-24。

② 参见 P. Lahav, "American Moment[s]: When, How, and Why Did Israeli Law Faculties Come to Resemble Elite U. S. Law Schools?" 653-697。

③ 参见 S. Riesenfeld, "A Comparison of Continental and American Legal Education," *Michigan Law Review* 1 (1937): 31-55。

④ 参见 J. H. Merryman, "Legal Education There and Here: A Comparison," 859-878。

⑤ 参见 H. Sandberg, "Legal Colonialism - Americanization of Legal Education in Israel," 1-24。

三、以色列法学教育发展的动因分析

(一)以色列法学教育面临的各种挑战

分析以色列法学教育发展动因,首先要考察其产生背景和遇到的挑战。建国伊始,以色列就面临法律体系复杂乃至混杂的局面。为避免出现"法律真空"导致社会混乱,新生的以色列国全面保留英治时期的法律制度。[①]建国初期,以色列与法国关系密切,大量输入欧陆法律制度和法律文化。从民法部门的构成看,民事实体法受到欧陆深刻影响,民事程序法则受到英国强烈影响。[②] 20 世纪 80 年代后,以色列与美国关系密切,美国法律文化尤其公法理论输入以色列。在这些因素综合作用下,以色列法律体系形成一种混合司法管辖(mixed jurisdiction)模式。一方面,以色列实行判例法制度,是一个具有英美法系特征的法律体系。另一方面,民事实体法深受欧陆影响,同时受到犹太教律法传统、巴勒斯坦风俗习惯等多种因素影响。[③]

第二个挑战是东西方的价值冲突,集中表现为犹太教传统和民族价值与西方现代法治观念的冲突。从历史上看,犹太教及其律法通过基督教及其《圣经》对西方文化乃至世界文化的影响极其巨大而深刻。犹太人关于借贷抵押、免债证明、不动产的习惯法,财产让渡合同,陪审团制度,法律至上主义、"挪亚律法"等法律形式和思想,有的直接被英美法系吸收,有的对之产生间接影响。尽管如此,犹太教律法传统与现代法治之间仍然存在本质区别。现代化的核心是理性,在现代化冲击下,西方社会出现宗教世俗化和宗教多元化趋势。希伯来传统文化尤其是犹太教律法则自成一体,构成犹太人生存发展的民族纽带。其结果就是,在以色列,犹太教律法与国家法同时存在,形成独特的世俗—宗教双层法律体系。犹太教法院依据托拉律法,审理涉及犹太人个人身份、婚姻事务等诉讼案件。除了日常的宗教职能外,拉比法庭在处理以色列犹太公民的个人问题上,具有近乎专断的司法权。犹太教及其律法经历诸多危机和挑战并成功进行现代转化,如今在犹太人的社会生活中仍然发挥着很大的作用。

---

① 参见 Y. Efron and N. Ebner, "Legal Education in Israel: Developments and Challenges," in *Legal Education in Asia*, ed. S. P. Sarker (Hong Kong: Eleven International Pub., 2014), 99-115。

② 参见 D. Bamford, T. C. W. Farrow, M. Karayanni, et al., "Learning the 'How' of the Law: Teaching Procedure and Legal Education," *Osgoode Hall Law Journal* 1 (2013): 45-91。

③ 参见 Y. Efron and N. Ebner,"Legal Education in Israel: Developments and Challenges," 99-115。

第三个挑战是犹太复国主义存在的正当性问题。犹太民族传统中一直有"返乡复国"思想,一部分犹太知识分子著书立说,使之发展为"政治的、非宗教的犹太复国主义主张"。犹太复国主义始于宗教,但是以世俗民族主义形式表达出来。①犹太复国主义的核心主张,就是要建立犹太民族的单一国家以保护本民族的生存与发展。同时在许多犹太人心中,犹太复国主义也是希伯来《圣经》中上帝对犹太人"应许之地"的实现路径。然而现代法治追求的是自由、民主和平等等价值目标,尤其是民族平等,与这种强烈的民族主义思潮针锋相对。在发展现代法治、推动民主社会进程中,犹太复国主义频频遭到学者和民众的冷落乃至反对。在以色列法学教育发展中,如何面对和处理犹太复国主义问题,也构成不容忽视的挑战。

(二)法学学术研究对法学教育发展的推动

建国伊始,大量法学教师是来自欧洲的犹太移民,他们带来不同的、总体呈现欧陆风格的学术研究和法学教育方法。传统的民法法系国家,以德国为代表,法学被区分为法教义学与法学基础研究。其中重视理论的研究诸如法哲学研究,通常并不单独设置教席,而是与其他部门法紧密联系。法哲学教席一般要与一个或几个部门法结合起来,比如"公法与法哲学教席""民法与法哲学教席"等。欧陆学术研究极其重视法教义学研究,相对轻视法理论研究。这种学术研究风格,主导了建国初期以色列的法学教育模式。

徘徊时期,留美教师大量归国使以色列法学教育天平从欧陆逐渐倒向美国化。与欧陆发达的法教义学研究不同,美国法学研究具有鲜明的跨学科特征。以色列法学教育的徘徊时期,正值英美法学发生重大变革之时。1961 年,英国法学家哈特出版《法律的概念》一书,把社会学与分析哲学方法运用于法学研究,将法律实证主义推向新的发展阶段。元伦理学、经济学、文学和政治学等多种学科的理论方法应用到法学研究,诞生了一批新的理论主张,形成新的学术风格。以色列的新、旧教师群体,分别代表了欧陆与美国法学教育风格。通过多次法学大辩论,在教学和研究中实行各自认同的风格,使以色列法学教育呈现多元并存局面。

进入改革时期,留美教师群体拥有不可忽视的影响力。他们从美国引入的学术研究风格,迅速席卷以色列法学研究,进而影响到法学教育。一方面,哈特

① 参见 R. S. Mohilever, "Message to the First Zionist Congress," in *The Zionist Idea: A Historical Analysis and Reader*, eds. A. Hertzberg (Philadelphia and Jerusalem: The Jewish Publication Society, 1997), 398-405。

等英美法学家提出的法律开放结构观念为以色列学界所接受，在课程设置上重视法律与其他学科及社会实践的关联。[①]另一方面，英美法系新兴学术研究方法纷纷输入以色列，影响最大的是法律的经济分析和批判法学运动。以色列专门成立了以色列法律与经济协会(the Israeli Law and Economics Association, ILEA)，目的就是加强法律与经济学相结合的研究。批判法学运动的种族主义分析和女性主义分析，在以色列也有巨大的影响力。[②]在这种学术研究风格影响下，以色列法学教育美国化是完全可以理解的。

(三)政治、文化和经济因素对法学教育发展的影响

政治因素对法学教育发展的作用是不可忽视的。有学者甚至认为，法学教育是政治的产物。“法科学生被教授法律的方式、法律与社会如何联系的描述、社会中律师角色的描述，所有这些统统都是服务于政治权力和政治利益的。”[③]就以色列而言，从两个例子可以看出政治与法学教育的紧密关联。一是美以关系的发展。1967年“六日战争”爆发，美以关系迅速升温，以色列国内主张美国式法学教育的力量明显增加。到20世纪80年代，随着以色列全面倒向美国，主张法学教育美国化成为主流声音。二是鲁宾斯坦的例子。鲁宾斯坦原本是一名法学教师，推崇美国式研究风格和教育理念。担任特拉维夫大学法学院院长期间，他热情支持“法律与……”研究。[④]后来他担任教育部长，自然将自己认同的法学教育理念尽力推广至全国。

随着美国法律文化的输入和传播，以色列法律实践和法学教育吸收了越来越多的美国法学理论。这种通过法学教育开展的文化与价值传播方式，被称为法律殖民主义(legal colonialism)。由超级大国对其友好国家施加的影响力，不是通过军事或经济力量产生的，而是通过学术教育输出实现的。其影响已经超越法学领域，对输入国的内部政治格局可能产生重要影响。在以色列的一些案件审判中，美国的经典判例主导了裁判过程，造成司法判决脱离社会实际的不良结果。一些学者受美国批判法学影响，认为以色列的土地政策是对土著居民的

① 参见 P. Lahav, “American Moment[s]: When, How, and Why Did Israeli Law Faculties Come to Resemble Elite U.S. Law Schools?” 653-697。

② 参见 H. Sandberg, “Legal Colonialism - Americanization of Legal Education in Israel,” 1-24。

③ 参见 A. Likhovsk, “Colonialism, Nationalism and Legal Education: The Case of Mandatory Palestine,” 75-93。

④ 参见 P. Lahav, “American Moment[s]: When, How, and Why Did Israeli Law Faculties Come to Resemble Elite U.S. Law Schools?” 653-697。

歧视,主张以色列的土地征收政策背后隐藏着种族歧视。[①] 但是,以色列建国的思想基础是犹太复国主义,其本质是民族主义的,因而如何处理美国化、全球化与民族性的关系,成为以色列法律实践与法学教育面临的突出问题。

依据马克思主义法治理论,政治、文化等观念不是引起某种社会现象产生的根本原因。以色列的法学教育,先学习欧陆国家、后学习美国,根本上是经济因素和经济力量的结果。从改革时期开始,以色列法学教育美国化意味着可观的经济利益。对以色列学生而言,选择到美国获得法学硕士或博士学位,意味着他们可以直接进入以色列法学院任教,无须获得海外的博士后经历。尽管美国的法学院学费昂贵,但是奖助体系比较完善。美国法律服务市场比较发达,即使依靠贷款留学的以色列学生,也可在毕业之后很短时间获得可观收入。《塔木德》中有这样一句话,"比起小牛想吮吸,母牛更急于给出它的牛奶"[②]。如果将以色列的法学教育比作"小牛",美国就是急于将自己的法学教育输入以色列的"母牛"。美国法学院希望扩大海外影响、增加收入。美国的犹太裔群体也希望与犹太文化建立密切的联系,愿意为以色列法学教育提供更多的经济资助。[③]

四、以色列法学教育发展的借鉴意义

在法学教育的产生背景、发展阶段、影响因素、指导思想、制度建构和现实作用等方面,我国与以色列法学教育有相似之处,也有很大不同。作为后发型法治现代化国家,以色列法学教育发展的经验有普适性和可借鉴之处,也有特殊性和局限性。以色列法学教育的主要经验是,以实践为标准判断法学教育理念优劣、实现法学教育变革和创新;重视传统法律文化与现代法治价值的协调;法学教育的国际化与民族性不是排斥关系,二者可以对立统一、相互协调。由于历史文化背景、经济社会结构、法治建设路径、法治人才需求的特殊性,以色列法学教育存在一定的特殊性和局限性。犹太复国主义作为立国的思想基础,犹太教律法等传统民族文化的传承,西式民主法治的制度建构和具体实践,法学教育呈现的多元复杂结构,法学教育体系规模体量的小而精等,都是以色列法学教育的特殊之处。尤其是改革时期的美国化趋向警示我们,学习外国先进经验时,要立足本国

---

① 参见 H. Sandberg, "Legal Colonialism-Americanization of Legal Education in Israel," 1-24。

② 参见 M. L. Rodkinson, trans. and ed., *New Edition of the Babylonian Talmud: Original Text, Edited, Corrected, Formulated, and Translated into English*, vol. 3 (The Talmud Society, 1918), 230。

③ 参见 P. Lahav, "American Moment[s]: When, How, and Why Did Israeli Law Faculties Come to Resemble Elite U.S. Law Schools?" 653-697。

国情、服务本国法治与社会发展需求，避免出现法学教育脱离社会实践的不良后果。

与以色列法学教育发展过程相似，我国近现代法学教育经历四个阶段。自清末至新中国成立之前，法学教育得以初创建构；新中国成立至改革开放前，是探索调整时期；改革开放至党的十八大之前，法学教育恢复发展；党的十八大至今，为规范建设时期。① 中国特色社会主义法学教育体系是在彻底否定和深刻批判旧的法学教育体系，创建以马克思主义国家观、法律观为指导的新的法学教育体系基础上发展起来的；是在学习借鉴苏联模式，结合中国具体实际，自主探索基础上创造和发展起来的；是在改革开放和社会主义现代化建设新的历史条件下，适应健全社会主义民主和加强社会主义法治的需要，并在深刻总结我国社会主义法治建设正反两方面经验基础上不断完善和发展起来的。②在顶层设计上，一系列相关法律法规、规范性文件和政策规划，为法学教育的良性发展奠定了制度基础，使我国法学教育及相关工作有法可依、有章可循。

进入新时代，我国法学教育在面临类似三期叠加（增长速度转档期、结构调整阵痛期、前期刺激政策消化期）形势下起步，法学教育的体制、机制、结构矛盾以及发展不平衡、不协调和不可持续等问题日益突出。③目前存在的突出问题，是法学教育质量良莠不齐，教育发展不均衡；法学教育的基础性和先导性功能没有得到有效发挥，无法满足快速发展的社会需要；充满活力的有效法学人才培养体制尚未建立；缺乏自身特色和国际影响力。④ 2023 年 3 月中办国办印发的《关于加强新时代法学教育和法学理论研究的意见》提出，加强外国法与比较法研究，合理借鉴国外有益经验，服务推进全面依法治国实践。以色列法学教育从无到有、从混乱到清晰、从零星到繁荣的发展历程，其普适经验和特殊性、局限性，对推进我国法学教育和法学理论研究具有一定的借鉴和启示。

首先，法学教育发展中明确和厘清教育理念至关重要。新、旧教育理念孰优

---

① 参见魏健馨 Wei Jianxin、冯晟 Feng Sheng，〈新时代背景下完善法学教育的若干思考〉[Several Thoughts on Legal Education in the Context of the New Era]，于《河北法律职业教育》[Hebei vocational education of Law]，2024 年第 3 期[2024，Issue 3]，4—18。

② 参见王健 Wang Jian，〈中国式现代化与法学教育发展之路〉[Chinese Modernization and the Development of Legal Education]，于《中国大学教学》[Journal of University Teaching in China]，2023 年第 9 期[2023，Issue 9]，25—33。

③ 同上。

④ 参见李其瑞 Li Qirui、冯飞飞 Feng Feifei，〈中国法学教育 70 年：发展历程、问题反思和未来展望〉[70 Years' Development of Chinese Legal Education：Historical Development，Reflections on Problems and Prospect]，于《法学教育研究》[Journal of Legal Education Research]，2020 年第 29 期[2020，Issue 29]，3—19。

孰劣不能盲目论定,法学教育理念确立要根据现实状况仔细斟酌、平稳过渡。在建国初期和徘徊时期,以色列法学界围绕欧陆与美国教育理念争论不休。官方没有急于作出定论,而是允许各种法学教育理念展开辩论和实践。这种做法看似导致混乱,但也为下一阶段法学教育改革和快速发展作出必要准备。当前我国进入新时代,国家和社会发展需要法学教育进一步更新理念,使学科专业的布局、教育体制和教学内容、人才培养目标等更加契合现实需要,不断克服教育教学资源不平衡、不协调及不充分等缺陷,为国家和社会输送高质量法治人才。为谁培养人、培养什么人、怎样培养人的问题,是高等教育首先要解决的问题。在当下的中国,法学教育的根本任务是培养信念坚定、德法兼修、明法笃行的高素质法治人才。信念坚定、品德高尚、信仰法治、明法笃行,是高素质法治人才的基本特征。[①] 为此,需要明确和落实法学教育新理念,更好发挥法学教育在法治中国建设中的基础性、先导性作用,助力于推进全面依法治国和国家治理现代化进程。

其次,法学教育要注重传统法律文化与现代法治价值、国际化与民族性的协调平衡。以色列法学教育发展中,面对犹太复国主义、犹太教律法与现代法治价值的冲突,没有片面否定某一方,而是最大限度实现多元价值之间的协调平衡。大规模、深层次吸收西方尤其美国法学教育风格的同时,犹太教律法等传统文化在法学教育和法律实践中仍然占据重要地位。在现代化了的以色列,法律条文中保留着犹太教的教义,许多民事规范直接来自托拉律法经典,传统宗教法庭在政治和日常生活中具有举足轻重的地位。在当代社会,传统与现代的关系不是非此即彼的对立关系,而是既对立又统一的关系。法学教育的国际化与民族性也不是对立和排斥关系,因为高等教育本身就具备国际化属性。当代中国的文化重建和法治进程,可以敞开胸襟,吸收各种文化资源,同时对本国传统法律文化创造性转化和创新性发展。一方面,需要植根于传统,把中华法律文化的精华继承和发扬,比如和谐理念、中庸之道、民本思想等。另一方面,要面向现代和未来,大胆吸收西方文化中具有普适意义的价值观念和规范制度,比如正义、平等、人的尊严、现代法治等。针对法学教育对标国际化涉外法治人才的培养需求,需要积极探索和优化涉外法律人才培养模式,拓展培养涉外法治人才的国际交流机制,服务于涉外法治建设和国家对外战略的紧迫需求。

最后,法学教育要重视其与法律实践的关联度,实现法学理论与法律实践的

① 参见杨宗科 Yang Zongke,〈新时代法学教育新理念新思想新战略〉[New Concepts, New Thought and New Strategy of the Legal Education in the New Era],于《法学教育研究》[Journal of Legal Education Research],2022 年第 32 期[2022, Issue 32],3—20。

紧密结合。从以色列法学教育发展看，以实践为标准判断法学教育理念优劣、实现法学教育变革和创新是一重要经验。但是过分依赖学习西方，尤其改革时期的美国化趋向，值得我们警惕。西方的经验是在西方实践中总结出来的，未必适合他国的法学教育实际。在卡丹(Kaadan)案中，以色列法院不加反思地适用美国“布朗诉教育委员会案”的裁判结果，认为隔离本身就是不平等，否定了基于1949年停火线划分的犹太人与阿拉伯人分居的做法。这个裁判严重脱离实际，实践中两个群体仍然不愿混居。[1]法学是经世致用之学，我国法治建设急需大量的实践型法治人才。目前我国法学教育仍然存在以说教为主、法律实践落后、法治人才应用能力培养欠缺等现象，法学教育与实践脱节问题要从根本上加以解决。作为一个拥有十四亿多人口的大国，我国在法学教育中要重视国外经验与本国实际相结合。应当扎根中国文化、立足中国国情、解决中国问题；围绕法治建设重大规划、重点改革、重要举措等，开展前瞻性、针对性、储备性法律政策研究和法学教育实践。

法学教育是国家法治建设事业的重要组成部分，具有基础性、战略性和先导性的地位。法学兴则法治兴，法治兴则国家兴。法学教育的得失，关乎法治的得失，有关国家的前途和民族的命运。为此，需要坚持把马克思主义法治理论同中国具体实际相结合、同中华优秀传统法律文化相结合，总结中国特色社会主义法治实践规律，汲取世界法治文明有益成果，推动法学教育和法学理论研究高质量发展。借鉴以色列法学教育发展的成功经验，对我国法学教育发展具有必要性和可行性。其局限性和不足之处，对我国法学教育也有一定的警示作用。新时代法学教育体系的改革完善，高质量人才培养质量的目标任务，需要我们明确和坚持法学教育新理念，注重法学教育与社会实践的结合，协调平衡传统法律文化与现代法治价值、国际化与民族性的关系，激发法学教育的活力，服务于法治中国建设和经济社会发展。

① 参见 H. Sandberg, “Legal Colonialism-Americanization of Legal Education in Israel,” 1-24。

Development and Implication of Legal Education in Israel

WANG Hongxuan　WANG Tian

Abstract: Legal education emerged in the area of Israel during the British rule, characterized by vocational education, strong British influence and on a very small scale. In the early years of the State, it was transformed into an academic education, mixed in style but generally similar to continental Europe, with religious norms incorporated into the secular legal education system. Thereafter, legal education oscillated between continental European and American styles, and eventually became Americanized. Law schools and the government together made efforts contributed to the reform of legal education in Israel. While retaining some traditional features such as religion and ethnicity, Israel has moved toward the Americanization of legal education. The motivations for the development of legal education in Israel include academic legal research, political, cultural and economic interests. The implication that the development of Israeli legal education brings to our country consists of judging the merits of legal education idea according to practice as standards and realizing reform and innovation in legal education, emphasizes the coordination and balance between traditional legal culture and modern value of rule of law, internationalization and nationality. Due to the particularity of cultural and historical background, economic and social structure, legal construction path and legal talents demand, legal education in Israel has certain limitations. The Americanization in Israel alerts that, we should pay particular attention to the reality and the development of our own country, so as to avoid the absurd phenomenon of being too far away from reality.

Key Words: Legal Education in Israel, Legal Education Idea, Practice Standards, Traditional and Modern, Internationalization and Nationality

M 本《以斯帖记》4:1—17 的补写与第二圣殿晚期的宗派之争

纪晓微*

【摘要】来源批判在《以斯帖记》中的应用得益于《以斯帖记》文本内容在不同传统中多样化的保存情况。在《以斯帖记》4:1—17,希腊文 A 译本($\mathfrak{G}^{L}$)作为经验性证据佐证了来源批判的观点,使这一章的内容可以落实于"以斯帖叙事"和"以斯帖编修"的双重补写。晚近的"以斯帖编修"(4:3, 5—7, 8b, 9—17)可以用第二圣殿晚期的宗派之争来处境化解读:以斯帖的悲痛、她与末底改的亲密关系,以及末底改的"教父"角色同时映射了个例和个例背后的普遍现象。个例是犹太女王萨罗姆对法利赛人的言听计从,普遍现象是第二圣殿晚期的"法利赛式妇女"——法利赛团体对精英女性的掌控,以及这些精英女性因追随法利赛团体而在婚内保持禁欲。

【关键词】《以斯帖记》4:1—17;来源批判;法利赛团体;萨罗姆

一、问题引入——来源批判和文本校勘在《以斯帖记》中的应用

在《第五版本希伯来圣经》(Biblia Hebraica Quinta, 简称 BHQ)中,相对于第四版的《斯图加特希伯来圣经》(Biblia Hebraica Stuttgartensia,简称 BHS),主编团队在"校勘记"(Critical Apparatus)中引入了新的标识"lit.",根据申克尔(A. Schenker)的说明信息,"lit."标识下的出入"不应该用来纠正其他传统中的文本"[①],因为校勘者认为这一标识对应的出入形成于文本的编写阶段,早于文

* 纪晓微,复旦大学历史学系 2023 级博士研究生。

① A. Schenker et al., eds., *General Introduction and Megilloth*, Biblia Hebraica Quinta vol.18 (Stuttgart: Deutsche Bibelgesellschaft, 2004), XCII.

本形成之后的翻译和传抄阶段，因此不能用文本校勘术语解释，如叠音脱落(haplography，BHQ"校勘记"中简写为 hapl)、错抄(error，简写 err)、重复抄写(dittography，简写 ditto)等。[①] 在 BHQ 校勘本陆续出版后，以色列学者托夫(Emmanuel Tov)在其第三修订版的 *Textual Criticism of the Hebrew Bible* 中提到需要区分"编写出入"(literary/editorial variants)和"传抄出入"(textual variants)，并指出"编写出入不同于传抄出入，后者于第四章 c 节描述，形成于文本流传过程中"[②]。由于"lit"标识带来的区分具有主观色彩，大多需要漫长的推敲才能在学界达成共识，因此在大部分情况下 BHQ 的编者只是将出入指出，并不做决断。在面对希腊文《以斯帖记》中的六大补篇时，编者在对应的"校勘记"中都予以了"lit"标识(1:1，13；4:17；5:1；8:12；10:3)，意在告诉读者这些补篇属于希腊文《以斯帖记》独有的编写传统，因此是编写出入；但在《以斯帖记》正文部分，面对不同抄本传统中的保存，"lit"的标识未出现。[③] 这一空白也指明了潜在的研究方向：来源批判法(source criticism)辨认出的两重来源之"末底改叙事"(MH)和"以斯帖叙事"(ES)，其内容等同于"原文派"[④]观点下推测的《以斯帖记》最初版本，[⑤]由于𝔊^{L}在正文部分相比𝔐本和𝔊更加精简，据此，至少某些𝔐本中的出入，如果按照上述 BHQ 以及托夫的定义，可以看作是编写出入，即𝔐本传统在某种处境化机遇下的补写。

在来源批判的视角下，学者们关注的重点不是不同译本传统之间的差别，而是从元叙事出发，关注不同情节——末底改叙事、瓦实提叙事、以斯帖叙事，最终

---

① 用"lit"标识指代早期编修过程而非传抄过程中形成的文本出入，这种将作者本人相对主观的判断记录在"校勘记"中的做法最早来自法国学者巴特雷(D. Barthélemy)，比如《以斯帖记》3:7，巴特雷认为𝔊本这一节的附加信息是编写出入，并在小标题处使用了"lit"标识，参见 D. Barthélemy, *Critique textuelle de l'Ancien Testament* 1 (Göttingen: Vandenhoeck & Ruprecht, 1982), 578。

② E. Tov, *Textual Criticism of the Hebrew Bible* (Minneapolis: Fortress, 2012), 182.按照托夫的定义，如果直接将 textual variants 按照字面意思译成"文本出入"，而 literary variants 译成"文学出入"则无法体现两种类型出入背后的本质差异，因此，笔者在这里用"传抄出入"指代 textual variants，"编写出入"指代 literary variants。

③ BHQ《以斯帖记》的校勘本为 Magne Sæbø, "Esther," in *Biblia Hebraica Quinta: General Introduction and Megilloth*, ed. Adrian Schenker (Stuttgart: Deutsche Bibelgesellschaft, 2004), 73-96。

④ 关于"原文派"和"自由派"观点的总结，参见李思琪 Lydia Lee，〈《以斯帖记》希腊文 A 译本 2:1-18 之希伯来文母本〉[The Hebrew Original of the Greek A Text of Esther 2:1-18]，于《圣经文学研究》[Journal for the Study of Biblical Literature]，2023 年第 26 辑[2023, Issue 26]，90—124。

⑤ "原文派"观点创始人托雷(Charles C. Torrey)在 1944 年的一篇文章中认为𝔊^{L}母本的结局——哈曼被处死、财产交给末底改(𝔊^L 7:14—21)，代表了早期《以斯帖记》的结局，并且强调任何扩充都会破坏它。参见 Charles C. Torrey, "The Older Book of Esther," *Harvard Theological Review* 37 (1944): 14。

以情节为单位,重构完整版本(末底改—哈曼—以斯帖—普林节)《以斯帖记》的合并和编修过程;[①]在来源批判的重构中,最早的"末底改叙事"和之后以末底改叙事为基础出现的"以斯帖叙事"中都不包含普林节和犹太人的全面复仇(8:3—9:32),这些被排除在外的章节内容由于在$\mathfrak{G}^{L}$的保存中缺失,因此,"原文派"学者在文本校勘中可以得出进一步的结论,即$\mathfrak{G}^{L}$使用的希伯来文母本中没有相关内容,这些内容只在"以斯帖编修"(ER)的补写中出现。[②]

(一)《以斯帖记》中的双重来源

从《以斯帖记》明显的双重结局出发倒推,很容易梳理出文本中存在的两重叙事逻辑,其中有两次阴谋——哈曼针对末底改的阴谋(5:14)和哈曼针对所有犹太人的阴谋(3:8),两次复仇——哈曼个人被处死(7:9—10)和犹太人以集体暴力的方式带来的全面复仇(8—9),这一观察使来源批判得以应用在《以斯帖记》的文本研究中。[③] 第一层叙事记载了宫廷中的两个人——哈曼和末底改——之间的个人恩怨(见表1)。[④] 末底改立功后并没有受到公正的对待,他的敌人哈曼反而在宫廷中被晋升(2:21—3:1)。之后末底改拒绝跪拜仇人哈曼(3:2),哈曼当天回家后商量如何处置末底改(5:10—11;13—14a)。在第二天凌晨事情发生转机,当哈曼凌晨去见国王计划处置末底改的时候国王想起末底改的功绩,末底改被晋升(6:1—13)。最后哈曼被处死(7:9—10)。在这一层叙事中没有以斯帖、没有普林节,也没有犹太人的全面复仇,整个事件在两天内结束,威利斯(Lawrence M. Wills)认为末底改和哈曼之间的敌对跟犹太人的民族性无关。[⑤]

---

① 参见 Lawrence M. Wills, *The Jew in the Court of the Foreign King: Ancient Jewish Court Legends* (Minneapolis: Fortress Press, 1990), 173。

② 参见 David J. A. Clines, *Esther Scroll, The Story of the Story* (Sheffield: JSOT Press, 1984), 94-104。

③ 《以斯帖记》:"有两个英雄人物,因为故事有两重情节。"[E. Bickerman, *Four Strange Books of the Bible* (New York: Schocken Books, 1967), 172]

④ 将来源批判应用到《以斯帖记》的研究中开始于上世纪的法国学者加塞列(H. Gazelles),但是在他的重构中,两重叙事来源在本质上是一样的,也就是说三位主角同时出现在两重叙事来源中,克莱斯重述了他的观点。经过克莱斯的修订,双重叙事来源中"末底改叙事"部分,"以斯帖"在其中的作用可以小到忽略不计。参见 David J. A. Clines, *Esther Scroll, The Story of the Story*, 118, 123。

⑤ 参见 Lawrence M. Wills, *The Jew in the Court of the Foreign King: Ancient Jewish Court Legends*, 178。

表 1 第一层叙事

末底改叙事	(2:1—18)以斯帖进宫	以斯帖叙事
	(2:21—22a, 23)末底改揭露对国王不利的阴谋	
	(3:1—2)哈曼高升,末底改拒绝跪拜,与哈曼结仇	
	(3:3—15)哈曼建议国王处死全部犹太人	
	(4:1—17)末底改向以斯帖传话,命令以斯帖见王	
	(5:1—9)以斯帖见王,第一次筵席	
	(5:10—12a, 13—14a)哈曼当天回到家中,决心处置末底改	
	(6:1—4a, 5—11)国王想起末底改的功绩,哈曼觐见时末底改高升	
	(7:1—8)第二次筵席	
	(7:9—10,8:1—2)哈曼被处死,第一结局	
	(8:3—17)以斯帖请求国王收回哈曼的命令,末底改的计划	
	(9:9—19)全面歼灭仇敌,第二结局	

被来源批判学者们区分出的第二层叙事围绕着哈曼和皇后以斯帖展开,贝克曼认为这一层叙事本质上是宫廷女性和宰相之间的勾心斗角,①按照这一定义,来源批判遇到了无法解决的问题:在所有支持来源批判还原《以斯帖记》的建议中,最大的问题是无法将末底改从假设的"以斯帖叙事"中分离;质言之,ES和MH理论上应该是两重互不相干的独立叙事,但事实上同一个关键人物——末底改——同时出现在ES和MH中,在ES叙事中,他是以斯帖的堂兄,在MH叙事中,他又是哈曼的同行。虽然同一人物出现在互不相干的叙事传统中不是不可能,但如此建构下来的双重来源理论其说服力大大降低。正因为这一点,克莱斯(David J. A. Clines)才认为来源批判应用在《以斯帖记》中是充分但不必要的,他用大量篇幅回顾来源批判的学术史并对早期的建议进行修订的目的只是增强其原文派的观点,因为成文前的叙事传统可以被假设中最早的《以斯帖记》母本,即属于前$\mathfrak{M}$本的$\mathfrak{G}^L$之母本佐证。② 克莱斯话锋一转,进入了文本校勘的领域,而威利斯则继续对来源批判理论进行改良,其改良后的论点本质是补写理论。

① 参见 Bickerman, *Four Stange Books of the Bible*, 182。

② David J. A. Clines, *Esther Scroll*, *The Story of the Story*, 123:"The fact that such an analysis can be made is of course noargument that it should be made."

(二)从来源批判到补写理论

来源批判中的问题使威利斯进一步修正不同来源的性质,虽然他还是将自己归纳出的属于以斯帖叙事的部分称作 ES,但他所归纳的 ES 没有独立来源,而是以 MH 叙事为前提的补写,“将末底改从以斯帖叙事中拿掉是不可能的,但将以斯帖的内容从末底改叙事中分离却是可能的,所以很可能《以斯帖记》诞生于对原初 MH 来源的扩充”[①]。经过威利斯的修正,他构建了一个不包含任何“以斯帖”内容的 M-H 叙事:

2:5a, 21—22a, 23 哈曼作为王的守门人发现了太监的阴谋,两位太监被处决。

3:1—2 哈曼高升,末底改拒绝跪拜

5:10—12a,13—14a 哈曼联合妻子谋害末底改,哈曼在他们面前的夸口。

6:1—4a,5—11 国王延迟的赏赐临到末底改,哈曼与末底改身份的反转。

7:9—10 太监揭露哈曼阴谋,哈曼被挂木架

8:2a 得胜后末底改的职位

10:1—3 全书的总结——《米底波斯王的历代志》。

拿掉上述经文,剩余部分由两次补写完成。首先在 ES 补写中,(1)以斯帖进入到故事中,末底改在这层补写中是以斯帖的堂兄兼监护人;(2)哈曼个人的死亡也不再是整个事件的最终结局,以斯帖向国王请求收回之前哈曼的命令(8:5—6)。在最后的 ER 补写中,经文内容增添了犹太人的全面复仇,以及普林节的节期。对于“以斯帖叙事”,虽然威利斯使用的还是“来源”一词,但其本质是补写,威利斯反复强调虽以斯帖叙事能被分离,但分离出的叙事本质上不是一个完整的故事,因为后者是挂靠在“末底改叙事”之上的,因此这种以不同来源重构《以斯帖记》的方法在本质上变形为补写理论(supplementary theory),其中 ES 是对 MH 的补写,ER 是对 ES 的补写。[②] 威利斯在关注文本来源和编修史的同时也没有忽视不同抄本传统的问题,他与克莱斯一样,认为$\mathfrak{G}^L$有着早于$\mathfrak{M}$的希伯来文原文,或者说原文派的观点是其预设的前提,并且他认为原文层面的$\mathfrak{G}^L$大致与 ES 处于相同的文本阶段,二者都还未体现在$\mathfrak{M}$本中发挥独特作用的 ER

---

① Lawrence M. Wills, *The Jew in the Court of the Foreign King: Ancient Jewish Court Legends*, 180-181.

② 同上,180。

的影响。①

正是从威利斯的文本结论出发,本文希望能重构𝔐本《以斯帖记》第 4 章的双重编修层次:"以斯帖来源"和"以斯帖编修",来源的部分可以通过𝔊ᴸ的文本佐证进行还原,即文本校勘中的"宁取较短读法"的规则。而第二层的"以斯帖编修"拓展了母本的内容,部分内容未被𝔊ᴸ的母本包含,而出现了的内容也来自晚近的、以𝔐本(或根据七十士译本的翻译)内容为样本的补充(意译),但希腊文译者的补充基本是将缺失的内容进行自由翻译,用词不能对应且一些词句的位置也不同于𝔐本。

这一文本结论有着潜在的应用,它自然而然的关系到《以斯帖记》的成书日期。最终的"以斯帖编修",其意识形态可以联系至哈斯蒙尼国王詹纳乌斯的遗孀皇后萨罗姆的掌权,这是塔尔 · 依兰(Tal Ilan)的观察。② 公元前 76 年因此很可能是𝔐本《以斯帖记》的成文日期,而不仅仅是希腊文《以斯帖记》开始出现的时间定位。得益于学界将《以斯帖记》与哈斯蒙尼时期之马加比意识形态联系的观点,本文将进一步后推成文日期,用第二圣殿晚期的宗派之争处境化解读𝔐本《以斯帖记》:约瑟夫斯和早期拉比文献中都提到了哈斯蒙尼国王詹纳乌斯对法利赛团体的暴行——将悬挂在木头上,这一创伤巧妙地被《以斯帖记》4:3 节所渲染——所有书珊城的犹太人禁食、祷告、哭泣、披麻蒙灰;只是在书卷中,悬挂在犹太人(法利赛人)头上的悲惨命运并没有落实,结局的反转对应的是犹太女王萨罗姆执政期间对法利赛团体的大力扶持。

二、《以斯帖记》第四章的文本层次(𝔐)

从《以斯帖记》的结构来看,第 4 章将视角从波斯宫廷中发生的事件转移至以斯帖和末底改二人的互动,这也是两位主角唯一真正(通过第三人的传话)发生互动的地方;③在哈曼下令除灭所有犹太人的阴影下,这一章也是整个情节运转中的低谷:在犹太人即将面对他们的悲惨命运之际,以斯帖在末底改的"监督"下做好了不蒙诏去见王从而牺牲自己的心理准备(4:16)。从来源批判视角来

① 威利斯预设了原文派的观点,这一点体现他对(未受 ER 影响的)ES 文本的重构中,在一些地方他以希腊文𝔊ᴸ为依据,A 本中没有的内容他也相应的从 ES 中删减,比如𝔊ᴸ中没有𝔐本 4:3 节的内容,威利斯重构的 ES 中也将其排除。参见 Lawrence M. Wills, *The Jew in the Court of the Foreign King: Ancient Jewish Court Legends*, 181。

② 参见 Tal Ilan, *Integrating Women into Second Temple History* (Tübingen: Mohr Siebeck, 1999), 135。

③ 参见 J. C. H. Lebram, "Purimfest und Estherbuch," *Vetus Testamentum* 22 (1972): 216。

看，从这一章起，是以斯帖，而不是末底改，开始发挥主要作用——以斯帖决志见王、让王和哈曼赴宴、多次在宴会上请旨，最终揭露哈曼的阴谋；因此这一章的内容可以看作整个第二幕的序言，衔接了以末底改—哈曼为主的第一幕叙事和以以斯帖—国王为主的第二幕叙事。因此，就像第六章叙事作为“末底改”叙事的核心，第四章是“以斯帖叙事”的核心。[①]

在这一章的文本研究中，有两点值得注意：一方面，这一章的内容毋容置疑属于晚近的补写范畴，用威利斯的区分来看，它要比 MH 叙事晚，但是其内容又预设了 MH 的内容；另一方面，从行文来看，其文本又不太可能是一次性完成的，比如 4:3 节已经提到所有书珊城的犹太人为他们的悲惨命运禁食，而结尾的时候以斯帖对末底改的同样嘱咐带来了不必要的重复(4:16)；作为以斯帖和末底改之间传话人的第三者，在第一次是匿名的太监和宫女(4:4)，后面的几次互动中变成了有名有姓的哈他革(4:5ff.)；同时 4:11 和 16 节强调的以斯帖去见王的阻力好像并没有在其他相关章节中体现(8:3—4)。[②] 库克(Herbert J. Cook)认为第 4 章存在两组“不合逻辑的材料”，即 4:5—8a 和 4:11—14，[③]但是在推测可能的编修层次时，某些删减会带来经文的不完整，同时又没有外在佐证能帮助学者添加那些确实的必要内容，因此威利斯在其 ES 和 ER 的重构中，面对这一章的内容时举棋不定。[④]

通过对这一章$\mathfrak{M}$、$\mathfrak{G}$、$\mathfrak{G}^{L}$的内容进行对勘，以下三种情况可以大致归纳对勘的结果：

(1)$\mathfrak{M}$和以$\mathfrak{M}$为底本[⑤]的$\mathfrak{G}$有，但$\mathfrak{G}^{L}$本中没有的内容，即($\mathfrak{M}=\mathfrak{G}$)>$\mathfrak{G}^{L}$(lit.)。对应 4:4—8。

应用：$\mathfrak{G}^{L}$缺失的内容属于编写出入(lit)，即$\mathfrak{M}$本传统在某个处境化机遇下补写了相关内容，这些内容未出现在$\mathfrak{G}^{L}$使用希伯来文母本中。

(2)$\mathfrak{G}^{L}$中有$\mathfrak{M}$($\mathfrak{G}$)的内容，但用词或顺序不同，形成了$\mathfrak{G}^{L}$独有的边缘读法，即$\mathfrak{M}$=B; Marg. $\mathfrak{G}^{L}$。对应 4:9—17。

---

① 在交叉对应的框架中，第 6 章的内容在结构上确实处于中心地位，参见 Susan Niditch, *A Prelude to Biblical Folklore: Underdogs and Tricksters* (Champaign, IL: University of Illinois Press, 2000), 130。

② 参见 Lebram, “Purimfest,” 216。

③ 参见 H. J. Cook, “The A Text of the Greek Versions of the Book of Esther,” *Zeitschrift für die alttestamentliche Wissenschaft* 81 (1969): 372。

④ 威利斯在重构“以斯帖叙事”来源时，面对第 4 章的内容将他认为可能需要被剔除但剔除后会带来问题的经文加了括号，参见 Lawrence M. Wills, *The Jew in the Court of the Foreign King: Ancient Jewish Court Legends*, 164。

⑤ 认为$\mathfrak{M}$是$\mathfrak{G}$的底本，参见 David J. A. Clines, *Esther Scroll, The Story of the Story*, 69。

应用:𝔊ᴸ的是针对同一情节的边缘读法,而不是内容上的增添(比如《以斯帖记》六大补篇传统),因此属于传抄出入。[①]

(3)𝔐(𝔊)有𝔊ᴸ的内容,但顺序不同,形成了𝔐(𝔊)的边缘读法,即𝔊ᴸ;Marg.𝔐=𝔊。对应4:1—3。

应用:𝔐(𝔊)对某一节经文顺序调换位置,属于有意识的编写出入。

(一)末底改的行为(4:1—3):𝔊ᴸ; Marg. 𝔐=𝔊(lit.)

在末底改知道哈曼的命令后,4:1—2节描述了末底改个人的行为——披麻蒙灰来到王门口站立,4:4节自然地衔接了1—2节的内容,即以斯帖身边的人将末底改的行为向她告知,而4:3节对整个书珊城氛围的描写实际上打断了1—2节和4节的内容:"在所有省——王的话语和律法所到之处,有为犹大人的大大哀悼;禁食、哭泣、哀号、麻布和灰烬在许多人中蔓延。"但这一突兀的信息实际上属于第三章的内容:书珊城犹太人的哀悼理应发生在迫害犹太人的命令颁发之后(3:15);[②]如果将4:3节的内容前移,末底改的个人行为和以斯帖的初次关怀之间的逻辑也更加顺畅,而这正是古拉丁译本残卷(𝔏)以及𝔊ᴸ的顺序(见表2)。

表2 《以斯帖记》3:15—4:4

𝔐=𝔊(3:15—4:4)	𝔊ᴸ[③]=𝔏[④](3:15—4:4)
a.驿卒出宫传王旨意(3:15) c.末底改的行为(4:1—2) b.整个书珊城的哀悼(4:3) d.末—以互动(4:4)	a.驿卒出宫传王旨意(3:15a) b.整个书珊城的哀悼(4:3) c.末底改的行为(4:1—2) d.末—以互动(4:4)

① 除了上述分类外,还存在的情况是(𝔊=𝔊ᴸ)>𝔐,其中𝔊很可能受到了𝔊ᴸ的影响,比如4:8节末底改对以斯帖的劝诫,𝔊=𝔊ᴸ给出了末底改话语的具体内容:"记住那些我把你养大的卑微的日子。哈曼,一人之下万人之上(ὁ δευτερεύων τῷ βασιλεῖ),以不利于我们的方式说话,为了至我们于死地。"这句话的内容没有出现在古拉丁译本残卷中,因此很可能来自𝔊ᴸ的自由发挥,然后𝔊受其影响也添加了相似的内容。

② 参见Jon Douglas Levenson, *Esther, A Commentary* (Louisville: Westminster John Knox Press, 1997), 78。

③ 在𝔊ᴸ呈现的顺序中,3:15节和4:3节的内容之间插入了一节短句Ο δὲ Μαρδοχαῖος ἐπέγνω πάντα τὰ γεγονότα,"当末底改知道一切所发生的",造成了𝔊ᴸ4:1节信息的前后两个部分在逻辑上互不相干:"末底改知道了所发生的一切,书珊城就因所发生的事而忧愁,全城的犹大人都悲痛万分。"

④ 古拉丁译本参见Jean-Claude Haelewyck, ed., *Vetus Latina 7/3: Hester* (Freiburg: Herder, 2003), 42。英译本为S. Bellmann and A. Portier-Young, "The Old Latin Book of Esther: An English Translation," *Journal for the Study of the Pseudepigrapha* 28 (2019): 276。

因此，从情节发展来看 4:3 节的内容原本并不属于第四章，威利斯指出“第 3 节是以斯帖编修(ER)转移关注点的一个很好的例证”[①]，将末底改个人的反应延伸至整个书珊城，这一节作为第 3 章的总结，与第 3 章后半部分的内容一起，跟第 8 章的内容形成互文关系。[②]《以斯帖记》第 8 章的内容是关于由于第 3 章国王的谕旨已经下发且不可更改，因此在第 8 章以斯帖再次向王请求，触摸了国王的手杖后，她的要求是“收回哈曼谋划的谕旨”(לְהָשִׁיב אֶת־הַסְּפָרִים מַחֲשֶׁבֶת הָמָן)(8:5)。第 8 章的内容在$\mathfrak{M}$和$\mathfrak{G}$中都有保存，而$\mathfrak{G}^{L}$中这一情节缺失，这个事实可以支持“原文派”学者们的观点，在他们的分析中，这一情节来自$\mathfrak{M}$本传统对早期文本($\mathfrak{G}^{L}$的母本)的补写：正是因为已经发出的第一则消灭犹太人的命令是不可更改的，才有$\mathfrak{M}$本中对末底改和以斯帖之反攻的合理化。克莱斯指出如果$\mathfrak{G}^{L}$的母本中有这一情节，那么译者不可能将相关记载完全删除，因此可以合理地将这一情节看作$\mathfrak{M}$本传统的补写。[③] 其补写方式就是让末底改的新命令的效果跟第一则谕旨(的效果)镜像对应，第 8 章中的很多词句都跟第 3 章的内容相同：其中都有国王的文士们被召见(וַיִּקָּרְאוּ סֹפְרֵי הַמֶּלֶךְ)(3:12; 8:9)，谕旨向王的各省发出(אֶל אֲחַשְׁדַּרְפְּנֵי־הַמֶּלֶךְ וְאֶל־הַפַּחוֹת)、按照各省和各族人民的书写和话语(וָעָם כִּלְשֹׁנוֹ מְדִינָה וּמְדִינָה כִּכְתָבָהּ וְעַם)；在第 3 章中是按照“哈曼所吩咐的”(כְּכָל־אֲשֶׁר־צִוָּה הָמָן)(3:12)，而在反转的情节中，是按照“末底改所吩咐的”(כְּכָל־אֲשֶׁר־צִוָּה מָרְדֳּכַי)(8:9)；在两次的命令中，绝罚禁令都包含了“小孩和女人”(טַף וְנָשִׁים)，以及他们的财产(וּשְׁלָלָם לָבוֹז)(3:13;8:11)；最后也都有士卒快马加鞭将其传播至各省(3:15; 8:14)。结局中的情景结束于 8:17 节，这一节内容有意重复 4:3 节的用词和结构，在两节经文之间存在工整的对应关系(见表 3)。

表 3 $\mathfrak{M}$《以斯贴记》4:3 和 8:17

$\mathfrak{M}$《以斯帖记》4:3	$\mathfrak{M}$《以斯帖记》8:17
וּבְכָל־מְדִינָה וּמְדִינָה	וּבְכָל־מְדִינָה וּמְדִינָה
–	וּבְכָל־עִיר וָעִיר
מְקוֹם אֲשֶׁר דְּבַר־הַמֶּלֶךְ וְדָתוֹ מַגִּיעַ	מְקוֹם אֲשֶׁר דְּבַר־הַמֶּלֶךְ וְדָתוֹ מַגִּיעַ
אֵבֶלגָּדוֹללַיְּהוּדִים	שִׂמְחָה וְשָׂשׂוֹן לַיְּהוּדִים
וְצוֹם וּבְכִי וּמִסְפֵּד	מִשְׁתֶּה וְיוֹם טוֹב
שַׂק וָאֵפֶר יֻצַּע לָרַבִּים	וְרַבִּים מֵעַמֵּי הָאָרֶץ מִתְיַהֲדִים

① Lawrence M. Wills, *The Jew in the Court of the Foreign King: Ancient Jewish Court Legends*, 163.

② 参见 H. Bezold, *Ester, eine Gewaltgeschichte* (Berlin: Walter de Gruyter, 2023), 120。

③ 参见 David J. A. Clines, *Esther Scroll, The Story of the Story*, 94。

续表

𝔐《以斯帖记》4:3	𝔐《以斯帖记》8:17
在所有省——王的话语和律法所到之处，有为犹大人的大大哀悼；禁食、哭泣、哀号、麻布和灰烬在许多人中蔓延。	在所有省、所有市——王的话语和律法所到之处，有为犹太人的欢喜和快乐，摆宴席和快乐日，地上的许多人加入。

哈曼阴谋之下全城犹太人的禁食(צוֹם)在结局中变成宴饮(מִשְׁתֶּה)，之前为犹太人的哀悼(אֵבֶל גָּדוֹל לַיְּהוּדִים)最终变为犹太人的欢喜和快乐(שִׂמְחָה וְשָׂשׂוֹן לַיְּהוּדִים)；在负面的情景中，表数量众多的רַבִּים，对应的是麻衣和灰尘，在反转的情景中，רַבִּים对应的是一同欢喜(即皈依犹太教)的人。进一步来看，4:3节在𝔐本位置的调换同样出自互文的动机：8:17的总结发生在末底改各人获得荣耀之后(8:15—16)，"末底改穿着蓝色白色的朝服，头戴大金冠冕……"因此4:3的总结同样应该发生在末底改个人的悲痛之后(4:2)，"末底改撕裂衣服、穿麻衣、蒙灰尘……"在这样的编写逻辑下，𝔐本将原本属于3:15节的内容调换至现在的位置，最终使3:15—4:3的内容跟8:19—17进行互文对话。

(二)末底改对以斯帖的命令(4:4—8a)，(𝔐=𝔊)>𝔊ᴸ(lit.)

𝔐本4:4—8节描写了以斯帖得知哈曼披麻蒙灰后的悲痛、她试图向末底改送衣服以及末底改的拒绝，之后以斯帖再次打发人了解情况——这些出在第一回合互动中的细节都未出现在𝔊ᴸ中(见表4)。观察到两个版本中呈现的两位主角互动之差异，多罗希(C. V. Dorothy)将𝔐本中呈现的互动定义为"传话"，而𝔊ᴸ由于没有多回合的传话，末底改唯一一次传话则更像是"演讲"(speech)，同时指出𝔊ᴸ的直接双重引用("不然，你要告诉她，'不要停止向王上奏……'")更符合希伯来经文传统。[①] 此外，不同于𝔐中的情景，在𝔊ᴸ中末底改的目的更明确，前面披麻蒙灰在王门前的站立不是为了抗议，而是求见以斯帖：καὶ ἐκάλεσεν εὐνοῦχον ἕνα καὶ ἀπέστειλε πρὸς Ἐσθήρ(𝔊ᴸ 4:4a)。

① 参见C. V. Dorothy, *The Books of Esther: Structure, Genre and Textual Integrity* (Sheffield Academic Press, 1997), 113, 115。

表 4 《以斯贴记》4:4—8

	𝔐=𝔊	𝔊L
4:4	侍女告知以斯帖末底改的情景，以斯帖大为悲痛（וַתִּתְחַלְחַל） 送衣服 末底改拒绝	末底改求见以斯帖，“他叫了一个太监，打发他到以斯帖那里” 以斯帖的命令（Περιέλεσθε τὸν σάκκον καὶ εἰσαγάγετε αὐτόν）， 末底改拒绝（ὃς δὲ οὐκ ἤθελεν）
4:5—6	以斯帖打发哈他革了解情况。	—
4:7	末底改对事态的转述（哈曼的“投资”，用1000两银子买下了犹太人，לִשְׁקוֹל בַּיְּהוּדִים）。	—
4:8	末底改对以斯帖的命令（不要停止向王上奏）。	末底改对以斯帖的命令（8a: ἀλλ᾽ εἶπεν Οὕτως ἐρεῖτε αὐτῇ Μὴ ἀποστρέψῃς τοῦ εἰσελθεῖν πρὸς τὸν βασιλέα καὶ κολακεῦσαι τὸ πρόσωπον αὐτοῦ ὑπὲρ ἐμοῦ καὶ τοῦ λαοῦ）

在4:4—8节中，𝔐本的叙事中有两处矛盾：(1)以斯帖作为皇后，在宫内对哈曼阴谋完全不知情，而末底改在宫外却先于以斯帖知道相关事情不符合逻辑。[①] (2)末底改不太可能知道哈曼“购买”犹太人的确切价格（𝔐 4:7，פָּרָשַׁת הַכֶּסֶף），因为根据第3章的信息，驿卒传的是谕旨，而不是谕旨背后的内幕。[②]

相比之下，𝔊L中4:4—8节的叙事逻辑中并没有刻意夸大以斯帖在接受信息方面的闭塞；相反，在收到侍者的禀报后允许了末底改的求见，命人脱掉末底改的麻衣并带他觐见，就像以斯帖面见国王，国王向她伸出手杖一样，这一行为是一种赦免和怜悯以及允许对方觐见的标志，这符合作为皇后的以斯帖的形象；同时，在没有4:5—7节内容的情况下，根据𝔊L 4:8节，哈曼的阴谋更像是为双方都知晓的现实，末底改传话的主旨不是告知以斯帖“发生了什么”，而是“应该怎么做”：“你要告诉她，不要停止向王上奏，为了我和人民奉承他。”[③]

① 参见Jon Douglas Levenson, *Esther, A Commentary*, 78。

② 参见David J. A. Clines, *Esther Scroll, The Story of the Story*, 125。

③ 克莱斯得出了相似的结论，参见David J. A. Clines, *Esther Scroll, The Story of the Story*, 150。

上述分析说明$\mathfrak{G}^L$的叙事逻辑很可能有着更早的母本依据(早于$\mathfrak{M}$的希伯来文母本),而不是在晚近阶段出于某种原因的删除。因此,在4:4—8节有理由优先考虑$\mathfrak{G}^L$的内容,即$\mathfrak{G}^L$的读法有着早于$\mathfrak{M}$的希伯来文母本(pre-Masoretic *Vorlage*),对应的是威利斯区分的ES:

> 4:1a 末底改知道了所有发生的事情,4:2($\mathfrak{G}^L$)他回到家中,脱下他的外袍,穿上麻衣,在以头蒙灰后,他来到外殿,在那站立,因为他不能身穿麻衣进入皇宫。4:4($\mathfrak{G}^L$)他喊了一个太监遣派他到以斯帖那里(禀报),以斯帖说:"脱掉他的麻衣,带他进来。"但末底改不听,4:8($\mathfrak{G}^L$)相反,他对他说:"你要告诉她,不要停止向王上奏,为了我和人民奉承他。"

其中末底改拒绝脱去麻衣面见以斯帖的情节为$\mathfrak{M}$本和$\mathfrak{G}^L$叙事母本共有,希伯来文קבל并不是一个晚近的用词,阿卡德文中的同源词是 *qablu*,并在《阿玛纳书信》中已经出现。[①] 末底改拒绝面见的同时也带了话,而没有之后的重复周旋,这条线索也许是$\mathfrak{G}^L$母本叙事的逻辑。而$\mathfrak{M}$本悬置了末底改披麻蒙灰求以斯帖的原初目的,通过4:3节的插入,末底改求见以斯帖的行动目的被打断,最后是以斯帖身边的侍从提醒了以斯帖末底改的行为;以斯帖的反应、从不知道到知道的过程以及主动送出侍者了解情况的做法彰显了末底改对以斯帖的"统治"。

(三)以斯帖的困境和末底改的劝诫(4:9—17):$\mathfrak{M}$=$\mathfrak{G}$; Marg. $\mathfrak{G}^L$

也许是为了缩小与$\mathfrak{M}$本内容的差距,第4章后半部分至关重要的情节——以斯帖的困境、末底改的布道——需要添加至$\mathfrak{G}^L$的呈现中,因此4:9节更像是$\mathfrak{G}^L$的补救,"他向她说了以色列的苦难"(καὶ ἀπήγγειλεν αὐτῇ τὴν ὀδύνην τοῦ Ισραηλ),[②]这句简单的诠释使前面(4:4—8)缺失的内容若隐若现——"苦难"对应的是$\mathfrak{M}$本中末底改重述了哈曼如何买下了犹太人,同时也使接下来对实质内容——以斯帖面见王的阻力和末底改的警告——的补充成为可能。其中$\mathfrak{G}^L$和$\mathfrak{M}$本的出入类型在某种程度上符合自由派的观点,用托夫的话来说,$\mathfrak{G}^L$相对于$\mathfrak{M}$本在4:9—17节中的出入确实属于"译者对希伯来文的误解而引起的"[③],$\mathfrak{M}$本中末底改回复以斯

① 参见 W. F. Albright, "An Archaic Hebrew Proverb in an Amarna Letter from Central Palestine," *Bulletin of the American Schools of Oriental Research* 1 (1943): 31。

② 同样的观点见 C. V. Dorothy, *The Books of Esther: Structure, Genre and Textual Integrity*, 105。

③ Emanuel Tov, "The LXX Translation of Esther: A Paraphrastic Translation of MT or a Free Translation of a Rewritten Version?" in *Empsychoi Logoi-Religious Innovations in Antiquity*, eds Alberdina Houtman, Albert de Jong and Magda Misset-Van de Weg (Leiden: Brill, 2008), 508.

帖的话“如果你这时保持沉默，犹太人的安慰和拯救会从别处(מִמָּקוֹם אַחֵר)到来”，其中的“别处”，𝔊ᴸ认为指的是“神”(ἀλλ' ὁ θεὸς ἔσται αὐτοῖς βοηθὸς καὶ σωτηρία)，尽管מָּקוֹם在晚期圣经希伯来语中有神的意思，但如果加了אַחֵר(其他地方)，那么𝔐本在这里很可能有意避免提到神，这也是克莱斯总结𝔐本行文特点时提到的。[①]据此，𝔊ᴸ将מִמָּקוֹם אַחֵר理解成神在本质上是对𝔐本用词的误解，同样的误解也出现在4:16节：如果说𝔊 4:14 的“别处”不指代神，那么 4:16 的禁食就不具有宗教涵义，[②]但𝔊ᴸ如此解读，用“宣布宗教仪式”(Παραγγείλατε θεραπείαν)替代𝔐本中的“为我禁食”(וְצוּמוּ עָלַי)(见表 5)。

表 5 《以斯贴记》4:16

𝔐 4:16	𝔊 4:16	𝔊ᴸ 4:16
לֵךְ	βαδίσας	—
כְּנוֹס	ἐκκλησίασον	Παραγγείλατε
אֶת־כָּל־הַיְּהוּדִים	τοὺς Ἰουδαίους	—
הַנִּמְצְאִים	—	—
בְּשׁוּשָׁן	τοὺς ἐν Σούσοις	—
וְצוּמוּ	καὶ νηστεύσατε	θεραπείαν
עָלַי	ἐπ' ἐμοὶ	καὶ δεήθητε τοῦ θεοῦ ἐκτενῶς·
וְאַל־תֹּאכְלוּ	καὶ μὴ φάγητε	—
וְאַל־תִּשְׁתּוּ	μηδὲ πίητε	—
שְׁלֹשֶׁת יָמִים	ἐπὶ ἡμέρας τρεῖς	—
לַיְלָה	νύκτα	—
וָיוֹם	καὶ ἡμέραν,	—
גַּם־אֲנִי	κάγὼ δὲ	κάγὼ δὲ
וְנַעֲרֹתַי	καὶ αἱ ἅβραι μου	καὶ τὰ κοράσιά μου
אָצוּם	ἀσιτήσομεν,	ποιήσομεν οὕτως
כֵּן	—	—
וּבְכֵן	καὶ τότε	—
אָבוֹא	εἰσελεύσομαι	καὶ εἰσελεύσομαι
אֶל־הַמֶּלֶךְ	πρὸς τὸν βασιλέα παρὰ τὸν νόμον,	πρὸς τὸν βασιλέα
אֲשֶׁר לֹא־כַדָּת	ἐὰν καὶ ἀπολέσθαι	ἄκλητος,
וְכַאֲשֶׁר אָבַדְתִּי אָבָדְתִּי	με δέῃ.	εἰ δέοι καὶ ἀποθανεῖν με
—		—

① 克莱斯认为𝔐中的“别处”并不一定指神，而是指帝国中的其他人，这些人同样会帮助“犹太人”。参见 David J. A. Clines, *Esther Scroll*, *The Story of the Story*, 42-43。

② 参见 K. De Troyer, *Rewriting the Sacred Text*: *What the Greek Texts Tell Us about the Literary Growth of Bible* (Leiden: Brill, 2003), 21。

续表

$\mathfrak{M}$ 4:16	$\mathfrak{G}$ 4:16	$\mathfrak{G}^L$ 4:16
去！聚集所有在苏珊城发现的犹太人，为我禁食，不吃不喝三天——夜晚和白天，我和我的女仆也同样禁食，如此我去见王，即使这不符合规矩，如此这样如果我要灭亡，那就灭亡吧！	去！聚集所有在苏珊城的犹太人，为我禁食，不吃不喝三天——夜晚和白天，我和我的女仆也禁食，如此我去见王，不符合律法，即使我会死亡我也不怕。	宣布宗教仪式，恳切地向神求，我和我的女孩们也会这样做，于是我去见王，没有蒙召，即使我必定死亡。

此外，$\mathfrak{M}$本中的“聚集所有犹太人”(כְּנוֹס אֶת־כָּל־הַיְּהוּדִים)中的“聚集”，有评注指出是对犹太会堂(בית הכנסת)的暗示，而$\mathfrak{G}^L$继续解读为“宗教仪式”同样错过了$\mathfrak{M}$本用词的特殊含义。[①] 需要说明的是，$\mathfrak{G}^L$上述补写带来的出入在本质上属于传抄出入，而非编写出入：由于$\mathfrak{G}^L$中的相关内容以$\mathfrak{M}$($\mathfrak{G}$)本为依据，那么译者的误解就可以用$\mathfrak{M}$本用词来纠正。如果说 4:9—17 很可能并未出现在$\mathfrak{G}^L$使用的母本中，那么再进一步，我们需要分析的是$\mathfrak{M}$本这一层补写的特点。

4:9－17 节的出现($\mathfrak{M}$本的补写)使两人之间的传话有多个回合，那么这会带来一个疑问，如果末底改和以斯帖的这些对话都不是当面完成的，那么这整个繁复的传话流程持续了多长时间？显然，$\mathfrak{M}$本的补写(ER)不在意多次传话是在几天、几周或者几个月完成的，这符合威利斯对 ES(和 ER)叙事特点的评价，即之后“以斯帖叙事”的补写将原本在时间上高度紧凑的 MH 叙事无限延长，后者的时间线是两天。[②] 如果没有末底改的劝诫和教导，以斯帖依旧会去见国王(5:1)，而且 8:3—4 节以斯帖再次没有蒙召见国王(וַתּוֹסֶף אֶסְתֵּר וַתְּדַבֵּר לִפְנֵי הַמֶּלֶךְ)，好像并没有被这一禁令困扰。这使以斯帖殉道的勇气成为多余。此外，末底改对以斯帖的暗示——“谁知道呢？也许你掌权就是为今时今日”(4:14b)——需要进一步分析；הִגַּעַתְּ לַמַּלְכוּת直译为“(使)你接近皇权”，对抽象动词מַלְכוּת的使用有

① 参见 Carey A. Moore, *Esther, Introduction, Translation and Notes* (New York: Doubleday, 1971), 31。

② 参见 Lawrence M. Wills, *The Jew in the Court of the Foreign King: Ancient Jewish Court Legends*, 179-180。

意避免对以斯帖所持“权利”的清晰介定——是以斯帖作为王后而掌权，还是作为独揽政权——摄政——的王后？经文并没有说为今日的局面，“你成为王后”(2:17 节对动词מלך的 *hifil* 的用法，וַיַּמְלִיכֶהָ)，而只是说“你掌权”。

手握皇权的以斯帖，相比于单纯作为皇后的以斯帖，被寄予了扭转局势的厚望。这也许可以联系至哈斯蒙尼时期犹太皇后在宫廷中发挥的作用，其中国王的死亡往往伴随前皇后开始摄政并扭转局势。其中阿里斯拖布(Judah Aristobulus)死后，他的妻子[1]释放了之前被国王关起来的他的所有兄弟，并扶持其中的一位詹纳乌斯(Alexander Jannaeus)作王。[2] 而詹纳乌斯统治期间，法利赛团体因试图结盟塞琉古统治者而被集体处置，之后同样是他的妻子萨罗姆在詹纳乌斯死后开始扭转局面，扶持法利赛团体：

> 一言以蔽之，他们(法利赛人)在宫廷中有威望，而其代价和困难则由亚历山德拉(萨罗姆)承担。她是一个善于处理重大事务的女人，总是一心想把士兵统一起来；因此，她增加了一半的军队数量，获得了大量的雇佣兵，直到她自己的国家不仅变得非常强大，而且在外帮强权面前也不容小觑。当她却统治着其他人的时候，法利赛人则统治着她。[3]

约瑟夫斯记载的萨罗姆掌权期间发挥的作用远远超过了一个“皇后”应该发挥的作用，作为皇后的萨罗姆不需要“把士兵统一起来”，也不需要考虑如何让国家变得强大，这些行动只有在皇后摄政后才会发生，即“掌握皇权”。萨罗姆的全面掌权是在为法利赛人服务，作为以斯帖的“掌权”也是在为末底改(和犹太人)服务，作为以斯帖的导师，末底改不仅让以斯帖知道外面发生了什么，而且还逼出了以斯帖为犹太人(法利赛人)殉道的勇气，这是以斯帖被末底改统治需要承担的“代价和困难”。

据上，𝔐本的补写着重策划了以斯帖和末底改之间的互动，相比于 ES，𝔐本在第 4 章的补写增添了以下内容：(1)通过以斯帖的“悲痛”暗示以斯帖与末底改之间的亲密关系。(2)强调了以斯帖对事态的不知情(4:5b)，而末底改第一次传话的目的是让以斯帖知道发生了什么。(3)增加了以斯帖面见国王的阻力，并且强调他在末底改的“指导”下生发的勇气。

---

① 学界基本认定阿里斯拖布的妻子就是萨罗姆，而詹纳乌斯再次娶萨罗姆为妻被认为履行了利未婚，而依兰认为阿里斯拖布的妻子和萨罗姆的妻子是两个人，参见 Ilan, *Silencing the Queen: The Literary Histories of Shelamzion and Other Jewish Women* (Tübingen: Mohr Siebeck, 2006), 50-58。

② Josephus, *Jewish War*, 1.85.

③ Josephus, *Jewish War*, 1.110-111.

三、《以斯帖记》处境化解读中的哈斯蒙尼历史事实

《以斯帖记》的成文日期是一个非常复杂且有争议的问题。书卷细节反映的波斯宫廷之事实(*Sachlichkeit*)强化了将这卷书的起源按照其设定落实于波斯时期的论点,[①]其文本内核也与新亚述时期开始流传的宫廷叙事(公元前7世纪—4世纪)有着亲缘关系,比如在在埃及象岛莎草纸中被保存的"亚希卡尔的故事"(The Tale of *Ahiqar*)——亚希卡尔需要与自己的侄子斗争,赢回他在宫廷中的威望。[②] 因此,如果抓住《以斯帖记》"宫廷叙事"的内核,它跟"约瑟叙事"和《但以理书》可以被规划到一类,迈因荷德(Arndt Meinhold)进一步用"流散小说"(*Diasporanovelle*)来定义《以斯帖记》和"约瑟叙事"的文本类型,并将《以斯帖记》处境化解读为流散背景下犹太团体的创作(*Diasporajudenschaft*),它依赖于早一点的"约瑟叙事",但是在意识形态上又摒弃了"约瑟叙事"中的和平主题——和平地跟外邦民族和政权相处。[③]

关注到书卷中对波斯宫廷的细节描写,以及《以斯帖记》体现的"流散小说"之文本类型,上述方法暗示了《以斯帖记》较早的起源,即波斯晚期或希腊化早期,但尽管这卷书有着较早起源,但其真正成文日期可能很晚。首先是"普林节",在《马加比二书》中提到的是"末底改节"(15:36:τῆς Μαρδοχαϊκῆς ἡμέρας),不是"以斯帖节",也不是"普林节",而《马加比二书》的出现可以大致定位到公元前150年,这说明直到公元前2世纪,"普林节"的称呼(《以斯帖记》第9章的内容)还不存在。另外,《便西拉智训》的英雄人物清单中根本没有末底改和以斯帖,但是出现了跟便西拉(约公元前2世纪)基本同一时期的人物——奥尼亚之子西门(50:1—11),[④]这再次暗示直到公元前2世纪,完整的《以斯帖记》文本也许还未出现。上述反证使威利斯和克莱斯来源批判的观点更具说服力,即"以斯帖"是在晚近的补写中才进入到"末底改叙事"中的。

面对上述反证,部分学者将成文日期后推至哈斯蒙尼时期。德国学者贝佐

---

① 将𝔐《以斯帖记》定位到波斯帝国鼎盛时期的观点,参见 L. L. Jones, *Ancient Persia and the Book of Esther: Achaemenid Court Culture in the Hebrew Bible* (London: Bloomsbury Publishing Plc, 2003), 4。

② 参见 S. Talmon, "'Wisdom' in the Book of Esther," *Vetus Testamentum* 13 (1963): 419-455。

③ 参见 A. Meinhold, "Die Gattung der Josephsgeschichte und des Estherbuches: Diasporanovelle II," *Zeitschrift für die alttestamentliche Wissenschaft* 88 (1976): 92。

④ 参见 Karl Budde et al., eds., *Die fünf Megillot, das Hohelied, das Buch Ruth, die Klagelieder; der Prediger, das Buch Esther* (Freiburg: Mohr, 1898), 172。

尔德(Helge Bezold)论证了《以斯帖记》对哈斯蒙尼意识形态的继承,并指出用“流散小说”或“宫廷叙事”定位《以斯帖记》存在的问题。[①]《以斯帖记》中突出的是犹太精英主动干涉政治,而约瑟和但以理两位主人公分别作为个别的案例以被动的方式卷入宫廷的斗争中,最终两人也是在例外状态,即耶和华的帮助下,才赢得了这场“不得不”的战争。质言之,在普通人是不行,但是约瑟和但以理通过发挥独特的、神赐的才能——解梦,才在宫廷斗争中脱颖而出并位居高位。约瑟的被卖、被波提乏陷害而入监的局势奠定了他之后在宫廷中发挥才能的性质,即约瑟只是在命悬一线的情况下通过神赐的才能及一系列机缘巧合才扭转了局势。之后他的兄弟和父亲对这份“高升”的享用也是私人性质的。而以斯帖—末底改扭转局势后,是全书珊城的人都欢喜(8:15),而不是末底改一家,因此是公共性质的。在但以理的故事中,但以理在朝廷的享通也是基于生存的需要。因此,约瑟和但以理叙事符合第二圣殿流散时期的行文特点,即大体上看,流散的犹太人团体因错过(或避免参与)波斯时期的回归浪潮,从而永久的丧失了独立的政治身份,因此在异邦政权下需要与之和平相处;摄政的主题——在宫廷中谋求话语权——虽不是流散时期文本所倡导的,但其叙事内容强调了在危机中也有个别案例通过耶和华的帮助在宫廷中位居高位。

以此为特点反观《以斯帖记》,末底改不是被动地卷入了朝廷阴谋,而是主动挑衅敌对党派的领袖哈曼的地位,在敌对党派的阴谋下主动谋划并且主动回击。换言之,行文中将末底改在朝廷中的参政变成了预设的、不言而喻的前提,而末底改拒绝向哈曼跪拜的含义也更像在敌对党派领袖被晋升后,本应得到晋升的末底改的自然反应,无关偶像崇拜或其他因素。[②] 因此,参与朝政在《以斯帖记》中不再是明哲保身的不得已之举,而是末底改—以斯帖的本职工作,从这一点出发,贝佐尔德将《以斯帖记》联系至《马加比一书》,将整卷书处境化解读为哈斯蒙尼时期的衍生作品,并强调其主动摄政的意识形态异于(波斯时期)流散作品中弱化政治对立且反帝国的特点。[③]

但是进一步来看,《以斯帖记》中的主动参政是预设的前提,末底改和以斯帖的得胜其性质更像是在一个现有的政治体系中通过压制哈曼及其党羽而取得执政党地位,不是对某个政权的反抗(塞琉古王朝),这使问题变得更加复杂和微

① 参见 H. Bezold, “Violence and Empire: Hasmonean Perspectives on Imperial Power and Collective Violence in the Book of Esther,” *Hebrew Bible and Ancient Israel* 10 (2021): 45-62.

② 拉比传统中的将末底改拒绝跪拜哈曼的态度解释为哈曼胸前挂了木质偶像(Esth. Rabbah 6.2),末底改没有跪拜哈曼,因此也没有落入偶像崇拜的罪中。

③ 参见 H. Bezold, “Violence and Empire: Hasmonean Perspectives on Imperial Power and Collective Violence in the Book of Esther,” 52。

妙:《以斯帖记》中透露的主动摄政使其不同于波斯时期的流散宫廷叙事,更符合哈斯蒙尼时期的意识形态;而对外帮政权之反抗的缺失又使哈斯蒙尼时期的处境化解读缺失一些必要论据。也许更晚的成书日期——哈斯蒙尼晚期的党争——有助于解决这一困境。专注于研究晚期圣经文献和早期拉比文献的女性主义犹太史学家依兰在一篇有关哈斯蒙尼皇后萨罗姆的文章中指出《以斯帖记》的出版和流传或许跟这位犹太皇后掌权的政治宣传有关。她援引了贝克曼针对希腊文 B 译本的跋"在托勒密和克里奥帕特拉统治的第四年"给出的时间定位,即公元前 77 年,这一年是托勒密十二世(Ptolemy XII Auletes)第一期任职(公元前 80—前 58 年)的第四年,同时也是哈斯蒙尼国王詹纳乌斯的遗孀皇后萨罗姆摄政的前一年(公元前 76—前 67 年)。[①] 由于这一重时间巧合,依兰进一步暗示也许这一年不仅是《以斯帖记》原文翻译成希腊文的时间,更是《以斯帖记》成书日期,其成书和流传都服务于萨罗姆执政的意识形态:

> 因为希腊文《以斯帖记》的跋指向了公元前 77—前 76 年,也就是耶路撒冷女王萨罗姆加冕的前一年。因此,可以认为《以斯帖记》(以及普林节)的出现服务于这位女王执政的政治宣传。[②]

在依兰之前,也有学者将跋的日期大致等同于书卷的成书日期,但依兰更进一步,联系两边的时间巧合——托勒密和哈斯蒙尼王朝,推测了《以斯帖记》的流传目的。这一结论的得出也基于威利斯对《以斯帖记》文本研究中双重来源论的改良,她将后者推测的属于晚近的补写部分的"以斯帖编修"对应至这一时期犹太女王的政治宣传,而威利斯在他之后的著作中也将《以斯帖记》的成文日期推迟至哈斯蒙尼晚期。[③]

将《以斯帖记》的成书日期推迟至与萨罗姆和法利赛团体相关的哈斯蒙尼晚期的内部党争,贝佐尔德论证的哈斯蒙尼时期的成书背景中缺失的部分得以补全,因为只有在这一时期才可能有同时具备两方面——主动参与政治和宫廷内部党争——的处境化解读。由于马加比起义奠定了哈斯蒙尼王朝的基础,这一时期的作品也将这种积极参政的行为作为被预设的前提,在这方面我们的确可以说《以斯帖记》继承了哈斯蒙尼王朝的意识形态,这也是整卷书的暗线;而《以斯帖记》中那些被认为是符合波斯流散时期特点的元素,包括流散的犹太人团体

① 参见 E. Bickerman, "The Colophon of the Greek Book of Esther," *Journal of Biblical Literature* 63 (1944): 361。

② Tal Ilan, *Integrating Women into Second Temple History*, 153.

③ 同上,143。Wills, *The Jewish Novel in the Ancient World* (Ithaca: Cornell University Press, 1995), 110.

在外邦宫廷中谋出路等,实际上可以内化至哈斯蒙尼晚期的宫廷斗争,其中末底改、以斯帖和所有"书珊城的犹太人"映射了有大量(平民)追随者的"法利赛团体",[①]而反派哈曼及其党羽则代表了与之敌对的党派,也许是撒都该派。[②] 据此,诞生于哈斯蒙尼晚期的《以斯帖记》其实质是将早期的波斯宫廷小说("末底改叙事")进行宗派化解读,而对于哈斯蒙尼的意识形态而言,这卷书中的宗派主义实质又被掩盖在民族主义的外衣之下("犹太人"和非犹太人映射了"法利赛派"和"非法利赛派"),正是这层外衣让贝克曼得出结论,认为《以斯帖记》的实际历史背景是"自公元前110年以来发生在马加比家族和巴勒斯坦的希腊化城市之间激烈且残酷的战争"[③]。如上所述,这种马加比化的解读的确能较好地解释《以斯帖记》中的集体暴力元素——马加比家族的领导者将绝罚禁令应用在被希腊文化"污染"的领域,末底改和以斯帖将同样的绝罚禁令应用在他们的敌人身上(8:12),看作对敌人应有的报复,在两对人物之间也很容易建立一一对应的关系,但这依旧是片面的,因为波斯国王亚哈随鲁在其中不具有对应关系(见表6):

表6 用马加比意识形态处境化解读《以斯帖记》

《以斯帖记》的主人公	末底改—以斯帖	哈曼及其党羽	波斯王亚哈随鲁
马加比起义的主人公	马加比家族	塞琉古国王(和希腊文化)	—

虽然这种简单的一一对应在分析中存在过于表面化的嫌疑,但波斯化解读中存在的不利于其论点的反证,以及哈斯蒙尼解读中"国王"之对应的缺失,这些问题提醒我们,可能确实需要进一步推迟《以斯帖记》的成文日期——哈斯蒙尼晚期耶路撒冷内部的宗派之争,因为这一处境化解读能涵盖所有上述关键点而

① 约瑟夫斯说撒都该派的影响力局限在精英团体中,而法利赛被"大众追随"(τῶν δὲ Φαρισαίων τὸ πλῆθος σύμμαχον ἐχόντων),参见 Josephus, *Antiquities of Jews*, 13.298。法利赛团体的大众性,参见 E. P. Sanders, *Judaism: Practice and Belief, 63 BCE-66 CE* (Philadelphia: Trinity Press International, 1992), 402-404。

② 约瑟夫斯和拉比文献都提到哈斯蒙尼国王詹纳乌斯是听了一位名叫以利亚撒·本·波拉(Kiddushin 66a,约瑟夫斯给出希腊化名字是 Διογένης, 参见 Josephus, *Jewish War*, 1.5.3)的建议,才开始敌对法利赛团体。虽然两重史料都没有明确告诉我们这个人属于撒都该派,但考虑当时的宗派-政党之争,这一推测是可能的。

③ E. Bickerman, "The Colophon of the Greek Book of Esther," 361.

不至于矛盾。

四、第二圣殿晚期的法利赛团体与《以斯帖记》

(一)"王的谕旨所到之处,犹太人大大悲哀"——法利赛的创伤

𝔐本 4:16 节的"聚集"(כְּנוֹס)暗示了早期的犹太会堂。在第二圣殿晚期,法利赛团体"反对动物献祭,并创建了会堂作为法利赛人独特的机构"[①]。根据史学家古特曼(A. Gutmann)的重建,法利赛—撒都该的宗派之争在哈斯蒙尼国王詹纳乌斯统治时期(公元前 103—前 76 年)达到顶峰,[②]也是在这一时期,法利赛人由于试图结盟塞琉古的统治者反抗詹纳乌斯但未能如愿,事后他们被国王以残暴的方式集体处置。这起法利赛团体遭遇集体屠杀的历史事件在约瑟夫斯《犹太古史》中被记载:

> 不然,他(詹纳乌斯)的愤怒程度十分夸张,这使他的野蛮达到了不虔诚的地步。于是他下令把八百人(法利赛人)吊死在城中(的十字架上)(ἀνασταυρώσας ἐν μέσῃ τῇ πόλει),又当着他们的面割断了他们妻儿的喉咙,他喝着酒,跟他的妃嫔们躺在一起,观看行刑。[③]

约瑟夫斯对这场屠杀的记载也许并不是空穴来风。拉比文献中默认了这一事实,提到詹纳乌斯时会带上他屠杀贤哲的附加信息(Kiddushin 66a:12; Sanhedrin 107b; Barakhot 48a)。而且根据依兰的观察,《死海古卷》中有关《那鸿书》释经篇章(4Q169)的用词也暗示了这场屠杀,由于库姆兰团体同时反对撒

---

① E. P. Sanders, *Judaism: Practice and Belief, 63 BCE-66 CE*, 399.将犹太会堂的起源和早期形式解释为第二圣殿时期法利赛团体的世俗组织的观点以及争议,参见 J. Gutmann, "The Origin of Synagogue: The Current State of Research," in *The synagogue: Studies in Origins, Archaeology, and Architecture*, ed. J. Gutmann (New York, INC: KTAV Publishing House, 1975), 74-75。

② 亚历山大·古特曼认为自哈斯蒙尼女王萨罗姆之后,主要的宗派之争出现在法利赛内部,比如希勒尔—沙玛伊之争,早年的法利赛—撒都该之争逐渐淡化,参见 A. Gutmann, *Rabbinic Judaism in the Making: A Chapter in the History of the Halakhah from Ezra to Judah I* (Detroit, MI: Wayne State University Press, 1970), 25。

③ Josephus, *Jewish War*, 1.97.

都该和法利赛人，在文本中用了双关语，称后者为“势力者”(דורשי החלקות)，[①]而詹纳乌斯是暴怒的狮子。法利赛团体的低谷期也随着詹纳乌斯统治的结束而结束，后者将国家托付给了他的皇后萨罗姆，而萨罗姆执政期间大力扶持法利赛团体，因此约瑟夫斯认为萨罗姆执政的那九年也是法利赛在哈斯蒙尼王朝真正得势的九年。萨罗姆对法利赛的支持被约瑟夫斯解释为根源于这位犹太女王对律法的热枕和虔诚，[②]但也许他们之间的关系更加微妙。

可以想象詹纳乌斯的暴行在耶路撒冷成为人们茶余饭后谈论的主题，这一经历也必然在当时的法利赛人心中留下了创伤，尽管在这次事件不久之后，命运被翻转。《以斯帖记》4:3 节属于晚近补写的内容——“王的谕旨所到的各省各处，犹大人大大悲哀，禁食哭泣哀嚎迅速蔓延开来”——难道不正符合法利赛人谈到当年的悲剧时的想象吗？国王(因听信谗言)处置所有法利赛人类比于国王因听信哈曼的谗言而处置所有犹太人。由于法利赛团体自认为，并且很可能在事实上也有着广大的追随者，因此他们的苦难也是整个耶路撒冷犹太人的苦难。[③] 但相似的悲剧在《以斯帖记》中由于以斯帖的干涉而没有落实，这种反转的势头在之后的拉比文献的记载中同样早于萨罗姆的执政，其中萨罗姆在这则轶事中的身份是贤哲沙塔赫(Simon ben Shetach)的妹妹，她在屠杀法利赛人事件过后，重新引荐沙塔赫(法利赛人)进宫为詹纳乌斯念必要的祝祷文(Berakhot 48a)。从史料的评判标准来看，这则轶事很明显晚于《以斯帖记》；但如果遵循这则轶事设定的背景，根据沙塔赫和萨罗姆活跃的时间——詹纳乌斯执政时期的哈斯蒙尼王朝，不论沙塔赫是否真的是萨罗姆的表兄，当时犹太女王的执政，以及沙塔赫作为法利赛团体的缩影，这种政治宣传在当时的确可以成为“以斯帖—末底改”叙事中部分细节的动机和来源：以斯帖和末底改的关系被设定为堂兄妹(𝔐)，末底改在关键时刻以“教父”的身份指导以斯帖该如何行事(4:13—14)。

《以斯帖记》中末底改、以斯帖以及书珊城犹太人命运的跌宕起伏在某种程

① 希伯来文是דורשי החלקות，直译为“追求便利的人”，很可能来自库姆兰团体对הלך/חלק的双关，法利赛团体以追求律法的学习和解释为目标，ההלכות，但库姆兰团体用相似的两个字母 *het* 和 *qof* 替换字根中 *he* 的和 *kaf*，用来讽刺法利赛人是在律法方面是折衷者，这一双关也许还暗示了他们在政治上为了自身的利益试图跟外邦政权结盟，参见 E. P. Sanders, *Judaism: Practice and Belief, 63 BCE-66 CE*, 532。

② 参见 Josephus, *Jewish War*, 1.108。

③ 在中译本《阿伯特》中，译者给出了上世纪著名的犹太学者阿丁·施坦泽兹(Adin Steinsaltz)的注释，值得注意的是，詹纳乌斯对法利赛的屠杀在注释中被解释为对“犹太教人士”的迫害。法利赛团体被等同于“犹太教人士”，这一认知虽然符合之后拉比犹太教的传统，但其根源还是需要回到第二圣殿晚期犹太教宗派之争。参见 Adin Steinsaltz 阿丁·施坦泽兹注释，《阿伯特——犹太智慧书》[Pirkei Avot]，张平 Zhang Ping 译(北京[Beijing]：中国社会科学出版社[China Social Sciences Press]，1996)，17—18。

度上映射了法利赛团体的命运在詹纳乌斯和萨罗姆统治期间的跌宕起伏。末底改和犹太人的集体暴力在某种程度上对应了法利赛重新掌权发挥作用期间的"复仇",根据约瑟夫斯的记载:

> (法利赛人)杀死了狄奥根尼,一个有名望的人,亚历山大(詹纳乌斯)的朋友,控告他向国王建议,把(前面提到的)八百人钉死在十字架上。他们还说服亚历山德拉(萨罗姆),让她处死其他那些激怒国王的人。亚历山德拉很迷信,就顺从了他们的要求,于是他们想杀谁就杀谁。[①]

法利赛人的敌人狄奥根尼据说是前国王詹纳乌斯的"朋友"(φίλον Ἀλεξάνδρῳ),在𝔊ᴸ中,哈曼也被称作波斯王的"朋友":"哈曼,你的朋友(Αμαν ὁ φίλος σου),是说谎的人!"(𝔊ᴸ5:4;7:6)。在可能的历史语境中,法利赛团体的复仇是有根有据的,"复仇"成为悲剧发后,法利赛团体重新掌权后的应激反应,而在《以斯帖记》中,被后世议论最多的就是犹太人在未受到哈曼阴谋影响的情况下进行的全面复仇,按照我们这种处境化的解读,它源于法利赛团体掌权期间(公元前 76—前 68 年)对之前创伤之经历的文学化创作。

(二)以斯帖作为"法利赛式妇女"

以斯帖进宫后,末底改没有停止对她的监督:

> 𝔐本 2:12:末底改每天在女院前行走,为了知道以斯帖的近况(לָדַעַת אֶת־שְׁלֹום),以及她发生了什么。(𝔐>𝔊ᴸ)

除此之外,𝔐本在第 2 章两次提到以斯帖对末底改话语的"遵守"(צִוָּה עָלֶיהָ)(2:10, 20),2:20 还特意强调以斯帖在宫内的一举一动都遵照末底改吩咐的,她的顺从就跟末底改抚养她时一样(כַּאֲשֶׁר הָיְתָה בְאָמְנָה אִתּוֹ)。由此出发再看末底改吩咐以斯帖见王时以斯帖的第一次回答,"我已经三十天未蒙召见王"(𝔐本 4:11),这里实际上点出了以斯帖在宫内——除了第一次见波斯王——的"性隔绝",而早期拉比文献中对这种现象的描述是"法利赛式妇女"(אשה פרושה)。[②] 延

① Josephus, *Jewish War*, 1.113.

② אשה פרושה直译为"分隔的妇女",פרושה的词根פרש本就有"分隔"的意思,因此这里也是双关语,אשה פרושה既指追随法利赛团体的妇女,同时也暗示了这些"法利赛式妇女"的"分隔",即婚内禁欲。根据《密释纳·索塔篇》3:4 的说法,"分隔的妇女"是对世界有害的三种群体之一,如果将其音译为"法利赛式妇女",那么这段记载就对法利赛人给出了负面描述,考虑到拉比犹太教和法利赛团体的关系,这也为学者们的分析带来了困扰。参见 E. Rivkin, "Defining the Pharisees: The Tannaitic Sources," *Hebrew Union College Annual* 40/41 (1969-1970): 240。依兰进一步将אשה פרושה与撒都该女性联系,见下文分析。参见 Tal Ilan, *Integrating Women into Second Temple History*, 19。

续了法利赛有着广大平民追随者的观点,拉比文献中的只言片语暗示了早期(宗派时期)法利赛对精英女性的“统治”,这些女性的丈夫属于撒都该派,但由于她们追随法利赛(贤哲们)的律法,这些女人,就跟以斯帖一样,在婚内禁欲,同时大小事都需要问法利赛人:

> 拉比约西说:“我们熟知撒都该妇女(אנו בקיאין בצדוקות),胜过其他所有人,她们所有人都会向贤哲咨询(נשאלות לחכם),除了一个,然后她死了。”[①]

在巴比伦 Niddah 中,这些撒都该妇女的“询问”变成向贤哲们展示她们的经血(B. Niddah 33b)。由于撒都该在哈斯蒙尼王朝发挥主要作用,因此“撒都该女性”可以顺势理解为王室妇女。由于早期拉比文献在有关洁净和妇女的论述中展现了对“撒都该女性”独特的兴趣,比如认为“如果撒都该女性与她们的传统隔绝,遵循以色列人的传统(פרשו ללכת בדרכי ישראל),那么她们可以算作是以色列人”[②]。依兰结合其他史料(M.Sotah 3:4),认为“法利赛式妇女”单指那些在第二圣殿时期因为另外追随法利赛团体而在婚内保持禁欲的女性,并且这一现象在古代晚期(结束宗派之争后)的拉比史料中被负面评价。[③] 这种现象同时也出现在约瑟夫斯的记载中,即依兰指出的,因法利赛拒绝发誓效忠凯撒而被罚款,替他们付罚金的是大希律王的兄弟菲罗阿斯(Peroras)的某个不知名的妻子。[④]

我们在第二部分已经明确指出$\mathfrak{M}$本《以斯帖记》第 4 章的补写彰显了末底改对以斯帖的“统治”:相对于$\mathfrak{G}^{L}$更为简洁的叙事,$\mathfrak{M}$本将末底改描述成以斯帖得知相关谕旨的唯一消息源(4:8b),同时也将以斯帖呈现为不闻政事、被动接收消息的宫内女性,“以斯帖吩咐哈他革去见末底改,要知道这是什么事”(4:5)。而这层补写作为法利赛团体掌权后的文学创作,同时映射了个例和个例背后的普遍现象:个例是犹太女王萨罗姆对法利赛人的言听计从,普遍现象是第二圣殿晚期存在的“法利赛式妇女”的社会现象。在补写层面被无限放大的是以斯帖的悲痛、“教父”末底改教导中富有深意的用词(4:14:“谁知道你掌权是否为今日?”),以及以斯帖为末底改和犹太人“殉道”的决心。依兰强调的是以斯帖记的流传是在为犹太女王执政的意识形态服务,更进一步来看的话,这些细节的描写

---

① T. Niddah 5.3, https://www.sefaria.org/Tosefta_Niddah.5.1

② M. Niddah 4:3, https://www.sefaria.org/Mishnah_Niddah.4.1? lang=bi&with=all&lang2=en. 这里的“以色列人”很可能指贤哲,即法利赛团体。

③ 参见 Tal Ilan, *Integrating Women into Second Temple History*, 20。

④ 参见 Josephus, *Antiquities of Jews*, 17.41-3; Tal Ilan, *Integrating Women into Second Temple History*, 15-17。

更像是出自法利赛视角的创作,而非萨罗姆——被正面描写的以斯帖(萨罗姆)只是在末底改(法利赛人)的教导下,因着对其教导的遵循在宫廷中发挥作用而留名的女性。而《以斯帖记》这卷书更像是在当时法利赛团体内部广为流传的小册子。

这在某种程度上可以解释为什么《以斯帖记》会被纳入正典,即使全书没有提到四字神名和神。法利赛团体作为之后拉比犹太教的先驱,在决定哪些书卷属于"脏了手"的正典范畴时必然会偏爱一卷来自父辈们在重大历史事件之后的文学创作,即使这卷书的风格与其他正典的内容格格不入;而跟《以斯帖记》主题和成书年代相似的另一卷书《犹滴传》,即使后者多次提到耶和华和"神",却没有被纳入正典。[①] 据此,也可以进一步解释为什么《死海古卷》中没有关于《以斯帖记》的任何篇章,其中没有提到"神"并不是主要原因,因为这卷书在库姆兰团体看来,代表了他们非常反感的"势力者",即法利赛团体的创作。

五、总结

从来源批判的视角看,《以斯帖记》第 4 章的文本内容不属于早期的"末底改叙事",而且这一章存在两重补写层次,这两重补写可以对应至威利斯区分的"以斯帖叙事"和"以斯帖编修"。希腊文 A 译本($\mathfrak{G}^{L}$)作为外在文本证据可以帮助我们区分上述双重补写。晚近的"以斯帖编修"(4:3, 5—7, 8b, 9—17)很可能来自第二圣殿晚期法利赛团体的创作:经过詹纳乌斯统治期间的创伤,法利赛团体在哈斯蒙尼皇后萨罗姆的扶持下重新掌权;书卷中描述的集体复仇可以解释为法利赛团体重新掌权后的应激反应——对哈曼和敌人的全面复仇对应着法利赛团体掌权后对撒都该人的处置,而《以斯帖记》的出现和流传在某种程度上是法利赛团体基于早期创伤之经历的文学创作。以斯帖的悲痛、她与末底改的亲密关系,以及末底改的"教父"角色同时映射了个例和个例背后的普遍现象:个例是犹太女王萨罗姆对法利赛人的言听计从,普遍现象是第二圣殿晚期存在的"法利赛式妇女"的社会现象——法利赛团体对精英女性的掌控,以及这些精英女性因追随法利赛团体而在婚内保持禁欲。以斯帖"掌权"是为末底改和所有犹太人服

① 依兰认为《以斯帖记》《犹滴传》《苏撒拿传》在第二圣殿晚期的出现都服务于犹太女王萨罗姆的政治宣传,参见 Tal Ilan, *Integrating Women into Second Temple History*, 127-153。女性主义视角对《以斯帖记》和《犹滴传》正典问题的讨论,参见 Sidnie White Crawford, "Esther not Judith: Why One Made It and the Other Didn't," *Faculty Publications, Classics and Religious Studies Department* 40 (2002):1-15。

务,而萨罗姆的摄政是为所有法利赛人服务。

将《以斯帖记》处境化解读为第二圣殿晚期的宗派之争,这一解读也为一些常识性观点带来了挑战:"常识"中将《以斯帖记》定义为"流散小说",或早期的波斯宫廷叙事;"常识"中认为它未出现在《死海古卷》中是因为整卷书未提及神且过于世俗,"常识"认为《以斯帖记》最终被纳入正典是因为书卷中透露的"犹太性"和"普林节"的应用。如果《以斯帖记》跟第二圣殿晚期的法利赛团体命运的跌宕起伏有关,那么这一论点也会为一些重要的问题,包括早期犹太教中的宗派之争,带来新的研究视角。

The Supplement to MT Esther 4:1-17 and It's *Sitz im Leben* Sectarianism in the Late Second Temple Period

JI Xiaowei

Abstract: The application of source criticism in the Book of Esther benefits from the diverse preservation of the text in different traditions. The Alpha text in 4:1-17 empirically supports source criticism in attributing this chapter's content to both the "Esther Source" and the "Esther redaction". The more recent supplement of ER (4:3; 5-7; 8b; 9-17) can be contextually interpreted in light of the sectarian disputes of the late Second Temple period. Esther's grief, her close relationship with Mordecai, and Mordecai's "godfather" role reflect both individual cases and the broader phenomenon: Queen Shelamzion's obedience to the Pharisees and the "Pharisaic women" of the late Second Temple period—the Pharisaic control over elite women and their sexual abstinence within the marriage due to their allegiance to the Pharisees.

Key Words: Esther 4:1-17, Source Criticism, the Pharisees in the Second Temple Period, Shelamzion

15—16世纪伊比利亚半岛的隐秘犹太人与隐秘穆斯林比较研究

秦少锋*

【摘要】本文探讨了15—16世纪西班牙因宗教迫害而采取隐秘宗教实践的马兰诺群体(隐秘犹太人)和摩里斯科群体(隐秘穆斯林)。两支群体虽表面皈依基督教,却私下维持原宗教信仰,展现了其原信仰和文化传承的韧性。通过不同的隐秘实践和文化适应策略,两支宗教弱势群体共同反映了边缘化群体在应对宗教迫害时的多样性和复杂性。

【关键词】隐秘宗教;马兰诺;摩里斯科;隐秘犹太教;隐秘伊斯兰教

一、何为隐秘犹太人和隐秘穆斯林

隐秘宗教是指由于社会或法律的压力,在公开信奉一种宗教信仰的同时,私下秘密信奉另一种宗教信仰的现象。这种实践通常是为了避免迫害或歧视而隐藏自己的内在信仰,而其外在信仰及宗教身份则与社会规范相吻合,以确保个人或集体安全地融入主流社会。隐秘宗教的双重性特征揭示了其既包含抵抗又包含适应的复杂状态。修行者在私下里坚守着他们核心的宗教信仰,以此展现出对于迫使他们屈从的外部压力的抗争精神。然而,为了求得生存和减少冲突,他们也会在表面上遵循主流的宗教习惯,以此来融入周围的环境。

在15—16世纪的西班牙,"隐秘宗教"这一现象不仅为隐秘犹太人和隐秘穆斯林提供了应对宗教迫害的有效策略,还更深刻地反映了他们的身份认同。这些原本信仰犹太教和伊斯兰教的群体,在面对外界压力时选择表面上皈依基督教,同时巧妙地融合了原有信仰与基督教元素。这种做法既坚守了他们的信仰与文化,又展示了他们的智慧与韧性,进一步揭示了"隐秘宗教"所蕴含的深厚

* 秦少锋,山东大学犹太教与跨宗教研究中心、哲学与社会发展学院博士研究生。

意义。

皈依后的犹太人又被称作“马兰诺”(Marranos)。这一称谓在历史演变过程中被赋予了特定的宗教和社会意义,特指表面皈依基督教但私下仍坚守犹太教信仰的人,他们也因此被称为隐秘犹太人。这一词汇背后蕴含着深刻的宗教偏见和社会冲突,反映了中世纪晚期和近代早期欧洲宗教和政治环境的复杂性。尽管西班牙和葡萄牙当局试图通过立法禁止对施洗后的犹太人使用“马兰诺”这一贬损性称呼,并规定了相应的惩罚措施[①],但在现实中,这一称呼依旧流传广泛,成为传统的老基督徒对新生代基督徒普遍怀疑和蔑视的标志。

皈依基督教后的穆斯林又被称作“摩里斯科人”(Moriscos),该词特指16世纪之后那些身处西班牙的穆斯林群体。在皇家法令的强制施洗压力下,这些穆斯林被迫选择了接受基督教。然而,他们的转变往往并非出于内心的信仰,而是在表面上接受洗礼并遵从基督教教义的同时,私下里依然保持着伊斯兰教的习俗,因此他们被称为隐秘穆斯林。这些穆斯林必须应对由西班牙君主制推行的强制基督教化政策所带来的压力。研究显示,摩里斯科人在宗教认同和信仰实践上展现了错综复杂的双重身份。他们不仅在情感和认知层面经历了剧烈挣扎,而且在身份认同和宗教习俗上也进行了微妙的调整和适应。这种独特的生存策略使这一宗教弱势群体能够在保持原有信仰的同时,也能够在严酷的社会环境中生存下去。

近年来,虽然学者们对马兰诺和摩里斯科这两个弱势群体分别进行了深入

① 在西班牙和葡萄牙,对称呼施洗后的犹太人为马兰诺会受到相应的惩治措施,分别参见 Norman Roth, *Conversos, Inquisition and the Expulsion of the Jews from Spain* (Madison: The University of Wisconsin Press, 2002), 5; António José Saraiva, *The Marrano Factory, the Portuguese Inquisición and Its New Christian* 1536-1765, trans. H. P. Salomon and I. S. D. Sassoon (Leiden, Boston, Köln: Brill, 2001), XV。另见《里斯本 1513 年条例》第 49 章 15 节, *Ho segundo liuro das ordenações* (Lisbon, 1513)。

研究,但对两者的对比分析尚显不足。[①] 接下来,本文将深入探讨这两个宗教少数群体在隐秘宗教实践上的差异及成因。本文通过剖析他们在宗教迫害环境下所采取的不同应对策略和文化适应机制,以更全面地理解他们在信仰坚守、身份认同构建以及生存策略选择上的多样性与复杂性。

二、马兰诺与隐秘犹太宗教

隐秘犹太人历史起源于 14 世纪末和 15 世纪的西班牙和葡萄牙犹太人四次大规模皈依基督教的时期。在宗教迫害与强制改宗的背景下,许多犹太人表面上接受了基督教,成为改宗者(conversos),但他们在私下里继续保持犹太教信仰,这些秘密保持犹太教信仰的犹太人被称为“马兰诺”。马兰诺一词源于西班牙语,原意为“猪”,带有贬义,用于指责那些被认为不是真心改信基督教的犹太人。[②] 1391 年的屠犹事件、随后 1413—1415 年的三大皈依运动[③]及 1492 年的西班牙大驱逐进一步加剧了这种情况,导致大量犹太人被迫皈依基督教。在宗教

① 以下有关摩里斯科与马兰诺的几篇相关文章和论著:托马斯 · F. 格利克 (Thomas F. Glick) 探讨了摩里斯科和马兰诺作为伊比利亚半岛技术传播的重要贡献者所扮演的角色,参考 Thomas F. Glick, “Moriscos y marranoscomoagentes de la difusión tecnológica,” *Ejemplardedicado a: Historia de la técnica* (Arbor: Ciencia, pensamiento y cultura, 1994), 113-132;斯图钦斯基在其作品中探讨马兰诺和摩里斯科在伊比利亚宗教裁判所的审查下的相似经历,参考 Claude Bernard Stuczynski, “Two Minorities Facing the Iberian Inquisition: The ‘Marranos’ and the ‘Moriscos’,” *Hispania Judaica Bulletin, Hispania Judaica* 3 (2000): 127-143;赫苏斯 · 安东尼奥 · 卡拉斯科 · 巴斯克斯的论文深入研究了《堂吉诃德》中摩里斯科与马兰诺之间的协作,参考 Jesús Antonio Carrasco Vázquez, “*Moriscos y marranos: Colaboración interesada de dos colectivos marginadosentiempos de del Quijote*,” in *La orden de San Juan entiempos del Quijote*, coord. by Francisco Ruiz Gómez (Jesús Molero García, 2010), 193-206;另外,凯文 · 英格拉姆主编的四卷本《中世纪晚期及以后的西班牙改宗者与摩里斯科》系列论文集,但此文集中大部分作品也是分别对马兰诺和摩里斯科的独立探讨而非对比探讨,参考 Kevin Ingram, *The Conversos and Moriscos in Late Medieval Spain and Beyond, Volume One Departures and Change* (Leden & Boston: Brill, 2009); Kevin Ingram, *The Conversos and Moriscos in Late Medieval Spain and Beyond, Volume Two The Morisco Issue* (Leden & Boston: Brill, 2012); Kevin Ingram, *The Conversos and Moriscos in Late Medieval Spain and Beyond, Volume Three Displaced Persons* (Leden & Boston: Brill, 2014); Kevin Ingram, *The Conversos and Moriscos in Late Medieval Spain and Beyond, Volume Four Resistance and Reform* (Leden & Boston: Brill, 2021)。

② 西克罗夫对马兰诺一词列出了八种解释,参考 Albert A. Sicroff, *Los estatutos de Limpieza de Sangre Controversias entre los siglos XV y XVII* (Barcelona: Taurus Ediciones, S.A.1985), 291。

③ 三大皈依运动指文森特 · 法雷尔对犹太人的布道宣传、西班牙各王国的反犹立法以及托托萨论争。有关托托萨论争参见 Hyam Maccoby 海姆 · 马克比,《犹太教审判:中世纪犹太—基督两教大论争》[Judaism or Trial: Jewish-Christian Disputations in the Middle Ages],黄福武 Huang Fuwu 译(济南[Jinan]:山东大学出版社[Shandong University Press],1996)。

裁判所的压力下，许多马兰诺选择逃离西班牙，前往邻近的葡萄牙和北非等地寻求庇护。1497 年，葡萄牙宗教迫害愈演愈烈，许多从西班牙逃难而来的犹太人，本以为能在此寻得一片宗教自由的净土，却不料又深陷强制改宗的困境。国王曼努埃尔一世采用欺骗与暴力的双重手段，迫使本国境内的犹太人最终选择了集体皈依，以求自保。[①] 之后的两个世纪中，这些马兰诺以葡萄牙为跳板，足迹遍布地中海沿岸以及更远的地区和国家，包括新世界殖民地、荷兰、意大利和奥斯曼帝国等地。在这些地方，马兰诺建立了新的社区，并在一定程度上恢复了他们的犹太生活。然而，在 1536 年葡萄牙宗教裁判所成立之前，与西班牙的新基督徒相比，葡萄牙的马兰诺有更多的时间来适应并秘密组织他们的犹太习俗。

在此历史背景之下，马兰诺在隐秘犹太教中的表现反映了他们在极端压力下坚持信仰和文化传承的顽强精神。尽管表面上马兰诺皈依了基督教，他们依然秘密地保持和实践着其犹太教信仰。例如，他们会在家中秘密地庆祝犹太节日，如逾越节和赎罪日，严格遵守犹太教的饮食规定，并在安息日点燃蜡烛以保持其传统信仰。这些隐秘的宗教活动不仅展示了他们对犹太教信仰的忠诚，也体现了他们在宗教裁判所的高压环境下所采用的巧妙应对策略。正如大卫·吉特利茨(David M. Gitlitz)所指出的，1478 年宗教裁判所的成立是隐秘犹太教发展的一个关键转折点，它迫使犹太教信仰变得更加隐秘，并促使这些信仰和习俗在代代隐秘相传中得以延续。[②] 人类学家内奥米·莱特(Naomi Leite)在探讨葡萄牙马兰诺时，强调了曼纽埃尔一世宗教宽容政策对马兰诺犹太化特质的影响。她指出，尽管马兰诺被迫在表面上皈依了基督教，但在"突然而不情愿"的皈依背景下，他们得以保留甚至发展其隐秘"犹太化"特质。例如，在针对葡萄牙王室强迫境内全体犹太人皈依基督教的问题上，她指出："1497 年夏天，被根除的不是一个民族，而是一个社会类别……葡萄牙犹太人仅仅在名字上发生了变化，但仍然是同一群体，具有相同的忠诚、习俗和信仰，而在官方上，他们的归类不是犹太人(*judeu*)，而是新基督徒(*cristão-novo*)。"[③]犹太史学家约瑟夫·哈伊姆·耶鲁沙米(Yosef Hayim Yerushalmi)认为，虽然一些改宗者已经被宗教强势群体所同化，但"隐秘犹太教仍然是一种活着的现象"，这一点可以在穿越于葡萄牙王国的改宗者中看出。这些新基督徒一旦有机会，就能通过合法或非法途径逃离偶

① 参见 Naomi Leite, *Unorthodox Kin*: *Portuguese Marranos and the Global Search for Belonging* (Oakland: University of California Press, 2017), 45。

② 参见 David M. Gitlitz, *Secrecy and Deceit*: *The Religion of the Crypto-Jews* (University of New Mexico Press, 1996), 37-48。

③ Naomi Leite, *Unorthodox Kin*: *Portuguese Marranos and the Global Search for Belonging*, 45-46。

像之地，再次“重返”犹太教，从中我们可以推算出改宗者至少与犹太教有着某种宗教依附关系。[①] 尽管宗教裁判所对马兰诺的信仰进行了严格的监控和压制，但这些隐秘犹太人依然通过口述传统和家庭传承保持了其信仰的实践。

马兰诺的宗教认同与信仰实践深刻揭示了他们在基督教社会中的双重生活，并体现了在极端压力下对犹太教信仰的坚守。尽管表面上皈依了基督教，马兰诺在私下仍然遵循许多犹太教传统和习俗。例如，在逾越节期间，他们巧妙地利用基督教社区的圣星期四游行作为掩护，进行私密的家庭聚会，这不仅是对基督教社区活动的一种巧妙利用，更增强了他们对《出埃及记》故事的认同感。[②] 蕾妮·莱文·莫拉德将马兰诺的“在外做基督教徒，在家做犹太人”的集体行为称为“文化通勤者”(cultural commuters)[③]；大卫·格雷茨堡也支持这一观点，并形象地描述了隐秘犹太人作为早期现代新犹太人对基督教和犹太教的看法：“‘该民族’(*Nacao*)的文化通勤者如同通过电源开关一样，随时切换其宗教身份。”[④]

在宗教礼仪和重要节日的庆祝方面，马兰诺表现出极大的隐秘性和创造力。例如，他们在婚礼和葬礼等人生礼仪中融合了犹太教和基督教的元素，以既遵守犹太传统又适应基督教主流社会。马兰诺的婚礼仪式通常包含两个部分：一是公开的基督教婚礼，以避免引起怀疑；二是私下的犹太婚礼，只在家庭内部进行[⑤]。此外，马兰诺在逾越节家宴中创作并演唱与马兰诺文化紧密相关的流行圣歌和歌曲，这些音乐不仅丰富了宗教仪式感，还增强了社区内部的凝聚力和文化认同。[⑥] 此外，他们的弥赛亚救赎观念也深深扎根于其宗教信仰中。例如，伊萨克·拉·皮埃尔提出的“亚当之前的人类假说”理论，他将人类历史划分为三个阶段，预言弥赛亚基督的再次降临，引领改宗者前往应许之地，实现最终救赎，

① 参见 Renee Levine Melammed, *A Question of Identity: Iberian Conversos in Historical Perspective* (Oxford University Press, 2004), 62。

② 参见 David M. Gitlitz, *Living in Silverado: Secret Jews in the Silver Mining Towns of Colonial Mexico* (New Mexico: University of New Mexico Press, 2019), 122-123。

③ Renee Levine Melammed, *A Question of Identity: Iberian Conversos in Historical Perspective*, 133.

④ David Graizbord, *A Crisis of Judeoconverso Identity and Its Echoes, 1391 to the Present*, in *Religious Changes and Cultural Transformations in the Early Modern Western Sephardic Communities*, ed. Yosef Kaplan, (Leiden and Boston: Brill, 2019), 13-14.

⑤ 参见 Dora Zsom, *Conversos in the Responsa of Sephardic Halakhic Authorities in the 15th Century* (Piscataway: Gorgias Press LLC, 2014), 42-43。

⑥ 参见 David M. Gitlitz, *Living in Silverado: Secret Jews in the Silver Mining Towns of Colonial Mexico*, 123。

这一理论为马兰诺提供了强大的心理支撑。[①] 通过这些隐秘的宗教实践,马兰诺不仅在精神上坚持犹太教信仰,还在文化上维护了其犹太身份。

马兰诺在面对外部压力时,通过复杂的宗教实践和身份认同策略,保持了其犹太教信仰和文化。这些策略不仅展示了他们在基督教社会中的生存智慧,还反映了他们对自身宗教和文化传统的深厚认同。正如罗杰·路易斯·马丁内斯·达维拉所指出的,圣玛丽亚家族[②]通过策略性婚姻和慈善行为,成功地在社会中提升地位并隐藏犹太血统,同时彰显了对犹太文化的尊重[③]。再如,在巴西,作为医生的马兰诺为了掩盖自己的犹太信仰并应对外界可能的怀疑和迫害,他们有时会在处方中建议吃猪肉,以此作为一种巧妙的掩护策略。[④] 叶鲁沙米也曾指出:“我们不能用先入为主的观念来处理(马兰诺)的犹太化问题,至少不能用律法主义去定义它。”[⑤]这种复杂的身份认同和隐秘信仰实践,是马兰诺面对宗教迫害和社会同化压力时体现出的顽强的精神和适应能力。

马兰诺作为弱势群体,经常会面临宗教裁判所与世俗的双重挑战。例如,尽管马略卡岛对雪塔斯(Xuetas)[⑥]采取了相对开明的政策,但其他普通平信徒对他们的偏见依然存在。马略卡的宗教裁判所更多地关注打击雪塔斯群体中的犹太化异端行为,而不是广泛地迫害所有改宗者。然而,即便在这种环境下,改宗者的犹太化行为仍被视为异端,导致他们及其后代受到老基督徒的歧视与侮辱。此外,马兰诺群体在社会生活中面临多方面的限制,例如,作为弱势群体,他们会被禁止在老犹太街区之外居住,排除在公职和教职之外,并在公开礼拜时要求与老基督徒分开就座,甚至死后墓地也被隔离。这种社会和文化上的孤立迫使改宗者内部通婚,形成了一个相对封闭的社群。尽管教会试图纠正老基督徒对马兰诺的偏见,但多明我修会的反犹宣传以及民众的仇犹情绪使得马兰诺在社会

---

① 参见 Yirmiyahu Yovel, *Spinoza and Other Heretics: the Marrano of Reason* (Princeton: Princeton University Press, 1989), 81-82。

② 其家族首领所罗门·哈·利未于1391年皈依基督教,之后他及其两个儿子先后成为大主教或主教。罗杰·路易斯·马丁内斯·达维拉(Roger Louis Martínez-Dávila)对圣玛丽亚家族的研究为我们提供了深入的洞察。参见 Roger Louis Martínez-Dávila, *Creating Conversos: The Carvajal-Santa María Family in Early Modern Spain*, Notre Dame (Indiana: University of Notre Dame Press, 2018)。

③ 参见 Roger Louis Martínez-Dávila, *Creating Conversos: The Carvajal-Santa María Family in Early Modern Spain*, 90。

④ 参见 Cecil Roth, *A History of Marranos* (New York: Schocken Books, 1974), 284。

⑤ Yosef Haim Yerushalmi, *From Spanish Court to Italian Ghetto, Isaac Cardoso: A Study in Seventeenth Century Marranism and Jewish Apologetics* (New York & London: Columbia University Press, 1971), 31.

⑥ 马略卡岛对施洗后犹太人的称呼,该词含有贬义,意为“小犹太人”。

各个层面都被视为与犹太人无异。①

尽管马兰诺群体面临着巨大的挑战和复杂的身份认同问题,但他们在多重压力下展现出了顽强适应能力。马兰诺通过在经济和社会领域的贡献,提升了自身在社会中的地位,并促进了社会多元化。早在16世纪,随着大航海时代的推进,马兰诺在新世界的存在和贡献也具有深远的影响。在新莱昂(现墨西哥),马兰诺人数占据了显著的比例,他们在当地政治和经济领域产生了深远影响,并在文化和宗教层面给马兰诺社区带来了稳定和繁荣。卡瓦哈尔家族的加入进一步巩固了马兰诺社区的地位,他们通过建立各种社会和文化机构,增强了社区的凝聚力。学者马丁·A.科恩将新莱昂誉为"犹太教徒的圣地",这表明该地区不仅是物质上的居住地,更是他们精神和文化的归宿。②

三、摩里斯科与隐秘伊斯兰教

"摩里斯科"(Morisco)一词源自中世纪和近代早期的伊比利亚半岛,其背景与西班牙收复失地运动和1492年天主教双王对格拉纳达的征服息息相关。该词源于西班牙语moro,意为信仰伊斯兰教的摩尔人或北非人,而-isco后缀暗示着一种"较小"或"归属"的意味,Morisco因此被看作带有贬义的"小摩尔人",表明其穆斯林身份的"次要"或"附属"地位。③ 在征服格拉纳达之后的一个多世纪里,许多穆斯林被迫改信基督教,形成了这一特殊群体。尽管他们转变了信仰,但仍受到怀疑和歧视,基督教当局持续监视这一弱势群体,并质疑他们信仰转变的真诚性。

摩里斯科群体形成历程呼应了15世纪末至17世纪初西班牙的社会政治和宗教的变迁。1492年格拉纳达陷落后,穆斯林人口的生活状态和宗教身份经历了重大转变,尽管《格拉纳达条约》曾给予他们宗教自由,但随着天主教双王的政治统治逐步巩固,这一承诺很快被打破。1502年和1526年的皇家法令强迫穆斯林皈依基督教,导致许多摩里斯科表面皈依基督教,私下却维持伊斯兰教传统。西班牙宗教裁判所的严密监视加剧了他们的困境,但摩里斯科仍努力保留伊斯兰习俗,形成了他们既公开信仰基督教又私下坚守伊斯兰教的双重宗教身

① 参见Cecil Roth, *A History of the Marranos*, 96-97。

② 参见Stanley M. Hordes, *To the End of the Earth: A history of the Crypto-Jews of New Mexico* (New York: Colombia University Press, 2005), 79。

③ 参见Anwar G. Chejne, *Islam and the West, the Moriscos: A Cultural and Social History* (Albany: State University of New York Press, 1983), 7。有关摩里斯科的词源学参见L. P. Harvey, *Muslims in Spain, 1500 to 1614* (Chicago: University of Chicago Press, 2005), 2-4。

份。尽管政府尝试通过设定过渡期来帮助他们融入主流社会,但由于摩里斯科在服饰、语言和饮食习惯上的坚持,这一措施并未取得显著效果。然而,在16世纪中后期,随着腓力二世将其视为政治和宗教威胁,他们的处境急剧恶化,声势浩大的阿尔普贾拉斯起义(Rebellion of the Alpujarras, 1568—1571)体现了他们对强权压迫的抵抗。最终在1609年,摩里斯科遭到驱逐,这一事件无疑成为西班牙历史上的一个重要转折点。[①] 然而,即使在如此严峻的环境下,仍有大量的隐秘穆斯林选择留在西班牙,他们在宗教裁判所的严密监视和巨大的社会压力下,小心翼翼地维持着自己的信仰和生活。同时,也有大量的摩里斯科选择迁移到西亚北非以及地中海地区,他们在新的环境中继续以隐秘或半隐秘的方式坚守着他们的文化和宗教传统。[②]

摩里斯科在隐秘宗教中的表现主要体现在他们对自己穆斯林身份的坚持和对伊斯兰教习俗的隐秘实践上。尽管他们表面上被强制接受天主教洗礼,以求融入西班牙社会,但私下许多摩里斯科依然保持着对伊斯兰教的信仰和忠诚,通过家庭内部的宗教教育、秘密的宗教聚会和庆典,以及使用阿拉伯语或其方言等方式,来维护和传承他们的伊斯兰文化和宗教传统。奥尔蒂斯和文森特描述了这一群体如何在极端压力和不断的监视下,通过秘密的宗教活动和文化传承,保持与他们的信仰和传统的联系。例如,他们通过在家庭和私人集会中背诵《古兰经》、庆祝伊斯兰节日和举行仪式来维护自己的宗教实践,这些都是他们保持伊斯兰文化身份的重要手段。[③]

此外,尽管面临天主教社会的排斥和宗教裁判所的迫害,摩里斯科人通过隐秘行为显示了他们对隐秘伊斯兰教的坚持和文化传承。他们在日常生活中的宗教表现,如斋戒、祷告以及宗教节日的庆祝,都是在尽可能不引起注意的情况下进行的。这种对外界压力的抵抗不仅是对身份的坚守,也是对西班牙主流文化同化政策的回应。通过这种方式,摩里斯科不仅为自己在一个不宽容环境中找到了生存的空间,而且也为后代保留了伊斯兰教的文化传承。

摩里斯科在历史的夹缝中,巧妙地平衡了他们的伊斯兰教信仰与对外展示的基督教特征。他们面临的困境是极其复杂的:如何在宗教裁判所的严密监视

---

① 参见 Henry Charles Lea, *The Moriscos of Spain: Their Conversion and Expulsion* (Philadelphia: Lea Brothers & Co., 1901)。

② 有关地中海世界摩里斯科的生存状况参见 Mercedes García-Arenal and Gerard Wiegers, eds., *The Expulsion of the Moriscos from Spain: A Mediterranean Diaspora*, trans. Consuelo López-Morillas and Martin Beagles (Leiden and Boston: Brill, 2014)。

③ 参见 Antonio Dominguez Ortiz y Bernard Vicent, *Historia de los moriscos: Vida y tragedia de una minoría* (Madrid: Revista de Occidente, S. A., 1978), 91-107。

下,保持自己的伊斯兰教信仰,

同时,又要满足外界对他们新基督教身份的期望。这种内外冲突迫使他们过上了口是心非的生活;一方面,他们必须在公众场合展现出符合基督教规范的行为,以满足社会的期望并避免宗教裁判所的迫害;另一方面,在家庭和社区的私密环境中,他们仍然坚守着伊斯兰教的信仰和仪式。宗教裁判所对这种表里不一的行为保持高度警惕,并积极寻找摩里斯科私下进行伊斯兰教活动的证据。拉斐尔·贝尼特斯·桑切斯-布兰科等历史学家在关于驱逐摩里斯科的辩论中,详细揭示了宗教裁判所如何利用摩里斯科私下进行伊斯兰教仪式的证据来迫害他们。这些记录深刻地反映出,尽管摩里斯科在外表上努力符合基督教的规范,但他们的内心仍然坚定地信仰着伊斯兰教,以此抵制外界对他们的强迫同化。[①]这种伊斯兰教信仰与基督教外表的二元性,不仅体现了摩里斯科在严厉镇压下的文化和宗教韧性,也揭示了他们在压迫社会中为生存而采取的策略。

身处宗教迫害困境的摩里斯科展现了一种独特的生存智慧。他们巧妙地运用了伊斯兰教教令中的"Taqīyah"(塔基亚)策略。塔基亚这个概念引自伊斯兰教和《古兰经》,是伊斯兰教中的一个原则,允许穆斯林在受到迫害时隐瞒自己的信仰,以保护自己。这一策略使得信徒在受到威胁时,能够隐秘其内在宗教信仰,是一种保护自身和信仰的明智之举。因此,摩里斯科在公共场合会履行基督教的宗教仪式以符合社会规范。然而,在他们的私人生活中,其伊斯兰教信仰和习俗仍然得以保持和传承。为了不被西班牙天主教当局察觉,摩里斯科会选择在家中或隐蔽的地方秘密地举行伊斯兰教的祈祷和其他宗教仪式。

摩里斯科深受西班牙历史熏陶,对西班牙的社会与文化产生了深远影响。在宗教压迫下,他们表面上皈依基督教,但私下仍坚守伊斯兰教信仰和习俗,这种宗教与文化的双重性在摩里斯科建筑中表现尤为突出。摩里斯科建筑巧妙融合了伊斯兰与西班牙风格,为西班牙辉煌的建筑增添了一抹独特的风采。安东尼奥·乌尔奎萨尔-埃雷拉深入剖析了摩里斯科建筑及其所承载的身份谈判内涵,他精妙地阐释了摩里斯科如何在坚守自身文化传统的同时,灵活地与其他宗教群体进行互动与融合,从而有力地推动了西班牙社会的多元化进步。[②]

① 参见 Rafael Benítez Sánchez-Blanco, "The Religious Debate in Spain," in *The Expulsion of the Moriscos from Spain: A Mediterranean Diaspora*, eds. Mercedes García-Arenal and Gerard Wiegers, trans. Consuelo López-Morillas and Martin Beagles (Leiden and Boston: Brill, 2014), 102-131。

② 参见 Antonio Urquízar-Herrera, *Admiration and Awe: Morisco Buildings and Identity Negotiations in Early Modern Spanish Historiography* (Oxford: Oxford University Press, 2017)。

四、马兰诺与摩里斯科的比较分析

马兰诺与摩里斯科，这两支均被称为新基督徒的弱势群体，虽然两者宗教起源不同，却因共同的历史遭遇而同病相怜。伊比利亚半岛在中世纪中期经历了阿美利科·卡斯特罗所描绘的三教共生时代(Convivencia)，基督徒、犹太人和穆斯林在这片土地上和谐共处，交流互鉴，共同铸就了伊比利亚文化繁荣。然而，随着阿拉贡王国与卡斯蒂利亚王国的政治统一，以及半岛内随后一个多世纪的政权更迭，原本宗教共融的氛围逐渐被打破。犹太人和穆斯林开始受到不公平的待遇，如宗教迫害、世俗暴力、强迫施洗与驱逐，迫使两支宗教弱势群体陷入了困境。更为严峻的是，那些为了生存而被强迫施洗的马兰诺和摩里斯科，生活愈发艰难。尽管这两支新的宗教弱势群体改变了信仰并成为基督徒群体的一部分，但依旧面临宗教裁判所的打压、老基督徒的歧视，以及纯血法案[①]的排斥。这种不公平的境遇共同塑造了他们边缘化的生存状态，在宗教和社会层面都备受压抑。虽然两支弱势群体宗教背景不同，却都历经相似的历史磨难，命运紧密地连接在一起。共同历史经历不仅影响了他们的命运走向，更塑造了两个群体复杂的身份认同。马兰诺和摩里斯科在身份认同上陷入了一种模糊地带，既难以完全融入新的基督教宗教信仰，又难以割舍与原本信仰的联系。这种模糊性导致他们在社会中处于尴尬境地，既受主流社会排斥，又难以找到归属感。

在马兰诺的文化和社会氛围中，女性改宗者扮演着举足轻重的角色，特别是在家庭和隐秘犹太教的信仰与习俗传承上。随着隐秘犹太教逐渐从公共制度化转向私密化和家庭化，女性的地位日益凸显，正如莫拉德所观察到的那样。这一转变让女性改宗者凭借对祷告、饮食、教育和宗教仪式的深刻理解以及对细节的精准掌握，有力地保持了犹太教习俗的延续性。在男性主导外部、女性主导内部的社会格局下，女性在家庭和私人领域的作用尤为重要。她们在私密空间内进行的宗教活动，为隐秘犹太人构建了一个相对安全的信仰空间，并有效地捍卫了他们的宗教身份。[②] 娜塔莉亚·穆奇尼克的研究进一步揭示了女性在私密空间中的影响力与男性在公共空间的优势之间的鲜明对比。这种性别间的协作与分

---

① 旨在维护所谓“血统纯净”的老基督教徒身份，15 世纪至 18 世纪期间在伊比利亚半岛(尤其是西班牙和葡萄牙)实施的一系列法律，限制或禁止拥有犹太血统和穆斯林血统的新基督徒(即已皈依基督教的犹太人和穆斯林)担任公职、圣职，以及在社会中享有平等权利。

② 参见 Renee Levine Melammed, *Heretics or Daughters of Israel? The Crypto-Jewish Women of Castile* (Oxford: Oxford University Press, 1999), 32。

工,体现了隐秘犹太人内部对外部压力和挑战的回应。[①]

与隐秘犹太人相比,摩里斯科所处的文化和地理环境更为特殊,这些独特性对他们的隐秘宗教活动产生了深远影响。学者 L. P.哈维特别指出,摩里斯科在宗教裁判所的严酷镇压下,依然巧妙地维持着他们的伊斯兰教信仰,隐秘地恪守"五功"[②],这得益于他们采取的一系列具体策略。其中,摩里斯科常常选择在家中或偏远的农村地区隐秘地举行伊斯兰宗教仪式。即便在被迫改信其他宗教后,他们依然暗地里坚守传统,如日常祈祷、斋月禁食,以及庆祝开斋节和宰牲节等重要节日。为了躲避当局侦查,这些活动都极度保密。摩里斯科家庭甚至会在地下室或家中的隐蔽房间里进行祈祷,以确保他们的信仰活动不露出任何蛛丝马迹。[③] 然而,与马兰诺以女性为核心的隐秘犹太教不同,摩里斯科展现的是一种集体参与的隐秘伊斯兰教,全民共同守护着他们的信仰传统。

除了上述区别外,马兰诺识字率较高,多以商人身份活跃在城市中心,他们围绕隐秘会堂或公共住宅形成了紧密社群。这样的布局既便于他们私下聚集进行祈祷,又能降低外界的关注度。城市的生活环境推动他们更深入地融入西班牙基督教社会,他们不仅在医学、法律和贸易等多个领域有着广泛的涉猎,还在保持自身犹太身份的同时,实现了与社会的和谐共存。值得一提的是,部分马兰诺选择移居海外,以寻求更广阔的发展空间和宗教自由。

相较之下,摩里斯科的生存状态呈现出截然不同的特点。他们识字率较低,散居在西班牙南部和东部的农村地区,以家庭为核心,努力维护和传承着信仰与传统。农村的相对封闭性为摩里斯科保护自己的文化特色提供了一道天然屏障,但同时,这也让他们面临着更为严格的社区监视和猜疑。为了在这种环境下继续坚守伊斯兰教传统,摩里斯科不得不将当地的习俗和农业生产方式融入自己的文化,以此作为掩护,秘密地维系着他们的信仰。[④] 值得一提的是,格拉纳达穆斯林政权在伊比利亚半岛长达 800 多年的历史,使得战败者在被强迫皈依后,成为隐秘穆斯林的聚集地,承载了深厚的信仰与文化传承。

西班牙的马兰诺和摩里斯科,虽然面临宗教迫害和社会压力,却通过独特的文学形式表达了他们的文化和信仰。马兰诺通过流浪汉小说(picaresque novel)这一独特的文学形式,勇敢地揭露了社会的不公与腐败,同时也表达了对自身命

① 参见 Natalia Muchnik, *De paroles et de gestes. Constructions marranes en terre d'Inquisition* (Paris: Éditions de l'ehess, 2014), 108。

② 即念功、礼功、斋功、课功、朝功。

③ 参见 L. P. Harvey, *Muslims in Spain*, 1500 *to* 1614 (Chicago: University of Chicago Press, 2005), 102-121。

④ 同上,42—43。

运的深刻反思。流浪汉小说以其独特的叙事视角和深刻的社会批判性，成为马兰诺宣泄情感和寻求认同的平台。这些作品多以第一人称的叙述方式，生动地展现了主人公在社会底层挣扎求生的艰辛历程，同时也映射出马兰诺在强势宗教和社会双重压迫下的真实处境。例如，在马特奥·阿莱曼(Mateo Aleman)的《古斯曼·德·阿尔法拉切》中，生动地描绘了改宗者如何在公共场合通过各种细致入微的伪装来掩饰自己的犹太信仰。以第一卷开篇中古斯曼对其父亲的描绘为例："每日清晨，他都会虔诚地进行祈祷，双膝跪地，双手合十置于胸前，帽子轻轻握在手中，聆听神圣的弥撒。然而，那些心怀恶意之人却指责他，认为他如此祈祷只是为了充耳不闻，高举帽子则是为了视而不见。愿那些公正无私的人们能够审视这一论断，评判这是否真是乖张、鲁莽、冷酷无情且毫无良知之人的行径。"[①]他父亲在教堂中的祈祷举止，深刻地展现了改宗者如何在维持外在基督徒形象的同时，以叛逆的态度依然坚守着内心深处的犹太信仰。

与马兰诺不同，摩里斯科创造了阿尔哈米亚多文学(Aljamiado)[②]，这是一种以阿拉伯文字书写西班牙语的独特形式。这种文学不仅承载了摩里斯科的宗教教义和文化认同，更是他们对抗宗教裁判所审查和禁令的巧妙手段。阿尔哈米亚多文学包含了《古兰经》和其他伊斯兰文本的翻译，为摩里斯科提供了精神上的指引，同时也强化了他们与信仰的联系。例如，塞哥维亚的伊卡(Yça of Segovia)认为，通过学习可以实现灵魂的启迪："当上帝愿意启迪我，使我理解他的《圣经》时，我发现了许多因我们的不足而被掩盖的秘密。"杰拉德·维格斯(Gerad Wiegers)认为伊卡经历了一种神秘的体验，使她能够深入理解《古兰经》的深奥含义。[③] 这种体验仿佛在上帝的启迪下，为《圣经》与《古兰经》之间架起了一座桥梁，让他在双重身份中游刃有余地认知与探索。

两种文学传统，虽然根植于不同的信仰背景、其形式与内容的表现不同，却都深刻反映了各自社区秘密生存状态的映射，以及他们为保护和传承自身文化所作出的不懈努力。这些珍贵的文学作品，不仅为西班牙的文化宝库增添了丰富的色彩，更是对马兰诺与摩里斯科社区坚韧不拔、无穷创造力的最好例证。

马兰诺和摩里斯科通过他们的隐秘宗教实践，展现了信仰和身份在迫害中的韧性。他们在表面上遵从基督教的同时，维持其固有的原始宗教，揭示了西班

---

① Matheo Aleman, *Primera parte de la vida del picaroGuzman de Alfarache* (Brucellas: en la emprenta de Iuan Mommarte, 1604), 4.

② 国内研究阿尔哈米亚仍处于起步阶段，目前有一篇文章：宗笑飞 Zong Xiaofei，〈阿尔哈米亚语文学〉[Aljamiado Literature]，于《外国文学》[Foreign Literature]，2015 年第 3 期[2015, Issue 3]，45—52。

③ 参见 Gerard Albert Wiegers, *Islamic literature in Spanish and Aljamiado Yça of Segovia (fl. 1450), His Antecedents and Successors* (Leiden & New York: Brill, 1994), 101。

牙宗教裁判所迫害时期宗教和文化身份的复杂性。尽管这两个群体都经历了隐秘宗教实践和迫害,但他们不同的社群组织方式和同化程度凸显了边缘化群体在应对和抵抗压迫时的多样性。这些历史经历塑造了马兰诺和摩里斯科的复合身份与命运,对伊比利亚半岛的文化和宗教格局产生了深远的影响。

五、总结

马兰诺和摩里斯科是中世纪晚期和近代早期伊比利亚半岛上两个因宗教迫害而采取隐秘宗教实践的群体。这两个群体虽表面皈依基督教,却私下维持犹太教和伊斯兰教的信仰和习俗,展现了在极端压力下对宗教信仰和文化传承的坚守。马兰诺通过女性主导的家庭宗教活动,在城市中心建立隐秘社群,并借助流浪汉小说表达文化认同和抗争精神。摩里斯科则在农村地区以家庭为核心维护伊斯兰教信仰,通过阿尔哈米亚多文学对抗宗教审查,展现了文化适应和抵抗的智慧。尽管面临相似困境,这两个群体的隐秘宗教实践和文化适应策略却各具特色,体现了边缘化群体在应对宗教迫害时的多样性和复杂性。

A Comparative Study of Crypto-Jews and Crypto-Muslims in the Iberian Peninsula during the 15th-16th Centuries

QIN Shaofeng

Abstract: The article explores the Marranos (crypto-Jews) and Moriscos (crypto-Muslims), two communities in Spain during the 15th and 16th centuries, who, in the face of religious persecution, resorted to secret religious practices. While two groups ostensibly embracing Christianity, these communities privately adhered to their original beliefs, exhibiting extraordinary resilience in preserving their religious faith and cultural traditions. Their varied clandestine practices and cultural adaptations provide a window into the sophisticated strategies employed by marginalized groups in response to religious persecution, underscoring the complexity and diversity of their coping mechanisms.

Key Words: Crypto-Religion, Marranos, Moriscos, Crypto-Judaism, Crypto-Islam

An Alternative Approach to Maimonides' Contradictions

Daniel Davies [*]

Abstract: A contrast between an external meaning and inner profundities is a central assumption of much scholarship about medieval Jewish thinkers, and about Maimonides in particular. His introduction to *The Guide for the Perplexed* is the locus classics often cited in support of what has become known as "esoteric" readings of medieval philosophy. It contains unusual instructions for how to read the *Guide*. Among them is a warning to be on the lookout for inconsistencies that the author deliberately builds into the text. These contradictions have been invoked in order to support an enormous variety of interpretations, from those that see Maimonides as a mystic to those who consider him a skeptic, and many others besides. Most of these approaches purport to be revealing Maimonides' "true belief" about some theological or philosophical doctrines and claim that it is hidden beneath an orthodox veneer that is more acceptable to the masses. In contrast, those who claim that Maimonides was sincere when he argued for the positions that he explicitly defends tend either to ignore the contradictions or to play down their peculiarity by likening them to writing styles used by other philosophers. In this paper, I argue that while the inconsistencies in question are an important aspect of his esoteric techniques, they are not connected with a hidden philosophical opinion, nor do they arise from his dialectical method of writing. Instead, they are among the strategies

* Daniel Davies, visiting fellow with the DARE project at the University of Cologne.

that Maimonides uses to explain some particularly obscure biblical passages. Maimonides' "real opinion" need not be conflated with what he conceals when he employs contradictions. It is therefore possible both to respect Maimonides' own declaration to be writing esoterically by carrying out discussions that are inconsistent with each other and also to take his philosophical and theological arguments at face value. Doing so allows the reader to approach the *Guide* in ways akin to those generally used to clarify and explain similarly great philosophical works and, thereby, to appreciate the originality of its arguments without devaluing their acuity.

Key Words: Maimonides, Esoteric Writing, Biblical Exegesis, Ezekiel (prophet), Medieval Cosmology

Great religious literature possesses hidden depths. A sacred text held to be relevant down the ages must be considered to bear significance that had remained previously undetected, even by the audience to whom it was originally addressed. People belonging to societies of a certain period will not share the sensibilities of those living centuries later and will have different reference points for understanding the same books. Nevertheless, a sacred text should not simply reproduce widespread beliefs but ought to be able to challenge them too.[①] The rabbinic tradition has always approached the Hebrew Bible as though it teems with inner worlds of significance. It could be likened to a stream of lava, with a visible outer crust underneath which flows an ever-changing torrent of messages. Without recognizing that the Torah is not an ordinary, straightforward book, it might even be considered nonsense. There are occasions on which the literal sense is obviously false, metaphors or other figures of speech, and others on which the apparent meanings of different passages or verses conflict with one another. For example, God is reported to say that "nobody can see me and live" (Ex. 33:20) but is also said to speak with Moses "face to face" (Ex. 33:11). Conscious of the many apparent conflicts between the literal meaning of scripture and what they held to be

① Kenneth Seeskin articulates the issues involved in reading sacred texts in *Thinking about the Torah*: *A Philosopher Reads the Bible* (Philadelphia: The Jewish Publication Society, 2016), 1-13.

true, medieval Jewish philosophers distinguished between the external, manifest sense of the text and its internal, hidden meaning, and they tended to argue that the inner meaning teaches scientific truths.[1] A contrast between an external meaning and inner profundities has also become a central assumption of much scholarship about these thinkers, and about Maimonides in particular. His introduction to *The Guide for the Perplexed* is the locus classicus often cited in support of what has become known as "esoteric" readings of medieval philosophy. Moshe Halbertal writes, for example, that "Maimonides' works are the most important esoteric teachings of the philosophical movement in the Middle Ages."[2] Along with other books, the *Guide* seems to include several layers of meaning with different, sometimes opposing, messages. Many think that, in the deeper levels, Maimonides hints at secret beliefs that he pretends to reject. He is said to present a surface belief acceptable to the masses for political reasons and an inner, secret belief accessible only to the elite.

In the context of these discussions, esotericism is not simply the attempt to write works for a select group of initiates. Scholars also take into account methods used to write in ways that intentionally conceal the meaning, often using misdirection, and the reasons that authors are said to write in such ways. This article focuses on a particular aspect of the esotericism that Maimonides practices, that of intentional contradictions. The *Guide* can be said to be esoteric in various ways and this one is particularly important because assumptions concerning how to interpret it color scholars' interpretations. Contradictions are often said to be used in order to hide heterodox theological or philosophical opinions. I will argue that they can be explained in a different way. They can be seen to be part of Maimonides' strategy to hide aspects of his exegesis of obscure biblical passages. In light of this argument, his esoteric practices need not be taken to mean that his real philosophical and theological

① In this way, they were able to defend the text's truth and relevance but at the cost of falling into what would today be considered anachronism. Hence Spinoza's famous critique of Maimonides in the *Theological-Political Treatise*, trans. Michael Silverthorne and Jonathan Israel (Cambridge: Cambridge University Press, 2007), 115.

② Moshe Halbertal, *Concealment and Revelation: Esotericism in Jewish Thought and Its Philosophical Implications*, trans. Jackie Feldman (Princeton and Oxford: Princeton University Press, 2007), 49.

opinions are anything other than those for which he explicitly argues, even though he does not communicate all his ideas in a straightforward manner.

It is undoubtedly true that there are different strata in the *Guide*, and to many other Jewish texts from the period. How to uncover them is, however, a matter of great dispute and no little emotion. The *Guide* is presented as a replacement for face-to-face, oral teaching, and Maimonides uses a variety of techniques, including some familiar from earlier Arabic writers, like scattering pieces of information around the work that readers need to piece together. Like his contemporaries, he wrote in ways that both test and train readers, and also enable him to avoid lavishing philosophy on those who are unworthy. But in Maimonides' case, there seems to be something exceptional. As Halbertal explains, in esoteric literature, the very existence of that which is most secret is kept hidden, at least to all but a few but Maimonides announced that there are secrets in both the Torah and in his *Guide*.① In truth, he built on rabbinic traditions that had already warned against teaching certain matters in public. A Mishna that Maimonides references several times in the *Guide* warns that "one does not expound matters of forbidden sexual relation to three people, the Account of the Beginning to two, or the Account of the Chariot to one, unless to someone who is wise and understands independently."② These are some of what Maimonides terms "secrets of the Torah" that cannot be taught in public. He therefore writes, "I have never ceased to be exceedingly apprehensive about setting down those things that I wish to set down in this treatise. For they are concealed things; none of them has been set down in any book, written in the religious community in these times of exile, the books composed in these times being in our hands."③

The *Guide's* subject is "the science of the Law in its true sense"④ and

---

① Moshe Halbertal, *Concealment and Revelation*, 5. However, Arthur Melzer has shown that other authors have also announced their own esotericism. See Arthur M. Melzer, *Philosophy Between the Lines*: *The Lost History of Esoteric Writing* (Chicago & London: University of Chicago Press, 2014), 11-24.

② M. *Ḥag*. 2:1.

③ Moses Maimonides, *The Guide of the Perplexed*, trans. Shlomo Pines (Chicago: University of Chicago Press, 1963), I: Introduction, 16.

④ Moses Maimonides, *Guide*, I: Introduction, 5.

Maimonides does not attempt to make it accessible to everyone. There is therefore no question that the *Guide* is in some sense esoteric. Halbertal argues that the esotericism of the philosophers is philosophy itself. Accordingly, Maimonides identifies "the Account of the Beginning" with physics and "the Account of the Chariot" with metaphysics, thereby indicating that philosophical disciplines constitute the internal meanings of the secrets mentioned in the Mishna.[1] However, the esotericism at issue in this article, cannot only require that philosophy should be kept away from the masses, because a need to address a limited audience would not require unfamiliar strategies. Many philosophical texts are sufficiently difficult as to be impenetrable to the field's outsiders. It would have been enough to write using philosophical jargon and to avoid explaining all of the terms or fleshing out all of the arguments. How many people who have not had the necessary training would be able to follow a paper in advanced particle physics? Maimonides would not have needed to develop a new method to communicate his ideas if hiding philosophy was his sole intention; he could simply have used those of his predecessors. As is well known, Aristotle's books are difficult to understand and seem to contain inconsistencies. In antiquity and the middle-ages, such inconsistencies gave rise to a tradition of attempting to harmonize Aristotle with himself.[2] Today, it is generally accepted that those books that have come down to us were originally something like lecture notes rather than polished treatises, and this accounts for a good deal of the difficulty we encounter when trying to decipher his works. Medieval readers commonly thought that Aristotle wrote in such a way intentionally, just as they sometimes did themselves, for the sake of testing and training readers.[3]

Maimonides agreed that philosophy is not appropriate for the masses.

---

① See, e.g., Moses Maimonides, *Guide*, I: Introduction, 6.

② This attempt has been dubbed the "lesser harmony" by Robert Wisnovsky, *Avicenna's Metaphysics in Context* (Ithaca: Cornell University Press, 2003), 15. The "greater harmony" is the attempt to harmonize Aristotle with Plato. For a briefer account, see Robert Wisnovsky, "Avicenna and the Avicennian Tradition," in *The Cambridge Companion to Arabic Philosophy*, eds. Peter Adamson and Richard C. Taylor (Cambridge: Cambridge University Press, 2005), 92-136.

③ See Dimitri Gutas, *Avicenna and the Aristotelian Tradition: Introduction to Reading Avicenna's Philosophical Works* (Leiden and Boston: Brill, 2014), 256-260.

However, he seems to be doing something more than simply using the same strategies as other philosophers or teaching philosophy in an esoteric way. At the end of his introduction to the *Guide*, he outlines seven different reasons that contradictions or contrary statements appear in books. He then says that two of them led him to introduce, on purpose, such statements into the *Guide*. "Divergences that are to be found in this Treatise are due to the fifth cause and the seventh. Know this, grasp its true meaning, and remember it very well so as not to become perplexed by some of its chapters."① The fifth cause serves a pedagogical function. Maimonides explains that teachers often explain something in a simple way in order to make it easy to understand. Later, when a student is more advanced, a teacher might explain in greater detail and in a way that appears to oppose the earlier lesson. Rather than the fifth, it is the seventh cause that is generally called upon to support an esoteric interpretation. It reads as follows.

> The seventh cause. In speaking about very obscure matters, it is necessary to conceal some parts and to disclose others. Sometimes, in the case of certain dicta, this necessity requires that the discussion proceed on the basis of a certain premise whereas, in another place, necessity requires that the discussion proceed on the basis of another premise contradicting② the first one. In such cases the vulgar must in no way be aware of the inconsistency③ between them; the author accordingly uses some device to conceal it by all means.④

What are the implications of this seventh cause (hereafter "seventh contradiction")? Herbert Davidson maintains that there are none because Maimonides makes no use of it.⑤ The fact that he warns readers to expect to encounter inconsistencies therefore requires explanation. Davidson argues that Maimonides may simply have changed his mind. Unlike authors today, he

① Moses Maimonides, *Guide*, Ⅰ: Introduction, 20.

② This term can also mean "contrary to" or simply "incompatible with".

③ Pines renders this "contradiction", which is a possible translation.

④ Moses Maimonides, *Guide*, Ⅰ: Introduction, 18.

⑤ Herbert Davidson, *Moses Maimonides: The Man and His Works* (New York: Oxford University Press, 2005), 391.

explains, Maimonides did not write or revise the introduction after completing the entire book. The *Guide* is in three parts that were each distributed on completion and the fact that Maimonides set out planning to employ a certain method does not show that he ended up putting it to use. Moreover, Davidson writes that he has not found any instance of this kind of contradiction in the *Guide*: "As for contradictions due to the necessity of hiding very recondite matters from the multitude, I have not met a single instance in either the exegetic or philosophic sections of the *Guide for the Perplexed* which meets Maimonides' specifications—an instance where he might be seen to deploy tactics in order to conceal an intentional contradiction from the multitude at all costs."[1]

Most scholars who explicitly make reference to the seventh contradiction think that it is present in some form. Even so, not all argue that it conceals an opinion that could be considered heterodox. For example, Kenneth Seeskin associates it with philosophical works that are written in dialectical fashion, as the *Guide* clearly is.[2] Subsequently, Yair Lorberbaum also claimed that it is an expression of dialectic.[3] He takes it in a different direction from Seeskin, however, by suggesting that Maimonides is forced to use dialectic in order to gesture towards things that cannot be put into words. He claims that Maimonides believed that certain matters escape verbal articulation and that uncertainty concerning them must be concealed from the masses. However, perhaps owing to their very nature, he is unable to explain what these matters are.[4]

---

① Herbert Davidson, *Moses Maimonides: The Man and His Works*, 391.

② Kenneth Seeskin, *Searching for a Distant God: The Legacy of Maimonides* (New York: Oxford University Press, 2000), 180. Seeskin's response to Strauss is highly recommended even though I disagree with the particular point about the seventh contradiction.

③ Yair Lorberbaum, "On Contradictions, Rationality, Dialectics, and Esotericism in Maimonides's *Guide of the Perplexed*," *The Review of Metaphysics* 55 (2002): 711-750.

④ Yair Lorberbaum, "On Contradictions, Rationality, Dialectics, and Esotericism in Maimonides's *Guide of the Perplexed*," 748. Lorberbaum's interpretation could be considered an example of "mystical esotericism", concerning which, see note 1 on page 275 below. Contra Lorberbaum, Maimonides does not hide the fact that some of his theological positions are supported by dialectical rather than demonstrative arguments and, therefore, are not certain. See, for example, Moses Maimonides, *Guide*, Ⅲ: 21, 485: "No demonstration at all can be obtained with regard to these great and sublime notions."

More commonly, Maimonides is said to have contradicted himself in order to conceal that he holds heterodox views that he is unwilling to express openly. The name most readily associated with this reading is Leo Strauss.① Strauss argued that an inherent conflict between religion and philosophy lies at the heart of western thought. He claimed that the conflict between them is key to the *Guide*: "Its first premise is the old Jewish premise that being a Jew and being a philosopher are two incompatible things."② While Strauss's name is often cited in support of hidden heresies, important aspects of the theories that underpin his own readings are not always shared by scholars who employ his hermeneutics. For our purposes, the relevant point is that identifying contradictions in the *Guide*, as in other philosophical texts, becomes key to deciphering the author's real beliefs. When a reader identifies two apparently incompatible views in the *Guide*, it is often said that Maimonides actually believed only one of them and he includes the opposing view in order to conceal his real opinion.③ Strauss writes, "The duty of the interpreter is not to explain the contradictions, but to find out in each case which of the two statements was considered by Maimonides to be true and which he merely used as a means of hiding the truth." In Dov Schwartz's typology, there are three general reasons advanced to explain why Maimonides might hide his views.④ One is that they could damage the public's beliefs and therefore harm society, since the masses need to believe falsehoods in order to persuade them to act well. Political regimes depend on fictions. Arthur Melzer dubs this "protective esotericism."⑤ The second is that they are hidden in order to secure the philosopher's own safety, since those who teach ideas unpopular with the masses or the religious authorities would be in danger of suffering persecution. In Melzer's nomenclature, this is "defensive esotericism." The third reason is

---

① Leo Strauss, *Persecution and the Art of Writing* (Chicago: Chicago University Press, 1988), 60-78.

② Leo Strauss, "How to Begin to Study the *Guide of the Perplexed*," in Maimonides, *The Guide of the Perplexed*, trans. Shlomo Pines (Chicago: Chicago University Press, 1963), xiv.

③ Leo Strauss, *Persecution* and the Art of Writing, 69-70.

④ Dov Schwarz, *Contradiction and Concealment in Medieval Jewish Thought* [Hebrew] (Ramat Gan: Bar Ilan University Press, 2002), 15. [Hebrew]

⑤ Arthur M. Melzer, *Philosophy Between the Lines*, 4.

that the subject matter itself either prevents clear exposition or, for didactic purposes, benefits from obscure presentation.[1]

A glance at the secondary literature reveals that these kinds of methodologies have been called upon to support a dizzying array of interpretations and claims. They cannot all be mentioned here but a couple of examples will give a taste of the variety of competing views. One of the major apparent inconsistencies discussed by scholars is between seemingly different accounts of God's nature. On the one hand, Maimonides is well known for his teaching about negative attributes, which holds that terms attributing properties cannot be used of God. Instead, the most proper way to refer to God is by negating the privations of perfections. For example, "God is omniscient" should be recast as "God is not ignorant". On the other hand, he devotes a chapter to explaining that God is intellect, which seems to run counter to such negative attributes. Shlomo Pines writes that Maimonides might not have recognized the opposition between the consequences of the different positions he takes but, "In this particular case this point of view would amount to a grave and, in my opinion, very implausible accusation of muddle-headedness directed against Maimonides."[2] Carlos Fraenkel argues that Maimonides' true position is that God is intellect which, he argues, renders God immanent rather than transcendent. God's transcendence should be taught to the masses while God's immanence is part of his "esoteric teaching."[3] Alternatively, Alvin Reines drew the distinction between Maimonides' doctrines of God's transcendence, on the one hand, and God's omniscience on the other, and claimed that Maimonides' real position is expressed by his doctrine of negative

---

① Melzer considers the didactic aspect and calls it "pedagogic esotericism". Schwarz runs it together with what could be termed "mystical esotericism" as both stem from the subject matter itself. "Mystical esotericism" is not included among the strategies that Melzer attributes to philosophers. Melzer also discusses "political esotericism", meaning the attempt to use philosophy to reform society. It is not to be confused with the way "political philosophy" is used in scholarship on Maimonides, which refers to Schwarz's first two reasons.

② Shlomo Pines, "Translator's Introduction: The Philosophical Sources of *The Guide of the Perplexed*," in Maimonides, *The Guide of the Perplexed*, trans. Shlomo Pines (Chicago: Chicago University Press, 1963), xcviii.

③ Carlos Fraenkel, "Maimonides' God and Spinoza's *Deus sive Natura*," *Journal of the History of Philosophy* 44 (2006): 208.

attributes.① Yet another view, expressed by Hannah Kasher, asserts that Maimonides considers it impossible to decide between the two positions that Pines articulates but that, since they express a tension inherent to religious thought, they should both be affirmed despite conflicting with one another.② Expanding on Pines' observation, that there appear to be four different doctrines about God in the *Guide*, Zev Harvey has argued that the *Guide* is even more complicated because it includes a far greater number of alternative viewpoints than an inner "philosophical" stance and an explicit "religious" one.③

In the above cases, Maimonides is not said to affirm a position that he apparently rejects but, rather, to reject a position that he explicitly espouses in favor of another that he also professes. The claim is that Maimonides affirms two opposing positions even though they contradict one another. Given that they seem to be contradictory, he should not be permitted to hold both to be true. Therefore, only one of them reflects his real opinion. In other instances, the apparent ruse is even starker because, so scholars have claimed, he actually believed a view that he openly repudiates. The most famous example is the creation of the world. Maimonides outlines three different points of view that believers in God hold. Firstly, followers of the Mosaic Law claim that the world was created *de novo* and *ex nihilo*, which is to say that the world is not pre-eternal and there was an absolute beginning to time. Secondly, Plato and his school argued that there was no beginning to time, and that matter is everlasting, as the very notion of such a genesis is absurd. However, Plato allowed that God can fashion matter in different ways according to the divine

---

① Alvin Reines, "Maimonides' True Belief concerning God," in *Maimonides and Philosophy*, eds. Shlomo Pines and Yirmiahu Yovel (Dordrecht: Martinus Nijhoff, 1986), 24-35.

② Hannah Kasher, "Self-Cognizing Intellect and Negative Attributes in Maimonides' Theology," *Harvard Theological Review* 87 (1994): 461-472.

③ Warren Zev Harvey, "How Leo Strauss Straight jacketed Research on the Guide in the Twentieth Century," *Iyyun* 50 (2001): 387-396 [Hebrew]. Harvey develops this further in "How to Begin to Study Strauss's 'How to Begin to Study the *Guide of the Perplexed*,'" in *Interpreting Maimonides*, eds. Charles Manekin and Daniel Davies (Cambridge: Cambridge University Press, 2019), 228-246. For Pines' identification of four views, see "The Philosophical Purport of Maimonides' Halachic Works and the Purport of *The Guide of the Perplexed*," in *Maimonides and Philosophy*, eds. Yovel and Pines (Dordrecht: Martinus Nijhoff, 1986), 13, n.12.

will, so while the world was created at a certain time, it was preceded by something else. Thirdly, Aristotle agreed with Plato that time never began and that matter is eternal but disagreed inasmuch as he argued that the world in its present state is also eternal, having neither beginning nor end. Although Maimonides defends the first view, which is that the world is created both *de novo* and *ex nihilo*, many scholars argue that his real opinion was different.[1] Harvey has written a number of brilliant articles arguing that Maimonides' real opinion accords with that of Aristotle.[2] Tamar Rudavsky claims that Maimonides introduces contradictions between his attitudes toward Plato and Aristotle in order, ultimately, to indicate that he secretly adheres to Plato's opinion over the others.[3] Besides these stances, Sarah Klein-Braslavy and Alfred Ivry assert that Maimonides affirmed none of the three opinions. Klein-Braslavy instead claims that he suspended judgement about the matter[4], while Ivry proposes a fourth position that Maimonides held secretly[5].

The seventh contradiction has also been used to argue for other general approaches to Maimonides. David Blumenthal employs it to substantiate his view that Maimonides was a "rationalist mystic" who privileged mystical experience over knowledge.[6] Josef Stern suggests that Maimonides could have

---

① Some of the medieval commentators also thought that Maimonides did not really believe in the position he presents as that of the Law. For parallels between medieval and modern interpreters, see Aviezer Ravitsky, "The Secrets of Maimonides: Between the Thirteenth and Twentieth Centuries," in *Studies in Maimonides*, ed. Isadore Twersky (Cambridge, Mass: Harvard University Press, 1990), 159-207.

② See, for example, W. Harvey, "A Third Approach to Maimonides' Cosmogony-Prophetology Puzzle," *Harvard Theological Review* 74 (1989): 287-301. Harvey draws attention to the importance of the seventh cause of contradictions in 287 n. 2. Too many articles to list here have been written by numerous authors arguing in favor of this view.

③ Tamar Rudavsky, *Maimonides* (Chichester: Wiley-Blackwell, 2010), 68-74.

④ Sarah Klein-Braslavy, "The Creation of the World and the Interpretation of Genesis i-v," in *Maimonides and Philosophy*, eds. Shlomo Pines and Yirmiyahu Yovel (Dordrecht: Martinus Nijhoff Publishers, 1986), 65-78.

⑤ Alfred Ivry, "Maimonides on Creation," *Jerusalem Studies in Jewish Thought* 9 (1990): 115-137 [Hebrew].

⑥ David Blumenthal, "Maimonides: Prayer, Worship, and Mysticism," in *Approaches to Judaism in Medieval Times*, vol. 3 (Atlanta: Scholars Press, 1988), 7.

deployed it to conceal a level of skepticism over the human goal.[①] Others mention the contradiction as part of Maimonides' general strategy of esoteric writing and claim that his aim is to offer various options without decreeing which is correct. For example, Moshe Halbertal suggests that the *Guide* contains four different, incompatible world views and "leaves multiple possibilities open to the reader," since Maimonides did not wish to dictate which of them to accept.[②]

Although the seventh contradiction is used to support such kinds of esoteric interpretations, the question of contradictions need not be conflated with that of Maimonides' real opinions about the issues outlined above, and I believe it to be a mistake to do so. At least, the case has to be made that they are what Maimonides has in mind when he outlines the various reasons that contradictions appear in texts. Since the *Guide* is esoteric in other ways as well, it remains possible for readers to detect different kinds of hints at a hidden philosophical belief. Contradictions are not the only devices that can be called upon to suggest that Maimonides is hiding his true, secret philosophical or theological views. Nevertheless, it is a major hermeneutical tool. However, there is good reason to think that Maimonides introduces inconsistencies of the seventh sort into the *Guide* for different purposes altogether. I will argue below that he attempts to keep something from "the masses" by employing conflicting ideas in his biblical exegesis rather than in his theological or philosophical arguments. First, however, it is worth reporting how Maimonides says the contradictions are generally put to use in other texts.

Maimonides continues his introduction by identifying the books in which each of the different kinds of contradictions appear. He says that the seventh appears in midrashic and aggadic literature and leaves open the question of whether it appears in the Bible, writing as follows: "Whether contradictions due to the seventh cause are to be found in the books of the prophets is a matter for speculative study and investigation. Statements about this should

---

① Josef Stern, *The Matter and Form of Maimonides' Guide* (Cambridge Mass.: Harvard University Press, 2013), 77.

② Moshe Halbertal, *Maimonides: Life and Thought*, trans. Joel Linsider (Princeton and Oxford: Princeton University Press, 2014), 357.

not be a matter of conjecture."[1] Aside from the *Guide*, then, there are other texts in which the seventh contradiction can be found.[2] Notably, however, it is not employed "in the books of the philosophers, or rather of those who know the truth."[3] The seventh contradiction is not to be understood as if it is a strategy used in philosophical works generally. When Maimonides raises the question about its presence in the prophetic books, but declines to offer an answer, he leaves it up to the reader to think the issue through. His exegesis provides a starting point that can help us work out what he is indicating. In order to do so, then, the first step must be to study that exegesis. As mentioned above, my contention is that it is possible to identify the seventh contradiction in Maimonides' treatment of some biblical passages. In particular, I argue, the use to which Maimonides puts the seventh contradiction can be seen in his explanations of the passages that the Mishna cited above mentions, the Account of the Beginning[4] and the Account of the Chariot.[5] The "obscure matters" can therefore be identified as particularly

---

① Moses Maimonides, *Guide*, I: Introduction, 19.

② In order to defend the interpretation I advance below, that the seventh contradiction is reflected in biblical exegesis, it is worth responding to Shalom Sadik, who objected to my argument in the following way: "One of the main problems with Davies's (2011) interpretation (especially pp. 16-21) of the seventh contradiction is that he explains it as an imitation of the Sages' methods. By contrast, Maimonides does not mention the existence of contradictions in the Sages' words, nor does he say that he writes using educational contradictions in his halakhic books." *Shalom Sadik*, *Maimonides: A Radical Religious Philosopher* (Piscataway: Gorgias Press, 2023), 44, n. 74. Although I would not claim that Maimonides is imitating the sages in using the seventh contradiction, he quite clearly states that they employ it too. Indeed, Sadik himself says so on p. 51 n. 86. Sadik does not engage with the argument further or explain what he takes the other problems to be. Should I adopt the methodology Sadik advocates in his book, I could conclude that by contradicting himself while remaining silent on the thesis, he indicates that he secretly agrees with my argument. His comment about "educational contradictions" has no bearing on the matter. The only other attempt that I am aware of to refute my claim was made by Edward Halper, concerning which see note 2 on page 288 below.

③ Moses Maimonides, *Guide*, I: Introduction, 19.

④ Maimonides dedicates II: 30 to exegesis of the Account of the Beginning. Concerning his explanations there, see Sarah Klein-Braslavy. *Maimonides' Interpretation of the Story of Creation* (Jerusalem: Aḥvah, 1978)[Hebrew]; Sarah Klein-Braslavy. *Maimonides' Interpretation of the Adam Stories in Genesis: A Study in Maimonides' Anthropology* (Jerusalem: Daf-Ḥen, 1986)[Hebrew].

⑤ For a detailed explanation of Maimonides' interpretation of the biblical Account of the Chariot, see my *Method and Metaphysics in Maimonides' Guide for the Perplexed* (New York: Oxford University Press, 2011), 106-154.

recondite scriptural passages.

The deepest secret of the Torah, as mentioned above, is the Account of the Chariot, and the term derives from a vision depicted in chapters 1 and 10 of Ezekiel.① These passages are difficult to understand. The author relates seeing a man atop a chariot pulled by four beasts, or living creatures. The creatures all face in different directions and each moves forward, but they do not thereby distance themselves from one another. I also mentioned above that Maimonides identifies the Account of the Chariot with metaphysics. However, after piecing together his interpretation of Ezekiel's vision, it turns out to include a good deal of physics as well. The term "Account of the Chariot" therefore seems to have multiple meanings in Maimonides' work. It stands for the biblical passages, which is its surface meaning. The inner meaning is metaphysics. But in Ezekiel's version it is not restricted to metaphysics.②

Ostensibly, Maimonides' commentary on the chariot visions appears in the first seven chapters of the *Guide*'s third part. These seven chapters are extremely enigmatic. Maimonides explains Ezekiel's strange vision through hints and "chapter headings," and he does so by demanding much of his readers. He asks "what stratagem can I use to draw attention toward that which may have appeared to me as indubitably clear, manifest, and evident in my opinion, according to what I have understood in these matters?"③ In order to follow the Mishna's advice, he has devised a way to make sure that only those who are "wise and capable of independent understanding" can follow them. He drops hints that allude to other parts of the *Guide*, often to comments in the earlier parts that are nothing more than asides, or to other books that students are expected to study on their own initiative. At the end of these seven chapters dedicated to the chariot vision, he writes as follows: "We have thus given you also in this chapter such chapter headings that if you combine the headings there will emerge from them a whole that is useful with

① In these chapters, Maimonides also considers Isaiah 6. James A. Diamond explains that there is a connection with Jacob's ladder as well in *Maimonides and the Hermeneutics of Concealment* (Albany: SUNY Press, 2002),119 ff.

② Alternatively, one could argue that metaphysics is assumed in physics, so there is no need to insist that the inner meaning of the chariot vision be delineated so strictly.

③ Moses Maimonides, *Guide*, Ⅲ: Introduction, 415.

regard to this theme. If you consider all that we have said in the chapters of this Treatise up to this chapter, the greater part or the entirety of the subject in question, except for a few slight details and repetitious speech, whose meaning remains hidden, will become clear to you."[1]

Maimonides uses multiple methods to present his exegesis of these passages, and they enable him both to "conceal some parts and to disclose others." As illustration, a few examples will suffice. For the first case, consider come cryptic remarks he makes about verse 28, which closes Ezekiel's opening chapter and the vision.

> *And the appearance of the rainbow that is in the cloud in the day of rain, so was the appearance of the brightness round about. This was the appearance of the likeness of the glory of the Lord.* The matter, the true reality, and the essence of the rainbow that is described are known. This is the most extraordinary comparison possible, as far as allegories[2] and similitudes are concerned; and it is indubitably due to a prophetic force. Understand this.

Maimonides says nothing more at all about this verse. Readers need to be able to work out what he indicates. There is no doubt, says Maimonides, that the rainbow is depicted because of a prophetic force. Of course, as it is a prophetic vision, Maimonides could simply be reporting that fact. The implication would be that it did not take place in external reality but, rather, in the prophet's imagination. However, he might also be hinting that the rainbow is an allegory for prophecy. In order to understand why, the reader needs to know the accepted science behind rainbows and, also, to be able to compare it to prophecy. Maimonides does not provide any further guidance; he simply states that rainbows are known but does not explain anything about them. For the purposes of our comparison, what is important is that the sun is constantly shining and that the rainbow's presence depends on the disposition of the air that the rays reach. It occurs when sunlight hits air that has a certain level of humidity. A change in the air rather than a change in the sun brings about the

---

① Moses Maimonides, *Guide*, Ⅲ: 7, 430.

② Pines uses "parables" rather than "allegories".

phenomenon. Maimonides holds that prophecy occurs when a person has perfected her intellect, especially if she has a strong imaginative faculty.① When someone reaches the required level, prophecy automatically ensues. In this context, it is relevant that Ezekiel's verse compares the rainbow to "the likeness of the glory of the Lord." Maimonides explains that the word "glory" can have several meanings. One of them, when it is used to refer to God's glory, is the intellectual overflow.② Like the sun, the agent intellect is always active. Metaphorically, it can be said to be permanently shining. It causes prophecy when the material that it reaches is prepared in the appropriate way. Like a rainbow, prophecy does not occur through a choice of the agent but through a change in the patient.

In this elliptical fashion, Maimonides indicates that the verse symbolizes prophecy. It is also one of several ways in which he intimates that Ezekiel's vision contains hints meant to communicate its prophetic nature, such as drawing attention to the date on which and the river by which the vision occurred.③ Maimonides' dual strategy of disclosing some matters but concealing others is even clearer in his exegesis of some of the vision's other elements. For example, he associates the four beasts that pull the chariot with the superlunar spheres, although he never explicitly says so. Instead, he offers a series of pointers that readers need to piece together both with other parts of the *Guide* and with their own scientific knowledge. By doing so, it becomes possible to understand that Maimonides considers Ezekiel's vision to be a depiction of the cosmos.

For the next example, bear in mind Maimonides' instructions: "If you wish to grasp the totality of what this Treatise contains, so that nothing of it will escape you, then you must connect its chapters one with another; and when reading a given chapter, your intention must be not only to understand

① For a thorough account of Maimonides' view of prophecy, see Howard Kreisel, *Prophecy: The History of an Idea in Medieval Jewish Philosophy* (Dordrecht: Kluwer Academic Publishers, 2001), 128-315.

② For a discussion of how Maimonides interprets the "glory of the Lord" and other related terms, see Esti Eisenmann, "The Term 'Created Light' in Maimonides' Philosophy," *Daat* 55 (2005): 41-57. [Hebrew]

③ See Daniel Davies, *Method and Metaphysics in Maimonides' Guide for the Perplexed*, 111-115.

the totality of the subject of that chapter, but also to grasp each expression[①] that occurs in it in the course of the speech, even if that word does not belong to the intention of the chapter."[②] To take one instance of the way Maimonides scatters the information across different parts of the *Guide*, he draws attention to the fact that the beasts are depicted with two human hands:

> He states that he saw four living creatures and that every living creature among them had four faces, four wings, and two hands. As a whole, the form of each creature was that of a man; as he says: They had the likeness of a man. He also states that their two hands were likewise the hands of a man, it being known that a man's hands are indubitably formed as they are in order to be engaged in the arts of craftsmanship.[③]

Two features are relevant to the present point. Firstly, there are two hands. Secondly, Maimonides says that the fact that they are human indicates that they are connected with handicrafts. In view of these hints, and the advice to connect chapters together, readers are prompted to cast their minds back to one of the *Guide*'s earlier chapters. Maimonides had explained that four kinds of forces proceed from the sphere to the sublunar world and that they are "of two species. For they cause either the generation of all that is generated or the preservation of what is generated... this is the meaning of 'nature,' which is said to be wise, having governance, caring for the bringing into existence of animals by means of an art similar to that of a craftsman, and also caring for their preservation and permanence."[④] The implication of Maimonides' hint about a connection between the beasts' two hands and the two purposes of "an art similar to that of a craftsman" is clear. There are two species of forces, symbolized by the two hands, and their activities resemble handicrafts, symbolized by the fact that the hands are human. The beasts' hands represent two ways in which the spheres influence the terrestrial world, viz., causing generation to take place and keeping things that are generated in existence.

---

① Pines translates "expression" (*lafẓ*) as "word".

② Moses Maimonides, *Guide*, Ⅰ: Introduction, 15.

③ Moses Maimonides, *Guide*, Ⅲ:2, 417-418.

④ Moses Maimonides, *Guide*, Ⅱ:10, 272.

Again, Maimonides does not spell out the connections but relies on the reader's ability to decipher a puzzle.

The previous quotation is taken from a series of chapters in the *Guide*'s second part that are also aimed at explaining Ezekiel's vision. In the case of these chapters, Maimonides does not explicitly say that they are useful for deciphering the chariot, but he prefaces them with a reminder that his purpose in writing the *Guide* is not to teach science but, instead, to expound the prophetic books and, in particular, the Account of the Beginning and the Account of the Chariot. This brief interlude is too long to reproduce here but it is crucial, and Maimonides says that it "is like a lamp illuminating the hidden features of the whole of this Treatise."① He specifies that he does not aim "to give a summary and epitomized description of the disposition of the spheres, or to make known their number."② And when writing about these and other scientific ideas, "The reason why I mentioned, explained, and elucidated that matter would be found in the knowledge it procures us of the *Account of the Chariot* or of the *Account of the Beginning* or would be found in an explanation that it furnishes of some root regarding the notion of prophecy or would be found in the explanation of some root regarding the belief in a true opinion belonging to the beliefs of the Law."③

Maimonides has drawn attention to the importance of the subsequent chapters for his interpretation of scriptural passages. They are particularly crucial for deciphering his exegesis of Ezekiel's depiction of the chariot so the seven chapters in part three, dedicated to that vision, contain many hints toward these chapters in the second part. The chapters include much information about the spheres and the way they influence our world. One of them states that many people used to believe that the planets are arranged differently to how they were thought in Maimonides' time to be ordered. He then says that this enabled them to count four animated spheres, which is to say that there are four spheres with stars, and an all-encompassing sphere that

① Moses Maimonides, *Guide*, Ⅱ: 2, 253.

② Moses Maimonides, *Guide*, Ⅱ: 2, 253.

③ Moses Maimonides, *Guide*, Ⅱ: 2, 254.

has no star.[1] Together with all Maimonides' hints concerning how to interpret features of the four beasts in Ezekiel's vision, it is clear that he takes them to represent the superlunar spheres and that Ezekiel therefore counted four.

Many medieval commentators on the *Guide* thought that, in attributing the four-sphere theory to Ezekiel, Maimonides indicates that Ezekiel made a scientific error. Whereas he appears to say that the theory is only improbable, he may still consider it a mistaken theory. The commentators thought that Maimonides attributed another mistake to Ezekiel, that the spheres' motions make a sound. Maimonides never cites verses 24 and 25 of the vision. They read as follows: "When they moved, I could hear the sound of their wings like the sound of mighty waters, like the sound of Shaddai, a tumult like the din of an army. When they stood still, they would let their wings droop. From above the expanse over their heads came a sound. When they stood still, they would let their wings droop." In these verses, Ezekiel says that the beasts make a sound so, since the beasts are supposed to represent the spheres, in Maimonides' explanation, Ezekiel seems to be indicating that the spheres make a sound. Maimonides never openly says so. Instead, he explains that this was a common opinion, shared by many people, including ancient philosophers such as Pythagoras and his followers.[2] He says that some of the Sages of the Talmud also held that the spheres make music because they thought that the spheres are fixed and the stars revolve, rather than the other way around. And he explains that affirming the sounds of the spheres depends on this belief but that, since Aristotle proved that the spheres revolve and the stars are fixed in them, this view ought not to be accepted. Maimonides sees no problem in accepting Aristotle's opinion over that of the rabbis and finds support in the Sages themselves being open to astronomical views of the surrounding nations. Given that, on Maimonides' interpretation that the beasts represent the spheres, Ezekiel also seems to mention the sounds of the spheres, commentators thought that he implies that Ezekiel was among those who believed, wrongly, in the Pythagorean theory. Again, though, Maimonides only hints at his interpretation.

---

① Moses Maimonides, *Guide*, Ⅱ: 9, 268-269.

② Moses Maimonides, *Guide*, Ⅱ: 8, 267.

This four-sphere theory constitutes an entire view about the way in which parts of the cosmos interact with each other. Maimonides explains that he conceived a new theory that, he says, "I have not seen explicitly stated by any philosopher,"① in which each of the four spheres has a particular connection with one of the sublunar elements. "While the four spheres having stars have forces that overflow from them as a whole toward all the things subject to generation, these spheres being the causes of the latter, each sphere is also specially assigned to one of the four elements."② Maimonides then proceeds to explain the relationships between the spheres and the way in which they influence the sublunar world, which is the world of generation and corruption. Such an overflow can occur both through the intermediary of the intelligences and through the physical spheres themselves, and Maimonides states that "the stars act at some particular distances. I refer to their nearness to or remoteness from the center or their relation to one another. From there astrology comes in."③ He then finishes these chapters by saying that the prophets figuratively apply this "overflow" to God, in order to indicate the intellectual aspect through which humans cognize.

Let us now return to the seventh contradiction. Maimonides' exegesis of these "very obscure matters" contains ways in which he conceals some parts and discloses others. As yet, however, there is no sign of an inconsistency that he might be trying to conceal. By attending to alternative accounts that Maimonides gives of the spheres, it becomes possible to detect an incompatibility between ideas that form the basis of his explanation of Ezekiel's view and those that are at the basis of others in the *Guide*. The opposed premises can therefore be seen to be alternatives concerning the universe's constitution. To take a simple example, Maimonides generally assumes that there are nine spheres, which is the orthodox view of his day, and that the sublunar elements are moved by the motion of the sphere and the light of the stars, views opposed to those espoused in the chapters expounding the four-

---

① Moses Maimonides, *Guide*, Ⅱ: 10, 269.

② Moses Maimonides, *Guide*, Ⅱ: 11, 270. Maimonides specifies that this is "what occurred to me" after recognizing the apparent connections between the moon and water and between the sun and fire.

③ Moses Maimonides, *Guide*, Ⅱ: 12, 280.

sphere theory.

Perhaps more crucially, the belief that the spheres produce music could undermine, or at least compromise, some of the evidence that Maimonides marshals in favor of his arguments for creation. Whether or not God creates through will and purpose is said to be the crux of the disagreement regarding creation. Now, Maimonides says that the idea that the spheres revolve and the stars are embedded in them, which was said to be incompatible with the music of the spheres, is a basis for the arguments that God creates through purpose. He writes, "To my mind, there is no proof of purpose stronger than the one founded upon the differences between the motions of the spheres and upon the fact that the stars are fixed in the spheres."① Maimonides explains that "The entire sect of Pythagoras believes that these bodies emit pleasant sounds having, though mighty, the same proportion to each other as that obtaining in musical melodies."② When the spheres are held to produce sounds, the distances between them are said to be constant and ordered. Aristotle related that the Pythagoreans supposed "the whole heaven to be a musical scale and a number."③ He also explained that, in the Pythagorean view, "their speeds, as measured by their distances, are in the same ratios as musical concordances; they [therefore] assert that the sound given forth by the circular movement of the stars is a harmony."④ Maimonides questioned both the explanatory power of systems purporting to describe the heavens and also the idea that the spheres are ordered in a way that is accessible to human reason. He argues at length that there is no way to explain these motions on the basis of Aristotle's assumptions. The fact that the heavenly motions appear so complex and inexplicable is taken to be evidence that God creates through purpose.⑤ In contrast, the four-sphere theory seems to simplify the heavenly motions in order to fit into certain ideas about how the cosmos is configured. If Ezekiel's understanding of the cosmos involves the four-sphere theory and belief that the

① Moses Maimonides, *Guide*, Ⅱ: 19, 310.

② Moses Maimonides, *Guide*, Ⅱ: 8, 267.

③ Aristotle, *Meta.*, 986a1.

④ Aristotle, *De caelo*, 290b20-23.

⑤ I explain Maimonides' arguments for creation in *Maimonides* (Cambridge: Polity, 2024), 61-88.

spheres make sounds, it is possible that he does not accept the evidence that Maimonides uses to assert that the world is created through will and purpose and is, therefore, created *ex nihilo*.①

Overall, then, there are times at which the discussion proceeds on the basis of certain ideas that Maimonides uses to explain Ezekiel's vision, and other times at which it proceeds on the basis of others that oppose the inner meaning he ascribes to that vision.② The masses should not be able to detect the inconsistency between the inner meaning of Ezekiel's vision and other parts of Maimonides' writings. There seems to be many aspects to the "device" he uses to make sure that the inconsistencies cannot be detected by "the masses," from hints to demanding prior scientific knowledge and independent thought. In these ways, he explains his interpretation "in such away that anyone who heard that interpretation would think that I do not say anything over and beyond what is indicated by the text, but that it is as if I translated words from one language to another or summarized the meaning of the external sense of the speech."③He says that the way that he presents his exegesis reaches "the ultimate term that it is possible to attain in combining utility for everyone with abstention from explicit statements in teaching anything about this subject, as

① If this reconstruction is correct, those claiming that Maimonides actually held to Aristotle's view could draw on Maimonides' exegesis of Ezekiel to indicate that he is actually criticizing his own arguments in favor of creation.

② In order to avoid a misunderstanding reported by Edward Halper in a book review, it is worth stressing that the theory attributed to Ezekiel is not the only one in the *Guide*. "Daniel Davies, 'Method and Metaphysics in Maimonides' Guide for the Perplexed,'" *Philosophy in Review* 32 (2012): 150-153. Halper writes that this argument is incorrect because "it would leave Maimonides without any account of how God exercises agency in the physical world." However, if one account about the way in which the heavens are configured and interact with the sublunar world is mistaken, another can still be right. In response to Halper, then, it suffices to quote briefly from the reviewed book: "there are at least two different cosmological systems present in the *Guide*, both of which Maimonides appears to consider acceptable. One seems to be Maimonides' own position and is probably also that of the law, while the other is one with which he disagrees." *Method and Metaphysics*, 24. Halper also claims that this reading means that Maimonides is not hiding Ezekiel's teaching but, instead, his own criticisms of Ezekiel. Again, this is not the case. It is clear that Maimonides is hiding what he takes to be Ezekiel's teaching and Ezekiel's mistakes are part of what is hidden. The particular question of the concealed inconsistency does not exhaust the issues of concealment as a whole.

③ Moses Maimonides, *Guide*, Ⅲ: 416.

is obligatory."[1]

As Maimonides regularly reminds readers, the Mishna forbids expounding the chariot, so the vision as a whole is hidden. However, our question is why the particular inconsistency generated by the seventh cause of contradictions is kept secret, not merely why the exegesis as a whole is presented in such an opaque fashion. Given that the chariot vision is generally held to be the deepest of the Torah's secrets, it makes sense for Maimonides to conceal the conflict between Ezekiel's depiction of the cosmos and the picture that he generally assumes to be true. It seems that, in Maimonides' view, some of the prophetic understandings of the deepest secret of the Torah is not as deep as might be thought. Additionally, if the inconsistency indicates that Ezekiel made mistakes, or that Ezekiel denied the evidence that Maimonides uses to argue for creation, it would be obvious why Maimonides sees the need to keep the disagreement from the masses.[2] Awareness of the opposition between the different pictures would lead to a suspicion that there is a problem with one of them. Elsewhere, I have suggested that he may have associated Ezekiel's world view with doctrines of a school of thought that he did not generally accept, that of the *Brethren of Purity*. If this is so, he would not have wished to communicate that this view has some support from the prophet Ezekiel.

What are the ramifications of this interpretation for how Maimonides and other medieval philosophers should be read? Our question is not whether the *Guide* is esoteric. It clearly is, since it is obviously not aimed at the masses. Instead, the disagreement concerns a particular kind of esotericism: whether or not Maimonides secretly rejects arguments that he advances while hinting that he accepts other arguments for positions that he explicitly rejects. Followers of this kind of esoteric reading often appeal to Leo Strauss's authority and refer to his account of contradictions as key, as I mentioned earlier in this essay. Even Strauss' opponents tend to admit that he might have

---

[1] Moses Maimonides, *Guide*, Ⅲ: 416.

[2] In the above mentioned review by Edward Halper, he writes that this interpretation of Ezekiel "clearly strikes a major blow at Jewish tradition." While I do not agree with his assessment, the fact that an academic philosopher reacts in such a way, even today, illustrates *one* of the reasons that Maimonides couched his commentary in such obscure ways.

a point when applying Straussian readings to the *Guide*. For example, in a scathing assessment of a series of Strauss's major techniques, Adrian Blau writes, "I have argued that these alleged practices are not as plausible as Strauss implies, except perhaps for writers like Maimonides."① In another critique of Strauss's methodology, published in the *New York Review of Books*, Myles Burnyeat argued that Strauss began with the *Guide* and proceeded "under Maimonides' guidance, to project the medieval tension between reason and revelation back into antiquity so as to make Plato and Xenophon suffer a 'persecution' that no ordinary historian has ever heard of."② Burnyeat's article generated a heated discussion in the pages of subsequent issues. One of the responses was written by Robert Gordis and was sympathetic to the critique of Strauss. However, Gordis disagreed with Burnyeat's contention that Strauss built on Maimonides. Gordis claimed that Strauss misread the *Guide*, and "projected his frustration upon Maimonides."③ Burnyeat replied, after citing the seventh contradiction, that "Strauss certainly has more to go on here than he has with Plato. But I should be only too happy to have a critic like Gordis take me through the *Guide* explaining in detail how and where Strauss has got it wrong."④ Similarly, in a positive review of a book by Kenneth Seeskin about Maimonides' view of creation, Roslyn Weiss concludes that "Seeskin's book provides a valuable exploration and a deft defense of Maimonides's argument for creation. It is doubtful, however, whether the book sufficiently engages the esotericist reading to be ultimately convincing."⑤

---

① Adrian Blau, "Anti-Strauss," *The Journal of Politics* 74 (2012): 151.

② Myles Burnyeat, "Sphinx Without A Secret," *New York Review of Books* (30th May 1985): 30-36. Note that the title is taken from a short Oscar Wilde story about someone who tried to exude an air of mystery but did not really have anything to hide. Pretending to secrets can itself hide the fact that one is concealing nothing. Oliver Leaman suggests that al-Fārābī may have used a similar ruse. Oliver Leaman, *An Introduction to Classical Islamic Philosophy* (Cambridge: Cambridge University Press, 2004), 222.

③ Joseph Cropsey, Harry V. Jaffa, Allam Bloom, et al., "The Studies of Leo Strauss: An Exchange," *New York Review of Books* (10th October 1985). https://www.nybooks.com/articles/1985/10/10/the-studies-of-leo-strauss-an-exchange/(accessed April 2024).

④ Ibid.

⑤ Roslyn Weiss, "Kenneth Seeskin. Maimonides on the Origin of the World," *Journal of the American Academy of Religion* 75 (2007): 739

Maimonides presents a special case. Melzer writes that he is both so open about his own esoteric practices and also so obscure in other regards "that people incline to think that anything is possible with him."① As the contradictions are a major tool used to support the sorts of esoteric readings at issue, any 'anti-esotericist' interpretation of the *Guide* needs to account for them more convincingly than has so far been done. If this paper's suggestion is plausible, and the inconsistencies hidden by the seventh contradiction are connected with Maimonides' explanation of Ezekiel, a solution to the problem raised by the presence of such contradictions can be distinguished from the question of Maimonides' real opinions about theological and philosophical doctrines. It is therefore no longer necessary either to accept that Maimonides contradicted himself in order to hide a heterodox theological belief, to play down the peculiarity of the problem of contradictions, or to disregard it altogether. Instead, the inconsistencies that he describes in the seventh contradiction can be understood to be those that obtain between different "inner" meanings of various biblical passages. Contradictions do not have to be the "axis of the *Guide*"② around which the entire work rotates and through which Maimonides' philosophy is revealed. Instead, they can be limited to a particular aspect of the *Guide* and his philosophical arguments can be assessed in their own right.

Of course, even if the interpretation I have advanced is plausible, there may still be other ways to explain the seventh contradiction. However, an interpretation that invokes the seventh contradiction in order to support such an "esoteric" reading should be able to explain how the contradiction identified in the *Guide* fits Maimonides' description. Besides, even without the contradiction's support, one can still argue that an opposition between religious and philosophical ideas, or between orthodox and heterodox doctrines, are key to the *Guide*. Other literary devices are also often employed to locate hidden meanings. But such a reading would have to be justified by more than simply appealing to the inconsistencies that Maimonides says he will use. Furthermore, I think that readers ought to be far more circumspect about

① Arthur M. Melzer, *Philosophy Between the Lines*, 30.

② Leo Strauss, *Persecution and the Art of Writing*, 74.

asserting that an apparent inconsistency is really a contradiction, or that Maimonides himself considered it so. Often, statements that seem at first sight to conflict are not necessarily opposed to one another when examined in more detail. Philosophical discussions regularly consider questions generated by exactly such a problem. A classic example from the history of Western philosophy is articulated by Boethius, who sets up the following problem.① Everything that exists is good inasmuch as it exists. What pertains to something inasmuch as it exists, pertains to it substantially. Therefore, (1) good pertains to all existing things substantially, which is to say that they are substantial goods. However, (2) only God is a substantial good. (1) opposes (2). Adopting the methodology of contradictions, we can ask whether we ought to deny either that God is the only substantial good or that things are good inasmuch as they are substances. Boethius denies neither; nor do others who considered the problem. Instead, they try to reach a deeper understanding of what is meant by these statements.② Such attempts are often automatically ruled out in the case of Maimonides. If the proper way to understand him is to ask which of two apparently contradictory statements is his real opinion, there is no need to think about whether they are really contradictory or whether there is another way to understand what he is driving at. Instead of asking whether or not the "contradictory positions" can be reconciled, which would require philosophical analysis, the scholar's task becomes one of deciding which of them was Maimonides' "true position" and which was a sop to the masses. Shalom Sadik has recently restated the procedure: "Where one perceives contradictions in his words, the reader or researcher should try to see which of the contradictory positions is correct and which was written for political and educational reasons only."③ This popular approach facilitates many different interpretations of Maimonides' real message, whether it is

① See "Appendix: Boethius's *De hebdomadibus*," in *Being and Goodness: The Concept of the Good in Metaphysics and Philosophical Theology*, ed. Scott MacDonald (Ithaca: Cornell University Press, 1991), 299-304.

② For a brief account of the history and centrality of this problem in medieval thought, see MacDonald's introduction to the volume, which deals with related issues, "Introduction: The Relation between Being and Goodness," in *Being and Goodness*, 1-28.

③ Sadik, *Maimonides*, 173

supposed to be radical, traditional, or wary of either. The *Guide* therefore takes its place in the canon of sacred Jewish texts, with underlying messages that support a reader's own claims and that can be judged independently of the surface meaning. However, it is rendered of severely limited interest to the history of philosophy. If his contradictions can be understood in the way I propose, the arguments in the *Guide* can be considered in their own right. The *Guide* might then be less amenable to being used as a springboard for constructive theological readings but I believe it makes Maimonides a more original and challenging thinker who is at least as exciting as the depictions presented in more esoteric portrayals.

迈蒙尼德矛盾的另一种解读

丹尼尔·戴维森

【摘要】中世纪犹太思想家尤其是迈蒙尼德的表面意与内在意之间的矛盾已然成为多数学者的一个核心假设。迈蒙尼德对《迷途指津》的导论作为核心出处常被引用，以支持所谓的中世纪哲学的"秘传"解读。这个导论包含了如何解读《迷途指津》的特别说明。其警告，要留意作者在书中特意建构的矛盾。这些矛盾被那些将迈蒙尼德解读为神秘主义者、怀疑论者的人以及其他此类人用来支持各色解读。多数解读旨在揭示迈蒙尼德对一些神学或哲学教义的"真实信念"，认为其真实信念隐匿在更易被大众接受的正统外衣之下。另一方面，那些认为迈蒙尼德在为其明确捍卫的立场辩护时是诚实的人，则倾向于忽略矛盾，或者将矛盾比作其他哲学家所使用的写作方式来淡化矛盾的特殊性。我在本文中主张，虽然矛盾是迈蒙尼德的秘传技巧的一个重要方面，但与其隐匿的哲学观点并不相干，也并不源自其辩证写作方式。相反，矛盾不过是迈蒙尼德用以解释某些极其晦涩的经文的一种策略。无需将迈蒙尼德的"真实信念"与他使用矛盾所掩盖的东西混淆。这样既能尊重迈蒙尼德自己所谓的使用相互矛盾的讨论来进行秘传式写作，也能从表面意来对待其神学和哲学观点。如此一来，便允许读者以通常用来厘清和解释类似哲学巨著的方式来解读《迷途指津》，从而欣赏其论点的独创性而无需轻视论点的敏锐。

【关键词】迈蒙尼德；秘传式写作；释经；以西结（先知）；中世纪宇宙论

Did Hasdai Crescas Read Averroes' *Discourse on God's Knowledge* ?*

Warren Zev Harvey**

Abstract: The two medieval Hebrew translations of Averroes' short *Discourse on God's Knowledge* have recently been edited by Silvia Di Donato. Did Hasdai Crescas, who cites Averroes by name 20 times in his *Light of the Lord*, read this work? Although Crescas uses arguments similar to those found in the *Discourse*, it cannot be proved he read it. The term "eternal knowledge" is found 13 times in Averroes' *Discourse* and 4 times in Crescas' *Light*. In his other works, Averroes avoids the term, and it is found either never or very rarely in them. The term is similarly avoided by Maimonides. It was, however, a favorite of Alghazali, and it is found also in Judah Halevi's *Kuzari*. Averroes' frequent use of the term in his *Discourse* is thus curious to say the least.

Key Words: Averroes Alghazali, Hasdai Crescas, Eternal Knowledge

* This paper was delivered at a workshop on "The Question of Pre-eternal Knowledge in the Hebrew Philosophical Tradition," CNRS-SPHERE, Paris, 17 November 2022. I thank Professor Silvia Di Donato for the invitation to participate in this workshop.

** Warren Zev Harvey, the Hebrew University of Jerusalem.

Following the publication of her editions of the two medieval Hebrew translations of Averroes' *Discourse on God's Knowledge*[①], Dr. Silvia Di Donato put an interesting question to me: "Did Rabbi Hasdai Crescas (c. 1340-1410/11) read Averroes' *Discourse*?" In what follows, I try to answer this question, although, I will admit at the outset, I was unable to arrive at a definitive conclusion.

Crescas discussed the problem of God's knowledge in his Hebrew book, *The Light of the Lord* (*Or Adonai*), Book Ⅱ, Part 1.[②] His discussion is long, intricate, and frankly somewhat wearisome. He critically and profoundly engages the discussions by Maimonides, *Guide of the Perplexed*, Part Ⅲ, Chapters 16, 19-21[③](and also *Mishneh Torah*, Hilkhot Teshubah, Chapter 5, Paragraph 5), and Gersonides' *Wars of the Lord*, Book Ⅲ[④](and also his Commentaries on the Bible and on Averroes' Aristotelian Commentaries).

Did Crescas read Averroes' *Discourse* (*qawl*, short discourse, speech), commonly but misleadingly called "The Appendix" (*damīma*)? There are some indications that he did, but others that he did not. There is similarly no proof that he read Averroes' *Decisive Treatise* (*Faṣl al-Maqāl*), which makes reference to the *Discourse*.[⑤] Averroes writes there: "Prompted by one of our friends [presumably the Almohad ruler Abū Ya'qūb Yūsuf], we have devoted

① Silvia Di Donato, "La tradizione ebraica dell'opuscolu di Averroè sulla scienza divina," in *Philosophical Translations in Late Antiquity and in the Middle Ages in Memory of Mauro Zonta*, eds. Francesca Gorgoni, Irene Kajon, and Luisa Valente (Rome: Aracne, 2022), 141-169. References to the two Hebrew translations of the *Discourse* will be to Di Donato's essay.

② Shlomo Fisher ed., *The Light of the Lord* (Jerusalem: Ramot, 1990); English version, *Light of the Lord*, trans. Roslyn Weiss (Oxford: Oxford University Press, 2018). Quotations of all translations in this paper are modified for uniformity.

③ *The Guide of the Perplexed*, trans. Shlomo Pines (Chicago: University of Chicago Press, 1963). On Maimonides' position and its affinity to Averroes', see Charles H. Manekin, "Maimonides on Divine Knowledge—Moses of Narbonne's Averroist Reading," *American Catholic Philosophical Quarterly* 76 (2002): 52-74.

④ *Milḥamot Adonai*, Books I-V, eds. Charles Touati and Ofer Elior (Tel-Aviv: University of Tel-Aviv Press, 2018); English version, *The Wars of the Lord*, trans. Seymour Feldman (Philadelphia: Jewish Publication Society, 1984-1999).

⑤ References to the *Discourse* and the *Decisive Treatise* will be to Averroes, *The Book of the Decisive Treatise and Epistle Dedicatory*, ed. and trans. Charles E. Butterworth (Provo: Brigham Young University Press, 2008).

a short discourse [*qawl*] to this question [*masāla*]."[1]

Of course, Crescas *could very well* have read both works. He did not read Arabic. However, the *Discourse* had been translated twice into Hebrew. It was translated once by Rabbi Todros ben Meshullam Todrosi in 1340, titled *Ma'amar ba-Madda' ha-Qadum* ("Discourse on the Eternal Knowledge"); and once by an anonymous translator later in the same century, titled *Iggeret be-'Inyan ha-Safeq ha-Qoreh bi-Yedi'at ha-Qadmon yit'aleh* ("Epistle on the Doubt concerning the Knowledge of the Eternal One, may He be exalted").[2] One Hebrew translator thus held the title to refer to *al-'ilm al-qadīm* (the Eternal Knowledge) and the other held it to refer to *'ilm al-qadīm* ("Knowledge of The Eternal One"). Is knowledge merely a possession or attribute of God (as the use of the construct case suggests), or is it God Himself? Is Averroes' *Discourse* about the knowledge of the Eternal One or about the Eternal Knowledge? Muhsin Mahdi sums up Averroes' opinion in the *Discourse*: "God's eternal knowledge *is* God Himself."[3] Nonetheless, Averroes may have been intentionally ambiguous on this question (as were Avicenna and Maimonides).

As for the *Decisive Treatise*, it was translated anonymously into Hebrew in approximately 1300, titled *Ha-Hebdel ha-Ne'emar she-beyn ha-Torah ve-ha-Ḥokhmah min ha-Debequt* ("The Determination concerning the Connection

---

[1] *Decisive Treatise*, 13. The Arabic manuscripts do not preserve a title for the *Discourse*. However, in this text in the *Decisive Treatise* it is called a "discourse," "short discourse," "statement," or "speech." Butterworth, following Mahdi, refers to the work as an "epistle dedicatory." Di Donato refers to it as an "epistola," "opuscolo," or "discorso." The Arabic text of the *Discourse*, p. 38, begins with the prefatory comment: "The question [*masāla*] mentioned by the sheikh Abū al-Walīd [ibn Rushd] in the *Decisive Treatise*." These two citations from the *Discourse* and the *Decisive Treatise* are thus mutually referring.

[2] Silvia Di Donato, "La tradizione," 155-156, found evidence that the anonymous translator made some use of the Todros translation. It is, however, not impossible that the anonymous translation was made independently, but the text was modified by a glossist who compared the earlier Todros translation. According to Di Donato's analysis, the two translations are based on essentially the same Arabic original. On Todros and Averroes, see Steven Harvey and Oded Horezky, "Averroes ex Averroe," *Aleph* 21 (2021): 7-78.

[3] Mahdi, "Averroës on Divine Law and Human Wisdom," in *Ancients and Moderns: Essays on the Tradition of Political Philosophy in Honor of Leo Strauss*, ed. Joseph Cropsey (New York: Basic Books, 1964), 121.

between the Law and Wisdom").[1]

My disappointing conclusion that I cannot prove that Crescas made use of the *Discourse* or the *Decisive Treatise* is perhaps surprising. Crescas had great respect for Averroes. He twice includes him among the "great philosophers" (*gedole ha-filosofim*), together with al-Fārābī, Avicenna, and Rabbi Moses al-Lāwī;[2] and he names him as the latest of the four most important commentators on Aristotle, following Alexander of Aphrodisias, Themistius, and al-Fārābī.[3]

Together with Maimonides (1138-1204) and Gersonides (1288-1344), Averroes (1126-1198) is one of the three medieval philosophers who constitute the main target of Crescas' radical critique of Aristotelianism in his *Light of the Lord*. However, these three philosophers did not only constitute the target of his critique, they also provided the conceptual framework within which he developed his own original philosophy. Crescas' critique of Aristotelianism (that is, of Averroes, Maimonides, and Gersonides) is a critique *from the inside*.[4]

Averroes is mentioned explicitly by name 20 times in 14 different chapters of the *Light of the Lord*. 16 mentions are found in Book I, which contains the critique of Aristotelian physics and the discussion of the proofs of God. One mention is found in Book Ⅱ, which treats of the fundamental beliefs of Judaism (and that one mention is significantly in the Part concerning God's knowledge). One mention is found in Book Ⅲ, which treats of the non-fundamental beliefs of Judaism. Two mentions are found in Book Ⅳ, which treats of disputed questions. All these explicit references are to Averroes' Aristotelian Commentaries, especially to his Middle Commentary on the *Physics*.[5] Crescas studied his Aristotle systematically with Averroes'

---

① Norman Golb, "The Hebrew Translation of Averroes' *Faṣl al-Maqāl*," *Proceedings of the American Academy for Jewish Research* 25 (1956): 91-113.

② *Light*, Ⅰ, 3, 3, 113-114; Ⅳ, 12, 411-412; English, 112-114, 352-353.

③ *Light*, Ⅰ, Introduction, 13; English, 30. See also Harry Austryn Wolfson, *Crescas' Critique of Aristotle* (Cambridge, MA: Harvard University Press, 1929), 130-131.

④ See my "Crescas' Attitude toward Averroes," in *Averroes and Averroism in Medieval Jewish Thought*, eds. Racheli Haliva, Yoav Meyrav, and Daniel Davies (Leiden: Brill, 2024), 350-360.

⑤ See ibid. for a discussion of all 20 mentions.

commentaries, and with Gersonides' supercommentaries.

What about Averroes' *Incoherence of the Incoherence*? At least one Hebrew translation, made by Rabbi Qalonymus ben David ben Todros before 1328, was available in Crescas' time. Although Crescas never cites this book by name, there are certain passages in the *Light of the Lord* which definitely reflect the debates of Alghazali and Averroes. For example, his discussion of the problem of many Gods in *Light*, Book I, Part 3, Chapter 4, clearly borrows arguments from Algazali's *Incoherence of the Philosophers* and counter-arguments from Averroes' *Incoherence of the Incoherence*. However, this does not prove that he had a copy of either Algazali's book or Averroes' book. The relevant debate between Algazali and Averroes was quoted verbatim in Moses Narboni's Commentary on Maimonides' *Guide of the Perpelexed*, and Crescas definitely used Narboni's Commentary.① Similarly, Wolfson cites the *Incoherence of the Philosophers* and the *Incoherence of the Incoherence* more than a dozen times in his *Crescas' Critique of Aristotle*, but concludes that Crescas may not have read either book and if he did use them it was in an ancillary way.② Crescas' student, Rabbi Zerahiah Halevi Saladin, translated Alghazali's *Incoherence of the Philosophers* from Arabic to Hebrew—but it is not clear if he completed a draft of it in time for Crescas to have used it in writing the *Light*. Be that as it may, Zerahiah's decision to translate this work presumably reflects his teacher's interest in getting a Hebrew copy of it.

The situation is the same with regard to Averroes' *Exposition of the Methods of the Proofs*. An anonymous translation had been made no later than 1347③, and thus Crescas could theoretically have read it, but he makes no explicit reference to it.

Well, did Crescas read Averroes' *Discourse*? Let's take a glance at some of the evidence.

Averroes discusses the problem of God's knowledge in the *Discourse*, the

① See Wolfson's comment, *Crescas' Critique*, 14; and see my "The Problem of Many Gods in Al-Ghazali, Averroes, Maimonides, Crescas, and Sforno," in *Sceptical Paths*, eds. Guiseppe Veltri, Racheli Haliva, Stefan Schmid, and Emidio Spinelli (Berlin: De Gruyter, 2019), 83-96.

② *Crescas' Critique*, 11-18.

③ Di Donato, "Le *Kitāb al-Kašf 'an manāhiǧ al-'adilla* d'Averroès," *Arabic Sciences and Philosophy* 25 (2015): 108.

Decisive Treatise, the *Exposition*, the *Incoherence of the Incoherence*, and in some of his Aristotelian Commentaries. The *Discourse* is wholly devoted to the problem. It is not always easy to discern if a thinker is influenced by Averroes' discussion in the *Discourse* or by a parallel discussion in one of his other works. However, the *Discourse* does have certain distinct features.

As Muhsin Mahdi emphasizes, the *Discourse* was an epistle written for a prince, not for a philosopher.① The distinguished addressee is probably Averroes' patron, the Almohad ruler Abū Ya'qūb Yūsuf. Averroes explicitly states that he is *not* attempting to give a full solution to this problem in such a short work, but only to give "the gist" of it.② *Nota bene*! The *Discourse* does not present Averroes' final position on this question. It is a short epistle written for a non-philosopher. In reading an epistle, one must take into consideration not only the personality of the author, but also that of the addressee. It's a dialogical form.

The most striking terminological feature of the *Discourse* is its use of the term "eternal knowledge" (*al-'ilm al-qadīm*). Mahdi observes that the term appears 13 times in the *Discourse* (not including the title), but not once in the *Decisive Treatise* or the *Exposition*.③ I may add that it also does not appear in the *Incoherence of the Incoherence* or in any other works of Averroes which I have been able to check online. Thus, the fact that the term appears 13 times in the tiny five-page *Discourse* and never (or, let's say, rarely) in all his other works—is to say the least a curiosity. It is almost a joke.

The term was used often by Averroes' adversary Alghazali. He uses it, for example, in his *Iḥyā' 'Ulūm al-Dīn* ("Revival of the Religious Sciences"), Quarter I, Book 2, Section 3, Pillar 2: "The eighth principle is that His knowledge is *eternal*. He has never ceased knowing Himself and His

① Muhsin Mahdi, "Averroës on Divine Law," 118-119. See 121: "Whatever his accomplishments in the sciences engaged in by the dialectical theologians or the philosophers, the prince is addressed as a ruler whose main achievements lay elsewhere," etc.

② *Discourse*, 40: "The solution of this doubt requires a long discussion [*kalām ta'wīl*]. Here... we are intent upon stating the gist [*nukta*] of how it is resolved." Mahhdi, "Averroes on Divine Law," 119, translates "*nukta*" as "subtle allusion." If so, Averroes is not revealing the gist of the philosophic solution, but presenting only a veiled allusion to it.

③ Mahdi, "Averroes on Divine Law," 129, n. 25.

attributes, as well as everything He creates. [The coming into being of] everything He creates is not new to Him, for it comes into being by virtue of His *eternal knowledge* [*al-'ilm al-qadīm*]."[1]

The term appears twice in Alghazali's *Incoherence of the Philosophers*:

In Discussion Ⅰ, First Proof, he accuses the Aristotelians of denying that God knows particulars, a conclusion that necessarily follows according to him from the premises that (1) the knower is the known and that (2) the known comprises a plurality of *intelligibilia*. He remarks that the only defense the Aristotelians have is to say that there is no analogy between "eternal knowledge" (*al-'ilm al-qadīm*) and "temporal knowledge." In his reply to Alghazali in his *Incoherence of the Incoherence*, Averroes does *not* use the term "eternal knowledge" and avoids mentioning the charge regarding the plurality of *intelligibilia* known by God.[2]

In Discussion Ⅲ, Alghazali argues that it is possible for an eternal cause to have a simultaneous effect, e.g., the eternal knowledge (*al-'ilm al-qadīm*) is the cause of the Eternal One's knowing. In his reply, Averroes again does *not* use the term "eternal knowledge," but agrees that according to the Aristotelians the eternal God eternally creates the eternal world.[3]

One might be forgiven if he or she got the impression that Averroes is boycotting the term "eternal knowledge." He persistently avoids it—even in places where we would most expect him to use it.

The term is used by Rabbi Judah Halevi, whose religious philosophy was influenced by Alghazali. He writes in his *Kuzari*, V, 18: "His eternal knowledge ['*ilmuhu al-qadīm*] is the cause of all that comes into being."[4]

As far as I have been able to check, it is not used by Maimonides, whose philosophic position is often very close to that of his fellow Cordovan.

The thrust of the argument offered in the *Discourse* is that eternal

---

① Alghazali, *The Foundations of the Articles of Faith*, trans. Nabih Amin Faris (Lahore: Ashraf, 1963), 25-26.

② Averroes, *The Incoherence of the Incoherence*, trans. Simon van den Bergh (London: Gibbs Memorial, 1969), 7-8.

③ Ibid., 102-104.

④ David H. Baneth and Haggai Ben-Shammai eds. (Jerusalem: Magnes Press, 1977), 216 (Hirschfeld, 336, Ⅰ. 6). Rabbi Judah ibn Tibbon translates: *madda'o ha-qadmon*.

knowledge is not temporal knowledge, and thus what is true of the latter is not necessarily true of the former. This is surprisingly the very same argument mentioned by Alghazali in his *Incoherence of the Philosophers*, Discussion I, First Proof 1, when he remarked sarcastically that the only defense the Aristotelians have against his criticisms is to claim that there is no analogy between "eternal knowledge" and "temporal knowledge." Why on earth, one must ask, did Averroes appropriate in the *Discourse* not only his adversary's vocabulary ("eternal knowledge") but also his counterfactual argument (the one from the lack of an analogy between eternal and temporal knowledge).

In all of Averroes' various discussions of God's knowledge, two major problems arise concerning God's knowledge of particulars: (1) If the Knower is the Known, and God knows a plurality of things, then God is a plurality; (2) If the Knower is the Known, and God knows things which are continuously changing, then God too undergoes change.

In his reply to Alghazali in the *Incoherence of the Incoherence*, Discussion I, First Proof, Averroes mentions *only* the problem of change, and not that of plurality. Similarly, in the *Discourse*, Averroes mentions *only* the problem of change, and not that of plurality.

One suspects that in Averroes' view the argument from God's eternal knowledge is sufficient to rebut the charge of God's changeability, but *not* to rebut that of God's plurality. If God's knowledge is eternal, it is not changeable—but it still may be plural. The *Discourse* solves 50% of the problem—the easier 50%.①

Having clarified briefly these aspects of Averroes' position in the

① In point of fact, it seems that the argument from the plurality of objects known led Averroes to conclude that God does not know particulars. See Steven Harvey, "Book Reviews," *Iyyun* 47 (1998): 82-83: "The most telling statement is probably the following comment from [Averroes'] Long Commentary on *Metaphysics* Λ 1075al0, where he boldly speaks in his own name...: '[According to] Themistius... it is possible that the [divine] Intellect intellects simultaneously many *intellecta*. This contradicts our assertion [*qawluna*] that He intellects His own Essence and nothing outside of It...The truth is that He knows His own essence only'... Here Averroes clearly sides with Aristotle and Alexander and rejects Themistius' explanation... [T]he uncharacteristic and unexpected personal comment, 'this contradicts our assertion' instead of 'his [Aristotle's] assertion' shows Averroes' desire to reveal to discerning readers that his position on the question of God's knowledge of things other than Himself is one with that of Aristotle. This is something Averroes did not do in his popular works."

Discourse, we may now turn to our question: Did Crescas read it?

Crescas uses the term "eternal knowledge" (*yedi'ato ha-qedumah*) four times in his *Light of the Lord*: once in Book Ⅱ, Part 1, Chapter 1; and three times in one passage in Book Ⅱ, Part 1, Chapter 4.

In Book Ⅱ, Part 1, Chapter 1, he writes:

> Now, that God's knowledge does not make the possible necessary, this is self-evident... It says, "O Lord, Thou hast searched me, and known me" [Psalms 139: 1]... that is, He *had known me* already beforehand. This indicates that which is the very truth itself, that His knowledge is eternal [*yedi'ato qedumah*] and unchanging.[1]

According to Crescas' homiletic exegesis of Psalms 139:1, God's knowledge of an individual is not empirical but eternally prior. This short passage cannot be definitively linked to Averroes' *Discourse*.

In the more substantive passage in Book Ⅱ, Part 1, Chapter 4, he writes:

> As for the doubt... based on the premise that true knowledge should be of an existent thing, it is valid with regard to *our* knowledge which is acquired from existent things [*yedi'atenu ha-qenuyah*], but with regard to His knowledge which bestows existence to things [*yedi'ato ha-maqnah*] it is fallacious. For His knowledge of things concerns that which has the most sublime existence possible, namely, that which is in His essence, for it is He who bestows and overflows existence to things [*ha-maqneh ve-ha-mashpia' ha-meṣi'ut la-debarim*]. Since these things are known to Him in His eternal knowledge [*yedi'ato ha-qedumah*], they clearly have existence...
>
> As for the doubt... based on the [presumed] change in knowledge when one alternative of a possibility is realized, thus removing the nature of the possible, its resolution is as follows... Since it was His eternal knowledge [*yedi'ato ha-qedumah*] that at that moment the nature of the possible would change, when that moment arrives and what occurs is just as He has [eternally] known it, there is no change in His knowledge.

[1] *Light*, 127; English, 123-124.

> As for the doubt... based on the premise that if we posit as possible the contradictory of the alternative known by God, and if it comes to be, two absurdities follow: one, a change in His knowledge; and second, His eternal knowledge [*yedi'ato ha-qedumah*] was not knowledge but an erroneous conjecture... This is inescapable—unless we posit that the alternative He knew was possible in one sense and determined in another sense.①

The three uses of the term "eternal knowledge" in this passage are significant, and might *prima facie* be seen as evidence that Crescas read the *Discourse*. However, the three uses are not very closely connected to Averroes' text. It is true that Crescas repeats here Averroes' fundamental argument that the presupposition of God's eternal knowledge solves the problem of change in God. However, despite my earnest efforts, I was unable to detect a literary connection between Crescas' words here and Averroes' *Discourse*. Crescas may well have borrowed the term "eternal knowledge" and the argument from Alghazali, Judah Halevi, or some philosopher influenced by Alghazali or Judah Halevi, like for example Moses Narboni. With his anti-Aristotelian and neo-Platonic tendencies, Crescas was much closer to Alghazali and Halevi than to Averroes (even though the presence of Averroes in the *Light of the Lord* is far more prominent than that of Alghazali or Halevi).

In addition, Crescas is most preoccupied in this text with the alleged conflict between God's foreknowledge and human choice, a subject which is not mentioned explicitly in the *Discourse*.

A crucial pair of terms for Averroes in the *Discourse* is "cause" and "effect." God's knowledge is the *cause* of things, ours is their *effect*. In Averroes' words, "existence is the cause [*'illa*; both Hebrew translations: *'illah*] and reason [*sebab*; both Hebrew translations: *sibbah*] of our knowledge, while eternal knowledge is the cause and reason of existence."② Crescas of course agrees with this opinion, but does not happen to use the terms "cause" and

---

① *Light*, 147-148; English, 140. I.e., one can make sense out of God's pre-eternal knowledge of human choice only if one posits that human choice, like everything else, is strictly determined. See *Light*, Ⅱ, 5. Cf. my *Physics and Metaphysics in Hasdai Crescas* (Amsterdam: Gieben, 1998), 137-157.

② *Discourse*, 41, ll. 1-2; Todros, 162, ll. 16-17; Anonymous, 166, ll. 5-6.

"effect." He expresses the same idea as follows in *Light*, Book Ⅱ, Part 1, Chapter 1: "The particular difference between His knowledge and our knowledge... is that from His knowledge... the known objects have acquired [*qanu*] their existence, while our knowledge is... acquired [*qenuyah*] from the objects of knowledge by means of the senses and the imagination."[1] Crescas' formulation is indebted to Gersonides, who wrote in his *Wars of the Lord*, Book Ⅲ, Chapter 5: "He does not acquire [*qoneh*] His knowledge from them; rather, they acquire [*yiqnu*] their existence from His knowledge of them."[2]

In his paraphrase of these comments of Crescas', Rabbi Isaac Abrabanel, in his Commentary on the *Ethics of the Fathers*, 3: 15, adds the words "cause" and "effect." "Rabbi Hasdai explained... that God's knowledge differs from our knowledge in that our knowledge is acquired [*qenuyah*] from...and an effect [*mesobebet*] of the objects of knowledge... while His knowledge is not so, for it is the cause [*sibbah*] of the existence of the objects of knowledge." Abrabanel may be said to have read Crescas in the light of one of Averroes' works.[3]

In *Light*, Book Ⅱ, Part 1, Chapter 3, Crescas argues that the confirmed predictions of future events by prophets and others prove that God or the angels (that is, the separate intellects) have knowledge of future events. He states the argument as follows: "It is evident... that prophets and diviners can communicate particular things qua particular to people who are indicated to them. Necessarily they know these things through one who informs [them]—either God or an angel [a separate intellect]. Either way, if the informer [God or the angel] does not know these things, how will he make them known to another? Would that I knew! Averroes remarked on this doubt in his book *On Sense and Sensibilia*."[4] Averroes' text cited by Crescas reads as follows: "Since it has been made clear that the endower of this [prophetic] knowledge is a separate intellect... and separate intellects can comprehend only universal natures... would that I knew how the Active Intellect could endow the

---

① *Light*, 145; English, 138.

② *Wars*, 340; English, 133.

③ Abrabanel, *Naḥalat Abot* (Ashkelon: Golan, 2013), 3:15, 157.

④ *Light*, 139; English, 132. See my "Crescas' Attitude toward Averroes," 357.

particular form that is peculiar to a certain time, place, and... individual... It cannot be denied that the separate intellect endows the imaginative soul with the universal nature... and the imaginative soul receives it as a particular."①

Crescas thus explicitly cites Averroes' Commentary on Aristotle's *On Sense and Sensibilia*, and the reference is accurate. Is there, however, any evidence that Crescas was also aware of Averroes' parallel remarks on the subject in the *Discourse*? Averroes writes there: "How can it be conceived that the Peripatetics... are of the opinion that eternal knowledge does not include particulars, when they are of the opinion that it is the reason for premonition with respect to dreams, revelation, and inspirations [*ilhāmāt*]."② There is nothing in this text from the *Discourse* to suggest that it influenced Crescas' text. It will have been noticed that Averroes teaches in the text from his Commentary on Aristotle's *On Sense and Sensibilia* that the immediate source of prophecy is the Active Intellect, not God, that is, not the Eternal Knowledge. Moreover, Averroes states there expressly that the Active Intellect per se does not know particulars. The text in the Commentary thus disconfirms the one in the *Discourse* on two counts: first, the immediate source of prophecy is not God (the Eternal Knowledge) but the Active Intellect; second, the Active Intellect per se does not know particulars.

---

① Averroes, Epitome of *Parva Naturalia*, Hebrew trans. Moses ibn Tibbon, ed. Harry Blumberg, Book Ⅱ, Chapter 3 (Cambridge, MA: Mediaeval Academy of America, 1954), 48, 51-52; English, trans. Blumberg (Cambridge, MA: Medieval Academy of America, 1961), 43-44, 46. Cf. Aristotle, *On Prophecy*, 462b. In medieval ontology, the Active Intellect, the tenth and lowest of the separate intellects, is responsible for cognition in the sublunar realm. It contains the universal propositions of logic, mathematics, and physics, but no empirical data about individual things. According to Averroes' understanding, a prophet or a diviner, in predicting the future, applies his or her high analytic ability (acquired from the Active Intellect) to his or her extensive and precise empirical knowledge (derived from sense perception and imagination). In this way, for example, a prophet or diviner can know beforehand which army will win a particular battle and which king will live to celebrate.

② *Discourse*, 42, ll. 12-15. Cf. Manekin, "Maimonides on Divine Knowledge," 64-66. The term *ilhām* ("inspiration"), pl. *ilhāmāt*, is common in religious writings, but rare among Aristotelian philosophers. See *Quran* 91 (the Sun): 8. Todrosi translates: *hashkafot*. The anonymous translation has: *hashgaḥot*. The term appears 10 times in Halevi's *Kuzari*, 1. 87, p. 38, 1. 11; Ⅱ, 26, p. 96, 1. 28; p. 98, 1. 11; Ⅲ, 19, p. 170, 1. 17; Ⅲ, 39, p. 188, 1. 27; Ⅴ, 12, p. 314, 1. 28; p. 316, 1. 1; p. 318, 1. 23; Ⅴ, 20, p. 342, 1. 22; p. 342, 1. 26. Ibn Tibbon translates: *limmud* (5 times), *da'at* (3 times), *hoda'ah*, and *ʿezer*. The page references to the *Kuzari* are to the standard Hirschfeld pagination, given in the Baneth and Ben-Shammai edition.

Averroes' rhetorical question in the *Discourse* turns out to be a ruse.

In conclusion, Rabbi Hasdai Crescas' comments in the *Light of the Lord* on God's eternal foreknowledge are in some respects similar to Averroes' statements in his *Discourse on God's Knowledge*, and perhaps he read this work, but if he did, I can't prove it.

哈斯戴·克莱斯卡读过阿维罗伊的《论上帝的知识》吗?

沃伦·泽夫·哈维

【摘要】拉比哈斯戴·克莱斯卡读过阿维罗伊的《论上帝的永恒知识》吗？克莱斯卡在他的《上主之光》第二卷第一部分中讨论了上帝对细节的知识问题，并三次使用了“永恒知识”一词。书中他明确引用了阿维罗伊对亚里士多德《论感觉及其对象》的评注。他认为阿维罗伊是“伟大的哲学家”之一，研习了他的许多著作，并在《上主之光》中引用了他的名字20次。尽管如此，这无法判定他是否使用了阿维罗伊的《论上帝的知识》。不管怎样，《论上帝的知识》是写给非哲学家(穆瓦希德王朝统治者阿布·叶尔库白·优素福)的一封信，并没有揭示阿维罗伊在“永恒知识”的含义或上帝对细节的知识问题上的真正隐秘立场。

【关键词】阿维罗伊；哈斯戴·克莱斯卡；永恒知识